Schwartmann/Pabst

Umweltrecht

Rolf Schwartmann/Heinz-Joachim Pabst

Umweltrecht

2., neu bearbeitete Auflage

C.F. Müller

Professor Dr. iur. habil. *Rolf Schwartmann* lehrt seit 2004 insbesondere öffentliches und internationales Wirtschaftsrecht an der Fachhochschule Köln. Ein wichtiger Gegenstand seiner Forschung und Lehre ist das öffentliche Bau- und Umweltrecht. Der Autor ist hier durch zahlreiche Veröffentlichungen in Erscheinung getreten und war in den Jahren 1996 bis 2000 als Rechtsanwalt und als Fachanwalt für Verwaltungsrecht tätig.

Prof. Dr. iur. *Heinz-Joachim Pabst* lehrt seit 2010 Staatsrecht, allgemeines und besonderes Verwaltungsrecht an der Fachhochschule für Öffentliche Verwaltung des Landes NRW, Abteilung Köln und war in diesen Rechtsgebieten zuvor als Privatdozent an der Universität zu Köln, der Friedrich-Karl-Universität Tübingen und an der Bergischen Universität Wuppertal tätig. Schwerpunkt seiner Lehr- und Forschungstätigkeit sind daneben das Umweltrecht und das Europarecht, wo er auf umfangreiche Veröffentlichungen und zahlreiche Lehrveranstaltungen verweisen kann.

Bibliografische Information der Deutschen Nationalbibliothek

Die Deutsche Nationalbibliothek verzeichnet diese Publikation in der Deutschen Nationalbibliografie; detaillierte bibliografische Daten sind im Internet über <http://dnb.d-nb.de> abrufbar.

Bei der Herstellung des Werkes haben wir uns zukunftsbewusst für umweltverträgliche und wiederverwertbare Materialien entschieden. Der Inhalt ist auf elementar chlorfreies Papier gedruckt.

ISBN 978-3-8114-9671-2

E-Mail: kundenbetreuung@hjr-verlag.de

Telefon: +49 89/2183-7928
Telefax: +49 89/2183-7620

www.cfmueller-campus.de
www.hjr-verlag.de

Satz: Gottemeyer, Rot
Druck: Books on Demand, Norderstedt

Vorwort

Das nationale Umweltrecht hat in den letzten Jahren zahlreiche Impulse und Wandlungen insbesondere durch das Europarecht erhalten. Diese machen sich in Novellen des umweltrechtlichen Fachrechts, aber auch in neuen umweltrechtlichen Gesetzen bemerkbar. Hieraus ergeben sich auch Konflikte, so etwa im Verhältnis zwischen Abfall- und Bodenschutzrecht. Nach dem wiederholten Scheitern des Umweltgesetzbuchs hat sich der Bundesgesetzgeber darüber hinaus zu einer umfassenden Novelle des Naturschutzrechts und des Wasserhaushaltsrechts entschlossen, eine Änderung des Kreislaufwirtschafts- und Abfallrechts steht an. Daneben haben die Gerichte, wiederum etwa auf dem relativ jungen Gebiet des Bodenschutzrechts, prägend gewirkt. Die Entwicklung der letzten Jahre nachzuzeichnen, ist Anliegen der zweiten Auflage. Dieses Lehrbuch befindet sich auf dem Stand vom 1. August 2011. Anregungen und Kritik an rolf.schwartmann@fh-koeln.de oder heinz-joachim.pabst@fhoev.nrw.de sind weiterhin willkommen.

Köln, im August 2011

Rolf Schwartmann
Heinz-Joachim Pabst

Vorwort zur ersten Auflage

Berührungen mit dem Umweltrecht sind an der Tagesordnung. Einige sind augenfällig, wie das Wegwerfen, das Waschen oder das Autofahren. Andere erkennt man vielleicht auf den ersten Blick nicht, wie das Ausbauen einer Festplatte aus einem ausrangierten Computer, den Erwerb eines getrockneten Seepferdchens am Urlaubsort oder die Frage, ob eine bei Discounter A erworbene Kunststoffflasche auch bei Discounter B zurückgegeben werden kann, oder ob man einen kaputten Haarfön in den Hausmüll entsorgen darf. Umweltrecht ist kein schwieriges Gebiet. Dass trotzdem nicht jedermann leicht Zugang zu ihm bekommt, hat andere Gründe. Es speist sich aus einer Vielzahl von Quellen des nationalen Rechts sowie des Völker- und Europarechts. Innerhalb dieser Gebiete verzweigen sich die Rechtsquellen weiter und sind insgesamt kein in sich geschlossenes System, sondern in vielen Bereichen ein Gewirr aus zahllos erscheinenden Vorschriften. Diese sind zudem mit anderen Gebieten des Verwaltungsrechts, etwa dem Baurecht oder dem Verwaltungsverfahrens- und -prozessrecht verzahnt. Insbesondere im nationalen und europäischen Umweltrecht widersprechen sich die Rechtsquellen in der Auslegung durch die nationalen und europäischen Gerichte nicht selten. Dass Umweltrecht vor allem auch ein Recht technischer Anlagen und Geräte ist, mag denjenigen abschrecken, der sich vor Technik scheut.

Befasst man sich ein wenig näher mit dem Umweltrecht, kann man ihm auch in seiner jetzigen Gestalt eine Struktur geben. Wem dies gelingt und wer sich von der Flut der Normen – die wohl keiner insgesamt beherrscht – nicht schrecken lässt, der hat es mit einem durchaus dankbaren, weil berechenbaren und systematisch gut erfassbaren Rechtsgebiet zu tun, bei dem sich vieles durch die Lektüre der Rechtsnormen erschließt. Das vorliegende Buch möchte dazu einladen, sich diesen Zugang zu erarbeiten. Es soll einen kompakten und zugleich fundierten Zugriff auf das gesamte Umweltrecht, nämlich auf das allgemeine und besondere öffentliche Umweltrecht – das den Schwerpunkt bildet – sowie das Privat-, Straf- und Ordnungswidrigkeitenrecht in diesem Bereich ermöglichen. Vor diesem Hintergrund muss es zunächst darum gehen, Struktur in den Bestand zu bringen. Dies kann nur gelingen, wenn man für Ausbildung und Examen wichtiges von weniger wichtigem trennt. Der Konzeption des Buches liegt daher der „Mut zur Lücke" bei Einzelproblemen zugrunde, der in der Prüfungsvorbereitung unerlässlich ist. Ein weiteres Anliegen ist es, die Verzahnung des Umweltrechts mit dem Verwaltungsverfahrens- und dem Verwaltungsprozessrecht aufzuzeigen. Das Verständnis hierfür entsteht häufig nicht im Studium, sondern bei der praktischen Tätigkeit. Oft bekommt man erst dadurch einen Eindruck von der Bedeutung des Verfahrens- und des Prozessrechts sowie einen Einblick in die Vitalität und praktische Relevanz dieser Gebiete. Ein auf diese Weise möglicher neuer Zugriff auf diese zentralen Bereiche des öffentlichen Rechts kann auch zu deren Verständnis beitragen. Methodisch wird der Stoff in einer wiederkehrenden Systematik präsentiert. Am Ende von Sinnabschnitten ist das Wesentliche jeweils in einem Fazit und Glossar zusammen gefasst, was ein schnelles Wiederholen ermöglicht. Anhand von zahlreichen kleinen Fällen und Prüfungsfragen soll zum aktiven Lesen und zum gegenseitigen Abfragen bei der Simulation einer Prüfungssituation angeregt werden. Wo es mir angemessen erscheint, finden sich Beispiele und Vertiefungshinweise.

In Breite und Tiefe ist das Buch an die Anforderungen der ersten juristischen Staatsprüfung angepasst. Geschrieben ist es aber auch für Studierende, die an Universitäten oder Fachhochschulen in juristischen oder technischen Studiengängen im Haupt- oder im Nebenfach einen schnellen und übersichtlichen Zugriff auf das Umweltrecht benötigen. Aufgrund der Schnelllebigkeit umweltrechtlicher Vorschriften und deren problemloser tagesaktuellen Verfügbarkeit über kostenlose Internetseiten wie www.gesetze-im-internet.de, www.bmu.de/gesetze, http://europa.eu.int/eur-lex/de/ oder denjenigen der Landesregierungen habe ich mich dazu entschlossen, generell keine Fundstellen für Rechtsvorschriften anzugeben. Im Übrigen ist das Textbuch Besonderes Verwaltungsrecht Bundesrepublik Deutschland aus der Reihe Textbuch Deutsches Recht mit seiner Vorschriftensammlung zum Bau- und Umweltrecht auf dem Stand vom 10. August 2005 auf die Anforderungen dieses Buches zugeschnitten. Dieses Lehrbuch ist auf dem Stand vom 1. Februar 2006. Über Anregungen und Kritik an rolf.schwartmann@fh-koeln.de freue ich mich.

Köln, im Februar 2006 *Rolf Schwartmann*

Inhaltsverzeichnis

4. Teil

Literaturverzeichnis

Becker	Das neue Umweltrecht 2010, 2010 (zit. *Becker*, Das neue Umweltrecht 2010, Rn.)
Beyerlin	Umweltvölkerrecht, 2000 (zit. *Beyerlin,* Umweltvölkerrecht, S.)
Berendes	Wasserhaushaltsgesetz, Kurzkommentar, 2010 (zit. *Berendes*, § Rn.)
Bonner Kommentar zum Grundgesetz	152. Aktualisierung, Juni 2011 (zit. *BK-Bearbeiter,* Art. Rn.)
Breuer	Öffentliches und privates Wasserrecht, 3. Aufl., 2004 (zit. *Breuer*, Rn.)
Bullinger/Fehling (Hrsg.)	Elektrogesetz Handkommentar, 2005 (zit. *Bullinger/Fehling,* § Rn.)
Czychowski/Rheinhardt	Wasserhaushaltsgesetz, 10. Aufl. 2010 (zit. *Czychowski/Rheinhardt*, § Rn.)
Degenhart	Staatsrecht I, 26. Aufl., 2010 (zit. *Degenhart,* Rn.)
Erbguth/Schlacke	Umweltrecht, 3. Aufl. 2010 (zit. *Erbguth/Schlacke,* § Rn.)
Frenz	Bundes-Bodenschutzgesetz Kommentar (zit. *Frenz*, BBodSchG, § Rn.)
Frenz	Kreislaufwirtschafts- und Abfallgesetz Kommentar, 3. Aufl., 2002 (zit. *Frenz*, KrW-/AbfG § Rn.)
Frenz/Müggenborg (Hrsg.)	Bundesnaturschutzgesetz, 2011 (zit. Bearbeiter in Frenz/Müggeborg, BNatSchG, § Rn.)
Fricke/Ott	Verwaltungsrecht in der anwaltlichen Praxis, 2. Aufl., 2005 (zit. *Bearbeiter* in Fricke/Ott § Rn.)
Hofmann/Gerke	Allgemeines Verwaltungsrecht, 10. Aufl., 2010 (zit. *Hofmann/Gerke,* Rn.)
Hoppe/Beckmann/Kauch	Umweltrecht, 2. Aufl., 2000 (zit. *Hoppe/Beckmann/Kauch*, § Rn.)
Hufen	Fehler im Verwaltungsverfahren, 4. Aufl., 2002 (zit. *Hufen*, Rn.)
Jarass	Bundes-Immissionsschutzgesetz, Kommentar, 8. Aufl., 2010 (zit. *Jarass*, BimSchG, § Rn.)
Kloepfer	Umweltrecht, 3. Aufl., 2004 (zit. *Kloepfer,*§ Rn.)
Knopp	Das neue Wasserhaushaltsrecht, 2010 (zit. *Knopp*, Das neue Wasserhaushaltsrecht, Rn.)
Koch	(Hrsg.) Umweltrecht, 3. Aufl. 2010 (zit. *Bearbeiter* in Koch § Rn.)
Kotulla	Umweltrecht, 5. Aufl., 2010 (zit. *Kotulla,* S.)
Kotulla	Wasserhaushaltsgesetz, 2002 (zit. *Kotulla*, § WHG Rn.)
Lorz/Müller/Stöckel	Naturschutzrecht, 2. Aufl., 2003 (zit. *Lorz/Müller/Stöckel,* § Rn.)
Lütkes/Ewer	Bundesnaturschutzgesetz, Kommentar, 2011 (zit. *Lütkes/Ewer*, § Rn.)

Mangoldt v. /Klein/Starck	Kommentar zum Grundgesetz, 6. Aufl., 2010 (zit. *Bearbeiter* in Mangoldt v./Klein/Starck, GG, Art. Rn.)
Maurer	Allgemeines Verwaltungsrecht, 18. Aufl., 2011 (zit. *Maurer,* Rn.)
Ossenbühl	Staatshaftungsrecht, 5. Aufl. 1998 (zit. *Ossenbühl*, Staatshaftungsrecht, S.)
Peine	Allgemeines Verwaltungsrecht, 9. Aufl., 2008 (zit. *Peine,* Rn.)
Pieroth/Schlink	Staatsrecht II, 26. Aufl., 2010 (zit. *Pieroth/Schlink,* § Rn.)
Pieroth/Schlink/Kniesel	Polizei- und Ordnungsrecht, 6. Aufl., 2010 (zit. *Pieroth/Schlink/Kniesel*, § Rn.)
Sachs	Grundgesetz, 5. Aufl., 2009 (zit. *Bearbeiter* in Sachs GG, Art. Rn.)
Sanden	Umweltrecht, 1999 (zit. *Sanden*, § Rn.)
Schenke	Polizei- und Ordnungsrecht, 6. Aufl., 2009 (zit. *Schenke,* Rn.)
Schliesky	Öffentliches Wirtschaftsrecht, 3. Aufl., 2008 (zit. *Schliesky,* S.)
Schmidt-Aßmann/ Schoch (Hrsg.)	Besonderes Verwaltungsecht, 14. Aufl., 2008 (zit. *Bearbeiter* in Schmidt-Aßmann, (Hrsg.), Kapitel, Rn.)
Schoch/Schmidt-Assmann/ Pietzner	Verwaltungsgerichtsordnung Kommentar, Stand 11. Ergänzungslieferung, Juli 2005 (zit. *Bearbeiter* in Schoch/Schmidt-Assmann/Pietzner, VwGO, Rn.)
Schumacher/Fischer-Hüftle	Bundesnaturschutzgesetz, 2003 (zit. *Schumacher/Fischer-Hüftle*, § Rn.)
Schwartmann	Das deutsche Bundesrecht IL 75 BundesBodenschutzgesetz und IL 75a Bundes-Bodenschutz und Altlastenverordnung, jeweils 2. Aufl., 976. Lieferung, November 2005 (zit. *Schwartmann*, Bundesrecht IL 75 bzw. IL 75a)
Schwartmann/Maus	Besonderes Verwaltungsrecht, Textsammlung zum Bau- und Umweltrecht, 2005 (zit. *Schwartmann/Maus,* S.)
Schwartmann/Pabst	Bauvorhaben auf Altlasten, 2001, mit Nachtrag zur Schuldrechtsreform, 2002 (zit. *Schwartmann/Pabst,* Rn.)
Sparwasser/Engel/Voßkuhle	Umweltrecht, 5. Auflage, 2003 (zit. *Sparwasser/Engel/Voßkuhle*, § Rn.)
Steiner (Hrsg.)	Besonderes Verwaltungsrecht, 7. Aufl., 2003 (zit. *Steiner* (Hrsg.), Rn.)
Stelkens/Bonk/Sachs	Verwaltungsverfahrensgesetz, 6. Aufl., 2001 (zit. *Bearbeiter* in Stelkens/Bonk/Sachs, VwVfG, §, Rn.)
Tettinger/Erbguth/Mann	Besonderes Verwaltungsrecht, 10. Aufl., 2009 (zit. *Tettinger/Erbguth/Mann,* Rn.)
Tröndle/Fischer	Strafgesetzbuch mit Nebengesetzen, 58. Aufl., 2011 (zit. *Tröndle/Fischer*, StGB § Rn.)
Wessels/Beulke	Strafrecht, Allgemeiner Teil, 40. Aufl., 2010 (zit. *Wessels/Beulke,* Rn.)
Wessels/Hettinger	Strafrecht Besonderer Teil 1, 34. Aufl., 2010 (zit. *Wessels/Hettinger,* Rn.)
Wolf	Umweltrecht, 2002 (zit. *Wolf* § Rn.)
Wolff/Decker	Studienkommentar VwGO/VwVfG, 2. Aufl. 2007 (zit. *Wolff/Decker*, Rn.)

1. Teil

Grundlagen des Umweltrechts

A Einführung

Das moderne Umweltrecht bewegt sich auf einem schmalen Grat. Sein vornehmlicher Zweck ist es – auf einen einfachen Nenner gebracht – Leben und Gesundheit von Menschen, Tieren, Pflanzen einschließlich der jeweils erforderlichen Lebensgrundlagen zu schützen. Auf der anderen Seite muss das Umweltrecht auf wirtschaftliche Interessen Bedacht nehmen und zivilisatorische Risiken in Kauf nehmen, die der Umwelt zwar schaden können, aber in einer Industriegesellschaft aus wirtschaftlichen Sachzwängen heraus unvermeidlich sind. Es muss einerseits Vorsorge vor entstehenden Umweltgefährdungen getroffen werden und andererseits müssen eingetretene Schäden so gut es geht von den dafür Verantwortlichen behoben werden.[1] **1**

I. Überblick nach geltendem Recht

An dieser Stelle soll zunächst ein Überblick über die Systematik des Umweltrechts gegeben werden, die sich weitgehend eingebürgert hat. **2**

1. Allgemeines Umweltrecht

Das **allgemeine Umweltrecht** wird im zweiten Teil des Buches behandelt. Diesem unterfallen vor die Klammer gezogene Punkte, die etwa Leitprinzipien des Umweltrechts, hier häufig auftretender Problemkreise des allgemeinen Verwaltungsrechts, des Verwaltungsverfahrens- sowie des Verwaltungsprozessrechts und spezielle Verfahrensfragen, die sich im Umweltrecht stellen, betreffen. **3**

2. Besonderes Umweltrecht

Das **besondere Umweltrecht** befasst sich in diesem Band mit den besonders aus ausbildungsrelevanten umweltrechtlichen Einzeldisziplinen zum Schutz der Umwelt[2], nämlich dem **4**

- Naturschutz- und Landschaftspflegrecht
- Bodenschutzrecht
- Wasserrecht
- Immissionsschutzrecht
- Kreislaufwirtschafts- und Abfallrecht.

---

1 *Breuer* in Schmidt-Aßmann, 5. Kapitel, Rn. 1–5.

2 Zu einer weiteren systematischen Untergliederung der Spezialmaterien *Sparwasser/Engel/Voßkuhle*, § 1 Rn. 19 f.

Sie werden im dritten Teil des Buches behandelt. Weitere, speziellere Bereiche des besonderen Umweltrechts, die – wenn überhaupt – nur zum Teil Ausbildungs- und Prüfungsstoff im Staatsexamen sind, werden hier lediglich angesprochen[3], aber nicht eingehend behandelt[4].

II. Ausblick auf ein Umweltgesetzbuch

5 Umweltrechtlich relevante Normen finden sich an zahlreichen Stellen der nationalen und internationalen Rechtsordnung. Es gibt sie in großer Zahl und sie sind verstreut in zahlreichen Regelwerken unterschiedlicher rechtlicher Herkunft angesiedelt. Es ist in der Bundesrepublik Deutschland bislang **nicht** gelungen, ein einheitliches **Umweltgesetzbuch** zu schaffen[5]. Dieses Projekt soll aber neu angegangen werden. Zu einer Neuordnung des Umweltrechts und dem Wiederaufgreifen eines Ansatzes zur Schaffung eines Umweltgesetzbuches hieß es im **Koalitionsvertrag** „Gemeinsam für Deutschland – mit Mut und Menschlichkeit" zwischen CDU/CSU und SPD vom 11.11. 2005 unter der Rubrik „Gesetze und Verordnungen" im Kapitel B. I. 7.3 „Neuordnung des Umweltrechts" wie folgt:

> „Im europäischen und im deutschen Umweltrecht achten wir darauf, ein hohes Schutzniveau für Gesundheit und Umwelt mit möglichst unbürokratischen und kostengünstigen Regelungen zu erreichen und so die Innovations- und Wettbewerbsfähigkeit der Wirtschaft zu stärken. Dies gilt auch für die laufenden Verhandlungen zur Registrierung, Bewertung und Zulassung von Chemikalien (REACH).
> Mit einem Planungsbeschleunigungsgesetz werden wir die Voraussetzungen für eine bundesweit einheitliche Straffung, Vereinfachung und Verkürzung der Planungsprozesse schaffen, ohne dass dies zu Lasten von Umweltschutz und Bürgerbeteiligung geht. Die guten Erfahrungen mit der Planungsbeschleunigung in den neuen Ländern, die wir nutzen wollen, zeigen, dass dies geht. Das historisch gewachsene, zwischen verschiedenen Fachgebieten sowie zwischen Bund und Ländern stark zersplitterte Umweltrecht, entspricht nicht den Anforderungen an eine integrierte Umweltpolitik:
> Das deutsche Umweltrecht soll vereinfacht und in einem Umweltgesetzbuch zusammengefasst werden.
> Die verschiedenen Genehmigungsverfahren sind im Rahmen eines Umweltgesetzbuchs durch eine integrierte Vorhabengenehmigung zu ersetzen.
> Die Bundesregierung wird in Brüssel eine Initiative für die notwendige innere Harmonisierung und Vereinfachung des europäischen Umweltrechts ergreifen.
> Der WTO und anderen Handelsabkommen darf kein Vorrang vor den internationalen Abkommen zum Schutz der Umwelt eingeräumt werden.
> Für diese Neuorientierung des deutschen Umweltrechts werden im Rahmen der Reform des Grundgesetzes (Föderalismusreform) die Voraussetzungen geschaffen."

---

3 Vgl. dazu auch den Überblick bei *Schwartmann/Maus*, Einführung S. XII–XVIII.

4 Hierzu wird an der entsprechenden Stelle auf aktuelle weiterführende Spezialliteratur und bereits an dieser Stelle generell etwa auf die umfassenden Werke *von Sparwasser/Engel/Voßkuhle*, Umweltrecht, 5. Aufl. 2003, *Kloepfer*, Umweltrecht, 3. Auflage 2004 oder *Rengeling* (Hrsg.). Handbuch des Deutschen und Europäischen Umweltrechts (EUDUR), in drei Bänden 2002, 2003 verwiesen. Einen Überblick über die von 2006 bis 2010 ergangene Rechtsprechung gibt *Kahl*, JZ 2008, 74 ff. u. 120 ff. sowie im Anschluss *ders.*, JZ 2010, 668 ff, u. 718 ff.

5 Vgl. zum gescheiterten Versuch der Kodifikation des Umweltrechts in Deutschland *Hoppe/Beckmann/Kauch*, § 1 Rn. 176 ff.

Diese Ausführungen klangen weitreichend und vielversprechend. Alleine durch eine Novellierung und Vereinfachung der Anlagengenehmigungen sollte nach Aussage des nationalen Normenkontrollrates eine Entlastung an Bürokratiekosten von 30 Millionen Euro erreicht werden können. Die schwarz/rote Bundesregierung wollte deshalb jedenfalls das vorhabenbezogene Umweltrecht sowie neue gesetzliche Bundesregelungen im Wasser- und Naturschutzrecht noch in der 16. Legislaturperiode verabschieden, was aber im Jahre 2009 schließlich am Widerstand einzelner Bundesländer scheiterte[6]. Die weitere Entwicklung muss im Auge behalten werden. 6

B Ausprägungen des Umweltrechts in den einzelnen Rechtsgebieten

Man kann das Umweltrecht den klassischen Rechtsbereichen, nämlich dem öffentlichen Recht, dem Privatrecht und dem Strafrecht zuordnen. Ungeachtet dieser Dreiteilung ist das Umweltrecht aber zugleich ein eigenständiges Gebiet, das sich als **Querschnittsmaterie** durch zahlreiche Rechtsbereiche zieht. Wesentlicher Gegenstand dieses Buches ist allerdings das öffentliche Umweltrecht. Das Umweltrecht des Privatrechts und Strafrechts wird in der gebotenen Kürze in den Teilen vier und fünf behandelt. 7

I. Öffentliches Umweltrecht

Der Staat begreift den Umweltschutz vor allem als öffentliche Aufgabe. Aus diesem Grund ist das moderne Umweltrecht hauptsächlich öffentlich-rechtlich geprägt. Der Umweltschutz wird vornehmlich hierdurch rechtlich gesteuert und Private werden von der öffentlichen Hand in die Pflicht genommen. Rechtsquellen hat das Umweltrecht nicht nur im nationalen Recht, sondern auch im Völker- und Europarecht[7]. 8

II. Umweltprivatrecht

Das Umweltprivatrecht oder Umwelthaftungsrecht[8] dient dem zivilrechtlichen Schutz des Bürgers vor Beeinträchtigungen seiner Rechtsgüter durch umweltbelastende Handlungen anderer, z.B. durch die Emission luftverunreinigender Stoffe. Für diese Haftung sind insbesondere das Deliktsrecht des BGB, das Umwelthaftungsgesetz sowie Spezialtatbestände der Gefährdungshaftung bedeutsam.[9] 9

---

6 Vgl. zum neuerlichen Scheitern eines UGB im Jahre 2009 und den sich hieraus ergebenden Konsequenzen für die Weiterentwicklung des Umweltrechts *Scheidler*, UPR 2009, 173 ff.

7 Siehe unten Rn. 33 ff.

8 Siehe dazu unten Rn. 469 ff.

9 Dazu insgesamt *Kloepfer*, § 6 Rn. 1 ff.

III. Umweltstraf- und -ordungswidrigkeitenrecht

10 Seit 1980 existiert in der Bundesrepublik Deutschland ein Umweltstrafrecht[10]. Zuvor waren strafbare Verstöße „gegen" die Natur in vielschichtigen öffentlich-rechtlichen „nebenstrafrechtlichen" Spezialgesetzen enthalten. Verstöße gegen umweltrechtliche Pflichten können zudem auch als Ordnungswidrigkeit bußgeldbewährt sein[11].

C Rechtsquellen des öffentlichen Umweltrechts

11 Das Umweltrecht speist sich aus vielschichtigen Rechtsquellen. Sie finden sich nicht nur im nationalen Recht, sondern darüber hinaus insbesondere im Europarecht, aber auch im Völkerrecht.

I. Nationales Recht

12 Das Umweltrecht ist national auf allen Ebenen der Normenhierarchie zu finden, von der Ebene des Verfassungsrechts bis hin zum Verwaltungsinnenrecht und zu normkonkretisierenden technischen Regeln.

1. Verfassungsrecht

12a Der Schwerpunkt der Gesetzgebungskompetenz für den Umweltschutz liegt in der Bundesrepublik Deutschland beim Bund, dem die Verfassung zahlreiche Einzelkompetenzen insbesondere im Rahmen der konkurrierenden Gesetzgebung nach Art. 74 GG zuweist.

Vgl. Art. 74 Abs. 1 Nr. 1 (zivilrechtliches Nachbarrecht und Umweltstrafrecht), Nr. 11 (Energierecht, Stoffrecht), Nr. 11a (Atomrecht), Nr. 18 (Bodenrecht), Nr. 20 (Tierschutz) und Nr. 24 (Abfallbeseitigung, Luftreinhaltung, Lärmbekämpfung).

Auf diese Kompetenz darf der Bund unter den Voraussetzungen des Art. 72 Abs. 2 GG[12] zugreifen.

12b Die daneben bestehenden Kompetenzen der Nr. 29 (Naturschutz und Landschaftspflege), Nr. 31 (Raumordnung) und Nr. 32 (Wasserhaushalt), die vor der Föderalismusreform Gegenstand der Rahmengesetzgebungskompetenz nach Art. 75 GG waren, unterliegen nunmehr dem Abweichungsrecht der Länder, d.h. der Bund kann vorbehaltlos von seinem Gesetzgebungsrecht Gebrauch machen, die Länder können aber gemäß Art. 72 Abs. 3 GG für ihr Landesgebiet vollgültige abweichende Regelungen treffen[13].

---

10 Siehe dazu unten Rn. 503 ff.
11 Siehe dazu unten Rn. 502.
12 Dazu *Degenhart*, Rn. 172 ff.
13 Vgl. dazu *Frenz*, NVwZ 2006, 742 ff.

Der Umweltschutz hat in der Bundesrepublik Deutschland aber auch materiell eine wichtige Bedeutung. Dies belegt die seit 1994 vorhandene und im Jahre 2002 um den Schutz der Tiere ergänzte[14] Verankerung der sog. Staatszielbestimmung zum Umweltschutz in Art. 20a GG[15]. Die Norm lautet: 13

„Der Staat schützt auch in Verantwortung für die künftigen Generationen die natürlichen Lebensgrundlagen und die Tiere im Rahmen der verfassungsmäßigen Ordnung durch die Gesetzgebung und nach Maßgabe von Gesetz und Recht durch die vollziehende Gewalt und die Rechtsprechung."

Hier wird der Staatsgewalt in Bund und Ländern an zentraler Stelle im Grundgesetz nicht nur die Pflicht auferlegt, sich selbst umweltschonend zu verhalten und Umweltgefahren für die Lebensgrundlagen des Menschen und der Tiere abzuwehren, sondern auch aktiv[16] Maßnahmen zum Schutz der Umwelt und der Tiere zu ergreifen. Die Verfassung verfolgt dabei vorrangig einem anthropozentrischen Ansatz, stellt also den Schutz der Umwelt um des Menschen willen, in den Vordergrund.

1. Fall: A möchte die Umwelt schonen und richtet aus diesem Grund eine private Kläranlage ein. Kann er unter Berufung auf Art. 20a GG von der Gemeinde verlangen, die öffentliche Entwässerungsanlage nicht benutzen zu müssen? (Befreiung vom sog. Anschluss- und Benutzungszwang). 14

Obwohl die Staatszielbestimmung alle staatlichen Gewalten bindet[17], im Verhältnis zu den Grundrechten grundsätzlich gleichrangig ist und im konkreten Fall einer Güterabwägung bedarf[18], kann aus Art. 20a GG aber kein Anspruch gegen die öffentliche Hand abgeleitet werden. Das Bundesverwaltungsgericht führt dazu aus: „Die Schutznorm des Art. 20a GG ist als objektiv-rechtlich wirkende Staatszielbestimmung ausgestaltet. Sie enthält keinen subjektiv-rechtlichen Anspruchstatbestand (...). Bei der Konkretisierung unbestimmter Rechtsbegriffe und bei der Betätigung von Ermessen ist das Schutzgebot des Art. 20a GG zwar Auslegungs- und Abwägungshilfe für die vollziehende Gewalt (...). Diese darf sich jedoch im Einklang mit der geltenden Rechtsordnung schutzgutfördernd des zur Sicherung der Reinhaltung der Gewässer gesetzlich vorgesehenen Instrumente des Anschluss- und Benutzungszwangs bedienen."[19] Man muss sich also merken, dass Art. 20a GG dem Bürger **keinen subjektiv-rechtlichen Anspruch auf Umweltschutz** vermittelt[20], wohingegen der Staat den Umweltschutz als grundrechtsbeschränkendes Verfassungsrechtsgut in Stellung bringen kann[21]. Allerdings kann der Einzelne versuchen, aus den Grundrechten Abwehrrechte zum Schutz vor Umweltbeeinträchtigungen abzuleiten.

1. Prüfungsfrage: A verlangt ausschließlich unter Berufung auf sein Grundrecht auf Leben und körperliche Unversehrtheit aus Art. 2 Abs. 2 S. 1 GG die Unterlassung des Betriebes einer Anlage seines Nachbarn B, die seine Gesundheit gefährdet. Ist das möglich? 15

14 BGBl. I, 2862.
15 Dazu *BK-Kloepfer*, Art. 20a GG Rn. 1 ff.
16 *BK-Kloepfer*, Art. 20a GG Rn. 72.
17 *BK-Kloepfer*, Art. 20a GG Rn. 33 ff.
18 *BK-Kloepfer*, Art. 20a GG Rn. 27. A.a.O. unter Rn. 28 insgesamt zu den grundrechtserweiternden und grundrechtsbegrenzenden Wirkungen von Art. 20a GG.
19 *BVerwG*, NVwZ 1998, 1080, 1081.
20 Vgl. zum innovativen Potential der Norm aber *BK-Kloepfer*, Art. 20a GG Rn. 93 ff.

Abgesehen davon, dass hier zunächst nach spezialgesetzlichen Regelungen zu fragen wäre, besteht ein solcher Grundrechtsschutz theoretisch. Er läuft aber de facto leer, weil die Grundrechte nicht dazu dienen, die aus multikausalen privaten Ursachen resultierenden Umweltschäden und -gefahren zu unterbinden.[22] Sofern dem Staat aus Grundrechten Schutzpflichten gegenüber dem Bürger erwachsen, ist er in der Ausfüllung dieser Schutzpflicht weithin frei. Der Bürger kann in einem solchen Fall also allenfalls bei völligem Untätigbleiben des Staates Ansprüche auf positives Tun haben[23]. Viel öfter als die Frage nach der Verhinderung eines umweltschädigenden Vorhabens eines Dritten stellt sich die umgekehrte Frage, ob der Bürger sich auf seine Grundrechte berufen kann, wenn er die Umwelt verschmutzen will.

16 ■ **2. Fall:** Kind K liebt sein kleines Kaninchen über alles. Es lebt in der Wohnung und K hat dem überdurchschnittlich intelligenten Tier schon über 5 Kommandos beigebracht. Als K mit seiner Mutter in einer Metzgerei ein abgezogenes Kaninchen sieht, fragt K, warum das Fleisch seinem Zimmergenossen so ähnlich sei. Die Mutter erklärt, dass es sich um einen getöteten Artgenossen seines Kaninchens handelt. Weil K jetzt bestürzt ist, fragt die Mutter nach einem Blick ins Grundgesetz, ob das Kaninchen des K nicht ein durch Art. 20a GG geschützter Grundrechtsträger ist und ob es nicht verfassungswidrig wäre, es zu schlachten und zu verspeisen.

Zwar sind Tiere[24] in Art. 20a GG als geschützt genannt. Dies begründet zum einen die Pflicht des Staates zum Artenschutz, aber zum anderen auch die ethische Pflicht, Tiere als Mitgeschöpfe zu achten und sie vor Schmerzen, Leiden und Schäden zu bewahren[25]. Dies bedeutet aber nicht, dass Tiere dadurch ethisch oder rechtlich dem Menschen gleichgestellt worden sind und ihre Tötung zum Verzehr verfassungsrechtlich verwehrt ist. Eine Handlungspflicht des Staates in Einzelfällen kommt nur ausnahmsweise bei rechtswidrigem Verhalten Privater in Betracht[26]. Im Übrigen kann „die Umwelt" etwa in Gestalt einer Pflanze oder eines Tieres aus dem Grundgesetz nicht unmittelbar Rechte ableiten[27]. Dies ist allein vermittelt über den Menschen als Grundrechtsträger möglich, der es als nicht menschenwürdig begreifen kann, Tiere zu töten oder leiden zu lassen.

17 ■ **2. Prüfungsfrage:** A ist passionierter Autofahrer und liebt amerikanische Cadillacs aus den fünfziger Jahren, die für ihren hohen Benzinverbrauch bekannt sind. Er behauptet, diese Liebhaberei sei grundrechtlich geschützt. Stimmt das?

21 So für den Fall von Baubeschränkungen im Außenbereich für Kunstwerke, die im Widerstreit zu Art. 20a GG stehen, *BVerwG*, NJW 1995, 2648 ff.

22 Problem der fehlenden unmittelbaren Drittwirkung der Grundrechte. Dazu *Sparwasser/Engel/Voßkuhle*, § 1 Rn. 156 ff. Zum ähnlich gelagerten Problem des sog. Waldsterbens *BVerfG*, NJW 1998, 3264 , 3265..

23 Vgl. *BVerfGE* 79, 175, 202 zu Straßenlärm und ähnlich *BVerfGE* 46, 160, 164 zu Fluglärm.

24 Zum Begriff und zu Differenzierungsmöglichkeiten nach dem TierSchG *BK-Kloepfer*, Art. 20a GG Rn. 66.

25 Streitig. So *Murswiek*, in Sachs GG, Art. 20a Rz. 31b; a.A. *Epiney* in v. Mangoldt/Klein/Starck, GG Art. 20a Rn. 19.

26 *BK-Kloepfer*, Art. 20a GG Rn. 73.

27 *Murswiek*, in Sachs GG, Art. 20a Rz, 31b.

In der Tat wurde die hier angesprochene Frage nach einem **„Grundrecht auf Umweltverschmutzung"** gestellt[28]. Auch wenn diese Formulierung bewusst überspitzt ist, erkennt man überwiegend an, dass der Bürger sich bei der Schädigung der Umwelt zumindest grundsätzlich auf die Grundrechte – insbesondere etwa Art. 2 Abs. 1, 12 Abs. 1 und 14 Abs. 1 GG – berufen kann[29]. Freilich stehen dem staatlich auferlegte Beschränkungen gegenüber. Am Ende kommt es auf ein verhältnismäßiges Nebeneinander der betroffenen Interessen an.[30]

2. Einfaches formelles Recht

Einfachrechtlich ist das nationale Umweltrecht in den gesondert zu behandelnden Spezialmaterien auf Bundes- und Landesebene von zahlreichen öffentlich-rechtlichen Vorgaben geprägt. Diese Gesetze müssen einen dynamischen und vielschichtigen Regelungsgegenstand ordnen und dabei technische Fragen mit einbeziehen. Sie sind Gegenstand des dritten Teils dieses Buches. 18

Zur Vertiefung

In diesem Bereich verwendet der Gesetzgeber häufig **Generalklauseln** und **unbestimmte Rechtsbegriffe**, die er in gesetzlichen Begriffsbestimmungen teilweise näher ausfüllt. Auch nach der Ausgestaltung besteht aber häufig nicht vollständige Klarheit. Hier ist die Verwaltung aufgerufen, diese Begriffe inhaltlich aufzufüllen; sie wird hierbei von der Rechtsprechung kontrolliert[31]. In der Begriffsbestimmung des § 2 Abs. 8 BBodSchG sind etwa „Schutz und Beschränkungsmaßnahmen im Sinne dieses Gesetzes (als) sonstige Maßnahmen (definiert), die Gefahren, erhebliche Nachteile oder erhebliche Belästigungen für den einzelnen oder die Allgemeinheit verhindern oder vermindern, insbesondere Nutzungsbeschränkungen". Offen bleibt dabei, was diese Begriffe im Einzelnen bedeuten. Was etwa als sonstige Maßnahme in Betracht kommt, was eine Gefahr, ein erheblicher Nachteil oder eine erhebliche Belästigung ist, muss noch näher bestimmt werden. 19

3. Rechtsverordnungen

Wie gesehen, findet sich eine Vielzahl der Rechtsquellen des Umweltrechts in Bundesgesetzen. Diese können aber viele Einzelfragen nicht regeln. Um die Gesetze für den Bürger und die ausführenden Vollzugsbehörden und deren Rechtsanwendung zu präzisieren, bedient sich der Gesetzgeber häufig Verordnungsermächtigungen. Derartige Normen ermächtigen die Verwaltung – meist in Form der Bundesregierung oder eines Bundesministers – dazu, einzelne Fragen näher zu bestimmen. Auf diese Weise werden aber zugleich wesentliche Fragen des Umweltrechts nicht vom Gesetzgeber, sondern von der Exekutive – aufgrund Gesetzes – normiert. Dies ist nach Art. 80 Abs. 1 S. 2 GG verfassungsrechtlich dann nicht zu beanstanden, wenn das ermächtigende Gesetz Inhalt, Zweck und Ausmaß der Ermächtigung bestimmt. Der Vorteil dieser Regelungstechnik liegt darin, dass das vergleichsweise schwerfällige Gesetzgebungsverfah- 20

28 *Sendler*, UPR 1983, 33, 41. Zum Nachdenken über Umweltschutzfragen regt der Roman „Der Schwarm" von *F. Schätzing* an.

29 Anders grundlegend *Murswiek*, DVBl. 1994, 77, 79 ff. der die Nutzung der Umwelt aus dem Schutzbereich der Grundrechte ausgrenzt.

30 Dazu *Sparwasser/Engel/Voßkuhle*, § 1 Rn. 167.

31 Siehe dazu noch unten Rn. 113.

ren entfrachtet und auf diese Weise eine effektive Lösung möglich wird; zugleich soll der fachnahe Sachverstand der Ministerialbürokratie genutzt werden können.

21 **Beispiel**[32]: § 8 Abs. 1 BBodSchG ermächtigt die Bundesregierung dazu, insbesondere Werte festzulegen, bei deren Überschreitung weitere Prüfungen vorzunehmen sind, um eine Schadstoffbelastung im Boden zu verifizieren (Prüfwerte, § 8 Abs. 1 S. 2 Nr. 1 BBodSchG), und Werte festzulegen, bei deren Überschreitung Maßnahmen zu ergreifen sind, weil die Verunreinigung des Bodens diesen Schritt erfordert (Maßnahmewerte, § 8 Abs. 1 S. 2 Nr. 1 BBodSchG). Der Gesetzgeber bemüht sich dabei, gemäß § 8 Abs. 1 S. 1 BBodSchG die Rahmenbedingungen für „boden- und altlastenbezogene Pflichten sowie die Untersuchung und Bewertung von Verdachtsflächen, schädlichen Bodenveränderungen, altlastenverdächtigen Flächen und Altlasten“[33] möglichst genau vorzugeben. Dies ist wichtig, um dem Grundsatz der Gewaltenteilung und dem materiellen Demokratieprinzip zu genügen. Werden die Vorgaben des Bestimmtheitsgebotes nicht eingehalten, so findet eine verfassungsrechtlich nicht gestattete Verlagerung von Aufgaben der Gesetzgebung auf die Verwaltung statt.

4. Satzungen

22 Juristische Personen des öffentlichen Rechts können bestimmte, sie betreffende Belange im Wege der Satzung regeln. Dies betrifft auch das Umweltrecht.

Beispiel: So können Gebietskörperschaften, wie Städte und Gemeinden, kommunale Satzungen etwa im Naturschutzrecht zum Baumschutz[34] oder zur Abwasser- oder Abfallbehandlung erlassen[35]; zugleich können die als Satzung erlassenen Flächennutzungs- und Bebauungspläne umweltrechtlich relevante Inhalte enthalten.

5. Verwaltungsvorschriften

23 Einer ähnlichen Regelungstechnik bedient sich der Staat im Umweltrecht, wenn er Verwaltungsvorschriften schafft. In diesen werden gesetzliche Anforderungen, etwa an Anlagen und deren Betrieb, festgelegt.

Beispiel[36]: Das BImSchG ermächtigt die Bundesregierung in § 48 dazu, Verwaltungsvorschriften etwa bezogen auf Immissions- und Emissionswerte und das Verfahren zu deren Ermittlung zu erlassen. Auf dieser Grundlage sind die sog. **TA** (Technische Anleitung) **Luft** und **TA Lärm** ergangen. Diese Anleitungen legen Werte für die Markierung der Erheblichkeitsschwelle eines Nachteils oder einer Belästigung für die Luft bzw. für Lärmbeeinträchtigungen fest. Wenn die Werte unterschritten werden, ist keine umfassende Güterabwägung bezüglich einer genehmigungsbedürftigen Anlage erforderlich. Die TA Lärm kann auch grundsätzlich bei nicht genehmigungsbedürftigen Anlagen angewendet werden. Allerdings kommt hier zusätzlich die **VDI-Richtlinie** 2058 zur „Beurteilung von Arbeitslärm in der Nachbarschaft“ als Maßstab in Betracht.

24 Die rechtliche Besonderheit von Verwaltungsvorschriften liegt darin, dass sie sich als **Innenrecht** nur an die Verwaltung richten und nicht unmittelbar im Verhältnis zum

---

32 Vgl. mit weiteren Beispielen *Sparwasser/Engel/Voßkuhle*, § 1 Rn. 181.

33 Diese Begriffe bestimmt das BBodSchG in § 2 näher, weitere Begriffsbestimmungen finden sich in § 2 BBodSchV.

34 *Kloepfer*, § 11 Rn. 148 m.w.N.

35 *Kloepfer*, § 13 Rn. 31 m.w.N.

36 Weitere wichtige Beispiele sind die TA Abfall und die mittlerweile außer Kraft getretene TA Siedungsabfall, erlassen auf Grundlage von § 4 AbfG (heute § 12 KrW-/AbfG). Vgl. mit weiteren Beispielen *Sparwasser/Engel/Voßkuhle*, § 1 Rn. 183.

Bürger wirken. Allerdings kommt ihnen nach der Rechtsprechung insofern eine **mittelbare Außenwirkung** zu, als die Behörde nicht ohne sachlichen Grund von den Regelungen der TA abweichen darf, wenn sie sie einmal in einer bestimmten Weise angewendet hat. Man spricht hier von Selbstbindung der Verwaltung. Behörden und Gerichte wenden Verwaltungsvorschriften heute aber faktisch wie Gesetze an. Als sog. „normkonkretisierende Verwaltungsvorschriften", wird ihnen auch Bindungswirkung für die Rechtsprechung zugemessen[37]. Dies ist verfassungsrechtlich vor dem Hintergrund des Demokratie- und Rechtsstaatsprinzips[38] und zudem europarechtlich[39] problematisch; trotz der nach deutscher Rechtspraxis faktischen Außenwirkung der technischen Anleitungen genügte nach Ansicht des EuGH eine Umsetzung von Richtlinienrecht, hier bezogen auf Fragen der Luftreinhaltung, in die TA Luft als Verwaltungsvorschrift nicht den Anforderungen an eine ordnungsgemäße Umsetzung von Europarecht[40].

6. Standards

Neben den Rechtsquellen spielen auch sog. Standards eine Rolle. Der Gesetzgeber möchte, dass umweltrelevante Handlungen möglichst schonend durchgeführt werden. Eine wichtige Voraussetzung hierfür ist es, dass die eingesetzten Anlagen und Geräte nicht veraltet sind. Auf der anderen Seite ist es aber nicht ohne weiteres zulässig, einem Bürger, der sich umweltrelevant verhält, in jedem Fall immer den Einsatz neuester Technologie vorzuschreiben. Dies wäre nicht zuletzt vor dem Hintergrund der Berufs- und Eigentumsfreiheit unzulässig. Es muss also immer auch die Grenze des tatsächlich Machbaren gesehen werden. **25**

3. Fall: Der Gesetzgeber erwägt in einem Gesetz für den Güterkraftverkehr auf der Straße vorzuschreiben, immer die jeweils umweltfreundlichste Verbrennungsmaschine einzusetzen und diese Eigenschaft des verwendeten Motors monatlich zu überprüfen und gegebenenfalls anzupassen. Dieser Standard sei zum Schutz der Umwelt unerlässlich. Spediteur A rechnet vor, dass er sein Geschäft aufgrund der zusätzlichen Kosten nach zwei Monaten schließen müsste. Wäre ein derartiges Gesetz zulässig? **26**

Die erwogene Maßnahme mag zum Schutz der Umwelt überaus sinnvoll sein. Allerdings würde sie den widerstreitenden Anforderungen aus Art. 12 und 14 GG nicht gerecht. Diese verbürgen für den Bürger die Berufs- und Eigentumsfreiheit. Der geplante Eingriff würde zu erheblichen Konsequenzen in diesen Bereichen führen und wäre verfassungsrechtlich nicht zu rechtfertigen. Der Fall zeigt, dass eine Abstufung erforderlich ist, die sich nach der Umweltgefährlichkeit der jeweiligen Handlung richtet. Diese nimmt der Gesetzgeber vor, indem er in Umweltgesetzen je nach Art und Relevanz der

---

37 *BVerwG* NVwZ 2000, 440, 440. Früher wurden TA Lärm und TA Luft von der Rechtsprechung als so genannte **„antizipierte Sachverständigengutachten"** begriffen. Seit der Änderung Rechtsprechung des BVerwG im Jahr 1988 ist dies nicht mehr der Fall. Dennoch weichen die Gerichte von der TA Luft nur noch dann ab, wenn ihre Aussagen veraltet sind oder eine atypische Fallgestaltung vorliegt.

38 *Sparwasser/Engel/Voßkuhle*, § 1 Rn. 185.

39 Dazu *EuGH*, DVBl. 1991, 869, 870 f.

40 Vgl. dazu auch *Rupp*, JZ 1991, 1034, 1034 f.

Tätigkeit verschiedene Standards vorgibt. Rechtsdogmatisch handelt es sich dabei um sog. unbestimmte Rechtsbegriffe[41]. Man unterscheidet zwischen Technik- und Umweltstandards.

27 a) **Technikstandards:** Technikstandards gibt es auf drei unterschiedlichen Stufen. Auf der ersten Stufe mit dem niedrigsten Anforderungsniveau gelten die **allgemein anerkannten Regeln der Technik.** Es handelt sich dabei um Regeln, die eine überwiegende Mehrheit von Fachleuten als richtig anerkennt, insbesondere weil sie sich praktisch bewährt haben[42].

Diese Anforderung nennen etwa §§ 50 Abs. 4 WHG und 60 Abs. 1 WHG.

28 Die nächst höhere Stufe und Anforderung ist der Stand der Technik. Dieser Begriff ist in gleich mehreren Gesetzen – etwa in § 3 Abs. 6 S. 1 BImSchG – definiert[43] als

„der Entwicklungsstand fortschrittlicher Verfahren, Einrichtungen oder Betriebsweisen, der die praktische Eignung einer Maßnahme zur Begrenzung von Emissionen in Luft, Wasser und Boden, zur Gewährleistung der Anlagensicherheit, zur Gewährleistung einer umweltverträglichen Abfallentsorgung oder sonst zur Vermeidung oder Verminderung von Auswirkungen auf die Umwelt zur Erreichung eines allgemeinen hohen Schutzniveaus für die Umwelt insgesamt gesichert erscheinen lässt. Bei der Bestimmung des Standes der Technik sind insbesondere die im Anhang aufgeführten Kriterien zu berücksichtigen."

29 Die den Stand der Technik näher beschreibenden Anhänge sind nicht abschließend. Sie tragen den Anforderungen des europarechtlich vorgegebenen Standards der besten verfügbaren Techniken Rechnung im Rahmen des integrierten Umweltschutzes nach der sog. IVU-Richtlinie[44] und der daran anknüpfenden Öffentlichkeitsrichtlinie, und bieten – etwa am Beispiel des BImSchG zu veranschaulichen – Kriterien zur Bestimmung des Standes der Technik. Bei der Bestimmung des Standes der Technik sind unter Berücksichtigung der Verhältnismäßigkeit zwischen Aufwand und Nutzen möglicher Maßnahmen sowie des Grundsatzes der Vorsorge und der Vorbeugung, jeweils bezogen auf Anlagen einer bestimmten Art, insbesondere folgende Kriterien zu berücksichtigen:

„1. Einsatz abfallarmer Technologie, 2. Einsatz weniger gefährlicher Stoffe, 3. Förderung der Rückgewinnung und Wiederverwertung der bei den einzelnen Verfahren erzeugten und verwendeten Stoffe und gegebenenfalls der Abfälle, 4. vergleichbare Verfahren, Vorrichtungen und Betriebsmethoden, die mit Erfolg im Betrieb erprobt wurden, 5. Fortschritte in der Technologie und in den wissenschaftlichen Erkenntnissen, 6. Art, Auswirkungen und Menge der jeweiligen Emissionen, 7. Zeitpunkte der Inbetriebnahme der neuen oder der bestehenden Anlagen, 8. für die Einführung einer besseren verfügbaren Technik erforderliche Zeit, 9. Verbrauch an Rohstoffen und Art der bei den einzelnen Verfahren verwendeten Rohstoffe (einschließlich Wasser) sowie Energieeffizienz, 10. Notwendigkeit, die Gesamtwirkung der Emissionen und die Gefahren für den Menschen und die Umwelt so weit wie möglich zu vermeiden oder zu verringern, 11. Notwendigkeit, Unfällen vorzubeugen und deren Folgen für den Menschen und die Umwelt zu verringern, 12. Informationen, die von der Kommission der Europäischen Gemeinschaften gemäß Artikel 16 Abs. 2 der Richtlinie 96/61/EG des Rates vom 24. September 1996 über die integrierte Vermeidung und Verminderung der Umweltverschmutzung (ABl. EG Nr. L 257 S. 26) oder von internationalen Organisationen veröffentlicht werden."

---

41 Siehe dazu unten Rn. 111.

42 *Sparwasser/Engel/Voßkuhle*, § 1 Rn. 191.

43 Vgl. auch § 3 Abs. 12 KrW-/AbfG und § 3 Nr. 11 WHG.

44 Dazu *Schwartmann/Maus*, EuZW 2000, 74.

Das Atom- und das Gentechnikrecht sind sehr sensible Bereiche, die besonders strenge Anforderungen verlangen. Hier gilt mit dem **Stand der Wissenschaft und Technik** die dritte und strengste Stufe der Technikstandards. 30

Dabei ist der Entwicklungsstand der fortschrittlichen Verfahren, Einrichtungen, Betriebsweisen einzuhalten, die nach anerkannten Ergebnissen der einschlägigen herrschenden wissenschaftlichen Forschung zum Schutz von Gefahren und zur Vorsorge gegen Risiken für die Umwelt und den Menschen erforderlich sind.[45]

b) Umweltstandards: Die aufgeführten Begriffsbestimmungen der Technikstandards sind offen formuliert und einer präzisen Rechtsanwendung nicht zugänglich. Sie bedürfen also einer näheren Konkretisierung. Hierzu dienen die sog. Umweltstandards. Diese werden in Gesetzen, Rechtsverordnungen oder in Verwaltungsvorschriften niedergelegt[46] und enthalten genaue Vorgaben für die Rechtsanwendung. 31

Als **Beispiel** mag § 3 der 13. BImSchV über Großfeuerungsanlagen dienen, der Emissionsgrenzwerte für Feuerungsanlagen für feste Brennstoffe festlegt. Danach sind „Feuerungsanlagen (...) so zu errichten und zu betreiben, dass die Anforderungen dieses Absatzes und der Absätze 2 bis 15 eingehalten werden. Der Betreiber hat dafür zu sorgen, dass 1. kein Tagesmittelwert die folgenden Emissionsgrenzwerte überschreitet: a) Gesamtstaub 20 mg/m3, b) Quecksilber und seine Verbindungen, angegeben als Quecksilber 0,03 mg/m3, c) Kohlenmonoxid bei einer Feuerungswärmeleistung von 50 MW bis 100 MW 150 mg/m3 ...".

Umweltstandards sind gebräuchlich, aber **verfassungsrechtlich problematisch**, weil der durch den Normgeber einfach übernommene technische Standard bisweilen (auch) politisch motiviert, aber nicht demokratisch abgesichert ist. Zudem wird der Standard nicht jedem Einzelfall gerecht. Er ist aber auf der anderen Seite so präzise formuliert, dass Abweichungen nicht praktikabel sind und die Einzelfallgerechtigkeit leidet. 32

II. Europarecht

Umweltschutz ist auch ein wichtiges Ziel des Europarechts (Art. 4 Abs. 2 lit e) AEUV), das prägenden Einfluss auf das Recht der Mitgliedstaaten nimmt[47]. **Primärrechtlich** ist er hauptsächlich[48] in Art. 3 Abs. 3 EUV, der neben dem Grundsatz der Nachhaltigkeit, ein „hohes Maß an Umweltschutz" und die „Verbesserung der Umweltqualität" anspricht, verankert. Die Ziele europäischer Umweltpolitik sind in Art. 191 Abs. 1 AEUV konkretisiert.[49] 33

45 Dazu *Sparwasser/Engel/Voßkuhle*, § 1 Rn. 194.
46 *Buck/Verheyen* in Koch, § 1 Rn. 57 ff.
47 Aus den wichtigen und zahlreichen europäischen Vorgaben sollen im Teil dieses Buchs zum Besonderen Umweltrecht im Zusammenhang mit der jeweiligen speziellen Materie nur die herausgegriffen werden, die eine besonders hervorgehobene Bedeutung für das deutsche Recht haben. Ein ständig aktualisierter Überblick findet sich im Internet unter http://www.bmu.de/gesetze_verordnungen/eg-vo_eg-richtlinien/doc/20005.php. zuletzt besucht am 11.7.2011. Ein Rechtsprechungsüberblick findet sich bei *Kahl*, JZ 2010, 668 ff, u. 718 ff.
48 Vgl. Art. 4, 11, 114, 191–193 AEUV.
49 Zur Bindungswirkung der in dieser Vorschrift aufgestellten Prinzipien, *Epiney* in FS Zuleeg (2005), S. 633 ff.

Zur Vertiefung

Die Umweltpolitik der Union trägt danach zu „Erhaltung und Schutz der Umwelt sowie (zur) Verbesserung ihrer Qualität; (zum) Schutz der menschlichen Gesundheit; (zur) umsichtige(n) und rationelle(n) Verwendung der natürlichen Ressourcen (und zur) Förderung von Maßnahmen auf internationaler Ebene zur Bewältigung regionaler oder globaler Umweltprobleme" bei. Das anzustrebende Schutzniveau ist nach Art. 191 Abs. 2 AEUV hoch, und die Umweltpolitik der Gemeinschaft „beruht auf den Grundsätzen der **Vorsorge** und Vorbeugung, auf dem Grundsatz, **Umweltbeeinträchtigungen mit Vorrang an ihrem Ursprung zu bekämpfen**, sowie auf dem **Verursacherprinzip**." Gemäß Art. 191 Abs. 3 AEUV berücksichtigt die Gemeinschaft bei der Erarbeitung ihrer Umweltpolitik „die verfügbaren wissenschaftlichen und technischen Daten; die Umweltbedingungen in den einzelnen Regionen der Gemeinschaft; die Vorteile und die Belastung aufgrund des Tätigwerdens bzw. eines Nichttätigwerdens; die wirtschaftliche und soziale Entwicklung der Gemeinschaft insgesamt sowie die ausgewogene Entwicklung ihrer Regionen".

33a Bemerkenswert ist, dass Art. 193 AEUV den Mitgliedsstaaten grundsätzlich erlaubt, über die zum Zwecke der Rechtsangleichung getroffenen unionsrechtlichen Schutzmaßnahmen nach Art. 192 AEUV hinaus verstärkte Schutzmaßnahmen beizubehalten oder zu ergreifen, sofern diese mit den Verträgen in Übereinstimmung stehen.

34 Zudem finden sich in allen in Art. 288 AEUV genannten Erscheinungsformen des **Sekundärrechts** der Gemeinschaft, also in Verordnungen[50], Richtlinien, Beschlüssen[51] sowie in Stellungnahmen und Empfehlungen[52] umweltrechtliche Vorgaben. Besondere Bedeutung kommt dabei den **Richtlinien**[53] zu. Deren Zielvorgaben gelten zwar grundsätzlich nur für die Mitgliedstaaten.[54] Im Falle ihrer zu späten, unzureichenden oder ganz unterbliebenen Umsetzung wirken sie aber auch **gegebenenfalls unmittelbar** für den Bürger im Recht der Mitgliedstaaten.[55] Eine Auswahl der zahlreichen europarechtlichen Vorgaben[49] wird an der jeweils betreffenden Stelle bei der Behandlung der Bereiche des im besonderen Umweltrechts behandelt.[56]

III. Völkerrecht

35 Auch im Völkerrecht kommt dem Umweltschutz eine wichtige Bedeutung zu, die zunehmend wächst[57]. Dies hat eine historische Tradition[58] und ist von der Erkenntnis getragen, dass Umweltbelastungen an Grenzen nicht Halt machen und aufgrund ihrer globalen Dimension auch am besten global bekämpft werden. Die zunehmende Zahl

50 Beispiele finden sich zahlreich im besonderen Umweltrecht, etwa unten Rn. 326, 406.

51 Umweltzeichen auf Grundlage der UmweltzeichenvergabeV.

52 Empfehlung der Kommission über die Verwendung von FCKWs in der Industrie ABl. EG 1989 Nr. L 144/56.

53 Beispiele finden sich auch hier zahlreich im besonderen Umweltrecht, etwa unten Rn. 269, 318 ff.

54 Zu den Voraussetzungen am Beispiel der IVU-Richtlinie *Schwartmann/Maus*, EuZW 2000, 74 ff

55 Vgl. etwa eingehend zum europäischen Umweltplanungsrecht: *Faßbender*, NVwZ 2005, 1122 ff.

56 Allgemein zur Europäischen Union in internationalen Umweltprinzipien *Bothe* in FS Zuleeg (2005), S. 668 ff.

57 Dazu eingehend *Beyerlin*, Rn. 8 ff.

58 Ein kurzer Überblick über die Stationen findet sich bei *Sparwasser/Engel/Voßkuhle*, § 1 Rn. 61 ff. Ein ständig aktualisierter Überblick über Abkommen ist im Internet unter http://www.bmu.de/gesetze_verordnungen/links_zu_internationalen_umweltuebereinkommen/doc/3917.php verfügbar, zuletzt abgerufen am 11.7.2011.

der Umweltkatastrophen, etwa vom Chemieunfall bei Basel, der den Rhein erheblich verschmutzte, über den Reaktorunfall im russischen Kernkraftwerk Tschernobyl im Jahre 1986 bis zum Inbrandsetzen kuwaitischer Ölfelder durch zurückweichende irakische Invasionstruppen im ersten Golfkrieg 1990, oder der prognostizierte so genannte zusätzliche Treibhauseffekt und die nicht zuletzt auf klimatische Veränderungen zurückgeführten Sturmfluten (Tsunami) etwa zum Jahreswechsel 2004/2005 machen schnell deutlich, dass menschliche Eingriffe in die Umwelt ohne Rücksicht auf Staatsgrenzen wirken. Der Emissionsstaat kann sie nicht aufhalten und der Immissionsstaat kann sie nicht zurückweisen. Die Erkenntnis von der Notwendigkeit eines koordinierten globalen Umwelt- und Naturschutzes hat dazu geführt, dass auch das Völkerrecht neben dem Recht der Europäischen Union zahlreiche Regelungen zum grenzübergreifenden Schutz von Umwelt und Natur enthält. Ausprägungen des Umweltvölkerrechts lassen sich insbesondere im Völkervertragsrecht[59], vereinzelt aber auch im Völkergewohnheitsrecht[60], und in den allgemeinen Rechtssätzen des Völkerrechts[61] finden.

Zur Vertiefung

35a Auch aus dem allgemeinen Völkergewohnheitsrecht lassen sich umweltrechtlich nutzbar zu machende Regelungsmechanismen herleiten. Von besonderer Bedeutung sind etwa das **Prinzip** der **beschränkten territorialen Souveränität** und Integrität, sowie das **Gebot der guten Nachbarschaft** gemäß Art. 74 UN-Charta. Aus diesem Prinzip folgt für jeden Staat das Verbot, die Umwelt eines anderen Staates ohne einen völkerrechtlichen Rechtfertigungsgrund in erheblichem Umfang zu schädigen. Ein Staat, der gegen dieses Verbot der erheblichen Schädigung der Umwelt verstößt, kann von dem geschädigten Staat auf Wiederherstellung, bzw. soweit dies nicht möglich ist, auf Schadenersatz in Anspruch genommen werden.[62] Hierbei allerdings stellt die Frage der Kausalität und der Zurechenbarkeit ein Problem in tatsächlicher Hinsicht dar. Der geschädigte Staat hat – ohne Möglichkeit einer Beweislastumkehr – den Nachweis der Kausalität des Verhaltens eines anderen Staates für die jeweiligen Umweltschäden zu erbringen. Insbesondere bei großer Distanz zwischen Schadensquelle und Erfolgsort (**Distanzschäden**), bei möglichem Hinzutreten anderer Ursachen (**Summationsschäden**) und bei größerer zeitlicher Distanz zwischen Schadstoffemission und Auftreten von Schäden (**Langzeitschäden**) ist der Nachweis der Kausalität im Einzelfall sehr schwer zu führen.

Eine Auswahl der zahlreichen völkerrechtlichen Vorgaben wird ebenfalls im besonderen Teil behandelt.

D Fazit und Glossar

36 In diesem ersten Teil ging es um einen Überblick über das Umweltrecht in seinen verschiedenen Ausprägungen. Ein Schwerpunkt lag hier darauf, die Rechtsquellen des Umweltrechts aus dem nationalem Recht, dem Europarecht und dem Völkerrecht ken-

59 Vgl. etwa das Protokoll von Kyoto zum Rahmenübereinkommen der Vereinten Nationen über Klimaänderungen, das Montrealer Protokoll über Stoffe, die zu einem Abbau der Ozonschicht führen oder das Rahmenübereinkommen der Vereinten Nationen über Klimaänderungen.

60 So das Verbot erheblicher grenzüberschreitender Umweltschädigung. Dazu *Buck/Verheyen* in Koch, § 1 Rn. 31 ff.

61 Informations-, Warn-und Hinweispflichten bei gefährlichen umweltrelevanten Vorfällen. Dazu *Erbguth/Schlacke*, § 5 Rn. 108 ff.

62 Vgl. insoweit *Rest*, NJW 1989, 2153 ff.

nen zu lernen, um einen Grundstock für die folgenden Teile zu schaffen, die sich allein mit dem öffentlichen Recht befassen.

Ziele des Umweltrechts	Das Umweltrecht dient dem **Schutz** und der Sicherung der natürlichen Lebensgrundlagen für Mensch und Tier vor neu eintretenden Schäden und dem Ausgleich schon eingetretener Schäden. Zugleich müssen aber auch Anforderungen aus anderen Rechtsbereichen, insbesondere der unternehmerischen Freiheiten berücksichtigt werden.
Umweltgesetzbuch	In der Bundesrepublik Deutschland gibt es bislang kein einheitliches Umweltgesetzbuch. Der jüngere politische Wille geht aber dahin, die Pläne zur Schaffung eines solchen Projekts wieder zu beleben.
Allgemein anerkannte Regeln der Technik	regeln, die eine überwiegende Mehrheit von Fachleuten als richtig anerkennt, insbesondere weil sie sich praktisch bewährt haben
Stand der Technik	Entwicklungsstand fortschrittlicher Verfahren, Einrichtungen oder Betriebsweisen, der die praktische Eignung einer Maßnahme zur Begrenzung von Emissionen in Luft, Wasser und Boden, zur Gewährleistung der Anlagensicherheit, zur Gewährleistung einer umweltverträglichen Abfallentsorgung oder sonst zur Vermeidung oder Verminderung von Auswirkungen auf die Umwelt zur Erreichung eines allgemeinen hohen Schutzniveaus für die Umwelt insgesamt gesichert erscheinen lässt. Bei der Bestimmung des Standes der Technik sind insbesondere die im Anhang aufgeführten Kriterien zu berücksichtigen.
Stand der Forschung und Technik	Es ist der Entwicklungsstand der fortschrittlichen Verfahren, Einrichtungen, Betriebsweisen einzuhalten, die nach anerkannten Ergebnissen der einschlägigen herrschenden wissenschaftlichen Forschung zum Schutz von Gefahren und zur Vorsorge gegen Risiken für die Umwelt und den Menschen erforderlich sind.

2. Teil
Allgemeines öffentliches Umweltrecht

Unter der Überschrift Allgemeines öffentliches Umweltrecht werden neben den sog. Prinzipien des Umweltrechts und besonderen umweltrechtlichen Verfahrensarten für die Ausbildung besonders relevante Schnittstellen des Umweltrechts mit dem Verwaltungsverfahrensrecht und dem Verwaltungsprozessrecht behandelt. **37**

A Prinzipien des öffentlichen Umweltrechts

Im öffentlichen Umweltrecht gibt es eine Reihe sog. formeller und materieller Leitprinzipien, die dazu dienen, das umweltrelevante Zusammenleben der Menschen grob zu steuern.[1] **38**

I. Materielle Leitprinzipien

In materieller Hinsicht handelt es sich dabei um das Gefahrenabwehr- und Schutzprinzip, das Vorsorgeprinzip, das Nachhaltigkeitsprinzip, Verursacherprinzip, Gemeinlastprinzip und das Querschnittsprinzip. **39**

1. Gefahrenabwehr- und Schutzprinzip

Das Umweltrecht dient der Abwehr polizeirechtlicher Gefahren[2] und darüber hinaus auch dem Schutz vor Nachteilen und Belästigungen unterhalb der Gefahrenschwelle. **40**

3. Prüfungsfrage: A möchte eine Anlage zur Herstellung von Glas betreiben. Inwiefern drückt sich im Genehmigungsverfahren das Gefahrenabwehr- und Schutzprinzip aus?

Der Betrieb einer Anlage[3] zur Herstellung von Glas bedarf nach § 4 Abs. 1 BImSchG i.V.m. Nr. 2.8 des Anhangs der 4. BImSchV der Genehmigung. Der Gesetzgeber des BImSchG bzw. der Verordnungsgeber der 4. BImSchV geht davon aus, dass die zur Herstellung von Glas erforderlichen Anlagen, z.B. Schmelzöfen, generell gefährlich sind. Aus diesem Grund möchte er Errichtung und Betrieb derartiger Anlagen kontrollieren und stellt ihn – wie den Betrieb aller der in der 4. BImSchV genannten Anlagen – unter einen Genehmigungsvorbehalt[4]. Damit sollen Gefahren, die von genehmigungsbedürftigen Anlagen generell ausgehen können, abgewehrt und die Umwelt hiervor geschützt werden.

1 Dazu eingehend *Sparwasser/Engel/Voßkuhle*, § 2 Rn. 15 ff.
2 Zum Begriff der Gefahr *Schenke*, Rn. 69 ff.
3 Zu diesem Begriff unten Rn. 337.
4 Siehe dazu unten Rn. 55.

2. Vorsorgeprinzip

41 Das Vorsorgeprinzip verlangt es, die Entstehung von Umweltbelastungen durch geeignete Präventivmaßnahmen zu verhindern.

4. Prüfungsfrage: A ist Bauunternehmer und soll auf einer Industriebrache Aushubarbeiten vornehmen. Gilt für ihn eine Vorsorgepflicht?

Eine Ausprägung des Vorsorgeprinzips für diesen Fall enthält § 7 S. 1 BBodSchG. Danach ist neben dem Eigentümer und dem Besitzer eines Grundstücks auch derjenige, der Verrichtungen auf einem Grundstück durchführt, die zur Änderung der Bodenbeschaffenheit führen können, verpflichtet, „Vorsorge gegen das Entstehen schädlicher Bodenveränderungen zu treffen …".[5]

3. Nachhaltigkeitsprinzip

42 Das dem Völker- und Europarecht entstammende Prinzip der nachhaltigen Entwicklung hat eine dauerhafte und tragfähige Harmonisierung ökologischer, ökonomischer und sozialer Ziele zum Gegenstand. Es soll einer ökologisch ausgerichteten qualitätsorientierten Umweltpolitik Vorschub leisten.[6]

5. Prüfungsfrage: Kann man einen Ausdruck des Nachhaltigkeitsprinzips im KrW-/AbfG finden?

Innerhalb der abfallrechtlichen Pflichtenhierarchie sind Abfälle nach § 4 Abs. 1 Nr. 1 KrW-/AbfG in erster Linie zu vermeiden[7]. Diese Vermeidungspflicht kann einem besonders nachhaltigen Schutz der Umwelt vor Abfällen dienen. Die der Vermeidung nachgeordnete Verwertung ist qualitativ minderwertiger, weil hierbei – etwa bei der Herstellung eines neuen Gegenstandes[8] oder bei der Energiegewinnung – erneut Probleme im Zusammenhang mit einer tauglichen Verwertung und gegebenenfalls erneut Umweltbelastungen entstehen können.[9] Am nachhaltigsten schützt also die Vermeidung vor den mit den Abfällen verbundenen ungewünschten Folgen.

4. Verursacherprinzip

43 Nach dem Verursacherprinzip muss vorrangig derjenige, der einen Umweltschaden herbeigeführt hat, für dessen Beseitigung sorgen bzw. aufkommen.[10]

6. Prüfungsfrage: Inwiefern trägt § 24 Abs. 2 BBodSchG dem Verursacherprinzip Rechnung?

5 Zur Ausfüllung der Vorsorgepflichten etwa *Frenz*, BBodSchG, § 7 Rn. 19 ff.
6 Zu diesem Prinzip mit Beispielen *Erbgut/Schlacke*, § 3 Rn. 2.
7 Siehe unten Rn. 434.
8 „Ich war mal eine Dose".
9 Zur Abgrenzung zwischen Vorsorge-und Nachhaltigkeitsprinzip *Sparwasser/Engel/Voßkuhle*, § 2 Rn. 28.
10 Zur Abgrenzung des Verursacherprinzip vom Ursprungsprinzip nach Art. 174 Abs. 2 S. 2 EG, heute Art. 191 Abs. 2 AEUV, *Arndt/Fischer* in Steiner (Hrsg.), VII Rn. 32.

§ 24 Abs. 2 BBodSchG normiert einen Ausgleichsanspruch unter den nach BBodSchG Verantwortlichen. Nach dem Gerechtigkeitsempfinden, das sich auch im Verursacherprinzip widerspiegelt, erscheint es als nahe liegend, zunächst den Verursacher einer schädlichen Bodenveränderung oder Altlast in Anspruch zu nehmen. Dies würde aber eine Beseitigung des Schadens, die gegebenenfalls schnell erfolgen muss, verzögern, wenn die öffentliche Hand nicht in Vorkasse gehen will. Aus Gründen der effektiven Gefahrenabwehr ist die Behörde daher bei der Inanspruchnahme eines Störers nach § 4 BBodSchG bei der ermessensgerechten Störerauswahl nicht dazu verpflichtet, den Verursacher eines Schadens vorrangig vor dem personenverschiedenen Eigentümer des Grundstücks in Anspruch zu nehmen, der uU keinen Verursachungsbeitrag geleistet hat[11]. Es widerspräche allerdings dem Verursacherprinzip, wenn es bei diesem Zustand bliebe. Um diesem Grundsatz Rechnung zu tragen, gewährt § 24 Abs. 2 S. 2 BBodSchG dem in Anspruch genommenen Störer, der nicht Verursacher ist, einen Ausgleichsanspruch gegen den Verursacher. Der Umfang des Ausgleichsanspruchs ist vom Verursachungsbeitrag abhängig.

5. Gemeinlastprinzip

Das Gemeinlastprinzip steht im Gegensatz zum Verursacherprinzip. Hier trägt die Allgemeinheit und nicht der Verursacher die im Zusammenhang mit Umweltschäden entstehenden Kosten. Es kommt ausnahmsweise – als „ultima ratio"[12] – dann zum Tragen, wenn eine Umweltbelastung keinem einzelnen Verantwortlichen zugerechnet werden kann, oder wenn dies nicht praktikabel ist.[13] **44**

■■ **4. Fall**[14]: A erwarb im Wege der Zwangsversteigerung ein Grundstück, auf dem vormals ein zwischenzeitlich insolvent gewordenes Unternehmen industriell Textilien herstellte. Während des Betriebes wurde der Boden mit verschiedenen Chemikalien belastet. Die zuständige Behörde gab A in mehreren Bescheiden umfangreiche Sanierungsmaßnahmen auf, in deren Erfüllung 550 000 € aufgewendet wurden. Dem stand lediglich ein Verkehrswert des Grundstücks im Zeitpunkt des Schadensfalles von etwa 175 000 € gegenüber. A wandte sich gegen die behördliche Ermessensausübung zur Störerauswahl und rügte die Unverhältnismäßigkeit der Zustandshaftung im Hinblick auf Art. 14 GG. Das *BVerfG* nahm diese Argumentation auf und legte für die Zustandshaftung Inhalt, Grenzen der Eigentumsgarantie und der Sozialbindung fest: Da dem Eigentümer die Nutzungen einer Sache aufgrund seiner Eigentümerstellung auch ohne sein Zutun zufallen, ist umgekehrt eine Inanspruchnahme wegen Gefahren, die von der Sache ausgehen, gerechtfertigt, auch wenn sie vom Eigentümer nicht verursacht sind.[15] Warum kann man hierin einen Ausdruck des Gemeinlastprinzips sehen? **45**

Grundsätzlich haftet der Eigentümer unbegrenzt für den Zustand seines Eigentums. Das Bundesverfassungsgericht hält das aber bei sog. „Opferflächen" für verfassungswidrig. Die Grenzen der Haftung bestimmen sich in einem solchen Fall nach dem wirtschaftlichen Wert der die Sozialbindung auslösenden Sache. Wichtigster Anhaltspunkt ist dabei der Verkehrswert des Grundstücks nach Durchführung der Sanierung,

11 Siehe dazu unten Rn. 138 f., 247.
12 *Sparwasser/Engel/Voßkuhle*, § 2 Rn. 37.
13 Dazu *Arndt/Fischer* in Steiner (Hrsg.), VII Rn. 33.
14 Nach *BVerfG*, NJW 2000, 2573 ff.
15 *BVerfG*, NJW 2000, 2573, 2575 f.

wobei Affektions- und soziale Gesichtspunkte im Einzelfall zu abweichenden Bewertungen führen können. Faustformelartig lässt sich die Opfergrenze des Zustandsstörers damit mit dem Verkehrswert des zu sanierenden Grundstücks beschreiben. Höhere Kosten fallen der Solidargemeinschaft zur Last. Insofern wird ein Teil der Lasten über die gerichtlich definierte Opfergrenze nach dem Gemeinlastprinzip der Allgemeinheit auferlegt.[16]

45a Ausdruck des Gemeinlastprinzips ist damit auch der sog. unterlassene Umweltschutz, der Folgekosten einer Umweltbelastung der Gemeinschaft auferlegt. Der Kostenaspekt darf aber nicht darüber hinwegtäuschen, dass das Gemeinlastprinzip – ebenso wie auch das Verursacherprinzip – kein reines Kostendeckungsprinzip ist, sondern gleichzeitig eine Maxime der Verantwortlichkeit, hier der Gemeinschaft, für den Umweltschutz. Letztlich ist diese ökologische Verantwortung des Gesamtstaates, seiner Glieder, gleichermaßen auch seiner Einwohner, der entscheidende Geltungsgrund des Gemeinlastprinzips.

6. Querschnittsprinzip

46 Das Querschnittsprinzip entstammt dem Recht der Europäischen Union. Es ist in Art. 11 AEUV verankert und besagt, dass die Belange des Umweltschutzes bei Festlegung und Durchführung der in Art. 4 AEUV genannten Unionspolitiken und -maßnahmen zu berücksichtigen ist.[17]

> Wird zum **Beispiel** auf europäischer Ebene ein öffentlicher Auftrag vergeben, so sind bei der Vergabe die Erfordernisse des Umweltschutzes zu beachten.[18]

II. Umweltrechtliche Leitprinzipien im Hinblick auf Verfahrensfragen

47 Zudem haben sich einige Leitprinzipien etabliert, die Verfahrensfragen betreffen. Zu nennen sind hier das Integrationsprinzip, das Kompensationsprinzip, das Prinzip des grenzüberschreitenden Umweltschutzes und das Kooperationsprinzip.

1. Integrationsprinzip

48 Das dem Europarecht entstammende Integrationsprinzip setzt sich mehr und mehr auch im nationalen Recht der Bundesrepublik Deutschland durch. Aufgrund der Komplexität umweltrechtlicher Wirkungszusammenhänge soll dem Umweltschutz mit Hilfe des Integrationsgedankens eine übergreifende, „ganzheitliche" Dimension verliehen werden. Hierbei soll zum einen im Rahmen einer umweltmedienübergreifenden Strategie die Wechselwirkung zwischen verschiedenen Umweltmedien berücksichtigt werden („interne Integration"). Zum anderen soll die Politik sich insgesamt mehr dem

---

16 *BVerfG*, NJW 2000, 2573, 2575 f.

17 *Erbguth/Schlacke*, § 7 Rn. 9.

18 Dazu *EuGH*, EuZW 2002, 628, 632 f. – „Concordia Bus Finland Oy Ab".

Umweltschutz zuwenden und etwa aus der Steuerpolitik eine an Umweltbelangen orientierte Umweltsteuerpolitik werden („externe Integration"). Die interne Integrationspflicht hat im nationalen Recht etwa durch die Umsetzung der sog. IVU-Richtlinie ihren Niederschlag gefunden.[19]

2. Kompensationsprinzip

Individuelle Interessen verlangen häufig einen flexiblen Umgang mit Umweltanforderungen. Es ist in der Regel keine wirtschaftlich vertretbare Lösung, bestimmte Nutzungen der Umwelt völlig zu untersagen. Dem trägt das Kompensationsprinzip Rechnung. Danach kann eine an sich verbotene Nutzung der Umwelt gestattet werden, wenn der hierdurch hervorgerufene Eingriff anderweitig ausgeglichen oder kompensiert wird.[20] **49**

Eine wichtige Rolle spielt das Kompensationsprinzip im beim Ausgleich von Eingriffen in Natur und Landschaft im Naturschutzrecht.[21]

3. Grenzüberschreitender Umweltschutz

Weil Umweltschäden nicht an Staatsgrenzen Halt machen, ist grenzüberschreitendes Schutzdenken wichtig. Neben völker- und europarechtlichen Vorgaben greift auch das nationale Recht den Gedanken des grenzüberschreitenden Umweltschutzes auf. **50**

So ist etwa in § 3 AtG der grenzüberschreitende Verkehr von Kernbrennstoffen oder in §§ 48 ff. BNatSchG der von Tieren und Pflanzen geregelt.[22] Zudem kann auf die europarechtlich fundierten notwendigen grenzüberschreitenden Beteiligungen an der Umweltverträglichkeitsprüfung, der strategischen Umweltprüfung und im Raumordnungsverfahren hingewiesen werden

4. Kooperationsprinzip

Für die Verwirklichung des Umweltschutzes ist wichtig, dass der Staat und der die Umwelt in Anspruch nehmende Bürger bei der Verwirklichung des Umweltschutzes möglichst eng zusammen arbeiten. Hierzu hat der Gesetzgeber Instrumente geschaffen.[23] **51**

> **Beispiele** sind die Anhörung beteiligter Kreise vor Erlass von Rechts- und Verwaltungsvorschriften (§§ 7, 48, 51 BImSchG) oder die innerbetriebliche Selbstüberwachung durch Umweltschutzbeauftragte z.B. nach §§ 53 ff. BImSchG oder § 64 WHG.

19 *Kloepfer*, § 14 Rn. 17 ff. mit weiteren Nachweisen. Zur Umsetzung der IVU-Richtlinie in das nationale Recht *Schwartmann/Maus*, EuZW 2000, 74 ff.

20 Dazu und zu den einzelnen Ausgestaltungen des Kompensationsprinzips *Sparwasser/Engel/Voßkuhle*, § 2 Rn. 42 ff.

21 Siehe dazu unten Rn. 165 ff.

22 *Sparwasser/Engel/Voßkuhle*, § 2 Rn. 45 ff.

23 Hierzu *Erbguth/Schlacke*, § 3 Rn. 17 ff.

B Instrumente der Verhaltenssteuerung im öffentlichen Umweltrecht

52 Auch wenn das ordnungsrechtliche Instrumentarium eine wichtige Rolle spielt, so ist das moderne Umweltrecht nicht von der Vorstellung geprägt, dass Umweltschutz vornehmlich im Wege der klassischen polizei- und ordnungsrechtlichen Eingriffs- und Lenkungsverwaltung durch ordnungsbehördliche Anordnungen erreicht werden kann. Daneben gibt es ein vielschichtiges Instrumentarium zur staatlichen Steuerung umweltrelevanten Verhaltens[24]. Beide Wege seien hier kurz vorgestellt.

I. Verhaltenssteuerung durch direkte Vorgaben

53 Auch das moderne Umweltrecht greift auf das klassische ordnungsrechtliche Instrumentarium der Eingriffs- und Lenkungsverwaltung zurück.

1. Verbote und Beschränkungen

54 Zunächst arbeitet der Gesetzgeber hier mit Beschränkungen, um ein für die Umwelt gefährliches Verhalten zu steuern. In diesem Bereich kennt man Verbote, wie etwa das Verbot in § 44 Abs. 1 Nr. 1 BNatSchG, wild lebenden geschützten Tieren nachzustellen. Um dem Einzelfall Rechnung zu tragen, können von diesen Verboten regelmäßig Ausnahmen oder Befreiungen zugelassen werden.

Beispiel: Nach § 67 Abs. 1 BNatSchG kann von Verboten nach § 44 BNatSchG unter den in § 67 Abs. 1 Nr. 1 oder 2 BNatSchG genannten Voraussetzungen auf Antrag **Befreiung** gewährt werden.

Man spricht hier von repressiven Verboten mit Befreiungsvorbehalt[25].

2. Genehmigungsvorbehalte und Anzeigepflichten

55 In anderen Fällen verbietet der Gesetzgeber ein bestimmtes Verhalten nicht, sondern möchte nur dessen Ausübung kontrolliert wissen. Das Gesetz greift dazu auf Genehmigungsvorbehalte oder Anzeigepflichten zurück. Man unterscheidet bei den Genehmigungsvorbehalten zwischen präventiven Verboten mit Erlaubnisvorbehalt auf der einen und repressiven Verboten mit Befreiungsvorbehalt auf der anderen Seite.

56 **a) Präventives Verbot mit Erlaubnisvorbehalt:** Hier soll die Verwaltung die Umweltschädlichkeit prüfen, bevor eine bestimmte Handlung aufgenommen wird. Bildlich gesprochen ist die Schranke für die Aufnahme einer Tätigkeit grundsätzlich offen. Es muss nur aus formellen Gründen die Genehmigung eingeholt werden, sie zu passieren.

---

24 Vgl. eingehend zu den Instrumenten des Umweltschutzes nur *Sparwasser/Engel/Voßkuhle*, § 2 Rn. 57–208.

25 Vgl. unten Rn. 58.

■ **7. Prüfungsfrage:** A möchte gewerbsmäßig Abfälle transportieren. Bedarf er hierzu einer Genehmigung? **57**

Das Genehmigungserfordernis ergibt sich aus § 49 Abs. 1 KrW-/AbfG. Das Besondere beim präventiven Verbot mit Erlaubnisvorbehalt besteht darin, dass bei Vorliegen der gesetzlichen Voraussetzungen ein Genehmigungsanspruch besteht.[26] Dies trägt den Anforderungen des Grundrechts auf Berufsfreiheit aus Art. 12 GG Rechnung. Der Unternehmer soll der Behörde allerdings vor der Aufnahme des Betriebes seine Zuverlässigkeit für die umweltsensible Tätigkeit darlegen.

b) Repressives Verbot mit Befreiungsvorbehalt: Bei einem repressiven Verbot mit Befreiungsvorbehalt ist ein umweltrelevantes Verhalten aufgrund seiner generellen Gefährlichkeit grundsätzlich unerwünscht und verboten. Dieses Verbot kann aber im Zuge einer behördlichen Ermessensentscheidung grundsätzlich aufgehoben werden. Die Schranke ist geschlossen, kann aber ausnahmsweise geöffnet werden. **58**

■ **8. Prüfungsfrage:** A ist Biologielehrer und möchte eine Pflanze einer streng geschützten Art aus der Erde entnehmen und eintopfen, um sie seinen Schülern zu zeigen und diese über die besondere Schutzbedürftigkeit der Pflanze aufzuklären. Darf er das? **59**

Grundsätzlich ist das von A gewünschte Verhalten nach § 44 Abs. 1 Nr. 4 BNatSchG verboten. Allerdings kann die zuständige Behörde unter den Voraussetzungen des § 67 Abs. 1 Nr. 1 und 2 BNatSchG eine Befreiung von diesem Verbot zulassen. A müsste die Behörde vom Vorliegen der Voraussetzungen des Befreiungstatbestandes überzeugen. Das Verhalten würde dann gegebenenfalls durch Verwaltungsakt, der unter Umständen mit Nebenbestimmungen versehen würde, genehmigt.

3. Verhaltenspflichten

Darüber hinaus finden sich in den umweltrechtlichen Fachgesetzen zahlreiche (allgemeine) Verhaltenspflichten, die sich an jedermann oder an einen bestimmten Adressatenkreis richten können. Die Verhaltenspflichten sind vielfach nicht konkret sanktioniert. **60**

Beispiel: § 4 Abs. 1 BBodSchG enthält die Jedermann-Pflicht, sich bei Einwirkungen auf den Boden so zu verhalten, „dass schädliche Bodenveränderungen nicht hervorgerufen werden." § 7 BBodSchG ist demgegenüber an einen bestimmten Personenkreis gerichtet und erlegt Grundstückeigentümern und -besitzern Vorsorgepflichten auf.

4. Einzelanordnungen

Ein wichtiges Mittel der eingreifenden Verhaltenssteuerung sind die behördlichen Einzelanordnungen. Da sie naturgemäß mehr oder minder starke Eingriffe in die private Rechtssphäre darstellen, bedürfen sie wegen des Vorbehalts des Gesetzes einer gesetzlichen Ermächtigung. Sie ermöglichen der Behörde, Gefahrenabwehrmaßnahmen im konkreten Fall umzusetzen. **61**

26 Siehe § 49 Abs. 2 KrW-/AbfG: „Die Genehmigung ist zu erteilen, wenn ...".

62 **5. Fall:** Bei einer Begehung der Tankstelle des A entdeckt ein Sachbearbeiter des Umweltamtes an einer nicht befestigten Stelle auf dem Boden einen großflächigen dunklen Fleck. Er vermutet, dass hier in erheblichem Umfang Öl in das Erdreich eingesickert ist. Was muss der Sachbearbeiter tun, wenn er dem A die Gefahrerforschung aufgeben will und auf welche Norm kann er sich stützen? Kann er auch direkt eine Sanierung anordnen?

Zunächst muss der Sachbearbeiter in Übereinstimmung mit dem allgemeinen verwaltungsverfahrensrechtlichen Untersuchungsgrundsatz (§ 24 VwVfG) behördlich ermitteln (lassen), ob das Vorliegen einer Gefahr in Betracht kommt. Dies ergibt sich spezialgesetzlich aus § 9 Abs. 1 S. 1 BBodSchG. Danach soll die zuständige Behörde geeignete Maßnahmen zur Ermittlung des Sachverhalts ergreifen, wenn ihr Anhaltspunkte für das Vorliegen einer schädlichen Bodenveränderung oder Altlast vorliegen. Näher konkretisiert werden muss dann zum einen, was unter Anhaltspunkten zu verstehen ist bzw. in welchem Fall sie vorliegen, und zum anderen wann sie sich zu „konkreten Anhaltspunkten aufgrund eines hinreichenden Verdachts" verfestigt haben.[27] Erst dann greift die Eingriffsermächtigung des § 9 Abs. 2 BBodSchG. Nachdem die Behörde im Rahmen ihrer Pflicht zur Amtsermittlung aufgrund konkreter Anhaltspunkte einen hinreichenden Verdacht für eine schädliche Bodenveränderung oder Altlast nachgewiesen hat, kann der Sachbearbeiter dem A als Eigentümer des Grundstücks (§ 4 Abs. 3 S. 1 Var. 3 BBodSchG) und gegebenenfalls auch als Verursacher der Verunreinigung (§ 4 Abs. 3 S. 1 Var. 1 BBodSchG) die Durchführung notwendiger Untersuchungen zur endgültigen Gefährdungsabschätzung nach § 9 Abs. 2 BBodSchG aufgeben. Welche Untersuchung im Einzelfall notwendig ist und welchen Umfang sie haben muss, hat die Behörde unter Berücksichtigung ihres Ermessens in den Grenzen des § 40 VwVfG festzulegen. Die bodenschutzrechtliche Eingriffsermächtigung zur Gefahrerforschung in § 9 BBodSchG ist speziell gegenüber der allgemeinen Eingriffsnorm des § 10 BBodSchG. Letztere greift nach erfolgter Gefahrerforschung für die Sanierungsmaßnahme.

5. Zwangsmittel

63 Im Folgenden seien die behördlichen Zwangsmittel angesprochen, die auch im Umweltrecht dazu dienen, polizei- und ordnungsbehördliche Anordnungen durchzusetzen. Die Zwangsmittel sind in den Polizei- und Ordnungsgesetzen der Länder geregelt und es handelt sich dabei ausschließlich und abschließend um Zwangsgeld, Ersatzvornahme und unmittelbaren Zwang. Daneben kann die Behörde in den gesetzlich vorgesehenen Fällen, in denen ein Verhalten den Tatbestand einer Ordnungswidrigkeit erfüllt, neben den Zwangsmitteln Bußgelder verhängen[28].

64 **a) Zwangsgeld:** Das Zwangsgeld[29] stellt ein sog. Beugemittel dar, das den Erfolg des angeordneten Verhaltens nicht unmittelbar herbeiführt, sondern das psychischen Druck aufbaut. Von der Auferlegung einer Zahlungspflicht verspricht man sich die Ein-

27 Dazu *Schwartmann/Pabst*, Rn. 173 ff.
28 Vgl. dazu unten Rn. 502.
29 *Pieroth/Schlink/Kniesel*, § 24 Rn. 11 f.

haltung der behördlichen Verfügung. Durch das Zwangsgeld können vertretbare – also durch Dritte vornehmbare Handlungen – und nicht vertretbare – höchstpersönliche – Handlungen erzwungen werden.

b) Ersatzvornahme: Anders als das Zwangsgeld zielt die Ersatzvornahme[30] darauf ab, einen unmittelbaren Erfolg zu erzielen. Dieses Zwangsmittel beugt also nicht den Willen des Betroffenen, sondern ersetzt die angeordnete Handlung des Ordnungspflichtigen, die die Behörde dann auf dessen Kosten vornimmt. Die Ersatzvornahme wirkt also nur bei vertretbaren Handlungen und kann im Wege der behördlichen Selbst- oder der Fremdvornahme erfolgen. 65

Beispiel: A weigert sich, einer Ordnungsverfügung zur Sanierung seines mit einer schädlichen Bodenveränderung verunreinigten Grundstücks nachzukommen. Die Behörde beauftragt ein Unternehmen mit der Durchführung der Sanierungsarbeiten und stellt A die Kosten in Rechnung (Fremdvornahme).

c) Unmittelbarer Zwang: Mit unmittelbarem Zwang kann eine Verfügung mit Gewalt – also durch unmittelbare körperliche Einwirkung auf Personen oder Sachen – durchgesetzt werden.[31] Dieses Zwangsmittel muss das letzte Mittel darstellen, weil es besonders massiv beeinträchtigt. Im Einzelfall kann es Schwierigkeiten bereiten, den unmittelbaren Zwang von der Ersatzvornahme im Wege der Selbstvornahme abzugrenzen[32]. 66

Beispiel: Auf dem Grundstück des A wird eine giftige Flüssigkeit freigesetzt. Da A nicht sofort erreichbar ist, bricht die Feuerwehr das Tor zum Firmengelände auf, wobei das Schloss zerstört wird (unmittelbarer Zwang). Sodann beseitigt sie den Schaden provisorisch selbst (Selbstvornahme).

II. Verhaltenssteuerung durch Umweltplanung

Um dem Umweltschutz hinreichend Rechnung zu tragen, reicht es nicht aus, umweltrelevantes Verhalten durch eingreifende Maßnahmen zu steuern. Vielmehr ist es wichtig, Umweltprobleme vorausschauend anzugehen. Dem dient die Umweltplanung. Sie ist maßgeblich durch eine nur geringe gesetzliche Zielgebung geprägt und setzt insbesondere auf die Gestaltungsfreiheit und das Planungsermessen des Trägers der Planung, das sich rechtlich am Abwägungsgebot[33] messen muss. Zur Planung gibt der Gesetzgeber zunächst **Ziele der Umweltqualität** vor, die verbindliche Umweltstandards, etwa nach der 22. BImSchV zur Festlegung von Immissionsgrenzwerten, setzen. Teilweise werden aber auch nur allgemeine Ziele formuliert oder politische Absichtserklärungen gegeben.[34] 67

30 *Pieroth/Schlink/Kniesel*, § 24 Rn. 10.
31 *Pieroth/Schlink/Kniesel*, § 24 Rn. 14.
32 Dazu *Pieroth/Schlink/Kniesel*, § 24 Rn. 14 ff.
33 Dazu *Tettinger/Erbguth/Mann*, § 25 Rn. 851 ff.
34 Dazu *Sparwasser/Engel/Voßkuhle*, § 2 Rn. 94.

68 Handfester ist der im Rahmen der **Fachplanung** durchzuführende Umweltschutz, der bei der Verwirklichung bestimmter Projekte, wie etwa der Errichtung eines Flughafens oder einer Autobahn, zum Tragen kommt. Zu diesem Zweck werden z.B. Fachpläne – etwa zur Gewässerbewirtschaftung nach § 83 WHG – aufgestellt. Ferner werden Schutzgebiete ausgewiesen, deren Nutzung besonderen Schranken unterliegt. So können z.B. nach § 26 BNatSchG Landschaftsschutzgebiete ausgewiesen werden, in denen ein besonderer Schutz von Natur und Landschaft erforderlich ist. Instrumente der Planung sind schließlich die **Raumordnungs- und Bauleitplanung**. Erstere richtet sich nach dem ROG, das einer nachhaltigen Raumentwicklung insbesondere auch mit dem Ziel des Schutzes der natürlichen Lebensgrundlagen dient (§ 1 Abs. 2 Nr. 2 ROG). Bei der Bauleitplanung durch Flächennutzungs- und Bebauungspläne kommt es nach § 1 Abs. 5 S. 1 BauGB im Rahmen der nachhaltigen städtebaulichen Entwicklung auch darauf an, die umweltschützenden Anforderungen auch in Verantwortung gegenüber Generationen miteinander in Einklang zu bringen und auch in Verantwortung für den allgemeinen Klimaschutz eine menschenwürdige Umwelt zu sichern und die natürlichen Lebensgrundlagen zu schützen und zu sichern. Nach § 1 Abs. 6 Nr. 7 BauGB sind Umweltschutzbelange bei der Aufstellung der Bauleitpläne zu berücksichtigen.[35]

III. Verhaltenssteuerung durch Setzen ökonomischer Anreize und Selbstregulierung

69 Die Hauptansätze der umweltrechtlichen Verhaltenssteuerung durch Setzen ökonomischer Anreize auf der einen und die Idee der Selbstregulierung auf der anderen Seite seien wie folgt umrissen.[36]

1. Zertifizierung und Saldierung

70 Die Idee der Verhaltenssteuerung durch ökonomische Anreize ist es, Anreize für eine hochwertige, aber kostenintensive Umweltnutzung zu schaffen und dieser einen Mehrwert zuzuweisen. Ein hier gewählter Ansatz ist die **Zertifizierung**, bei der der Umweltnutzer entscheiden kann, ob er staatlich vorgegebene Zertifikate erwirbt, die ihn zu Umweltbelastungen berechtigen oder ob er die Umwelt durch Reduzierung der Umweltbelastung schont und auf den Erwerb von Zertifikaten verzichten kann.

Beispiel: Dieses Modell wird am Handel mit Emissionsreduktionseinheiten praktisch, die das Protokoll von Kyoto in Art. 3 Abs. 10 und 11 i.V.m. Art. 17 vorsieht. Danach ist es für Staaten möglich, Emissionsreduktionseinheiten von anderen Staaten zu erwerben, die diese nicht benötigen. Eine vergleichbare Möglichkeit zum **Handel mit Emissionsrechten** der in der Europäischen Gemeinschaft seit dem 1.1.2005 möglich ist.[37]

---

35 Dazu *Tettinger/Erbguth/Mann*, § 25 Rn. 838 ff.

36 Vgl. eingehend *Sparwasser/Engel/Voßkuhle*, § 2 Rn. 113–169.

37 Grundlage ist die Richtlinie 2003/87/EG, ABl. Nr. L 275/32, die durch das Gesetz über den Handel mit Berechtigungen zu Emissionen von Treibhausgasen (TEHG) und das Gesetz über den nationalen Zuteilungsplan für Treibhausemissionsberechtigungen in der Zuteilungsperiode 2005–2007 (Zuteilungsgesetz – ZuG 2007). Dazu *Pabst* in Fricke/Ott, § 24 Rn. 100 ff. und unten Rn. 325, 383.

Daneben werden namentlich im Produktsicherheitsrecht so genannte **Saldierungslösungen** ermöglicht, denen die Idee des Ausgleichs von Umweltbelastungen zu Grunde liegt. Anders als die Zertifizierung ist die Saldierung in ein öffentlich-rechtliches Genehmigungsverfahren eingebunden.[38] 71

■ **9. Prüfungsfrage:** A betreibt eine genehmigte Anlage zum Brennen keramischer Erzeugnisse nach Spalte 1 Nr. 2.10 der 4. BImSchV. Nunmehr erwägt die Behörde, nach einer durch A angezeigten Änderung des Produktionsprozesses eine nachträgliche Anordnung nach § 17 BImSchG zu erlassen. Besteht eine Möglichkeit, hiervon abzusehen? 72

Nach § 17 Abs. 3a S. 1 BImSchG „soll" die Behörde von nachträglichen Maßnahmen absehen, soweit der Betreiber einen Plan vorlegt, nach dem die Umweltbelastung das Maß der Umweltbelastung unterschreitet, die durch den Erlass einer nachträglichen Anordnung erreichbar wäre. Verhält sich A entsprechend, so ist eine nachträgliche Anordnung grundsätzlich entbehrlich.

2. Umweltabgaben

Besonders wichtig zur ökonomisch veranlassten Steuerung umweltrelevanten Verhaltens sind **Umweltabgaben**[39], die letztlich einen „Preis" für die Nutzung von Umweltmedien festlegen. Man unterscheidet hier zwischen Lenkungsabgaben[40], Finanzierungsabgaben[41], Nutzungsabgaben[42] und Ausgleichsabgaben[43]. Diese Abgaben können rechtstechnisch auf verschiedene Art und Weise erhoben werden. 73

- Zum einen kommen hier **Steuern** als private Geldleistungen, die keine Gegenleistung für eine öffentliche Leistung darstellen (§ 3 Abs. AO), in Betracht; festzustellen ist, dass Steuern früher zumeist durch sog. Verschonungssubventionen als umweltrechtliches Steuerungsmittel verwendet wurden, Anreize also durch das Prämieren eines bestimmten Verhaltens durch Nichterheben von Steuern gesetzt wurden[44]. Die sog. Öko-Steuer, also die Erhebung von Steuern auf Strom, Gas und Kraftstoffe, stellt insoweit einen Paradigmenwechsel hin zu einer Belastung bestimmter Verbräuche mit Steuern dar.[45]
- Sie können zudem in Form der **Gebühr** erhoben werden, die im Gegensatz zur Steuer einen individuellen Vorteil für den Abgabenpflichtigen mit sich bringt. Dies ist etwa als Gebühr zur Nutzung einer öffentlichen Straße denkbar.

---

38 Dazu *Sparwasser/Engel/Voßkuhle*, § 2 Rn. 128 ff.

39 Dazu *Ramsauer* in Koch, § 3, Rn. 96 ff.; *Hendler*, NuR 2000, 661 ff.

40 Z.B. die Abwasserabgabe nach AbwAG, weil sich deren Höhe nach der Giftigkeit der eingeleiteten Gewässer richtet. Dazu *Laskowski/Ziehm* in Koch, Rn. 51f.

41 Z.B. der etwa in Baden-Württemberg für die Wasserentnahmen erhobene Wasserpfennig. *Sparwasser/Engel/Voßkuhle*, § 2 Rn. 138. Zum Wasserentnahmeentgeltgesetz NRW *Posser/Willbrand*, NWVBl. 2005, 410 ff.

42 Der Wasserpfennig lässt sich auch als Nutzungsabgabe begreifen. So *Sparwasser/Engel/Voßkuhle*, § 2 Rn. 138.

43 Z.B. nach Eingriffen in Natur und Landschaft nach dem BNatSchG. Dazu *Maaß/Schütte* in Koch, § 7 Rn. 52.

44 Siehe auch unten Rn. 74.

45 Vgl. zum Urteil des BVerfG zu Ökosteuern (BVerfGE 110, 274 ff.) *Kahl/Schmidt*, JZ 2006, 125, 126.

- Auch können **Beiträge** erhoben werden, die zur Deckung des behördlichen Aufwandes führen, etwa für die Errichtung einer örtlichen Kläranlage. Im Gegenzug muss die Behörde die Inanspruchnahme ermöglichen.
- Schließlich kann der Auffangtatbestand der **Sonderabgaben** bemüht werden.[46]

3. Subventionen

74 Einen Gegensatz zu den negativ wirkenden Abgaben stellen Subventionen dar. Es handelt sich dabei um geldwerte Leistungen, die die öffentliche Hand einem Privaten ohne marktübliche Gegenleistung gewährt, damit dieser einen öffentlichen Zweck verwirklicht. Man unterscheidet direkte (z.B. Bezuschussung landwirtschaftlicher Produkte durch die EG) und indirekte Subventionen.

Beispiel: Häufig sind steuerliche Vergünstigungen für den Erwerb schadstoffarmer Kraftfahrzeuge, nach §§ 3 Nr. 4, 3 d, e, 9 KraftStG.[47]

Ein Problem der Subventionierung kann in der damit verbundenen staatlichen Beeinflussung durch rechtliche oder tatsächliche Verbesserung der Position einzelner Wirtschaftsteilnehmer bestehen.

4. Selbstregulierung

75 Die Selbstregulierung verfolgt den Ansatz, dass der Bürger Eigenverantwortung für umweltrelevantes Handeln übernimmt. Hier zieht der „schlanke Staat" sich unter Rücknahme staatlicher Steuerung und regelmäßig unter Aufhebung gesetzlicher Vorschriften und rechtlicher Standards zurück. Ihm verbleibt eine Regulierungs-, Überwachungs-, Beobachtungs- und Auffangfunktion.

Beispiel ist etwa die betriebliche Selbstüberwachung umweltrelevanter Vorgänge durch Betriebsbeauftragte[48], etwa den für Immissionsschutz nach §§ 53 ff. BImSchG.[49]

5. Mediation

76 Eine moderne Sonderform der Beratung und außergerichtlichen Streitbeilegung ist mittlerweile auch bei Verwaltungsgerichten die sog. „Mediation". Dieser Begriff beschreibt im Wesentlichen die Vermittlung zwischen Gegnern. Er stammt aus den USA und hat sich in der Bundesrepublik Deutschland zunächst im Familienrecht durchgesetzt.

Zur Vertiefung: Es ist heute möglich, bei anwaltlichen Bildungseinrichtungen eine Zusatzausbildung zum anwaltlichen Mediator abzulegen.

---

46 Zu Voraussetzungen und Zulässigkeit *Ramsauer* in Koch, § 3 Rn. 100 f.
47 Vgl. *Sparwasser/Engel/Voßkuhle*, § 2 Rn. 155 ff. Zu den europarechtlichen Vorgaben der Gewährung von Subventionen *Schliesky*, S. 66 ff.
48 Siehe dazu Rn. 380, 456 f.
49 Siehe unten Rn. 390.

Der Mediator soll möglichst eine einvernehmliche Lösung zwischen den Parteien herbeiführen und insofern für besondere Akzeptanz der getroffenen Regelung sorgen. Anders als ein Schiedsrichter hat der Mediator **keine Entscheidungsbefugnis**. Er bereitet lediglich rechtlich tragfähige Entscheidungen der Parteien vor, die für alle Beteiligten **Vorteile**[50] bringen sollen („Win-win-Lösung"). Als Vorteile der Mediation selbst werden genannt: 77

- Flexibilität
- Einbeziehung aller Beteiligten
- Eigenverantwortung
- Gegenseitiges Vertrauen
- Freiwilligkeit
- Kosten- und Zeitersparnis.[51]

Nach und nach setzt sich die Mediation auch im Verwaltungsrecht[52], namentlich im Umwelt- und Planungsrecht durch[53]. Dort besteht bei Großvorhaben, etwa Flughäfen, Bahn- und Autobahntrassen oder Abfalldeponien auch neben den Fach- und verwaltungsverfahrensrechtlich vorgegebenen Beteiligungsrechten in den Planfeststellungsverfahren erheblicher Bedarf zur Herbeiführung einer einvernehmlichen Lösung. So können gerichtliche Auseinandersetzungen – die ein derartiges Verfahren oft erheblich verzögern – manchmal vermieden werden. Bei der Mediation im Verwaltungsrecht ist aber zu berücksichtigen, dass das öffentliche Recht zumeist nicht zur Disposition der Parteien steht. Anders als im Zivilrecht gilt nicht die Dispositionsgrundsatz, sondern die Offizialmaxime, deren Ausprägung der Untersuchungsgrundsatz ist. Anders als ein Privatrechtssubjekt darf die öffentliche Hand sich nicht ihrer Möglichkeiten zur Durchsetzung des Rechts begeben. Ausnahmen kommen bei Abschluss eines Verwaltungsvertrages in Betracht. 78

IV. Transparenz durch Umweltinformation

Zur Verwirklichung des Umweltschutzes ist verlässliche Information über den Zustand der Umwelt und die Ursachen von Umweltbeeinträchtigungen unverzichtbar[54]. Aus diesem Grund erhebt der Staat umweltrelevante Daten für sein Umweltinformationsmanagement. Der Staat steht hier in der Pflicht, aktiv zu informieren. Er muss dazu umweltrelevante Daten erheben, verarbeiten und weitergeben. So werden Statistiken über Struktur des Handwerks oder eine Agrarstatistik erstellt. Damit verbunden ist die Pflicht des Bürgers zur Abgabe von statistischen Daten, sowie Anzeige- und Vorlagepflichten, wie die Anzeige eines Gewerbes nach § 14 GewO. Weiteres Mittel zur aktiven Information sind Auszeichnungen und **Produktkennzeichnungen** wie der „Blaue 79

50 Dazu *Härtel*, JZ 2005, 753, 756 f.
51 Dazu *Voß* in Johlen/Oerder, § 3 Rn. 51 ff. und 61 (Checkliste).
52 Dazu *Härtel*, JZ 2005, 753, 757 ff. Vgl. auch *Schäfer*, NVwZ 2006, 39 ff.; *Orthoff*, NVwZ 2006, 148 ff.
53 Dazu *Wagner/Engelhardt*, NVwZ 2001, 370, 371 ff.
54 Dazu insgesamt *Sparwasser/Engel/Voßkuhle*, § 2 Rn. 174–191.

Engel" zur Auszeichnung umweltfreundlicher Produkte. In diesen Bereich fallen aber auch **Empfehlungen** und **Hinweise** sowie behördliche **Warnungen.**

> **Beispiel:** § 6a der 22. BImSchV enthält die Pflicht, vor gesundheitsbeeinträchtigenden Ozonbelastungen der Luft zu warnen.

80 Zudem muss der Staat für den Bürger die Möglichkeit schaffen, **Zugang zu Umweltinformationen** zu erhalten. Dem dient vornehmlich das Umweltinformationsgesetz (UIG).[55]

V. Schaffung von Kooperationsmöglichkeiten

81 Der Staat setzt im Umweltrecht in Anwendung des Kooperationsprinzips zur Verhaltenssteuerung zunehmend verstärkt auf die konsensuale Lösung umweltrechtlicher Probleme. Dieser Ansatz zeichnet sich durch einen Verzicht auf Ordnungsmittel um den Preis der staatlich überwachten und überprüften, aber letztlich eigenständigen Beseitigung umweltrechtlicher Probleme durch den Bürger aus.[56]

1. Öffentlich-rechtlicher Vertrag

82 Eine wichtige Möglichkeit konsensualen Verhaltens findet sich mit dem öffentlich-rechtlichen Vertrag im VwVfG, das zwei grundsätzliche Formen des Verwaltungsvertrages kennt. § 54 S. 1 VwVfG regelt den koordinationsrechtlichen Vertrag, der zwischen Vertragsparteien auf der Ebene der Gleichordnung, also bevorzugt zwischen Hoheitsträgern, geschlossen wird. Daneben ist in § 54 S. 2 VwVfG der subordinationsrechtliche Vertrag geregelt, der verwaltungsaktersetzend gedacht ist. Innerhalb der subordinationsrechtlichen Verträge stellt das Gesetz zudem zwei Vertragstypen zur Verfügung, nämlich den Vergleichsvertrag nach § 55 VwVfG und den Austauschvertrag nach § 56 VwVfG.

83 Umweltrechtliche Verträge zwischen Privaten und der öffentlichen Hand sind regelmäßig subordinationsrechtlich und können in beiden der genannten Vertragstypen auftreten. Die Vereinbarung öffentlich-rechtlicher Verträge hat den Vorteil, dass ihr Inhalt vom betroffenen Bürger besser akzeptiert wird als einseitig-hoheitliches Handeln durch Verwaltungsakt[57].

> **Zur Vertiefung**
> Der Vertrag wird zum einen als **Schutz des Bürgers** vor einseitigen staatlichen Maßnahmen gesehen, soweit die Bindungswirkung des Vertrages reicht. Zum anderen können behördliche Nachforderungen vermieden werden, sofern sich der naturwissenschaftliche Kenntnisstand oder die rechtlichen Rahmenbedingungen nicht ändern. Selbst wenn die Behörde ausnahmsweise vom Recht zur Kündigung des Vertrags Gebrauch machen kann oder die Geschäftsgrundlage des Vertrags wegfällt oder geändert wird, geht die Risikoverteilung nicht immer zu Lasten des Pflichtigen aus. Auch hier können im Verhandlungswege gerechte Neuverteilungen der Lasten erreicht

---

55 Siehe unten Rn. 97.

56 Vgl. zu möglichen Inhalten eines solchen Vertrages im Bodenschutzrecht unten Rn. 263.

57 Vgl. *Fischer*, BauR 2000, 833, 833.

werden[58]. Der Vertrag **entlastet** die **Behörde**, weil sie in Anbetracht komplexer Sachverhalte häufig nicht in der Lage ist, komplexe Umweltprobleme in den Griff zu bekommen[59].

Ein Verwaltungsvertrag muss hinreichend präzise formuliert sein, um zwischen den Vertragsparteien den Umfang der jeweiligen Pflichten zu umreißen. Auf der anderen Seite ist er aufgrund der subsidiären Anwendbarkeit des Bürgerlichen Gesetzbuches (BGB) insgesamt gemäß § 62 S. 2 VwVfG i.V.m. §§ 133, 157 BGB der Auslegung zugänglich.

6. Fall: Bei einer Begehung der Tankstelle des A entdeckt ein Sachbearbeiter des Umweltamtes an einer nicht befestigten Stelle auf dem Boden einen großflächigen dunklen Fleck. Er vermutet, dass hier in erheblichem Umfang Öl in das Erdreich eingesickert ist. Die nach § 9 Abs. 1 BBodSchG durchgeführte orientierende Untersuchung, ob Anhaltspunkte für das Vorliegen einer schädlichen Bodenveränderung vorliegen, würde 1000 € kosten. Der Sachbearbeiter fragt, ob er mit A einen Sanierungsvertrag ausschließlich über die Gefahrerforschung abschließen kann. **84**

Nach § 13 Abs. 4 BBodSchG ist ein Verwaltungsvertrag in Form eines Altlastensanierungsvertrages nur in einem Sonderfall, nämlich bei einer qualifizierten Altlast und erst in der Phase nach Vorlage des Sanierungsplans vorgesehen.[60] § 13 Abs. 4 BBodSchG beschreibt aber nicht die einzige Form des öffentlich-rechtlichen Vertrages im Zuge von Altlastensanierungen. Hier ist weder ein Vertragsgebot noch eine Einschränkung gegenüber den generell zulässigen Vertragsformen nach § 54 ff. VwVfG normiert. Es ist daher möglich, auch im Falle einer „normalen" Altlast bzw. einer schädlichen Bodenveränderung oder bereits in der Phase der Gefahrabschätzung oder vor Beginn der in § 13 Abs. 1 BBodSchG geregelten Sanierungsplanung einen Verwaltungsvertrag nach § 54 S. 2 VwVfG abzuschließen. Diesen kann der Bürger der Behörde antragen aber auch umgekehrt die Behörde dem Betroffenen.[61] Der Abschluss des Verwaltungsvertrages bereits über die Gefahrerforschung hat für die Behörde den Vorteil der Kostenersparnis, denn die Kosten der orientierenden Untersuchung nach § 9 Abs. 1 BBodSchG trägt grundsätzlich sie. Der Bürger kann die Untersuchung nach Absprache mit der Behörde aber auch in Eigenregie und durch ein Unternehmen seines Vertrauens durchführen lassen. Zudem kann er die entstehenden Kosten gegebenenfalls mit den noch anfallenden Sanierungskosten verrechnen.

2. Sonstige Kooperationsmöglichkeiten

Ein weiteres Mittel der Zusammenarbeit zwischen Bürger und Behörde sind so genannte **Umweltabsprachen**. Hierbei verpflichten sich Unternehmen oder Unternehmensverbände, bestimmte Umweltbelastungen zu verringern oder zu unterlassen.[62] Strukturell betrachtet liegt hier nicht förmliches, sondern sog. informelles Verwaltungshandeln vor. **85**

58 Zu diesen Vorteilen des öffentlich-rechtlichen Vertrages gerade im Umweltrecht vgl. *Spieth*, altlasten spektrum 1996, 163, 164.

59 *Frenz*, BBodSchG, § 13 Rn. 93; auch *Frenz/Heßler*, NVwZ 2001, 13, 13.

60 Siehe unten Rn. 260.

61 Dazu *Schwartmann/Pabst*, Rn. 476 ff.

62 Zu Beispielen und einer kritischen Würdigung *Sparwasser/Engel/Voßkuhle*, § 2 Rn. 197 f.

86 **7. Fall:** I betreibt eine nach BImSchG genehmigte Anlage. Die Behörde teilt ihm mit, dass die Filteranlage technisch überholt ist. Aus diesem Grund soll eine Anordnung zu deren Ersatz nach BImSchG erlassen werden. I sagt nach langen Verhandlungen zu, die Filteranlage zu überholen. Darauf verzichtet die Behörde auf die Anordnung. Daraufhin erlässt die Behörde dennoch eine Verfügung. Ist diese im Hinblick auf die Absprache mit I rechtswidrig?

Absprachen[63] zwischen Bürger und Verwaltung sind nicht per se unzulässig; sie sind aber immer unverbindlich. Hier will die Behörde keine rechtliche Verpflichtung eingehen. Es liegt kein Verwaltungsvertrag und keine Zusicherung nach § 38 VwVfG vor, sondern lediglich ein sog. „Gentlemen's Agreement". Die Rechtmäßigkeit des Verwaltungsakts wird also durch die Absprachen nicht beeinträchtigt. Behördliche Verstöße gegen Absprachen lösen auch grundsätzlich keinen Amtshaftungsanspruch aus.

C Besondere Verfahrensregelungen

87 Das Umweltecht kennt eine Reihe besonderer Verfahrensregelungen. Mit der Planfeststellung, der Umweltverträglichkeitsprüfung, dem Umweltaudit, dem Umweltinformationsgesetz, dem Umweltrechtsbehelfsgesetz sowie dem Umweltschadensgesetz seien nachfolgend die wichtigsten vorgestellt.

I. Planfeststellung

88 Im Umweltrecht spielt die Planfeststellung eine wichtige Rolle. Es handelt sich dabei um eine besondere gesetzlich vorgegebene Verfahrensart, die für bestimmte staatliche und private Vorhaben zu wählen ist. Im Planfeststellungsverfahren wird die Zulässigkeit eines konkreten, regelmäßig umfangreichen Vorhabens festgestellt. Besonders an dieser Verfahrensart ist, dass alle öffentlich-rechtlichen Beziehungen zwischen dem sog. Vorhabenträger und den Planbetroffenen geregelt werden. Der abschließende Planfeststellungsbeschluss ersetzt alle übrigen Behördenentscheidungen in diesem Zusammenhang.[64]

1. Subsidiäre Regelung im Verwaltungsverfahrensgesetz

89 Die Durchführung des Planfeststellungsverfahrens regeln grundsätzlich die §§ 72 ff. VwVfG bzw. die entsprechenden – in der Regel gleich lautenden – Normen der LVwVfG. Das Planfeststellungsverfahren ist Ausdruck der **planerischen Gestaltungsfreiheit** und modifiziert den Amtsermittlungsgrundsatz durch Mitwirkungsrechte und -pflichten des Antragstellers sowie der zu beteiligenden Behörden, Umweltverbände und der Öffentlichkeit.

63 Dazu insgesamt *Maurer*, § 15 Rn. 14 ff.
64 *Erbguth/Schlacke*, § 5 Rn. 40.

Zur Vertiefung

Das Planfeststellungsverfahren wird im Zuge eines sog. **Anhörungsverfahrens** mit einem durch den Vorhabenträger unter Vorlage eines Vorhabenplanes zu stellenden Antrags bei der Anhörungsbehörde eingeleitet (§ 73 Abs. 1 VwVfG).[65] Dem schließt sich eine Anhörung von Behörden durch die Anhörungsbehörde (§ 73 Abs. 2 VwVfG) und eine Auslegung des Antrags und seine öffentliche Bekanntmachung durch die Gemeinden an, die das Vorhaben voraussichtlich betrifft (§ 73 Abs. 3, 3a VwVfG). Grundsätzlich[66] können bis zwei Wochen nach Ablauf der einmonatigen Auslegungsfrist Einwendungen gegen das Vorhaben erhoben werden (§ 73 Abs. 4 S. 1 VwVfG). Ist die Frist abgelaufen, so sind weitere Einwendungen formell und materiell präkludiert. Die ordnungsgemäß erhobenen Einwendungen nach den Vorgaben des § 73 Abs. 6 VwVfG werden sodann mit den Betroffenen erörtert. Nach Beendigung des Anhörungsverfahrens muss die Anhörungsbehörde gemäß § 73 Abs. 9 VwVfG unter anderem zum Ergebnis der Anhörung schriftlich Stellung nehmen und diese der Planfeststellungsbehörde vorlegen. Letztere erlässt dann den vom Antragsteller vorgelegten Plan, sofern dieser genehmigungsfähig ist, in Form der Allgemeinverfügung (§ 35 S. 2 VwVfG), ggf. mit Änderungen, die sich auf Betreiben der beteiligten Behörden, der Genehmigungsbehörde oder als Ergebnis der Öffentlichkeitsbeteiligung ergeben haben. In diesem entscheidet die Planfeststellungsbehörde über alle entscheidungserheblichen Fragen. Die **Rechtswirkungen** des Planfeststellungsbeschlusses reichen weit. Er hat Genehmigungs-, Konzentrations-, Gestaltungs-, Duldungs- bzw. Ausschluss- und Enteignungswirkung.[67] Gegen den Planfeststellungsbeschluss können Betroffene **Rechtsschutz** in Anspruch nehmen. Im Wege der Anfechtungsklage kann die Aufhebung des Beschlusses und mit Hilfe der Verpflichtungsklage dessen Ergänzung erstritten werden. In der Regel ist für diese Klagen aufgrund besonderer gesetzlicher Regelung **kein Vorverfahren** vorgesehen (§ 74 Abs. 1 S. 2 i.V.m. § 70 VwVfG); wegen der eben beschriebenen Präklusionswirkung ist das Vorbringen Betroffener als dasjenige begrenzt, was bereits im Rahmen der Anhörung vorgetragen, im Planfeststellungsbeschluss aber nicht berücksichtigt wurde.[68]

2. Regelung in Fachplanungsgesetzen

Regelungen über die Fachplanung finden sich auch in speziellen Gesetzen. Sind in solchen Fachplanungsgesetzen abweichende Regelungen zur Durchführung des Planfeststellungsverfahrens vorgesehen, so gehen diese denen des VwVfG als spezielles Recht vor[69]. 90

Planfeststellungsbedürftige Vorhaben finden sich bundesrechtlich vorgeschrieben[70] in folgenden Bereichen:

- Fernstraßenrecht (§ 17 FStrG)
- Eisenbahnrecht (§§ 18 ff. AEG)
- Recht der Magnetschwebebahnen (§§ 1 ff. MBPlG)
- Luftverkehrsrecht (§ 8 LuftVG)
- Personenbeförderungsrecht (§ 28 PBefG)
- Wasserstraßenrecht (§ 14 WaStrG)
- Wasserwirtschaftsrecht (§ 31 WHG)
- Atomrecht (§ 9 AtG)

65 *Sparwasser/Engel/Voßkuhle*, § 4 Rn. 105 f.
66 Eine Ausnahme macht § 7 AtVfV.
67 Zu den Wirkungen *Sparwasser/Engel/Voßkuhle*, § 4 Rn. 156 ff.
68 Zum Rechtsschutz *Erbguth/Schlacke*, § 5 Rn. 48.
69 *BVerwG*, NVwZ 1996, 267, 268.
70 Vgl. *Erbguth/Schlacke*, § 5 Rn. 17. Zu landesrechtlichen Planfeststellungserfordernissen, *Sparwasser/Engel/Voßkuhle*, § 4 Rn. 90.

- Kreislaufwirtschafts- und Abfallrecht (§ 29 Abs. 2 KrW-/AbfG)
- Flurbereinigungsrecht (§ 41 FlurbG)
- Bergrecht (§§ 52a, 57a, b BBergG)
- Energiewirtschaftsrecht (§ 11 EnWG)
- Recht der Rohrleitungsanlagen und künstlichen Wasserspeicher in besonderen Fällen (§§ 20, 21, 22 UVPG)

II. Umweltverträglichkeitsprüfung (UVP)

91 Die Umweltverträglichkeitsprüfung (UVP) ist ein unselbständiges Verfahren, das dazu dient, die Verwaltung bei umweltrelevanten Vorhaben frühzeitig zu informieren. Die dem Europarecht entstammende UVP ist in der Bundesrepublik Deutschland im Gesetz über die Umweltverträglichkeitsprüfung (UVPG) geregelt, das die Umweltverträglichkeitsprüfung zum unselbständigen Bestandteil der jeweiligen umweltrechtlichen Zulassungsverfahren macht.

Zur Vertiefung: Die UVP wurde mit der UVP-Richtlinie[71], der IVU-Richtlinie sowie der Fauna-Flora-Habitat-Richtlinie, der Plan-UVP-Richtlinie und zuletzt durch die EG-Richtlinie zur Öffentlichkeitsbeteiligung[72] europarechtlich etabliert.

92 Im Rahmen der UVP müssen die Auswirkungen eines nach § 3b Abs. 1 UVPG i.V.m. dessen Anlage UVP-pflichtigen Vorhabens ermittelt, beschrieben und bewertet werden (§ 2 Abs. 2 UVPG). Die UVP-Pflicht kann auch durch Änderungen oder Erweiterungen einer Anlage später (§ 3b Abs. 3 UVPG) oder auch durch sog. kumulierende Vorhaben (§ 3b Abs. 2 UVPG) entstehen. Die Vorschriften des UVPG sind grundsätzlich subsidiär gegenüber spezialgesetzlichen Regelungen zur Umweltverträglichkeitsprüfung. Dies kommt insbesondere in § 4 UVPG zum Ausdruck, wo bestimmt wird, dass das Gesetz nur Anwendung findet, soweit Rechtsvorschriften des Bundes oder der Länder **nicht selbst eine Umweltverträglichkeitsprüfung** vorsehen. Bedeutsam sind hier vor allem die sondergesetzliche Spezialbestimmung der **9. BImSchV**[73] und die atomrechtliche Verfahrensordnung (AtVfV). Für Anlagen nach dem KrW-/AbfG ist dagegen gem. § 31 Abs. 2 KrW-/AbfG das UVPG ausdrücklich für anwendbar erklärt.

Zur Vertiefung Das Verfahren beginnt mit der Unterrichtung der Behörde durch den Vorhabenträger, an die sich die Entscheidung über die grundsätzliche UVP-Pflichtigkeit des Vorhabens anschließt. Sodann findet eine Abstimmung zwischen Behörde und Vorhabenträger über den Gegenstand, Umfang und Methoden der UVP (sog. „Scoping", § 5 UVPG) und die Hinzuziehung anderer öffentlicher und privater Beteiligter statt. Der Vorhabenträger reicht sodann zur Durchführung des Anhörungsverfahrens die zur UVP erforderlichen Unterlagen (§ 6 Abs. 1 UVPG) gemeinsam mit seinem Zulassungsantrag - entweder im Rahmen des Genehmigungs- oder des Planfeststellungsverfahrens – ein. Sodann sind nationale (§ 7 UVPG) und angrenzende ausländische Behörden (§ 8 UVPG) sowie die Öffentlichkeit (§ 9 Abs. 1 S. 2 UVPG i.V.m. § 73 Abs. 3, 4–6 VwVfG zu beteiligen. In der anschließenden Entscheidungsphase werden grundsätzlich die Auswirkungen

71 Zu neuerer Rechtsprechung zur UVP *Kahl*, JZ 2010, 668 ff . Zu den Folgen der verspäteten Umsetzung der UVP-Richtlinie in Deutschland *EuGH*, NVwZ 2005, 673, 673 f.

72 Siehe unten Rn. 98d.

73 Siehe unten Rn. 351.

des Vorhabens auf die Umwelt und die entsprechenden Vermeidungsmaßnahmen dargestellt (§ 11 UVPG). Auf dieser Grundlage kommt es zu einer Bewertung der Umweltauswirkungen (§ 12 UVP), die bei der späteren Entscheidung über die Zulassung des Vorhabens als ein abwägungsrelevanter Belang neben anderen berücksichtigt werden muss.[74]

Ergänzt wurde das UVPG durch das Gesetz zur Einführung der **Strategischen Umweltprüfung** (SUPG), das insbesondere in Umsetzung der Richtlinie 2001/42/EG im Juni 2005 in Kraft getreten ist; der deutsche Gesetzgeber hat sich für ein Einfügen der Vorschriften über die Strategische Umweltprüfung (SUP) in das UVPG, dort §§ 14a ff., entschieden. Die SUP soll dazu beitragen, die Prüfung von Umwelteinwirkungen früher und effektiver in staatliche Planungsverfahren einzubinden. Die SUP gilt für alle großräumigen Planungen und Programme „mit Bedeutung" für spätere behördliche Zulassungsentscheidungen, die dann für sich regelmäßig der UVP-Pflicht unterfallen. Derartige großräumige Planungen sind bspw. die grundlegende Verkehrswegeplanung des Bundes, die Bauleitplanung, die Landschaftsplanung nach BNatSchG[75] oder Maßnahmeprogramme nach WHG[76].[77] 93

III. Umweltaudit

Das Europarecht stellt Unternehmen und anderen Organisationen ein Instrumentarium zur Verfügung, mit dem sich Umweltleistungen dokumentieren lassen und das die sog. Auditierung des Umweltmanagementsystems ermöglicht, mit dessen Hilfe ein Unternehmen sich aktiv und nachprüfbar gegenüber der Öffentlichkeit als umweltbewusst darstellen kann. Zugleich werden Privaten Erleichterungen im Zusammenhang mit der behördlichen Überwachung eingeräumt. Insofern besteht eine Ähnlichkeit mit Zertifizierungs- und Akkreditierungsverfahren. Gegenstand des Umweltaudit-Verfahrens ist eine staatlich kontrollierte, aber eigenverantwortlich durchgeführte Selbstkontrolle Privater zur Einhaltung und Verbesserung von Umweltstandards.[78] Es kommt im Qualitätsmanagementsystem EMAS (Environmental Management and Audit Scheme) zum Ausdruck, dessen Einführung auf die unmittelbar anwendbare EG-Verordnung über die freiwillige Beteiligung gewerblicher Unternehmen an einem Gemeinschaftssystem für das Umweltmanagement und die Umweltbetriebsprüfung (**Öko-Audit-Verordnung**, EMAS I) zurückgeht. Diese ist mittlerweile durch das Umweltaudit-Gesetz (UAG) und vier Rechtsverordnungen sowie die Öko-Audit-Verordnung EMAS II ersetzt. 94

Zur Vertiefung

Im Rahmen des Umweltaudit-Verfahrens wird eine Umweltprüfung durchgeführt, eine Umweltpolitik festgelegt, ein Umweltprogramm erstellt, ein Umweltmanagementsystem eingerichtet, eine Umweltbetriebsprüfung durchgeführt, eine öffentliche Umwelterklärung abgegeben, eine Überprüfung der vorgenannten Maßnahmen durch einen Umweltgutachter vorgenommen, eine Standortregistrierung der am Umweltaudit teilnehmenden Unternehmen vorgenommen und

74 Zum UVP-Verfahren insgesamt *Kloepfer*, § 5 Rn. 348 ff. und zu verfahrensrechtlichen Sondervorschriften im UVPG, § 5 Rn. 359 ff.

75 Siehe unten Rn. 160 ff.

76 Siehe unten Rn. 300.

77 Dazu *Hendler*, NVwZ 2005, 977 ff.

78 *Sparwasser/Engel/Voßkuhle*, § 4 Rn. 52.

schließlich das EMAS-Logo[79] vergeben. Das novellierte Umweltaudit-Gesetz (UAG) befasst sich im Schwerpunkt mit Regelungen zu Umweltgutachtern und Umweltgutachterorganisationen[80]. Die Anforderungen für die Teilnahme am EMAS-System gehen über das hinaus, was im Rahmen der Betreiberpflichten etwa nach § 5 Abs. 1 BImSchG von dem Betreiber einer Anlage verlangt wird. Die Teilnahme am EMAS hat zunächst allgemein den Vorteil, dass Verantwortlichkeiten transparent gemacht werden können. Im Rahmen der behördlichen Überwachung der eingetragenen EMAS-Standorte sind zudem auf Basis von § 58e BImSchG und § 55a KrW-/AbfG Erleichterungen hinsichtlich Dichte und Umfang staatlicher Überwachungsmaßnahmen vorgesehen. Darüber hinaus sorgt die Verordnung über wasserrechtliche, immissionsschutz- und abfallrechtliche Überwachungserleichterungen (**EMAS-Privilegierungs-Verordnung**) für eine Verzahnung der hoheitlichen Überwachung des Anlagenbetriebs an EMAS-Standorten.

IV. Umweltinformation

95 Eine nicht zu unterschätzende Rolle im allgemeinen Umweltrecht spielt auch das Umweltinformationsrecht.

1. Die Aarhus-Konvention

96 Das 2001 in Kraft getretene „Übereinkommen über den Zugang zu Informationen, die Öffentlichkeitsbeteiligung an Entscheidungsverfahren und den Zugang zu Gerichten in Umweltsachen" der EG[81] aus dem Jahr 1998 ist unter seiner Abkürzung „Aarhus-Konvention (AK)" zu einem festen Bestandteil des umweltrechtlichen Kernwissens geworden, weil es gleichsam einen Markstein der europäischen Entwicklung und eine wichtige Basis für das nationale Recht darstellt. Die Konvention regelt rechtlich verbindliche Vorgaben zu drei Regelungsbereichen – den sog. „Säulen"[82] –, die eng miteinander verbunden sind:

- Die „erste Säule" vermittelt Privaten nach Art. 4 AK ein subjektives Recht auf Zugang zu solchen Umweltinformationen, die sich im Herrschaftsbereich einer Behörde befinden.
- Die „zweite Säule" schreibt eine innerstaatliche Öffentlichkeitsbeteiligung bei behördlichen Entscheidungen über Tätigkeiten vor, die erhebliche Auswirkungen auf die Umwelt entfalten können – in der Regel handelt es sich dabei um Anlagen (Art. 6–8 AK).
- Die „dritte Säule" enthält die Verpflichtung der Vertragsparteien, ihren Bürgern den Zugang zu Gerichten oder anderen unabhängigen Stellen zu öffnen, damit behörd-

79 Abgedruckt in *Schwartmann/Maus*, Besonderes Verwaltungsrecht Bundesrepublik Deutschland, Vorschriftensammlung, Nr. 32. S. 14.

80 Dazu *Erbguth/Schlacke*, § 5 Rn. 120 ff.

81 Übereinkommen der UN-Wirtschaftskommission für Europa (UN-ECE) über den Zugang zu Informationen, die Öffentlichkeitsbeteiligung an Entscheidungsverfahren und den Zugang zu Gerichten in Umweltangelegenheiten v. 25. 6. 1998. Das Übereinkommen ist am 30. 10. 2001 in Kraft getreten. Zur Entstehungsgeschichte der Konvention s. *St. Stec/S. Casey-Lefkowitz/J. Jendroska* (Hrsg.), The Aarhus Convention: An Implementation Guide, New York u. a. 2000, 1 ff. Die Konvention wurde von Deutschland zwar unterzeichnet, ist bislang aber noch nicht ratifiziert.

82 Vgl. dazu aus dem jüngeren Schrifttum etwa *Rehbinder*, in FS Zuleeg (2005), S. 650 ff.; *v. Danwitz*, NVwZ 2004, 272 ff. *Ekardt/Pöhlmann*, NVwZ 2005, 532 ff. *Ekardt,* NVwZ 2006, 55 f.

liche Entscheidungen im Rahmen der „ersten" sowie der „zweiten Säule" auf ihre verfahrensrechtliche und materielle Richtigkeit überprüft werden können (Art. 9 AK), und sie schreibt die Einführung von Unterlassungsansprüchen vor.

Die aufgeführten Rechte sind nicht nur Individuen, sondern auch Vereinigungen einzuräumen, so dass die Aarhus-Konvention einen wichtigen Einfluss auf die Geltendmachung von Umweltrechten durch Verbände und insbesondere auch nichtstaatliche Organisationen (NGO)[83] hat.

2. Umweltinformationsrecht in der Bundesrepublik Deutschland

Eine wichtige und vollständige Umsetzung – nämlich die der „ersten Säule" – hat die **97** AK in der Bundesrepublik Deutschland durch das **Umweltinformationsgesetz** (UIG) erfahren, das sich in seiner seit 2005 geltenden Fassung[84] auch über Umweltinformationen hinaus erstreckt und seit 2006 durch das **Informationsfreiheitsgesetz** des Bundes[85] flankiert wird. Einige Länder kannten schon vorher derartige Gesetze[86]. Zugleich wurde mit dem UIG die erste EG-Umweltinformationsrichtlinie umgesetzt. Nach dem UIG hat grundsätzlich jedermann einen Anspruch auf umweltrelevante Information (§ 1 Abs. 3 UIG) gegenüber Umweltbehörden[87] und Privaten, soweit sie öffentliche Aufgaben wahrnehmen (§ 1 Abs. 1 Nr. 1, 2 UIG). Das UIG in seiner aktuellen Fassung betrifft nur noch informationspflichtige Stellen des Bundes; für die früher mit erfassten Landesbehörden gelten nunmehr flächendeckend Landesumweltinformationsgesetze. Besondere Voraussetzungen müssen für einen Auskunftsanspruch nicht erfüllt werden; anders als das Akteneinsichtsrecht nach § 29 VwVfG knüpft der Anspruch aus dem UIG insbesondere nicht an die Beteiligtenstellung i.S.d. § 13 VwVfG als formalrechtliche Beziehung des Antragstellers zum Auskunftsbegehren an. Jedermann kann bei der nach § 1 Abs. 4 UIG informationspflichtigen Stelle einen formlosen Antrag stellen.

8. Fall: A betreibt einen Getränkemarkt und möchte das Nachbargrundstück erwerben, um **98** dort seinen Betrieb zu erweitern. Ihm ist zu Ohren gekommen, dass beim Befüllen des Heizungstanks einmal Heizöl in das Erdreich des benachbarten Grundstücks versickert ist. Er fragt sich nun, ob er eine Möglichkeit hat, sich über die Verunreinigung des Grundstücks zu informieren.

83 Vgl. insofern Abs. 13 der Präambel sowie die Art. 2 Nr. 4 u. 5, 3 Abs. 4 sowie 9 Abs. 2 UAbs. 3 der Aarhus-Konvention.

84 Dazu *Näckel/Wasielewski*, DVBl. 2005, 1351 ff.

85 Dieses ist zum 1. Januar 2006 in Kraft getreten, und enthält ein subjektiv-öffentliches Recht für jedermann auf Zugang zu Bundesinformationen. Dazu *Schmitz/Jastrow*, NVwZ 2005, 984 ff.; *Kugelmann*, NJW 2005, 3609 ff.

86 Vgl. etwa das Informationsfreiheitsgesetz NRW. Zur Gebühr für eine Auskunftserteilung *OVG Münster* NVwZ 2005, 1099, 1100 ff. Auch in Berlin, Brandenburg und Schleswig Holstein gibt es Informationsfreiheitsgesetze.

87 Ansprüche bestehen gegenüber Bundes-, Landes- und Kommunalbehörden. Vgl. dazu eingehend *Kugelmann*, Die informatorische Rechtsstellung des Bürgers (2001), S. 197 ff. und passim die noch zur ersten Fassung des UIG erschienenen Kommentare von *Turiaux*, UIG-Kommentar (1999) und *Röger*, Umweltinformationsgesetz (1995). Zum Umweltrecht als Informationsrecht, *Kloepfer*, UPR 2005, 41 ff.

Stellt A einen formlosen Antrag bei einer nach § 2 Abs. 1 Nr. 1 und 2 UIG informationspflichtigen Stelle über den Erhalt einer bestimmt formulierten (§ 4 Abs. 2 UIG) Umweltinformation nach § 2 Abs. 3 UIG, so muss dieser nach § 3 Abs. 3 Nr. 1 UIG in der Regel innerhalb eines Monats, spätestens aber innerhalb von zwei Monaten (§ 3 Abs. 3 Nr. 1 UIG) beschieden werden, ohne dass der Antragsteller ein besonderes Interesse vortragen muss. Damit kann die Behörde dem Antragsteller grundsätzlich keine missbräuchliche Antragstellung entgegenhalten[88]. Anspruchsberechtigt ist nach § 3 Abs. 1 UIG jedermann (jede Person), genauer nach Art. 3 UIR alle natürlichen und juristischen Personen. Nicht antragsberechtigt sind also juristische Personen des öffentlichen Rechts[89], wohl aber der Ortsverband einer politischen Partei[90]. Die Auskunftserteilung erfolgt nach § 4 Abs. 1 UIG durch „zugänglich machen", etwa schriftlich, mündlich, durch Akteneinsicht oder dadurch, dass die Behörde dem Antragsteller in sonstiger Weise Informationen zur Verfügung stellt. Um den berechtigten Interessen zum Schutz öffentlicher und privater Belange Rechnung zu tragen, regeln §§ 8 und 9 UIG Beschränkungen des Auskunftsanspruchs, in dem Ablehnungsgründe des Anspruchs formuliert werden. Geschützt sind insbesondere personenbezogene Daten, geistiges Eigentum und sonstige Betriebs- und Geschäftsgeheimnisse. Wird die Auskunft verweigert, so kann dies mit Widerspruch und Anfechtungsklage angegriffen werden. § 44a VwGO ist auf diesen Fall nicht anwendbar[91].

Zur Vertiefung

Die „zweite Säule" und ein Teil der „dritten Säule" der AK – nämlich sofern Art. 9 Abs. 2 AK betroffen ist – wird auf europäischer Ebene durch die Öffentlichkeitsbeteiligungsrichtlinie (2003/35/EG) umgesetzt. Sie regelt insbesondere Verbandsklagerechte, also einen Anspruch auf Individualklage von Verbänden, wie sie in § 61 BNatSchG und den entsprechenden Vorschriften im Landesrecht rudimentär anerkannt sind. Der Streit darüber, ob die AK weitere Erweiterungen der Individualklage erforderlich macht, besitzt eine große Reichweite für das von der Idee der Individualklagebefugnis bestimmte deutsche Verwaltungsprozessrecht; seine Entwicklung muss aufmerksam verfolgt werden[92].

98a Das UIG enthält in § 10 UIG – explizit unter Einbeziehung elektronischer Kommunikationsmittel – die Pflicht, umweltrelevante völkerrechtliche Verträge, Rechtsvorschriften, politische Programme, Daten, Statistiken bis hin zu Ergebnissen von SUP und UVP allgemein zugänglich zu machen. Daneben besteht gemäß § 11 UIG eine Verpflichtung des Bundes, von 2006 an alle vier Jahre einen Umweltzustandsbericht zu veröffentlichen[93].

---

88 *BVerwG*, UPR 1999, 313, 314.
89 *BVerwG*, NVwZ 1996, 400, 401.
90 *BVerwG*, UPR 1999, 313, 314.
91 *Schwartmann/Pabst*, Rn. 395.
92 Vgl. *v. Danwitz*, NVwZ 2004, 272 ff. und *Gündling*, NVwZ 2002, 1033 ff. auf der einen Seite und *Eckardt/Pöhlmann*, NVwZ 2005, 532 ff. auf der anderen Seite.
93 Zum aktuellen Umweltbericht 2010 vgl. http://www.bmu.de/strategien_und_bilanzen/doc/46768.php, zuletzt abgerufen am 11.7.2011

V. Umweltrechtsbehelfsgesetz

Im Kontext der Umsetzung der Aarhus-Konvention, der vorgenannten Richtlinien der EG/EU zur Umweltinformation sowie der Öffentlichkeitsrichtlinie (RL 2003/35/EG) steht der Erlass des Umweltrechtsbehelfsgesetzes (URG) von 2006[94]. Gegenstand der Regelung sind behördliche Entscheidungen gemäß § 1 Abs. 1 S. 1 URG mit umweltrechtlichem Bezug, so insbesondere Genehmigungen UVP-pflichtiger Vorhaben, Genehmigungen nach BImSchG, Erlaubnisse nach WHG oder Planfeststellungsbeschlüsse nach KrW-/AbfG. § 2 Abs. 1 URG sieht eine Klagerecht für gemäß § 3 URG anerkannte inländische oder ausländische Vereinigungen vor, die Klagen gegen eine der zuvor genannten Entscheidungen oder deren Unterlassen einlegen können, ohne eine Verletzung in eigenen Rechten geltend machen zu müssen. Voraussetzung für ein Klagerecht ist vor allem, dass die Vereinigung den satzungsmäßigen Zweck der Förderung der Ziele des Umweltschutzes hat und hierin durch die betreffende Entscheidung berührt ist, dass die Entscheidung Rechtsvorschriften verletzt, die dem Umweltschutz dienen, Rechte Einzelner begründen und für die Entscheidung von Bedeutung sein können, oder dass sie zur Beteiligung in einem Verfahren nach § 1 Abs. 1 URG berechtigt war und sie sich hierbei in der Sache gemäß den geltenden Rechtsvorschriften geäußert hat oder ihr entgegen den geltenden Rechtsvorschriften keine Gelegenheit zur Äußerung gegeben worden ist. **98b**

§ 3 URG regelt das Anerkennungsverfahren für derartige Vereinigungen, wobei auf das Anerkennungsverfahren nunmehr auch in anderen Gesetzen, so insbesondere gemäß § 63 BNatSchG, Bezug genommen wird, sofern der jeweilige Vereinigung ihren Tätigkeitsbereich im Naturschutzrecht sieht. § 3 URG sieht die Anerkennung auch ausländischer Vereinigungen vor, die – wie über den Bereich ein Landes hinweg tätige nationale Vereinigungen – dem Anerkennungsverfahren vor dem Umweltbundesamt unterliegen; betätigt sich eine Vereinigung nur auf dem Gebiet eines Landes, bestimmt das jeweilige Land eine zuständige Behörde. (Noch) nicht anerkannte Vereinigungen können nach Maßgabe des § 2 Abs. 2 URG vorläufig Rechtsbehelfe einlegen; wird deren Anerkennung während des laufenden Gerichtsverfahrens verneint, wird der betreffende Rechtsbehelf unzulässig. **98c**

VI. Umweltschadensgesetz

Grundlage für das Umweltschadensgesetz[95] von 2007 (USchadG) ist die EU-Umwelthaftungsrichtlinie, die der Schaffung gemeinschaftsrechtlicher Rahmenbedingungen für die Umwelthaftung dient. Sie ist am 30.4.2004 in Kraft getreten. In erster Linie geht es um die Prävention und das Verursacherprinzip bei der Sanierung von Umweltschäden. Die Richtlinie erfasst lediglich sog. Ökoschäden, also solche an Böden, Gewäs- **98d**

---

94 Vgl. die Übersicht bei *Schumacher*, UPR 2008, 13 ff. und *Weidemann*, VR 2008, 227 ff.; zur Überprüfung des UPR durch den EuGH auf Vorlage des OVG Münster *Berkemann*, NordÖR 2009, 115 ff.

95 Vgl. zur Entwicklung des Gesetzes *Knopp*, UPR 2005, 361 ff.; *Rütz*, VersR 2004, 426 ff.

sern, geschützten Arten und Lebensräumen, wenn sie sich als Personen-, Sach- oder Vermögensschäden manifestieren („allgemeine Umweltschäden").

98e Zunächst bedarf es einer Abstimmung des Geltungsbereichs des USchadG gegenüber dem übrigen Umweltfachrecht. § 1 USchadG bestimmt insoweit, dass das Gesetz eingreift, „soweit Rechtsvorschriften des Bundes oder der Länder die Vermeidung und Sanierung von Umweltschäden nicht näher bestimmen oder in ihren Anforderungen diesem Gesetz nicht entsprechen". Im Verhältnis etwa zum BBodSchG gilt, dass der Begriff des Umweltschadens bezogen auf Schädigungen des Bodens enger ist als der Begriff der schädlichen Bodenveränderung nach BBodSchG[96].Der Umweltschaden muss auf einem Stoffeintrag beruhen und eine Gefahr für die menschliche Gesundheit hervorrufen, die aber nicht unmittelbar sein muss, sondern auch über den Pfad Boden-Pflanze erfolgen kann.

Der Begriff des Umweltschadens wird dabei nach § 2 Nr. 1 USchadG definiert als

a) eine Schädigung von Arten und natürlichen Lebensräumen nach Maßgabe des § 19 des Bundesnaturschutzgesetzes,
b) eine Schädigung der Gewässer nach Maßgabe des § 90 des Wasserhaushaltsgesetzes,
c) eine Schädigung des Bodens durch eine Beeinträchtigung der Bodenfunktionen im Sinn des § 2 Abs. 2 des Bundes-Bodenschutzgesetzes, die durch eine direkte oder indirekte Einbringung von Stoffen, Zubereitungen, Organismen oder Mikroorganismen auf, in oder unter den Boden hervorgerufen wurde und Gefahren für die menschliche Gesundheit verursacht.

Der Umweltschaden muss durch eine natürliche oder juristische Person im Rahmen einer beruflichen Tätigkeit – nicht schuldhaft – verursacht worden sein (Verantwortlicher).

98f Das Gesetz normiert neben einer gesetzlichen Gefahrenabwehrpflicht des für eine (drohende) Umweltschädigung Verantwortlichen (§ 5 USchadG) für diesen Informationspflichten gegenüber der zuständigen Behörde (§ 4 USchadG), die dann – bei Eintritt eines Schadens – Sanierungspflichten auferlegen kann (§ 6 USchadG). Was an Sanierungsmaßnahmen unter Aufsicht der zuständigen Behörde zu ergreifen ist, hat der Verantwortliche zu ermitteln und von der Behörde genehmigen zu lassen (§ 8 USchadG), soweit die Behörde nicht bereits von einem Selbsteintrittsrecht Gebrauch gemacht hat. Die Pflichten bestimmen sich am Maßstab der fachrechtlichen Vorgaben des BNatSchG, des WHG und des BBodSchG (§ 2 Nr. 10 USchadG).

98g Bemerkenswert ist, dass die Behörde neben dem Tätigwerden von Amts wegen gemäß § 10 USchadG bei Anhaltspunkten für das Drohen oder Vorliegen eines Umweltschadens auf Antrag eines Betroffenen oder einer nach URG anerkannten Vereinigung[97] tätig werden muss.

96 Siehe unten Rn. 225 f.
97 Siehe oben Rn. 98b f.

D Allgemeine verfahrensrechtliche und prozessuale Bezüge des öffentlichen Umweltrechts

Im Umweltrecht spiegelt sich wie in jedem Bereich des besonderen Verwaltungsrechts das allgemeine Verwaltungsrecht und insbesondere auch das Verwaltungsverfahrens- und -prozessrecht wider. Folgende Probleme treten dabei besonders häufig auf. 99

I. Kontrolldichte bei der Überprüfung umweltrechtlicher Verwaltungsentscheidungen

Nach dem verfassungsrechtlichen Gebot des effektiven Rechtsschutzes aus Art. 19 Abs. 4 GG ist das Handeln der (Umwelt-)Verwaltung umfassend zu kontrollieren. Hier sind verschiedene Arten behördlicher Entscheidungen zu berücksichtigen. 100

1. Ermessens- und gebundene Entscheidungen

Man differenziert auch im Umweltrecht nach Ermessensentscheidungen und gebundenen Entscheidungen. Zudem gibt es sog. „Soll-Entscheidungen".

a) Ermessensentscheidungen: Eine Norm kann auf der Rechtsfolgenseite Ermessen (§ 40 VwVfG) eröffnen. In diesem Fall kann die ermächtigte Behörde zur Herstellung von Einzelfallgerechtigkeit zwischen mehreren Rechtsfolgen wählen und hierbei nach entsprechender Prüfung überhaupt von Einschreiten absehen (Entschließungsermessen) oder sich für eine von mehreren möglichen Rechtsfolgen bzw. zwischen unterschiedlichen Adressaten einer Maßnahme entscheiden (Auswahlermessen).[98] Diese Ermessensentscheidungen sind gerichtlich aber nur begrenzt überprüfbar. 101

> **Beispiel:** Gemäß § 24 BImSchG „**kann** [*die Behörde*] im Einzelfall die zur Durchführung des § 22 und der auf dieses Gesetz gestützten Rechtsverordnungen erforderlichen Anordnungen treffen."
> (Hervorhebung nicht im Original).

aa) Ermessensfehler: Eine solche Ermessensentscheidung kann das Verwaltungsgericht bei Vorliegen von Ermessensfehlern (§ 114 VwGO) aufheben. Die Verwaltungsgerichtsordnung kennt folgende Ermessensfehler: 102

Ermessensüberschreitung 103

Definition: Behörde überschreitet die gesetzlichen Grenzen des Ermessens.
- Der Sachbearbeiter in der Umweltbehörde trifft eine im Gesetz nicht vorgesehene Maßnahme oder
- die Behörde verstößt gegen verfassungsrechtliche Vorgaben (Grundrechte/Verhältnismäßigkeitsgrundsatz)

98 Zum Ermessen *Hofmann/Gerke*, Rn. 412 ff.

104 **Ermessensnichtgebrauch**
Definition: Behörde erkennt das Vorliegen des Ermessensspielraums nicht.
- Der Beamte des Umweltamts hält sich irrtümlich für handlungspflichtig oder
- er geht umgekehrt irrtümlich davon aus, dass er nicht handeln darf.

105 **Ermessensfehlgebrauch**
Definition: Behörde übt das Ermessen nicht entsprechend dem Zweck der Ermächtigung aus.
- Der Beamte des Umweltamtes schreitet nur aus persönlichen Gründen ein, weil er einen bestimmten Anlagenbetreiber nicht mag. Es werden sachfremde Erwägungen angestellt.

106 **bb) Ermessensreduzierung:** Es ist auch möglich, dass in einem konkreten Fall von mehreren Entscheidungen nur eine richtig ist. Dies kommt vor, wenn das **Ermessen** auf **Null** reduziert ist.[99]

10. Prüfungsfrage: Das Boot des A verliert auf einem See, der auch der Trinkwasserversorgung dient, Kraftstoff. Polizist P fragt sich, ob er hier sofort einschreiten kann oder sogar muss?

In konkreten Gefahrensituationen *kann* die Polizei aufgrund der polizeilichen Generalklausel – etwa § 8 PolG NRW – gegen den Störer einschreiten. Drohen erhebliche Gefahren für wesentliche Rechtsgüter, so ist nur noch das sofortige Einschreiten ermessensfehlerfrei.[100] Tatsächlich besteht hier also gar kein Entschließungsermessen mehr, dieses ist auf Null reduziert. P muss sofort handeln.

107 **cc) Planungsermessen:** Die gerichtlichen Möglichkeiten bei Ermessensentscheidungen sind im Umweltrecht für den Fall des Planungsermessens eingeschränkt. Sofern **Planungsentscheidungen** der öffentlichen Hand überprüft werden sollen, ist die Überprüfung des Planungsermessens auf Fehler bei der planerischen Abwägung beschränkt[101]. Hier findet eine rechtliche Kontrolle des planerischen Gestaltungsspielraumes nur im Rahmen einer bestimmten Abwägungsfehlerlehre statt, die nur eine eingeschränkte Überprüfung von Planungsentscheidungen vorsieht.[102]

108 **b) Gebundene Entscheidungen:** Im Gegensatz zu den Ermessensentscheidungen stehen sog. gebundene Entscheidungen, die als Rechtsfolge nur eine Entscheidung zulassen.

Beispiel: Im Genehmigungsverfahren nach § 10 Abs. 3 BImSchG gilt Folgendes: „Sind die Unterlagen vollständig, so *hat* die zuständige Behörde das Vorhaben in ihrem amtlichen Veröffentlichungsblatt und außerdem in örtlichen Tageszeitungen, die im Bereich des Standortes der Anlage verbreitet sind, öffentlich bekannt zu machen."

Hier drückt das Wort „hat" aus, dass die Behörde bei Vorliegen aller Tatbestandsvoraussetzungen nur eine Rechtsfolge setzen kann, sie ist an diese Rechtsfolge gebunden.

99 Dazu *Maurer*, § 7 Rn. 24.
100 Dazu *Maurer*, § 7 Rn. 24.
101 *Sparwasser/Engel/Voßkuhle*, § 4 Rn. 186 ff.
102 Dazu *Maurer*, § 7 Rn. 63.

c) „Soll-Entscheidungen": Darüber hinaus kennt auch das Umweltrecht die Verwendung des Wortes *soll*. 109

9. Fall: A ist im Umweltamt der Gemeinde G für Altlasten zuständig. Laut Aktenlage befinden sich in seinem Zuständigkeitsbereich 50 Verdachtsflächen, die einer Gefahrerforschung bedürften. A kann aber aus tatsächlichen Gründen nur 10 Flächen auf einmal bearbeiten. Handelt er rechtmäßig, wenn er in den restlichen 40 Fällen nicht einschreitet?

Das von A verlangte Vorgehen regeln § 9 Abs. 1 S. 1 und 2 BBodSchG. Danach gilt Folgendes:

„Liegen der zuständigen Behörde Anhaltspunkte dafür vor, daß eine schädliche Bodenveränderung oder Altlast vorliegt, so **soll** sie zur Ermittlung des Sachverhalts die geeigneten Maßnahmen ergreifen. Werden die in einer Rechtsverordnung nach § 8 Abs. 1 Satz 2 Nr. 1 festgesetzten Prüfwerte überschritten, **soll** die zuständige Behörde die notwendigen Maßnahmen treffen, um festzustellen, ob eine schädliche Bodenveränderung oder Altlast vorliegt." (Hervorhebung nicht im Original)

Im natürlichen Sprachgebrauch verlangt die Verwendung des Wortes *soll*, wie es sich in § 9 Abs. 1 BBodSchG findet, kein verbindliches Verhalten, sondern es stehen mehrere Handlungsmöglichkeiten offen[103]. Wenn aber ein verwaltungsrechtliches Gesetz die Wendung *soll* verwendet, so ist damit in der Regel ein Handlungsauftrag für die Behörde als Adressat der Norm verbunden. Es besteht also grundsätzlich eine Pflicht einzuschreiten und damit kein Entschließungsermessen, nur bestimmte Fälle zu bearbeiten. Allein aus wichtigem Grund oder in atypischen Ausnahmefällen kann die Behörde von der Rechtsfolge abweichen, die das Gesetz für den Normalfall vorsieht[104]. A darf also die Verunreinigung in den 40 nicht bearbeiteten Fällen nicht unbearbeitet lassen und damit faktisch dulden. Geschieht dies gleichwohl, setzt A sich der Gefahr aus, sich wegen Unterlassens eines Umweltdelikts strafbar zu machen[105] oder eine Amtspflichtverletzung zu begehen, die einen Amtshaftungsanspruch nach Art. 34 GG i.V.m. § 839 BGB auslöst.

2. Beurteilungsspielraum und unbestimmte Rechtsbegriffe

Während das Ermessen auf der Rechtsfolgenseite einer Norm ansetzt, ist der Beurteilungsspielraum eine Frage des Tatbestandes. Die Kontrolldichte gerichtlicher Überprüfung spielt dann eine besondere Rolle, wenn der Tatbestand einer Norm einen sog. **unbestimmten Rechtsbegriff** enthält, der einer näheren Ausfüllung bedarf. 110

a) Die Bedeutung unbestimmter Rechtsbegriffe: Umweltgesetze müssen dynamische und vielschichtige Regelungsgegenstände ordnen und dabei technische Fragen mit einbeziehen. Um diesem Problem Herr zu werden und eine gewisse Flexibilität zu wahren, verwendet der Gesetzgeber häufig Generalklauseln und unbestimmte Rechtsbegriffe, die er in gesetzlichen Begriffsbestimmungen teilweise näher ausfüllt. Der Vorteil dieses Vorgehens liegt darin, dass der sachnahen Umweltverwaltung bei Ent- 111

103 So auch Handbuch der Rechtsförmlichkeiten (BMJ, Hrsg.), Rn. 65.

104 *BVerwGE* 49, 16, 23; 90, 88, 93; *Sachs* in Stelkens/Bonk/Sachs, VwVfG, § 40 Rn. 26 f.; *Maurer*, § 7 Rn. 11.

105 Siehe unten Rn. 503 ff.

scheidungen Freiräume eingeräumt werden, die diese braucht, um komplexe umweltrechtliche Entscheidungen sachgerecht treffen zu können. Teilweise finden sich im Gesetz auch erläuternde Begriffsbestimmungen, die aber ihrerseits wieder auf Definitionen in anderen Gesetzen aufbauen. Der Gesetzgeber begreift die Regelwerke zum Umweltrecht dabei gleichsam als eine Art Baukasten, der nicht nur für das Umweltrecht verwendet werden kann. Bei der Fallbearbeitung setzt diese Tatsache einen Überblick über das gesamte Umweltrecht voraus. Aber auch nach der Ausfüllung der unbestimmten Rechtsbegriffe besteht häufig nicht vollständige Klarheit.

112 **11. Prüfungsfrage:** § 5 Abs. 1 Nr. 3 GastG enthält das Recht, Auflagen zum Schutz der Gäste gegen schädliche Umwelteinwirkungen im Sinne des BImSchG zu erlassen. Findet sich im BImSchG eine nähere Ausgestaltung des Begriffes der „schädlichen Umwelteinwirkungen"?

Der Begriff der schädlichen Umwelteinwirkungen wird in § 3 Abs. 1 BImSchG näher ausgefüllt. In § 3 BImSchG finden sich auch weiterführende Definitionen, etwa des Begriffes der Immission (Abs. 2) und Emission (Abs. 3), der Luftverunreinigung (Abs. 4) oder der Anlage (Abs. 5).[106]

112a Das Problem für die Verwaltung bei Anwendung unbestimmter Rechtsbegriffe liegt darin, dass es im Einzelfall – anders als bei Einräumung von Ermessen – eigentlich nur eine richtige Entscheidung geben kann; der Amtswalter muss sich also für eine Sicht entscheiden, weshalb dem dieser Entscheidung zugrunde liegenden Kenntnisstand und den hierzu führenden Ermittlungen eine besondere Bedeutung zukommt[107]. Unbestimmte Rechtsbegriffe zeichnen sich dadurch aus, dass die „Richtigkeit" ihrer Auslegung durch die Behörden der vollständigen richterlichen Überprüfung unterliegt, und zwar hinsichtlich der Bestimmung des Sinngehalts der Norm und des und des dort verwendeten Begriffs, der Anwendung des unbestimmten Rechtsbegriffs auf den Einzelfall und der der Anwendung zugrundeliegenden Tatsachenfeststellungen.[108]

113 **b) Eingeschränkte gerichtliche Überprüfung:** Nach der Lehre vom „Beurteilungsspielraum" ermächtigt der Gesetzgeber die sachnähere Verwaltung zu eigenverantwortlichen Entscheidungen, die gerichtlich nur beschränkt überprüfbar sind[109]. Diese Lehre ist insbesondere auch für umweltrechtliche Verwaltungsentscheidungen anerkannt[110]. Hier findet sich vielfach Raum für Prognoseentscheidungen des Normanwenders, den der Gesetzgeber bewusst eingeräumt hat. Um diesen auszufüllen, finden sich bisweilen Ermächtigungen zum Erlass von Verwaltungsvorschriften, in denen etwa gesetzliche Anforderungen an Anlagen und deren Betrieb festgelegt werden.

114 **Beispiel**[111]**:** So ermächtigt das BImSchG die Bundesregierung in § 48 dazu, Verwaltungsvorschriften etwa bezogen auf Immissions- und Emissionswerte und das Verfahren zu deren Ermittlung zu erlassen. Auf dieser Grundlage sind die sog. TA (Technische Anleitung) Luft und TA Lärm

106 Siehe unten Rn. 337.
107 *Maurer*, § 7 Rn. 29.
108 Vgl. *Sachs* in Stelkens/Bonk/Sachs, VwVfG, § 40 Rn. 147.
109 Dazu *Maurer*, § 7 Rn. 32.
110 *Maurer*, § 7 Rn. 41.
111 Vgl. mit weiteren Beispielen *Sparwasser/Engel/Voßkuhle*, § 1 Rn. 183.

ergangen.[112] Weitere wichtige Beispiele sind die TA Abfall und die mittlerweile außer Kraft getretene TA Siedlungsabfall, die auf Grundlage von § 4 AbfG (heute § 12 KrW-/AbfG) ergangen sind. Diese Verwaltungsvorschriften enthalten bzw. enthielten zu immissions- bzw. abfallrechtrechtlichen Fragen verallgemeinernde technische Feststellungen und Wertungen.

Sinn dieser Vorschriften ist es, die in den Umweltgesetzen vorhandenen offenen Formulierungen einem möglichst gleichmäßigen und berechenbaren Vollzug zuzuführen.[113]

12. Prüfungsfrage: In der Praxis werden die normkonkretisierenden Verwaltungsvorschriften von Behörden häufig wie Rechtsnormen angewendet. Ist dieses Vorgehen rechtlich beanstandungsfrei? **115**

Dieses Vorgehen ist sowohl im Hinblick auf den Grundsatz der Gewaltenteilung als auch bezogen auf den Gesetzesvorbehalt fragwürdig. Ersteres, weil nicht der Gesetzgeber, sondern die Umweltverwaltung die „Norm" setzt und letzteres, weil auf diese Normen häufig schwerwiegende Eingriffe der Umweltverwaltung gestützt werden, ohne dass sie ein Gesetz im formellen oder materiellen Sinne darstellen. Aus diesem Grunde tritt bei derartigen „antizipierten Sachverständigengutachten"[114] oder „normkonkretisierenden Vorschriften"[115] eine Reduzierung der gerichtlichen Kontrolldichte nur unter besonderen Bedingungen ein, wobei insbesondere eine gesetzliche Anordnung der Konkretisierung durch die Verwaltungsvorschrift verlangt wird[116].

II. Gerichtlicher Rechtsschutz

Im Bereich des gerichtlichen Rechtsschutzes spielen in Ausbildung und Examen folgende Punkte zentrale Rollen.[117]

1. Beteiligung Dritter (Drittschutz)

Im Umweltrecht kommt es häufig vor, dass sich Rechtsbeziehungen nicht im Verhältnis eines potentiell Begünstigten oder Ordnungspflichtigen zu einer Behörde abspielen, sondern es kommt ein Dritter ins Spiel, der um Rechtsschutz ersucht. Hier bereitet die von § 42 Abs. 2 VwGO geforderte Verletzung des Klägers in eigenen Rechten Schwierigkeiten. Damit ist ein prozessuales Standardproblem umweltrechtlicher Klausuren angesprochen. **116**

112 Siehe oben Rn. 22.

113 *Sparwasser/Engel/Voßkuhle*, § 5 Rn. 40.

114 So die frühere Rechtsprechung des Bundesverwaltungsgerichts zu TA Lärm und TA Luft, *BVerwGE* 55, 250, 256 unter Berufung auf *Breuer*, DVBl. 1978, 28, 34 ff.

115 So das Bundesverwaltungsgericht für das Atomrecht *BVerwGE* 81, 185, 190 und für die TA Luft *BVerwGE* 114, 342, 344.

116 Zu weiteren Voraussetzungen *Sparwasser/Engel/Voßkuhle*, § 5 Rn. 45.

117 Allgemein zu neueren Entwicklungen eines effektiven Rechtsschutzes im Umweltrecht, *Edler*, NVwZ 2005, 424 ff. und zur Rechtsprechung im Verwaltungsverfahrensrecht seit 1998 insgesamt *Berg*, JZ 2005, 1059 ff.

117 **10. Fall:** G betreibt in einem allgemeinen Wohngebiet in der Stadt K eine Gaststätte. Bestandteil des Betriebes ist eine Außengastronomie. Der Biergarten ist vom Grundstück des Nachbarn N durch eine mobile Lärmschutzwand abgeschirmt, die die Geräusche der Gaststätte dämpft. Im Sommer 2005 wird die Schutzwand während eines Gewitters mit Sturmböen zerstört. Der Lärmpegel der Außengastronomie dringt seitdem ungeschützt zum Nachbargrundstück. Nachbar N möchte diesen Zustand nicht hinnehmen und wendet sich an die Ordnungsbehörde der Stadt K und beantragt deren Einschreiten. Er verlangt, dass G eine neue Lärmschutzvorrichtung aufstellt. Die Behörde prüft den Fall und gelangt zu dem Ergebnis, dass der Lärm nicht so erheblich ist und weist den Antrag des N zurück, der hiergegen ein erfolgloses Widerspruchsverfahren führt, Daraufhin beauftragt N selbst einen Gutachter mit einer Lärmmessung. Dieser kommt zu dem Ergebnis, dass der Lärmpegel über der zulässigen Schwelle liegt. Er schlägt die Errichtung eines neuen Lärmschutzes vor und nennt hier verschiedene Varianten. N erhebt nunmehr Klage vor dem zuständigen Verwaltungsgericht K. Ist N in diesem Fall klagebefugt?

Dem N geht es hier um die Errichtung einer Lärmschutzmaßnahme, genauer um den Erlass eines Verwaltungsakts in Form einer Auflage nach § 36 II Nr. 4 VwVfG, die den G zur Errichtung einer Lärmschutzwand verpflichtet[118]. Im Zusammenhang mit der Klagebefugnis stellt sich die Frage, ob die Ablehnung des gewünschten Verwaltungsakts den N in seinen Rechten verletzt. Er begehrt hier einen den G belastenden Bescheid. Diese Belastung stellt aber mittelbar eine Begünstigung des N dar. In einem solchen Fall ist eine behördliche Eingriffsermächtigung erforderlich, die sog. **„Drittschutz"**, also ein subjektives öffentliches Recht zugunsten eines Dritten, hier N, gewährt. Als solche kommt § 5 Abs. 1 Nr. 3 GastG in Betracht. Nach der sog. **„Schutznormtheorie"** gewährt eine Norm ein subjektiv-öffentliches Recht, wenn sie nach dem objektivierten Willen des Gesetzgebers zumindest auch dem Schutz von Individualinteressen zu dienen bestimmt ist[119]. § 5 Abs. 1 Nr. 3 GastG ist eine solche drittschützende Norm, weil sie einen geschützten Personenkreis gegenüber der Allgemeinheit eingrenzt. Dies ergibt sich aus dem Wortlaut der Vorschrift, der die Nachbarschaft ausdrücklich in Bezug nimmt und der gegen erhebliche Belästigungen schützt, zu denen auch Lärmbeeinträchtigungen zählen.

118 Zur Vertiefung

In materieller Hinsicht kommt es dann darauf an, ob die Voraussetzungen der Anspruchsgrundlage, in diesem Fall § 5 Abs. 1 Nr. 3 GastG vorliegen. Hier geht von einem erlaubnispflichtigen Gewerbe (§§ 1 und 2 GastG) eine schädliche Umwelteinwirkung aus. Was eine solche ist, regelt § 3 Abs. 1 BImSchG. Es müssen Immissionen vorliegen, die nach Art, Ausmaß oder Dauer geeignet sind, Gefahren, erhebliche Nachteile oder erhebliche Belästigungen für die Allgemeinheit oder die Nachbarschaft herbeizuführen. Die Erheblichkeit von Immissionen muss nach dem Maßstab der Zumutbarkeit bestimmt werden, d. h. danach, ob die Einwirkungen der Umgebung mit Rücksicht auf deren durch die Gebietsart und die konkreten tatsächlichen Verhältnissen bestimmte Schutzwürdigkeit und Schutzbedürftigkeit zugemutet werden können. Die Bestimmung der Schwelle der Erheblichkeit von Immissionen muss – jedenfalls soweit es um Lärmeinwirkungen geht – auf das Empfinden eines verständigen Durchschnittsmenschen und nicht auf die individuelle Einstellung eines besonders empfindlichen Dritten bezogen werden. Dafür kann es auf die Art des Lärms, die Zeit seiner Einwirkung und die bauliche Situation des Einwirkungsortes ankommen.[120] Ist zu dem für die Beurteilung der Rechtswidrigkeit maßgeblichen Zeitpunkt

118 Zur Verwaltungsaktqualität von Nebenbestimmungen zu Verwaltungsakten und zum Rechtsschutz hiergegen, *Maurer*, § 12 Rn. 4 ff. und Rn. 22 ff.

119 *BVerwGE* 92, 313, 317. Vgl. etwa § 5 Abs. 1 Nr. 1 BImSchG, § 24 i.V.m. § 22 BImSchG, § 7 Abs. 2 Nr. 2,3 AtG, § 32 Abs. 1 Nr. 3 KrW-/AbfG. Zur Frage, ob auch die Verletzung von Verfahrensrechten im Klageverfahren gerügt werden kann *Sparwasser/Engel/Voßkuhle*, § 5 Rn. 14 ff.

120 *Metzner*, § 4 GastG, Rn. 247.

der letzten mündlichen Verhandlung vor dem Verwaltungsgericht die Gaststätte, wie vom Gutachter festgestellt, immer noch zu laut, liegen die Voraussetzungen der Anspruchsgrundlage des § 5 Abs. 1 Nr. 3 GastG vor. Ob N einen Anspruch auf behördliches Einschreiten in seinem Sinne hat, richtet sich danach, ob die Entscheidung nach § 113 Abs. 5 S. 1 VwGO spruchreif ist, oder ob nur ein Anspruch auf ein sog. Bescheidungsurteil nach § 113 Abs. 5 S. 2 VwGO besteht. Spruchreife liegt entweder im Falle einer gebundenen Entscheidung oder bei Ermessensreduzierung auf Null vor. Ersteres ist bei § 5 Abs. 1 Nr. 3 GastG, der Ermessen eröffnet („*kann*") nicht der Fall. Vorliegend sind mehrere Lärmschutzmaßnahmen möglich, so dass auch nach dem Ergebnis des Lärmschutzgutachtens noch Auswahlermessen bleibt. Mangels Spruchreife hat N also nur einen Anspruch auf ermessensfehlerfreie Entscheidung (§ 113 Abs. 5 S. 2 VwGO). Das bedeutet: N hat keinen Anspruch auf Errichtung einer Lärmschutzwand, sondern nur auf erneute, ermessensfehlerfreie Entscheidung der Behörde. Das Gericht erlässt ein sog. Bescheidungsurteil, bei dem es die Behörde zur Neubescheidung unter Beachtung der gerichtlichen Rechtsauffassung verpflichtet. N kann also mit der Anordnung von Lärmschutzmaßnahmen durch die Behörde rechnen, aber nicht in einer bestimmten Form.

2. Klagerecht für Verbände

Möchte ein Naturschutzverband oder ein einzelner Naturschützer etwa für die Erhaltung eines Waldstückes eintreten, so ist er nicht in *eigenen* Rechten verletzt. Allerdings eröffnet § 42 Abs. 2 VwGO am Anfang („Soweit gesetzlich nichts anderes bestimmt ist")[121] die Möglichkeit einer gesetzlichen Prozessstandschaft. Diese ist als egoistische Verbandsklage, bei der ein Verband die rechtlich geschützten Interessen seiner Mitglieder geltend macht, und als altruistische Verbandsklage denkbar. Bei letzterer macht ein Verband die Rechte Dritter oder der Allgemeinheit geltend. Praktische Bedeutung hat die altruistische Verbandsklage. Diese findet sich nicht nur im Naturschutzrecht der meisten Bundesländer[122], sondern auch in §§ 58–61 BNatSchG. Nach § 60 BNatSchG anerkannte Vereine haben Stellungnahmerechte und das Recht, Sachverständigengutachten einzusehen. Nach Maßgabe des § 60 BImSchG können sie auch Rechtsbehelfe einlegen.[123] Eine Weiterung hat das Klagerecht von Verbänden durch das URG[124] gefunden, wobei anerkannte Naturschutzverbände zugleich antragsbefugt nach URG sind. **119**

3. Schriftform des Widerspruchs

Im Folgenden soll kurz auf ein verwaltungsprozessuales Problem der fehlenden Schriftform eingegangen werden, das auch in umweltrechtlichen Fällen häufig ist. **120**

■ **11. Fall:** K lagert hinter der von ihm betriebenen Tankstelle offene Altölfässer. Die zuständige Ordnungsbehörde gibt ihm nach Anhörung mit ordnungsgemäß begründetem Bescheid vom 4.3.2006 auf, die Fässer fachgerecht entsorgen zu lassen. Der Bescheid, den K am 7.3.2006 erhält, ist mit einer ordnungsgemäßen Rechtsbehelfsbelehrung versehen. K ist empört, weil er die Fässer für ungefährlich hält. Er ruft den zuständigen Sachbearbeiter bei der Behörde noch am

121 Dazu unten Rn. 211. Klagebefugnis für Naturschutzverbände. Zu Europäisierung solcher Klagerechte, *Gellermann,* NVwZ 2006, 7 ff.

122 § 39b BerlNatSchG; § 65 BbgNatSchG, § 44 BremNatSchG; § 42 HbgNatSchG; § 12b LG NRW; § 37b RHpfLPflegeG; § 33 SaarNatSchG; § 58 SächsNatSchG; § 52 NatSchGLSA; § 51c S.-H.NatSchG; § 46 ThürNatSchG.

123 Zur Vertiefung der völker-und europarechtlichen Hintergründe einer Ausweitung von Verbandsklagerechten auf internationalrechtlicher Grundlage auf Basis der sog. schon oben Rn. 96.

124 Vgl. oben Rn. 98b.

7.3.2006 an und teilt ihm sein Unverständnis deutlich mit. Er redet solange auf den Sachbearbeiter ein, bis dieser die Rechtmäßigkeit der Ablagerung resigniert und ohne weiteren Kommentar zur Kenntnis nimmt. K bittet den Sachbearbeiter, zur Sicherheit noch einen Aktenvermerk über das Telefonat aufzunehmen. Der Vermerk wird erstellt, dem K vorgelesen, von ihm genehmigt und zur Akte genommen. Für K ist die Angelegenheit damit erledigt. Am 4.5.2006 erscheint ein Mitarbeiter der Ordnungsbehörde bei K. Er will sich davon überzeugen, ob K die erforderlichen Schritte in die Wege geleitet hat. K, der nichts veranlasst hat, berichtet von seinem Telefonat mit der Behörde und sagt, dann werde er eben klagen. Der Behördenmitarbeiter vor Ort meint, dass K gegen den Bescheid jetzt nicht mehr erfolgreich klagen könne. Wäre eine Klage des K zulässig?

K wehrt sich gegen eine Anordnung zur Beseitigung von Altölfässern und damit um einen Verwaltungsakt im Sinne des § 35 VwVfG. Die Aufhebung des Verwaltungsakts ist nach § 42 Abs. 1 VwGO mit der Anfechtungsklage zu erstreiten. Vor der Klage müsste K in aller Regel[125] ein Widerspruchverfahren durchführen (§ 68 Abs. 1 S. 1 VwGO). Nach § 70 VwGO ist der Widerspruch innerhalb eines Monats nach Bekanntgabe des Bescheides vom 4.3.2006 am 7.3.2006 – also bis zum 7.4.2006 – oder zur Niederschrift bei der Behörde einzulegen. K hat mit dem Behördenvertreter telefoniert und ihm einen Aktenvermerk diktiert. Das Schriftformerfordernis hat K also nicht gewahrt. Er hat auch nicht zur Niederschrift bei der Behörde Widerspruch eingelegt. Dazu muss der Widerspruchsführer die Behörde aufsuchen. Die Erstellung eines vorgelesenen und genehmigten telefonischen Aktenvermerks reicht nicht aus. Grund dafür ist, dass die Behörde im Falle eines Telefonats nicht die Möglichkeit hat, sich der Identität des Widerspruchsführers zu vergewissern.[126] Der anzugreifende Verwaltungsakt vom 4.3. 2006 ist bestandskräftig. Die Zulässigkeit der Klage des K würde also am Versäumen der Widerspruchsfrist scheitern.

Zur Vertiefung: Auf der Sekundärebene wäre hier freilich an einen Amtshaftungsanspruch nach Art. 34 GG, § 839 BGB zu denken, der wegen des Vermerks Erfolgsaussichten hätte.

4. Normenkontrolle

121 Die verwaltungsgerichtliche Normenkontrolle nach § 47 VwGO, die in erster Instanz durch das Oberverwaltungsgericht bzw. den Verwaltungsgerichtshof[127] stattfindet, betrifft umweltrechtliche Pläne, soweit ihnen nach Maßgabe des Landesrechts (§ 47 Abs. 1 Nr. 2 VwGO) Rechtsnormqualität zukommt. Dies ist, sofern sich diese Eigenschaft nicht – wie beim Bebauungsplan (§ 10 BauGB) – aus dem Gesetz ergibt, durch Auslegung zu ermitteln. Von Bedeutung ist die Frage im Umweltrecht insbesondere im Naturschutzrecht.

12. Fall: Im Gebiet der Gemeinde G wird in einer für verbindlich erklärten Verordnung nach §§ 22 f. BNatSchG ein Naturschutzgebiet ausgewiesen. Das Grundstück des E liegt in diesem Gebiet und er möchte sich gegen die Festsetzung zur Wehr setzen. Welche Möglichkeit besteht hierzu?

---

125 Nicht bspw. nach jetzigem Rechtsstand in NRW, vgl. § 110 JustizG NRW.
126 *BVerwGE* 17, 166, 168, *VGH Kassel* NVwZ-RR1991, 199.
127 Vgl. zur Begriffswahl § 184 VwGO.

Die meisten Bundesländer – wiederum nicht NRW – haben aufgrund der genannten Ermächtigung in § 47 Abs. 1 Nr. 2 VwGO Regelungen zur Überprüfung naturschutzrechtlicher Verordnungen und Satzungen mit der Normenkontrolle erlassen. In der Regel sind hier Schutzgebietsfestsetzungen nach §§ 22 ff. BNatSchG Antragsgegenstand. Soweit Pläne für verbindlich erklärt oder in eine Satzung aufgenommen werden, können sie im Wege der Normenkontrolle angegriffen werden. Zulässigkeitsvoraussetzung für einen Normenkontrollantrag ist, dass der Antragsteller substantiiert geltend machen kann, in subjektiv-öffentlichen Rechten verletzt zu sein[128]. Die Antragsbefugnis setzt weder eine konkrete Bauabsicht noch das Einreichen eines Bauantrags bei der Behörde voraus. Hier ist die Möglichkeit ausreichend, dass die Bebauung eines Grundstücks im Plangebiet aufgrund einer Schutzgebietsfestsetzung beschränkt wird.

5. Vorläufiger Rechtsschutz

Die oben vorgestellte Drittschutzproblematik, in der der Vorhabenträger oder Anlagen- 122
betreiber begünstigt und der Nachbar durch diese Begünstigung belastet wird, wirft ein Folgeproblem auf.[129] In solchen Fällen kann der Rechtsbehelf des Nachbarn als Drittem die Ausnutzung einer Genehmigung über längere Zeit verhindern, da dessen Widerspruch und Anfechtungsklage nach § 80 VwGO zumindest grundsätzlich aufschiebende Wirkung haben. Dieses Ergebnis ist nicht sachgerecht, wenn offen ist, ob die Genehmigung tatsächlich rechtswidrig ist, da der Investor nicht handeln kann. Auch der umgekehrte Fall ist möglich, wenn das Gesetz die aufschiebende Wirkung in Spezialfällen entfallen lässt[130], um ein Investitionsvorhaben gerade zu begünstigen. Diese Konstellationen lassen sich über § 80a VwGO interessengerecht lösen. Hier wird zwischen verwaltungsbehördlichem (§ 80a Abs. 1 und 2 VwGO) und verwaltungsgerichtlichem (§ 80a Abs. 3 VwGO) **vorläufigem Rechtsschutz** unterschieden. In Abs. 1 ist der Rechtsschutz gegen Verwaltungsakte mit Doppelwirkung in der Fallgestaltung angesprochen, dass ein Dritter einen Rechtsbehelf gegen einen Verwaltungsakt einlegt, der dessen Adressaten begünstigt. Abs. 2 betrifft die umgekehrte Konstellation in der der Adressat eines Verwaltungsakts durch diesen belastet wird und hierdurch eine Drittbegünstigung entsteht.

III. Umweltrecht und Verwaltungsverfahrensrecht

Die Lösung umweltrechtlicher Fallkonstellationen setzt eine gute Kenntnis des Verwaltungsverfahrensrechts voraus. Dort ist niedergelegt, welche verfahrensrechtlichen Pflichten die Umweltverwaltung bei Erlass von Ordnungsverfügungen beachten muss. Verletzt die Behörde diese Pflichten, dann ist der von ihr erlassene Verwaltungsakt rechtswidrig.

128 *Schmitz-Rode*, NJW 1998, 415, 415 f.
129 Dazu *Kloepfer*, § 8 Rn. 77 ff.
130 So etwa § 212a BauGB.

1. Typische Fehler im Verwaltungsverfahren

123 Die „Suche nach Fehlern" eines Verwaltungsakts ist eine wichtige Aufgabe im Verwaltungsrecht, deren Bedeutung in der Ausbildung häufig nicht gewürdigt wird, obwohl sie in besonderem Maße prüfungsrelevant ist.[131]

Wichtiger Hinweis

Wie der Rechtsanwalt im Interesse seines Mandanten fehlerhaftes und damit oft rechtswidriges Verwaltungshandeln aufdecken muss, um dem Klienten zu seinem Recht zu verhelfen und der Verwaltungsrichter wegen des Grundsatzes der Amtsermittlung (§ 86 Abs. 1 VwGO)[132] solche Fehler aufdecken muss, muss dies auch der Student bei Fallbearbeitungen. Umgekehrt ist es eine wichtige Aufgabe der Behörde, Fehlerquellen zu kennen und auf dieser Grundlage Fehler zu erkennen und zu vermeiden. Wie man es dreht und wendet, kommt man also nicht an der Erkenntnis vorbei, dass das Vermeiden und Aufspüren von Fehlern im Verwaltungsverfahren zentral ist und im Studium eingeübt werden muss. Das fällt leichter, wenn man das Verwaltungsverfahrensgesetz als Regelwerk begreift, das den Weg zu rechtmäßigem Verwaltungshandeln aufzeigt und das insbesondere für den Erlass rechtmäßiger Verwaltungsakte steht. Auf diese Weise kann man auch schon im Studium die Vitalität und Praxisrelevanz des Verwaltungsverfahrensgesetzes kennen lernen und empfindet es nicht als trocken. Im Folgenden seien ohne Anspruch auf Vollständigkeit typische und klausurrelevante Fehler umweltbehördlichen Handelns aufgeführt.[133]

124 **a) Die Sachverhaltsaufklärungs- (§ 24 und §§ 26 Abs. 1, 27 VwVfG) und Mitwirkungspflicht (§ 26 Abs. 2 VwVfG):** Fehler können zunächst im Zusammenhang mit der behördlichen Pflicht zur Sachverhaltsaufklärung entstehen. Nach § 24 Abs. 1 VwVfG muss die Behörde[134] den für ihre Entscheidung erforderlichen Sachverhalt **von Amts wegen**, also aus eigenem Antrieb und eigenständig so sorgfältig **ermitteln**, dass sie in angemessener Weise entscheiden kann. § 24 Abs. 2 VwVfG verlangt, Ermittlungen auch zugunsten der Beteiligten anzustellen. Ein Verstoß gegen dieses Ermittlungsgebot führt als Verfahrensfehler zur Rechtswidrigkeit einer Verfügung. Welche Mittel die Behörde zur Sachverhaltsaufklärung anwendet, obliegt nach § 24 Abs. 1 und 2 i.V.m. § 26 Abs. 1 VwVfG ihrem Ermessen. Ihr steht auch frei, welche der in § 26 Abs. 1 VwVfG beispielhaft aufgezählten Beweismittel sie wählt.

125 ▪ **13. Fall:** Die zuständige Bodenschutzbehörde ermittelt gegen Anstreicher A und wirft ihm vor, er habe auf einem fremden Grundstück Farbe in das Erdreich eindringen lassen. Hierdurch sei eine sanierungsbedürftige schädliche Bodenveränderung entstanden. A bestreitet dies mit triftigen Argumenten und regt an, die Behörde möge überprüfen, ob die Verunreinigung tatsächlich von der von ihm verwendeten Farbe herrühren könne. Mit ihm zusammen sei noch ein weiteres Malerunternehmen vor Ort gewesen. Er habe eine Farbe, wie die, die Verunreinigung herbeigeführt habe, nachweislich nicht benutzt. Die Behörde lehnt weitere Nachforschungen mit der Begründung ab, es habe bereits ein Ortstermin stattgefunden und sie habe die fragliche Stelle in Augenschein genommen. Weitere Überprüfungen seien Zeitverschwendung und widersprächen dem Gebot der effektiven Gefahrenabwehr. Ist dieses ordnungsbehördliche Vorgehen rechtmäßig?

131 Vgl. dazu eingehend *Hufen*, Fehler im Verwaltungsverfahren.

132 Die entsprechende Untersuchungspflicht der Behörde ergibt sich aus § 24 VwVfG. Dazu sogleich Rn. 124.

133 Vgl. *Peine*, Rn. 310 ff. zum rechtmäßigen und Rn. 637 ff. zum fehlerhaften Verwaltungsakt und dessen Folgen.

134 Die entsprechende Untersuchungspflicht des Verwaltungsgerichts ergibt sich aus § 86 Abs. 1 VwGO.

Die Behörde ist an Beweisanträge oder Anregungen durch den Betroffenen zwar grundsätzlich nicht gebunden. Sie muss aber die Ablehnung von Beweisantritten, die für einen Beteiligten günstig sind, angemessen begründen, und offen legen, warum sie ihr weiteres Vorgehen ohne weitere Ermittlung für richtig hält. Weigert sich die Behörde, auf Anregung eines Beteiligten in eine bestimmte Richtung weiter zu ermitteln, so kann dies relevant werden, wenn ein Betroffener seinen Verursachungsbeitrag an einem Umweltschaden in Abrede stellt und die Behörde sich weigert, diesem Vortrag unter Verletzung ihrer Pflicht zur Ermittlung zugunsten der Beteiligten aus § 24 Abs. 2 VwVfG nachzugehen. Bestehen wie hier begründete Anhaltspunkte dafür, dass der Betroffene gar nicht Störer ist, so wäre die gleichwohl vorgenommene Inanspruchnahme schon wegen eines Verstoßes gegen den Grundsatz der Amtsermittlung rechtswidrig.

Zur Vertiefung: In prozessualer Hinsicht ist anzumerken, dass die die Ablehnung, einem solchen Verdacht nachzugehen, verwaltungsgerichtlich nicht isoliert angreifbar ist. Dies ergibt sich aus § 44a VwGO, der Rechtsbehelfe gegen behördliche Verfahrenshandlungen wie die Ablehnung weiterer Ermittlungen an die Rechtsbehelfe gegen die Sachentscheidung knüpft.

Der Pflicht zur Amtsermittlung steht eine vergleichsweise schwach ausgestaltete **„Mitwirkungspflicht"** des Beteiligten nach § 26 Abs. 2 VwVfG gegenüber. Diese Norm begründet keinen behördlichen Anspruch auf Mitwirkung bei der Sachverhaltsermittlung. Grundsätzlich unterläuft der Behörde ein Verfahrensfehler infolge mangelhafter Sachaufklärung, wenn sie dem Ordnungspflichtigen unangemessene Mitwirkungslasten auferlegt[135]. **126**

Zur Vertiefung In Spezialgesetzen finden sich aber verschärfte Mitwirkungsvorschriften. So enthält § 9 Abs. 1 BBodSchG eine besondere Pflicht zur Mitwirkung bei der Gefahrerforschung. Bis zum Inkrafttreten dieser Vorschrift im Jahr 1998 war die Befugnis zum Erlass von Verfügungen zur Gefahrerforschung im Rahmen der Amtsermittlung die Kostentragung bei solchen Eingriffen streitig. Eine Behörde kann zur Sachverhaltsermittlung auf diese Norm zugreifen und muss im Rahmen des § 9 Abs. 1 BBodSchG nur die Kosten einer ersten sog. „orientierenden Untersuchung" tragen. Wird die Grenze zu einem hinreichenden Verdacht aufgrund konkreter Anhaltspunkte überschritten, so kann nach § 9 Abs. 2 BBodSchG einem nach § 4 BBodSchG Verpflichteten die Durchführung weiterer genauerer Maßnahmen zur Gefahrabschätzung aufgegeben werden. Diesem können zunächst auch die Kosten hierfür auferlegt werden. Bestätigt sich der Verdacht nicht, so muss die Behörde die Kosten erstatten.[136]

b) Die Beratungs- und Auskunftspflicht (§ 25 VwVfG): Wenn sich ein Bürger in Zusammenhang mit einem umweltrechtlichen Problem mit der Bitte um Rat an die Behörde wendet, so treffen diese Beratungs- und Auskunftspflichten. Gemäß § 25 S. 2 VwVfG erteilt die Behörde, „soweit erforderlich, **Auskunft** über die den Beteiligten im Verwaltungsverfahren zustehenden Rechte und die ihnen obliegenden Pflichten". Diese Auskunftspflicht muss nicht individuell erfüllt werden, so dass die Behörde etwa Merkblätter herausgeben kann. **127**

Zur Vertiefung: Ob ein solches Merkblatt aber dann ausreicht, wenn die Behörde auf ein komplexes und spezielles umweltrechtliches Problem angesprochen wird, kann bezweifelt wer-

135 *Hufen*, Rn. 135.
136 Siehe dazu unten Rn. 253.

den. Geht es etwa um die Erarbeitung eines Konzepts zur Sanierung einer Altlast, so verlangt die Vielschichtigkeit des Problems nach einer umfangreichen und detaillierten Information.

Auskünfte, welche die Behörde im Rahmen einer Beratung erteilt, müssen richtig, vollständig und unmissverständlich sein. Anderenfalls läuft die Behörde Gefahr, ihre Amtspflicht zu rechtmäßigem Verwaltungshandeln verletzen[137]. Sie setzt sich dann gegebenenfalls einem Amtshaftungsanspruch wegen Erteilung einer falschen Auskunft aus.

128 **c) Anhörung (§ 28 VwVfG):** Bevor die Behörde einen belastenden Verwaltungsakt erlässt, muss sie die am Verfahren Beteiligten grundsätzlich anhören (§ 28 Abs. 1 VwVfG), d.h. Gelegenheit zur Stellungnahme geben. Sinn der Anhörung ist es, dem Bürger in rechtlicher und tatsächlicher Hinsicht Gehör zu verschaffen. Er soll Gelegenheit erhalten, auf das Verfahren Einfluss zu nehmen und den Sachverhalt in der eigenen Sicht schildern. Gegebenenfalls muss er einen Vorwurf richtig stellen können.[138] Allerdings ist nicht in jedem Fall eine Anhörung erforderlich. Gründe, warum sie unterbleiben kann, enthalten § 28 Abs. 2 und 3 VwVfG. Besondere Bedeutung hat im Umweltrecht die Entbehrlichkeit wegen Gefahr in Verzug nach § 28 Abs. 2 Nr. 1 VwVfG. In der Regel sind Anhörungsfehler nach § 45 Abs. 1 Nr. 3 VwVfG durch Nachholen heilbar[139].

129 **d) Akteneinsichtsrecht für Verfahrensbeteiligte (§ 29 VwVfG):** Für den Bürger ist es von elementarer Bedeutung, über den Inhalt dessen, was die Ordnungsbehörde ihm vorwirft, informiert zu sein. Deshalb hat er ein Akteneinsichtsrecht. § 29 Abs. 1 S. 1 VwVfG sieht vor, dass die Behörde Beteiligten[140] an einem Verwaltungsverfahren Einsicht in die das Verfahren betreffenden Akten gestattet, soweit dies zur Rechtswahrung erforderlich ist[141]. Wer Beteiligter ist, ergibt sich aus § 13 Abs. 1 VwVfG, nämlich,

- wer einen **Antrag** gestellt hat (Nr. 1)
- oder dessen **Gegner** ist (Nr. 1),
- wer (potentieller) **Adressat** eines Verwaltungsaktes (Nr. 2),
- wer (potentieller) **Vertragspartner** eines öffentlich-rechtlichen Vertrages (Nr. 3) ist und
- wer zu einem Verwaltungsverfahren nach § 13 Abs. 2 VwVfG **hinzugezogen** wird (Nr. 4).

Verweigert die Behörde einem Beteiligten das Akteneinsichtsrecht, so handelt sie rechtswidrig.

137 *Stelkens/Kallerhoff* in Stelkens/Bonk/Sachs, VwVfG, § 25 Rn. 15.
138 Eine Zusammenstellung möglicher Verfahrensfehler durch Nichtbeteiligung und Nichtanhörung findet sich bei *Hufen*, Rn. 205.
139 Vgl. unten Rn. 141.
140 Zum Akteneinsichtsrecht und seiner praktischen Bedeutung *Bohl*, NVwZ 2005, 133 ff. Vgl. zum verfahrensunabhängigen Umweltinformationsanspruch nach dem Umweltinformationsgesetz (UIG) oben Rn. 97 f.
141 Eine Zusammenstellung möglicher Verfahrensfehler bei der Entscheidung über die Akteneinsicht findet sich bei *Hufen*, Rn. 255.

Zur Vertiefung: Bei der Ablehnung eines Antrags auf Akteneinsicht handelt es sich in der Regel um eine behördliche Verfahrenshandlung[142]. Ein gesonderter Rechtsbehelf hiergegen ist wiederum nach § 44a VwGO ausgeschlossen; der Fehler kann aber im Rechtsschutz gegen die belastende Entscheidung selbst geltend gemacht werden.

Das Akteneinsichtsrecht des § 29 VwVfG versagt immer dann, wenn nicht ein Verfahrensbeteiligter im Sinne des § 13 VwVfG, sondern ein Dritter Einsicht in Umweltakten nehmen möchte. § 29 Abs. 2 VwVfG schränkt das Akteneinsichtsrecht nämlich insbesondere auch zugunsten eines Dritten ein und es schützt Betriebs- und Geschäftsgeheimnisse[143].

14. Fall zur Vertiefung: A plant ein ehemaliges Tankstellengrundstück zu kaufen. Bevor er mit dem Besitzer in Vertragsverhandlungen tritt, möchte er wissen, ob das Grundstück so stark verunreinigt ist, dass er schon gar keine Vertragsverhandlungen aufzunehmen braucht. Besteht für A eine Möglichkeit, diese Informationen zu erhalten? 130

Das verfahrensabhängige Akteneinsichtsrecht nach § 29 VwVfG scheitert an der fehlenden Beteiligtenstellung des A. Allerdings besteht hier ein verfahrensabhängiger Umweltinformationsanspruch für jedermann aus dem Umweltinformationsgesetz (UIG)[144].

e) Bestimmtheit der Ordnungsverfügung (§ 37 VwVfG): Ein Verwaltungsakt leidet an einem Mangel, wenn er inhaltlich nicht hinreichend bestimmt, in sich widersprüchlich oder aus Sicht seines Adressaten unverständlich ist. Unbestimmt kann ein Verwaltungsakt auch dann sein, wenn er mehrere nicht zusammen gehörende Angelegenheiten in einer Verfügung zusammen fasst und hierdurch unverständlich wird[145]. 131

Zur Vertiefung: Es ist auch aus tatsächlichen Gründen problematisch, einen neuen, rechtmäßigen Verwaltungsakt abzufassen[146]. In umweltrechtlichen Fällen ist die Formulierung des Tenors, also der Handlungsanordnung in der Ordnungsverfügung, schwierig[147], weil sich die Behörde über den Regelungsgegenstand nicht gewiss ist. Als Beispiel mag das Bodenschutzrecht dienen. Hat die Behörde den Verdacht einer schädlichen Bodenveränderung oder Altlast, so ist sie in der Regel nicht über das genaue Ausmaß des vermuteten Schadens hinsichtlich seiner Art, Menge, Qualität und seines räumlichen Ausmaßes im Bilde. Weil ihr aber an einer umfassenden Sanierung gelegen ist, neigt sie dazu, den Tenor weit und damit ggf. zu weit zu fassen.

Das Bestimmtheitserfordernis nach § 37 Abs. 1 VwVfG stellt in der Praxis ein häufiges Problem dar, das sich nicht selten in Klausuraufgaben findet. Es wird allerdings in der Ausbildung bisweilen nicht hinreichend wahrgenommen.

15. Fall: K betreibt eine bau- und gaststättenrechtlich genehmigte ortsfeste Imbissbude. Er verkauft dort Speisen und Getränke. An einem heißen Sommertag stellt sich ein Defekt an der Geruchsabzugseinrichtung ein. Ab diesem Zeitpunkt ist die von dem Imbiss ausgehende Geruchsbelastung nicht mehr erträglich. Die Nachbarn beschweren sich. Daraufhin gibt die zuständige Ordnungsbehörde dem K nach Anhörung mit ordnungsgemäß begründetem Bescheid auf, eine Abzugseinrichtung einzubauen, die gewährleistet, „dass Geruchsbelästigungen des näheren Umfeldes möglichst vermieden werden". Ist der Bescheid rechtmäßig? 132

142 *BVerwG*, NJW 1979, 177, 177.
143 *Bonk* in Stelkens/Bonk/Sachs, VwVfG, § 29 Rn. 66.
144 Siehe dazu oben Rn. 97.
145 *P. Stelkens/U. Stelkens* in Stelkens/Bonk/Sachs, VwVfG, § 37 Rn. 10.
146 Zu Fehlerquellen in diesem Zusammenhang *Hufen*, Rn. 292.
147 Dazu auch *Frenz/Heßler*, NVwZ 2001, 13, 13 f.

Problematisch ist hier die inhaltliche Bestimmtheit des Verwaltungsakts nach § 37 VwVfG. Diese ist ein Merkmal der materiellen und nicht der formellen Rechtmäßigkeit des Verwaltungsakts[148], er ist also im **Fallaufbau** im Rahmen der Begründetheit bei den allgemeinen Rechtmäßigkeitsvoraussetzungen an einen jeden Verwaltungsakt zu prüfen. Nach § 37 VwVfG muss das mit dem Verwaltungsakt verfolgte Ziel inhaltlich klar bestimmt sein, also eine konkrete Verhaltensanweisung für den Adressaten enthalten. Hier gibt die Behörde dem K auf, eine Abzugseinrichtung einzubauen, die gewährleistet, „dass Geruchsbelästigungen des näheren Umfeldes möglichst vermieden werden". Damit ist zum einen offen, auf welchen räumlichen Geltungsbereich sich die Anordnung bezieht[149] und zum anderen ist unklar, was mit „möglichst vermeiden" gemeint ist[150]. Der Verwaltungsakt ist im Fall also unter Berücksichtigung von § 37 VwVfG wegen Unbestimmtheit unwirksam und daher materiell rechtswidrig.

133 **f) Mangelhafte Begründung (§ 39 VwVfG):** Ein schriftlicher oder elektronischer Verwaltungsakt ist nach § 39 Abs. 1 VwVfG zu begründen. Dabei sind „die wesentlichen tatsächlichen und Gründe mitzuteilen, die die Behörde zu ihrer Entscheidung bewogen haben".

■ **13. Prüfungsfrage:** In Fall 15 begründet die Behörde ihren Bescheid vom 10.8.2005, indem sie den Wortlaut von § 5 Abs. 1 Nr. 3 GastG wörtlich wiederholt. Ist ein solcher Bescheid rechtmäßig?

Bei der Begründung[151] muss die Behörde auf den konkreten Fall abstellen und darf sich nicht auf formelhafte Darstellungen beschränken, etwa einen konkret nichtssagenden Textbaustein verwenden oder gar – wie hier – lediglich den Wortlaut der Ermächtigung wiederholen[152]. Der Bescheid ist also wegen eines Begründungsmangels formell rechtswidrig, wobei dieser Mangel nach § 45 Abs. 1 Nr. 2 VwVfG durch nachträgliche Begründung grundsätzlich heilbar ist.

134 **g) Wahrung des Verhältnismäßigkeitsgrundsatzes:** Bei allem Handeln muss die öffentliche Hand das Übermaßverbot und den daraus resultierenden verfassungsrechtlichen Grundsatz der Verhältnismäßigkeit wahren[153]. Zur Überprüfung der Einhaltung dieses fundamentalen Gebots, hat sich folgendes Schema eingebürgert.

- Die Behörde muss einen verfassungsrechtlich legitimen Zweck verfolgen.
- Das von der Behörde eingesetzte Mittel muss zunächst geeignet sein, den verfolgten Zweck jedenfalls zu fördern (Geeignetheit).
- Sind mehrere gleichermaßen geeignete Mittel in Betracht zu ziehen, um den Zweck zu erreichen, so muss die Behörde das mildeste Mittel auswählen, das den ge-

148 *BVerwG* NJW 1968, 1842, 1843; *P. Stelkens/U. Stelkens* in Stelkens/Bonk/Sachs, § 37 VwVfG Rn. 10.
149 Dazu *Mannheim* NVwZ 1998, 761, 762 bezogen auf eine Versammlung.
150 Dazu *OVG Münster* DVBl. 1976, 800, 801 f.
151 Vgl. die Zusammenstellung von Begründungsfehlern bei *Peine*, Rn. 686.
152 *VGH München*, BayVBl 1984, 82 f. für einen Bebauungsplan.
153 *Sachs* in Stelkens/Bonk/Sachs, VwVfG, § 40 Rn. 83 m.w.N.

wünschten Erfolg bringt. Die Beeinträchtigung des von einer staatlichen Maßnahme Betroffenen darf nicht über das Erforderliche hinausgehen (Erforderlichkeit).
- Schließlich müssen das im konkreten Fall angewendete Mittel und der verfolgte Zweck in einer angemessenen Relation zueinander und zur Belastung des Betroffenen stehen (Angemessenheit).[154]

Die Einhaltung des Grundsatzes der Verhältnismäßigkeit ist im Rahmen der materiellen Rechtmäßigkeit eines Verwaltungsakts immer sorgfältig zu überprüfen. Trägt eine Ordnungsverfügung diesem Grundsatz nicht oder nicht hinreichend Rechnung, so ist sie materiell rechtswidrig.

14. Prüfungsfrage: Die Bodenschutzbehörde gibt dem A die Sanierung einer Altlast auf seinem Grundstück über das Grundwasser auf, obwohl dieses ebenso in der Vergangenheit und auch weiterhin von benachbarten Grundstücken verunreinigt wird. Wäre das verhältnismäßig? **135**

Die aufgegebene Sanierung wäre in diesem Fall unverhältnismäßig, weil sie schon nicht zur Beseitigung der Gefahr geeignet wäre. Die Gefahr für das Grundwasser wird wegen der weiteren Einträge nicht behoben und vermutlich nicht einmal nennenswert reduziert. Wegen der Andauer der Gefahr stünde das Mittel der überaus kostspieligen Sanierung über das Grundwasser auch in keinem angemessenen Verhältnis zum verfolgten Zweck. Es ist bei der Falllösung wichtig, den Fehler auch tatsächlich bei der vorrangigen Geeignetheit der Maßnahme festzumachen und nicht allein die Angemessenheit zu prüfen.

h) Sofortige Vollziehung: Insbesondere umweltrechtliche Maßnahmen müssen bei Gefahr in Verzug, also bei Vorliegen einer aktuellen Gefahrenlage, schnell erfolgen. Nur so können ein Schadenseintritt oder gar weitere Schäden vermieden werden. Die Behörde muss in dieser Situation einen Pflichtigen kurzfristig im Wege des sog. sofortigen Vollziehung in Anspruch nehmen. Sie erlässt dann eine **136**
- Ordnungsverfügung
- und erklärt diese aus einem besonderen Grund für sofort vollziehbar.

Widerspruch und/oder Klage des Empfängers einer solchen Verfügung haben in einem solchen Fall (vgl. den Grundsatz in § 80 Abs. 1 S. 1 VwGO) keine aufschiebende Wirkung (§ 80 Abs. 2 S. 1 Nr. 4 VwGO). Die Behörde muss mit der Umsetzung der Maßnahme nicht warten, bis ihre Maßnahme überprüft bzw. bestandskräftig ist. Eilmaßnahmen sind eine massive Form des Eingriffs. Sie treffen den Pflichtigen besonders hart, weil er alles andere „stehen und liegen lassen" muss, um der behördlichen Anordnung nachzukommen. Die Durchführung von Sofortmaßnahmen ist deshalb an besonders **strenge verfahrensrechtliche Anforderungen** geknüpft.

Insbesondere muss die Behörde die Anordnung der Anordnung der sofortigen Vollziehung gemäß § 80 Abs. 3 S. 1 VwGO besonders **begründen**. Diese Begründung leidet häufig an Mängeln. Behörden neigen in der Eile dazu, die Reichweite des § 80 Abs. 3 S. 2 VwGO, wonach eine besondere Begründung in besonderen Fällen verzicht-

154 Dazu *Pieroth/Schlink/Kniesel*, § 10 Rn. 15 ff. und *Pieroth/Schlink*, Rn. 289 ff.

bar ist, zu unterschätzen. Für die Rechtsprechung ist dieses Begründungserfordernis aber ernst zu nehmen[155]. Will sie dem Begründungserfordernis hinsichtlich der sofortigen Vollziehung genügen, so muss die Behörde auf die konkreten Umstände des Einzelfalles bezogene Gründe benennen, die sich gerade auf das Erfordernis der sofortigen Vollziehbarkeit, also der besonderen Eilbedürftigkeit beziehen. Die Begründung kann durchaus knapp sein. Es dürfen aber nicht formelhafte oder nichtssagende Wendungen gebraucht werden, die auf beliebige Fallgestaltungen passen, insbesondere nur den Wortlaut des § 80 Abs. 3 VwGO wiederholen. Ebenso genügt es nicht, wenn sich die Begründung nur aus dem Zusammenhang der Erwägungen für den Verwaltungsakt ermitteln lässt.[156] Liegt ein Begründungsmangel vor, ist die gesamte Anordnung der sofortigen Vollziehbarkeit rechtswidrig[157].

136a Von der Anordnung der sofortigen Vollziehung zu unterscheiden ist der sog. **Sofortvollzug** oder die **unmittelbare Ausführung**[158]. Hier handelt die Ordnungsbehörde bei erheblicher Gefahr – zumeist mangels Greifbarkeit des Pflichtigen – ohne vorhergehenden Verwaltungsakt. Sie muss dann „im Rahmen ihrer Befugnisse" handeln (so etwa der Wortlaut des § 55 Abs. 2 VwVG NRW), der im Falle der Anwesenheit des Betroffenen zu erlassende – fiktive – Grundverwaltungsakt müsste also rechtmäßig ergehen können.

137 **i) Rechtsbehelfsbelehrung:** Die Rechtsbehelfsbelehrung eines Verwaltungsakts setzt nach § 58 Abs. 1 VwGO die Rechtsmittelfrist in Lauf. Eine unterbliebene oder fehlerhafte Rechtsbehelfsbelehrung hat Einfluss auf den Lauf der Widerspruchsfrist. Unterbleibt sie oder ist sie fehlerhaft, wird nach § 58 Abs. 2 VwGO nicht die Monatsfrist ausgelöst. Vielmehr kann ein Verwaltungsakt dann innerhalb eines Jahres nach Zustellung der Verfügung angegriffen werden[159].

138 **j) Grundsätze der Störerauswahl:** Ein häufiges Problem ist gerade im Umweltrecht die behördliche Störerauswahl[160]. Bei Verfügbarkeit mehrerer Störer muss die Behörde entscheiden, welcher der Betroffenen zum Adressaten einer konkreten Anordnung wird. Die Störerauswahl steht dabei, ebenso wie die Frage, welche Maßnahme angeordnet wird, im sog. Auswahlermessen der Behörde. In den Umweltgesetzen finden sich keine besonderen Leitlinien für die Ermessensbetätigung bei der Störerauswahl. Hier ist deshalb auf allgemeine ordnungsrechtliche Grundsätze zurückzugreifen ist[161]. **Kriterien**, wie sie in der Rechtsprechung entwickelt wurden sind[162], sind

– die örtliche und sachliche Nähe zur Gefahr und deren Beherrschbarkeit durch den Pflichtigen,
– die Frage, wer zeitlich die letzte Ursache der konkreten Gefahr gesetzt hat und

155 *Schoch* in Schoch/Schmidt-Aßmann/Pietzner, VwGO, § 80 Rn. 178 m.w.N.
156 *Schoch* in Schoch/Schmidt-Aßmann/Pietzner, VwGO, § 80 Rn. 178.
157 *Schoch* in Schoch/Schmidt-Aßmann/Pietzner, VwGO, § 80 Rn. 180 m.w.N.
158 Vgl. *Maurer*, § 20 Rn. 25 ff.
159 Zu den Anforderungen an eine Rechtsbehelfsbelehrung *Stelkens* in Stelkens/Bonk/Sachs, VwVfG, § 37 Rn. 119, und bei der Anordnung der sofortigen Vollziehung, Rn. 8 f.
160 Dazu *Schwartmann*, DStR 2000, 987, 987.
161 Vgl. dazu *Pieroth/Schlink/Kniesel*, § 9 Rn. 86 ff.
162 Dazu auch *Bickel*, altlasten spektrum 2001, 61, 67 f.

- wie hoch der Verursachungsbeitrag an der Gefahr und – als Hilfskriterium, da Ordnungsverantwortlichkeit eigentlich nicht am Verschulden hängt – wie hoch der Verschuldensbeitrag ist.

Zudem kommt es auf die
- die finanzielle Leistungsfähigkeit der Verpflichteten und
- die Zumutbarkeit von Gefahrbeseitigungsmaßnahmen an.

Auch muss erwogen werden, ob
- ein eventueller Doppelstörer (Verhaltens- und Zustandsstörer) vor dem Einzelstörer[163] in Anspruch genommen werden soll.[164]

Wichtig ist aber, dass für die Behörde der Grundsatz der schnellen und **effektiven Gefahrenabwehr** oberstes Gebot ist[165]. Kann die Behörde zwischen einem Verhaltens- und einem Zustandsstörer wählen und mögen – nicht zuletzt auch in Ansehung des Verursacherprinzips[166] – auch sonstige oben genannten Kriterien für die Inanspruchnahme des Verhaltensstörers sprechen, so wird bei größerer finanzieller Leistungsfähigkeit und schnellerer Zugriffsmöglichkeit des Zustandsstörers viel dafür sprechen, diesen vor dem Verhaltensstörer in die Pflicht zu nehmen. Behördliche Fehler, die zur Rechtswidrigkeit der Verfügung führen, sind im Bereich der Störerauswahl wegen des weiten Spielraums eher selten. **139**

2. Heilung von Verfahrensmängeln

Nach § 45 VwVfG kann die Verletzung von Verfahrens- und Formvorschriften, die den Verwaltungsakt nicht nichtig machen, in den fünf Fällen des Abs. 1 nachgeholt und der Verfahrensmangel auf diese Weise unbeachtlich werden[167]. Nach § 45 Abs. 2 VwVfG ist eine Heilung i.S.d. § 45 Abs. 1 VwVfG bis „zum Abschluss der letzten Tatsacheninstanz eines verwaltungsgerichtlichen Verfahrens", also bis zum Schluss der mündlichen Verhandlung vor dem Verwaltungsgericht oder gegebenenfalls dem Oberverwaltungsgericht bzw. dem Verwaltungsgerichtshof möglich. In der Ausbildung kommt der Heilung nach § 45 Abs. 1 Nr. 2 (Begründung) und 3 (Anhörung) VwVfG die größte Bedeutung zu. **140**

■■ **16. Fall:** Obwohl keiner der Fälle des § 28 Abs. 2 und 3 VwVfG vorliegt, nimmt die zuständige Ordnungsbehörde den A zur Sanierung einer schädlichen Bodenveränderung in Anspruch, ohne ihn zuvor angehört zu haben. Als A zur mündlichen Verhandlung vor dem Verwaltungsgericht geht, ist er guten Mutes, weil er glaubt, diese Unterlassung sei ein schwerer Fehler, der aus formalen Gründen zur Rechtswidrigkeit der Sanierungsverfügung führe. Hat er Recht? **141**

Ist eine Anhörung nicht entbehrlich und unterbleibt sie trotzdem, so hat die Behörde einen Fehler gemacht. Ein solcher Anhörungsfehler führt in der Regel aber nicht zur Rechtswidrigkeit eines Verwaltungsakts. Dies liegt daran, dass eine Anhörung nach

163 Vgl. die entsprechenden Darstellungen bei *Kothe*, UPR 1999, 96, 97.
164 Dazu *Schwartmann/Pabst*, Rn. 164 ff.
165 Vgl. *Pieroth/Schlink/Kniesel*, § 9 Rn. 88.
166 Vgl. oben Rn. 43.
167 Vgl. zur Systematisierung *Peine*, Rn. 734.; *Maurer*, § 10 Rn. 39 ff.

§§ 45 Abs. 1 Nr. 3 i.V.m. Abs. 2 VwVfG noch bis zum Abschluss der letzten Tatsacheninstanz eines verwaltungsgerichtlichen Verfahrens[168] nachgeholt werden und der Verfahrensmangel einer möglicherweise fehlenden Anhörung geheilt werden kann.[169] Würde der Behördenvertreter, was zu erwarten ist, den A vor Gericht auf den Fall ansprechen – die Anhörung ist grundsätzlich formfrei – und seine Antwort anhören und überdenken, so wäre der Mangel geheilt[170]. Eine Heilung durch Nachholen der Anhörung ist allerdings nur dann zulässig, wenn nicht das materielle Recht unabhängig von § 28 VwVfG eine gesonderte Anhörung vorschreibt[171]. Auch heilt das gerichtliche Verfahren selbst den Anhörungsmangel nicht.

142 ■ **15. Prüfungsfrage:** In Fall 15 gibt die zuständige Ordnungsbehörde dem K nach Anhörung mit ordnungsgemäß begründetem Bescheid auf, eine Abzugseinrichtung einzubauen, die gewährleistet, „dass Geruchsbelästigungen des näheren Umfeldes möglichst vermieden werden". Wir haben gesehen[172], dass der Verwaltungsakt wegen Unbestimmtheit materiell rechtswidrig ist. Kann der Mangel geheilt werden?

Die Heilungsvorschrift des § 45 VwVfG gilt nur für Formfehler[173]. Ein solcher liegt hier nicht vor[174], so dass die Heilung des unbestimmten VA – der wie hier deswegen nicht nichtig ist – nach § 45 VwVfG nicht möglich ist. Es wäre der Widerspruchsbehörde aber unbenommen, den Fehler im Rahmen ihrer funktionellen Zuständigkeit durch den Erlass eines ändernden Widerspruchsbescheids, also eines neuen, hinreichend bestimmten Verwaltungsakts, zu beheben.[175]

3. Rücknahme- und Widerrufsvorschriften in Umweltgesetzen

143 Unter dem Regime der umweltrechtlichen Fachgesetze werden teilweise Erlaubnisse, Bewilligungen und Genehmigungen erteilt. Sofern es um deren Rücknahme und Widerruf geht, sind §§ 48 und 49 VwVfG[176] einschlägig, wenn sich im Fachrecht keine Spezialregelungen finden[177].

■ **16. Prüfungsfrage:** A hat (rechtmäßig) eine wasserrechtliche Erlaubnis nach § 7 Abs. 1 S. 1 WHG erlangt, die es ihm gestattet, ein Gewässer in einer bestimmten Weise zu nutzen. Nun verstößt er gegen den Inhalt der Erlaubnis. Die zuständige Wasserbehörde will die Erlaubnis daher widerrufen. Auf welches Gesetz muss sie sich dazu stützen?

Die Erlaubnis ist nach § 7 Abs. 1 S. 1 WHG frei widerruflich. Aus diesem Grund bedürfte es hier keines Rückgriffs auf § 49 VwVfG. Ginge es um die Rücknahme der (rechtswidrigen) Erlaubnis, wäre § 48 VwVfG einschlägig, da das WHG insoweit keine Regelung enthält.

---

168 Zu diesem Zeitpunkt *Sachs* in Stelkens/Bonk/Sachs, VwVfG, § 45 Rn. 102.
169 Kritisch zu dieser Regelung *Kopp/Ramsauer*, § 28 VwVfG, Rn. 80.
170 Dazu *Sachs* in *Stelkens/Bonk/Sachs*, VwVfG, § 45 Rn. 70 ff.
171 Dazu *Peine*, Rn. 588 ff.
172 Siehe oben Rn. 132.
173 Abgrenzung bei *Sachs* in Stelkens/Bonk/Sachs, § 45 VwVfG Rn. 150 f.
174 Zur Bestimmtheit der getroffenen Regelung vgl. *Stelkens/Stelkens* in Stelkens/Bonk/Sachs, § 37 VwVfG Rn. 29 ff.
175 *Sachs* in Stelkens/Bonk/Sachs, § 45 VwVfG Rn. 151.
176 Dazu *Peine*, Rn. 907 ff.
177 *Peine*, Rn. 920 f.

4. Präklusion

Eine verfahrensrechtliche Besonderheit des Umweltrechts ist die sog. materielle Präklusion, die auf dem Rechtsgedanken der Verwirkung beruht. Tritt sie ein, so kann ein von einem Vorhaben Drittbetroffener bestimmte Einwendungen im Verwaltungsprozess nicht mehr geltend machen, wenn er diese nicht rechtzeitig vorgetragen hat. Einwendungen, die auf besonderen Titeln beruhen, präkludieren jedoch nicht. Die Fälle, in denen Präklusion eintritt, sind gesetzlich geregelt, etwa in § 10 Abs. 3 S. 2 BImSchG für das dortige Anlagengenehmigungsverfahren oder für das Recht, Einwendungen im Planfeststellungsverfahren geltend zu machen, in § 73 Abs. 4 S. 3 VwVfG.[178] 144

E Fazit und Glossar

Die übergeordnete Bedeutung des allgemeinen Umweltrechts erklärt sich daraus, dass hier nicht nur spezifische Fragen des Umweltrechts wie dessen formelle und materielle Leitprinzipien sowie besondere Instrumente zur Verhaltenssteuerung und spezifische Verfahrensarten dieses Rechtsgebiets eine Rolle spielen. Wichtig ist insbesondere, dass es wichtige Bezüge des Umweltrechts zum allgemeinen Verwaltungsverfahrensrecht und zum Verwaltungsprozessrecht aufweist. Diese sind in umweltrechtlichen Klausurfällen, die ja regelmäßig verfahrensrechtlich und/oder prozessual eingekleidet sind, ein wichtiger Aspekt. Das Umweltrecht bietet hier eine hervorragende Möglichkeit, auch derartige allgemeine Fragen abzuprüfen. 145

Leitprinzipien des Umweltrechts	Im öffentlichen Umweltrecht steuern das Gefahrenabwehr- und Schutzprinzip, das Vorsorgeprinzip, das Nachhaltigkeitsprinzip, Verursacherprinzip, Gemeinlastprinzip und das Querschnittsprinzip. Formell sind die Vorgaben des Integrationsprinzips, des Kompensationsprinzips, die des Prinzips des grenzüberschreitenden Umweltschutzes und des Kooperationsprinzip zu beachten.
Kontrolldichte bei Ermessensentscheidungen	Wenn eine Norm auf der Rechtsfolgenseite Ermessen eröffnet, kann die Behörde bei der Herstellung von Einzelfallgerechtigkeit zwischen mehreren Rechtsfolgen wählen und hierbei nach entsprechender Prüfung überhaupt von Einschreiten absehen (Erschließungsermessen) oder sich für eine von mehreren möglichen Rechtsfolgen entscheiden (Auswahlermessen). Diese Entscheidungen sind verwaltungsgerichtlich voll überprüfbar. Werden **Planungsentscheidungen** der öffentlichen Hand überprüft, ist die Kontrolle des Planungsermessens auf Fehler bei der planerischen Abwägung im Wege der Abwägungsfehlerlehre beschränkt.
Kontrolldichte bei unbestimmten Rechtsbegriffen	Liegen unbestimmte Rechtsbegriffe vor, so sind Behördenentscheidungen nach der Lehre vom „Beurteilungsspielraum", sofern diese Prognoseentscheidungen sind, nur eingeschränkt überprüfbar.

178 Vgl. dazu schon oben Rn. 89.

Beteiligung Dritter beim Rechtsschutz	In umweltrechtlichen Fällen sind häufig Dritte an Rechtsstreitigkeiten beteiligt. In diesen Fällen ist die Klagebefugnis des Dritten gemäß § 42 Abs. 2 VwGO problematisch.
Verbandsklagen	Das Umweltrecht kennt zudem in Abweichung von § 42 Abs. 2 VwGO am Anfang („Soweit gesetzlich nichts anderes bestimmt ist") gesetzliche Prozessstandschaften, in denen Umweltverbände im Wege der altruistischen Verbandsklage etwa nach Maßgabe des § 60 BImSchG Rechtsbehelfe einlegen können. Verbandsklagen sind nunmehr auch im URG geregelt.
Kooperationsmöglichkeiten	Im Umweltrecht ist es häufig wichtig, einvernehmliche Lösungen zu erreichen. Dazu dient in der Praxis der öffentlich-rechtliche Vertrag nach §§ 54 ff. VwVfG. Daneben werden in der Praxis zudem nicht selten rechtlich unverbindliche Absprachen getroffen.
Planfeststellung	Die Planfeststellung ist eine besondere gesetzlich vorgegebene Verfahrensart, die für bestimmte staatliche und private Vorhaben zu wählen und deren Ablauf in § 72 ff. VwVfG **geregelt ist**.
Umweltaudit	Umweltaudit ist eine staatlich kontrollierte, aber eigenverantwortlich durchgeführte Selbstkontrolle des Bürgers zur Einhaltung und Verbesserung von Umweltstandards, mit dem Unternehmen sich aktiv und nachprüfbar gegenüber der Öffentlichkeit umweltbewusst darstellen können. Bei Teilnahme an einem solchen Verfahren werden dem Unternehmen Erleichterungen im Zusammenhang mit der behördlichen Überwachung eingeräumt.
Umweltinformationen	Der Beschaffung von Umweltinformationen dient das Umweltinformationsgesetz (UIG). Es wird durch das **Informationsfreiheitsgesetz** des Bundes und Landesgesetze ergänzt. Das UIG verschafft grundsätzlich jedermann einen verfahrensunabhängigen Anspruch auf umweltrelevante Information gegenüber Umweltbehörden und Privaten, soweit sie öffentliche Aufgaben wahrnehmen. Anders als Akteneinsichtsrecht nach § 29 VwVfG knüpft der UIG-Anspruch nicht an die Beteiligtenstellung i.S.d. § 13 VwVfG an.
Fehler im Verwaltungsverfahren	Behörden unterlaufen insbesondere bei der Anwendung des Amtsermittlungsgrundsatzes nach § 24 VwVfG, bei der Beachtung des Bestimmtheitsgrundsatzes nach § 37 VwVfG, bei der Wahrung des Grundsatzes der Verhältnismäßigkeit und bei der Begründung des Sofortvollzuges häufig Fehler. Bei der Störerauswahl deckt der Grundsatz der Effektivität der Gefahrenabwehr die meisten behördlichen Auswahlentscheidungen.

3. Teil

Besonderes öffentliches Umweltrecht

Die Darstellung beschränkt sich auf wichtige weil ausbildungsrelevante Bereiche nämlich 146

- Naturschutz- und Landschaftspflegerecht
- Bodenschutzrecht
- Wasserrecht
- Immissionsschutzrecht
- Kreislaufwirtschafts- und Abfallrecht

Sonstige Gebiete, die nicht zum Kern des besonderen Umweltrechts zählen, werden nur vorgestellt.

A Naturschutz- und Landschaftspflegerecht

Das Naturschutzrecht ist in gewisser Weise ein übergreifendes Rechtsgebiet zum 147 Schutz von Natur und Landschaft als Ganzes. Es muss zahlreiche Wechselbeziehungen des Naturschutzes zu anderen Rechtsmaterien bewältigen. Aus diesem Grund wird es zu Anfang des besonderen Umweltrechts behandelt.[1]

I. Problemstellung

Zur Erfüllung der Bedürfnisse menschlichen Lebens ist es in vielfältiger Weise erforder- 148 lich, auf Umweltgüter der Natur, etwa den Boden, das Wasser und die Luft, zuzugreifen. Die Industrialisierung und der damit einhergehende technische Fortschritt setzen einen planvollen Ge- und teilweise sogar Verbrauch natürlicher Ressourcen voraus. Die Anforderungen industrieller Nutzung verlangen der Natur viel ab. Der Rückgang von Tier- und Pflanzenarten aufgrund der Zerstörung von natürlichen Lebensräumen und Beeinträchtigungen von Natur und Landschaft sind die Folge. Die besondere Bedeutung des Naturschutzes ergibt sich aus einem permanenten Konflikt zwischen dem Schutz von Natur- und Landschaft und dem wirtschaftlichen Interesse an der Nutzung der Natur. Dieser Konflikt wirkt sich in verschiedenen Bereichen aus, die zu Umwelt beeinträchtigenden Eingriffen führen. Dies trifft in der Praxis insbesondere für das Baurecht zu.

1 Vgl. auch den einführenden Aufsatz zu den Grundstrukturen des neuen Naturschutzrechts von *Glaser*, JuS 2010, 209. ff.

II. Rechtsquellen

149 Die erwähnte Problemlage wird im internationalen und im nationalen Recht erkannt und eine Vielzahl von auch grenzüberschreitenden Maßnahmen zum Schutz von Natur und Landschaft aufgelegt.[2] In der Bundesrepublik Deutschland finden sich diese Grundsätze im Wesentlichen im Bundesnaturschutzgesetz (BNatSchG), das in den Jahren 2002 und zuletzt 2010 umfassend novelliert wurde.

1. Völker- und Europarecht

150 Das Naturschutz- und Landschaftspflegerecht der Bundesrepublik Deutschland ist zunächst völkerrechtlich vorgeprägt.

Zur Vertiefung

Hier sind insbesondere das **Washingtoner Artenschutzabkommen** vom 3.3.1973 über den internationalen Handel mit gefährdeten Tieren, die **Bonner Konvention** der wandernden wild lebenden Tierarten vom 23.6.1979, die **Berner Konvention** vom 19.9.1979 über die Erhaltung der europäischen wild lebenden Pflanzen und Tiere und ihrer natürlichen Lebensräume, die **Ramsar-Konvention** vom 2.2.1971 über Feuchtgebiete, insbesondere den Lebensraum für Watt- und Wasservögel, die **Biodiversitätskonvention** von Rio de Janeiro zum Schutz der Artenvielfalt vom 13.6.1992, die **Alpenkonvention** zum Schutz der Alpen vom 7.11.1991, das **OSPAR-Übereinkommen** (auch OSPARCOM) zum Schutz der Meeresumwelt des Nordost-Atlantiks vom 22.9. 1992 und die **Helsinki-Konvention** zum Schutz der Meeresumwelt des Ostseegebietes, in Kraft getreten am 17.1.2000, zu nennen.[3]

Ebenso finden sich europarechtliche Vorgaben in diesem Bereich, da „Erhaltung und Schutz der Umwelt sowie die Verbesserung ihrer Qualität" nach Art. 191 Abs. 1 AEUV umweltpolitisches Ziel der EU ist.

Zur Vertiefung

Von den zahlreichen europäischen Rechtsakten seien hier die **EG-Artenschutz-VO** zur Umsetzung des Washingtoner Artenschutzabkommens, die **Zoorichtlinie**, und vor allem die **Vogelschutzrichtlinie** und die **Flora-Fauna-Habitat-Richtlinie** genannt. Die beiden letztgenannten Richtlinien sollen den Aufbau eines europaweiten zusammenhängenden Netzes von Schutzgebieten (**Natura 2000**) steuern.[4] Der naturschutzrechtlichen Planung dienen die **Plan-UVP-RL** und **die Seveso II-Richtlinie**[5].

2. Bundesrecht

151 Im deutschen Recht ist das Recht des Naturschutzes und der Landschaftspflege auf Bundesebene hauptsächlich im **Bundesnaturschutzgesetz** (BNatSchG) geregelt. Es handelt sich dabei um früheres Rahmenrecht nach Art. 75 Abs. 1 Nr. 3 GG a.F., das durch Landesgesetze zum Naturschutz und zur Landschaftspflege – welche die Grundlage für den Vollzug des Naturschutzrechts sind – näher ausgestaltet wurde.

---

2 *Lütkes/Ewer*, § 2 Rn. 19 ff.; zur Rechtslage nach BNatSchG aF *Schumacher/Fischer-Hüftle*, § 2 Rn. 100 ff.

3 Näheres zu den Inhalten dieser Abkommen bei *Sparwasser/Engel/Voßkuhle*, § 6 Rn. 41 ff.

4 *Lütkes/Ewer*, § 2 Rn. 19 ff.; zur Rechtslage nach BNatSchG aF *Schumacher/Fischer-Hüftle*, § 2 Rn. 103 ff.

5 *Sparwasser/Engel/Voßkuhle*, § 6 Rn. 51.

Nach der Föderalismusreform von 2006 ist das Naturschutzrecht Gegenstand der konkurrierenden Gesetzgebungskompetenz nach Art. 74 Abs. 1 Nr. 29 GG, von dem die Länder entsprechend Art. 72 Abs. 3 GG für ihr Landesgebiet inhaltlich abweichen dürfen. Ausgenommen vom Abweichungsrecht sind die für das Naturschutzrecht nach Art. 72 Abs. 3 S. 1 Nr. 2 GG festgelegten sog. „abweichungsfesten Kerne", so die allgemeinen Grundsätze des Naturschutzes, das Recht des Artenschutzes oder des Meeresnaturschutzes; entsprechend dürfte bspw. ein Bundesland nicht das in § 13 BNatSchG normierte Kompensationsprinzip außer Kraft setzen. **151a**

Mit dem BNatSchG in der Neufassung von 2009 verfolgt der Gesetzgeber im Wesentlichen fünf Zielsetzungen. Zunächst reagiert er – wie im Wasserrecht – auf die Umgestaltung der Gesetzgebungskompetenzen von der weggefallenen Rahmenkompetenz hin zur vorgenannten konkurrierenden Gesetzgebungskompetenz nach Art. 72 Abs. 3, 74 Abs. 1 Nr. 32 GG, die die Schaffung eine bundesgesetzlichen Vollregelung des Naturschutzrechts erfordert. Zugleich sollte das Naturschutzrecht systematisiert und vereinheitlicht werden, um es in der Praxis handhabbarer zu gestalten. Die vorgenannten EU-Bestimmungen sollten in bundeseinheitliches Recht gefasst und schließlich Bestandteile des bisherigen Landesrechts bei Bestehen eines bundeseinheitlichen Regelungsbedürfnisses in Bundesrecht überführt werden. Daneben skizziert das Gesetz nunmehr in Ansehung des Art. 72 Abs. 3 GG ausdrücklich allgemeine Grundsätze des Naturschutzrechts, um so die zuvor erwähnten abweichungsfesten Kerne, also die Regelungen, von denen eine Abweichung der Länder nicht zulässig ist, eindeutig zu markieren.[6] **151b**

Ergänzt wird das BNatSchG durch die **Bundesartenschutzverordnung** und durch Vorschriften in Bundesgesetzen, die zwar nicht zum Kern des Naturschutzrechts gehören, aber dennoch als Naturschutzrecht im weiteren Sinne[7] begriffen werden können. **151c**

Zur Vertiefung: Vgl. dazu etwa § 35 Baugesetzbuch, Bundeswaldgesetz, Bundesjagdgesetz, Flurbereinigungsgesetz, Tierschutzgesetz und das Pflanzenschutzgesetz.

3. Landesrecht

Da Naturschutzrecht vom Abweichungsrecht der Länder erfasst ist, kommt auch den Natur- und Landschaftsschutzgesetzen der Bundesländer ein hoher Stellenwert zu. Die Landesgesetzgeber haben hier außerhalb der zuvor beschriebenen abweichungsfesten Kerne insbesondere bezogen auf die Landschaftsplanung sowie bei der Regelung von Eingriffen in Natur und Landschaft, bei der Einführung von Ausgleichsabgaben und bei der Verbandsklage Ausgestaltungsspielräume[8]. **152**

---

6 Vgl. insoweit *Müggenborg/Hentschel*, NJW 2010, 961, 964.
7 So *Erbguth/Schlacke*, § 10 Rn. 10.
8 *Sparwasser/Engel/Voßkuhle*, § 6 Rn. 57.

III. Systematik

153 In Ausbildung und Examen steht das BNatSchG als die zentrale Bundesregelung im Mittelpunkt. Es enthält zunächst in Kapitel 1 allgemeine Vorschriften, in denen Ziele und Grundsätze sowie Verhaltensgebote für jedermann, die Landwirtschaft und die öffentliche Hand formuliert sind (§§ 1–7 BNatSchG). Das BNatSchG dient dem nachhaltigen Schutz und der Pflege von Natur und Landschaft als Lebensgrundlagen für Mensch und Tier (§ 1 BNatSchG), wobei Natur und Landschaft unter Beobachtung des Bundes und der Länder stehen (§ 6 BNatSchG). Zudem werden hier Begriffsbestimmungen vorgegeben (§ 7 BNatSchG). In den folgenden Kapiteln 2 bis 5 (§§ 8–55 BNatSchG) werden die Instrumente des Natur- und Landschaftsschutzrechts behandelt. Sie betreffen, die Landschaftsplanung, den Schutz von Natur und Landschaft und den Artenschutz an Land und in Binnengewässern. Weitere Normen befassen sich mit dem Meeresartenschutz (Kapitel 6, §§ 56 ff. BNatSchG) und mit der Erholung in Natur und Landschaft (Kapitel 7, §§ 59 ff. BNatSchG). Kapitel 8 betrifft die verfahrensrechtlichen Besonderheiten im Hinblick auf die Mitwirkung von Naturschutzvereinen. Hier sehen §§ 63 f. BNatSchG Mitwirkungsrechte und eine gesetzliche Prozessstandschaft vor. Anerkannte Vereine haben Stellungnahmerechte, das Recht, Sachverständigengutachten einzusehen und können Rechtsbehelfe einlegen, wobei sich auf Landesebene erweiternde Vorschriften finden können[9].

IV. Ziele und Grundsätze, Anwendungsbereich und Begriffsbestimmungen

154 Vorweg seien die Ziele und Grundsätze des Naturschutz- und Landschaftspflegerecht, der Anwendungsbereich des BNatSchG und hier vorgegebene Begriffsbestimmungen behandelt.

1. Ziele und Grundsätze des BNatSchG

155 Ziele und Grundsätze des deutschen Naturschutzrechts umreißen §§ 1 und 2 BNatSchG. § 1 BNatSchG enthält eine umfassende **Zielbestimmung** für den Naturschutz. Nach dem umfangreichen Programm sind

> (1) Natur und Landschaft [...] auf Grund ihres eigenen Wertes und als Grundlage für Leben und Gesundheit des Menschen auch in Verantwortung für die künftigen Generationen im besiedelten und unbesiedelten Bereich nach Maßgabe der nachfolgenden Absätze so zu schützen, dass
> 1. die biologische Vielfalt,
> 2. die Leistungs- und Funktionsfähigkeit des Naturhaushalts einschließlich der Regenerationsfähigkeit und nachhaltigen Nutzungsfähigkeit der Naturgüter sowie
> 3. die Vielfalt, Eigenart und Schönheit sowie der Erholungswert von Natur und Landschaft
>
> auf Dauer gesichert sind; der Schutz umfasst auch die Pflege, die Entwicklung und, soweit erforderlich, die Wiederherstellung von Natur und Landschaft [...].

9 Siehe dazu noch unten Rn. 211.

Bemerkenswert ist, dass das BNatSchG seit 2002 Natur und Landschaft auch „aufgrund ihres eigenen Werts" und daneben „als Lebensgrundlagen für den Menschen" schützt. Der übliche anthropozentrische Ansatz des Umweltrechts, der also den Menschen einschließlich zukünftiger Generationen in den Mittelpunkt des gesetzgeberischen Bemühens stellt[10], wird hier um den Aspekt des Schutzes der Natur um ihrer selbst willen, also um einen „ökozentrischen" oder physiozentrischen Ansatz im Sinne einer „Sowohl-als-auch-Strategie", erweitert, ohne dass dies jedoch übermäßige praktische Auswirkungen auf die Gesetzesauslegung oder -anwendung hätte[11]. **155a**

Zur Umsetzung der Ziele des Naturschutzes hat der Bundesgesetzgeber in § 1 Abs. 2–4 BNatSchG naturschutz- und landschaftsschutzrechtliche Ansätze formuliert, um die drei in Absatz 1 vorgegebenen Zielrichtungen, Sicherung der biologische Vielfalt, Sicherung der Leistungs- und Funktionsfähigkeit des Naturhaushalts einschließlich der Regenerationsfähigkeit und nachhaltigen Nutzungsfähigkeit der Naturgüter sowie Sicherung der Vielfalt, Eigenart und Schönheit sowie Erholungswert von Natur und Landschaft zu verwirklichen. **155b**

Daneben sieht Absatz 5 die Erhaltung großflächiger Landschaftsräume und den Vorrang der Wiedernutzbarmachung bereits genutzter Flächen anstelle von Neuerschließungen zur Verringerung des Landschaftsverbrauchs vor. Gerade letzerer Punkt zeigt in besonderer Weise das Spannungsverhältnis zwischen Landschaftsschutz und wirtschaftlicher Nutzung auf; so steht die Neuausweisung von Wohngebieten im Umfeld von Gemeinden durch Eindringen in bisher nicht genutzte Flächen in besonderer Weise im Gegensatz zur Vorgabe des § 1 Abs. 5 BNatSchG. Absatz 6 gebietet insbesondere den Schutz bestehender natürlicher und naturnaher Flächen im menschlichen Siedlungsraum. **155c**

Zur Vertiefung

Mit der BNatSchG-Novelle des Jahres 2002 wurde in § 3 BNatSchG aF, nunmehr § 21 BNatSchG, auch die Begriffsbestimmung des **Biotopverbundes** aufgenommen. Die Schaffung des Biotopverbundes trägt dem stetigen Verlust natürlicher Lebensräume Rechnung der u.a. zur Zerstörung gesamtlandschaftlicher ökologischer Zusammenhänge führt. Auf Dauer kann der Naturhaushalt nicht allein durch einzelne verbliebene naturnahe Flächen erhalten werden. Ziel ist gemäß § 20 Abs. 1 BNatSchG die Schaffung eines Netzes verbundener Biotope schaffen, das mindestens ein Zehntel der Landesfläche umfassen soll. Von der grundsätzlich verbindlichen Norm können die Länder nur in Ausnahmefällen abweichen. Der Biotopverbund sollen länderübergreifend in Abstimmung der Länder untereinander definiert werden. Er verfolgt das Ziel, heimische Tier- und Pflanzenarten einschließlich ihrer Lebensräume und Lebensgemeinschaften nachhaltig zu sichern und funktionsfähige ökologische Wechselbeziehungen zu bewahren, wiederherzustellen und zu entwickeln. Nach § 21 Abs. 3 BNatSchG besteht ein Biotopverbund aus festgesetzten Nationalparken (§ 24), aus im Rahmen des § 30 gesetzlich geschützten Biotopen, aus Naturschutzgebieten (§ 23), aus sog. Natura 2000-Gebieten, also gemäß § 7 Abs. 1 Nr. 8 BNatSchG Schutzgebieten von gemeinschaftlicher Bedeutung und Europäischen Vogelschutzgebieten (§ 32) sowie aus Biosphärenreservaten (§ 25) oder Teilen dieser Gebiete sowie aus weiteren Flächen und Elementen einschließlich Teilen von Landschaftsschutzgebieten (§ 26) und Naturparken (§ 27). Nach § 21 Abs. 4 BNatSchG müssen die erforderlichen sog. Kernflächen, Verbindungsflächen und -elemente zum ersten durch Ausweisung geeigneter Gebiete im Sinne des § 22 Abs. 1 BNatSchG, zum zweiten durch planungsrechtliche Festlegungen und zum dritten durch langfristige Vereinbarungen oder andere Maßnahmen rechtlich so gesichert werden, dass der dauerhafte Bestand des Biotopverbundes gesichert ist. **156**

10 Siehe dazu schon oben Rn. 13.

11 In diesem Sinne auch *Mengel* in Frenz/Müggenborg, BNatSchG, § 1 Rn. 24.

2. Anwendungsbereich des BNatSchG

157 Als Materie der Rahmengesetzgebung enthielt das BNatSchG in der Fassung von 2002 einen abschließend festgelegten Anwendungsbereich von unmittelbar geltenden bundesrechtlichen Normen[12]. Anstelle dieses Katalogs ist im Zuge der Neufassung nach der Föderalismusreform ein Bestand sog. allgemeiner Grundsätze getreten, von denen die Länder nicht nach Art. 72 Abs. 3 GG abweichen dürfen:

- Grundsätzliche Zielsetzung des Natur- und Landschaftsschutzes (§ 1 Abs. 1 BNatSchG)
- Beobachtungspflicht für Bund und Länder bez. Natur und Landschaft im Rahmen der jeweiligen Zuständigkeit (§ 6 Abs. 1 BNatSchG)
- Grundlegende Ziele der Landschaftsplanung (§ 8 BNatSchG)
- Grundsatz der vorrangigen Vermeidung, ggf. Kompensation als Ziel des allgemeinen Schutzes von Natur und Landschaft (§ 13 BNatSchG)
- Grundlagen des Biotopverbundes, der Biotopvernetzung und der Formen der Unterschutzstellung (§ 20 BNatSchG)
- Möglichkeit der gesetzlichen Unterschutzstellung von Teilen von Natur und Landschaft von besonderer Bedeutung als Biotope (§ 30 Abs. 1 BNatSchG)
- Allgemeiner und besonderer Artenschutz (§§ 39 ff. BNatSchG)
- Meeresnaturschutz (§§ 56 ff. BNatSchG)
- Betretungsrecht der freien Landschaft auf Straßen und Wegen zum Zwecke der Erholung (§ 59 Abs. 1 BNatSchG)

Im Übrigen finden sich im BNatSchG Vorschriften, von denen die Länder durch eigene landerechtliche Regelungen abweichen dürfen; von diesem Recht haben verschiedene Länder in Bezug auf unterschiedliche Vorschriften des BNatSchG bereits Gebrauch gemacht[13].

3. Begriffsbestimmungen

158 § 7 BNatSchG bestimmt in seinen ersten drei Absätzen eine Vielzahl von Begriffen, die unter anderem in Umsetzung von EG-Recht in das deutsche Recht aufzunehmen waren. Während Abs. 1 neben allgemeinen Begriffen wie biologische Vielfalt, Naturhaushalt, Erholung die **Vogelschutz-** und **FFH-Richtlinie** betrifft und insbesondere für die Anwendung der §§ 31 ff. BNatSchG von Bedeutung ist, enthält Absatz 2 Definitionen zum **Artenschutz**, so für die Tier- und Pflanzenwelt, den Begriff des Biotops, der Lebensstätte, der Population und der unterschiedlichen Arten nach ihrer räumlichen Zuordnung als heimisch, gebietsfremd oder invasiv; daneben finden sich Begriffsdefinitionen zum Geschäftsverkehr mit Pflanzen und Tieren.

12 Vgl. hierzu *Lütkes/Ewer*, Einl. Rn. 16.

13 Nachweise bei den Einzelvorschriften des BNatSchG unter http://www.gesetze-im-internet.de/bnatschg_2009/, zuletzt abgerufen am 11.7.2011.

V. Einzelfragen: Instrumente des Natur- und Landschaftsschutzes

Der Natur- und Landschaftsschutz nach dem BNatSchG ist in dessen Kapiteln drei und vier geregelt und soll im Folgenden erläutert werden. **159**

- Während Kapitel 3 (§§ 13–19 BNatSchG) sich mit dem allgemeinen Schutz von Natur und Landschaft in Form der sog. **Eingriffsregelung** befassen,
- geht es im vierten Kapitel zunächst um **Flächen- und Biotopschutz** (§§ 20–36 BNatSchG)einschließlich der Bildung des sog. **„Natura-2000-Netzes"** (dort §§ 31–36 BNatSchG).
- Kapitel 5 und 6 schließlich enthalten Regelungen zum **Artenschutz** (§§ 37–55 BNatSchG) und zum Meeresnaturschutz (§§ 56–58 BNatSchG).

1. Erfüllung von Naturschutz- und Landschaftspflegeaufgaben durch Landschaftsplanung

Aufgaben und Inhalte der **Landschaftsplanung** sind in Kapitel 2, §§ 8 ff. BNatSchG geregelt. Nach § 8 BNatSchG hat Landschaftsplanung **160**

> „die Aufgabe, die Ziele des Naturschutzes und der Landschaftspflege für den jeweiligen Planungsraum zu konkretisieren und die Erfordernisse und Maßnahmen zur Verwirklichung dieser Ziele auch für die Planungen und Verwaltungsverfahren aufzuzeigen, deren Entscheidungen sich auf Natur und Landschaft im Planungsraum auswirken können".

Aus § 9 Abs. 2 BNatSchG ergibt sich ein **mehrstufiges System** der Landschaftsplanung, wonach die

> „Darstellung und Begründung nach Maßgabe der §§ 10 und 11 in Landschaftsprogrammen, Landschaftsrahmenplänen, Landschaftsplänen sowie Grünordnungsplänen [erfolgt].

Die Norm beschreibt in Abs. 3 S. 1 Nr. 1–4 die **vier wesentlichen Aufgaben** der Landschaftsplanung[14]. **161**

- Vorhandener und zu erwartender Zustand von Natur- und Landschaft sind zu **erfassen** und **darzustellen** (§ 9 Abs. 3 S. 1 Nr. 1 BNatSchG).
- Ziele und Grundsätze von Naturschutz und Landschaftspflege sind hinsichtlich Quantität und Qualität zu **konkretisieren** (§ 9 Abs. 3 S. 1 Nr. 2 BNatSchG).
- der vorhandenen und der zu erwartende Zustand von Natur und Landschaft nach Maßgabe der vorgenannten Ziele einschließlich der sich daraus ergebenden Konflikte sind zu beurteilen (§ Abs. 3 S. 1 Nr. 3 BNatSchG).
- Die zur Verwirklichung der Ziele zu treffenden **Maßnahmen** – insbesondere Schutz-, Pflege- und Entwicklungsmaßnahmen – sind herauszuarbeiten (§ 9 Abs. 3 S. 1 Nr. 4 BNatSchG).

14 *Lütkes/Ewer*, § 9 Rn. 20 ff.; zur Rechtslage nach BNatSchG aF *Schumacher/Fischer-Hüftle*, § 14 Rn. 4 ff.

162 **a) Landschaftsprogramme und Landschaftsrahmenpläne:** Landschaftsprogramme sind in § 10 Abs. 1, 1. Alt. BNatSchG und Landschaftsrahmenpläne § 10 Abs. 1, 2. Alt. BNatSchG geregelt. Sie unterscheiden sich danach, ob sie für den Bereich eines ganzen Bundeslandes (Landschaftsprogramm) oder nur für Teile eines Bundeslandes (Landschaftsrahmenplan) gelten. So werden in Landschaftsprogrammen die „überörtlichen Erfordernisse und Maßnahmen des Naturschutzes und der Landschaftspflege (...) für den **Bereich eines Landes**" dargestellt und in Landschaftsrahmenplänen § 15 Abs. 1, 2. Alt. BNatSchG werden diese Erfordernisse und Maßnahmen „für **Teile des Landes**, die für die gesamte Fläche eines Landes erstellt werden, dargestellt". Landschaftsrahmenpläne dienen insbesondere dazu, die Ziele des Landschaftsprogramms zu konkretisieren. Bei beiden sind die Ziele der Raumordnung zu beachten und die Grundsätze und sonstigen Erfordernisse der Raumordnung zu berücksichtigen. Raumbedeutsame Maßnahmen der Landschaftsprogramme sind mit anderen raumbedeutsamen Planungen abzuwägen und in die Raumordnungspläne der Länder zu integrieren (§ 10 Abs. 3 BNatSchG).[15]

163 **b) Landschaftspläne und Grünordnungspläne:** Landschaftspläne und Grünordnungspläne nach § 11 BNatSchG sind auf **kommunaler Ebene** zu erstellen. Dabei sind die Landschaftspläne auf das gesamte Gemeindegebiet bezogen, Grünordnungspläne betreffen Teile desselben. Entsprechend werden hier die

> „für die örtliche Ebene konkretisierten Ziele, Erfordernisse und Maßnahmen des Naturschutzes und der Landschaftspflege [...] auf der Grundlage der Landschaftsrahmenpläne für die Gebiete der Gemeinden in Landschaftsplänen, für Teile eines Gemeindegebiets in Grünordnungsplänen dargestellt."

Sind wesentliche Veränderungen der Landschaft eingetreten, vorgesehen oder zu erwarten, so müssen gemäß § 11 Abs. 2 S. 1 BNatSchG Landschaftspläne aufgestellt und fortgeschrieben werden; Grünordnungspläne „können" (§ 11 Abs. 2 S. 2 BNatSchG) aufgestellt werden. Auch hier müssen die Ziele der Raumordnung beachtet und die Grundsätze und sonstigen Erfordernisse der Raumordnung im Wege der Abwägung berücksichtigt werden. Gemäß § 11 Abs. 5 BNatSchG richten sich die Zuständigkeit und das Verfahren zur Aufstellung der Landschaftspläne und Grünordnungspläne sowie deren Durchführung nach Landesrecht.

163a § 11 BNatSchG ist kann beispielhaft als Gegenstand abweichenden Landesrechts herangezogen werden. So bestimmt § 7 Abs. 1 LNatSchG S.-H., dass „[a]bweichend von § 11 Abs. 1 Satz 1 und Abs. 2 Satz 2 BNatSchG [...] die für die örtliche Ebene konkretisierten Ziele, Erfordernisse und Maßnahmen des Naturschutzes und der Landschaftspflege unter Beachtung des Landschaftsprogramms von den Gemeinden für ihr Gebiet ausschließlich in Landschaftsplänen dargestellt" werden; auch wird die Aufnahme der Ziele, Erfordernisse und Maßnahmen des Naturschutzes und der Landschaftspflege in die Bauleitpläne (Flächennutzungs- und Bebauungspläne) anstelle der fakultativen Regelung in § 11 Abs. 3 BNatSchG zwingend angeordnet. Bayern bestimmt in Art. 4 Abs. 2 S. 1 BayNatSchG, dass Landschaftspläne obligatorische Bestandteile der Flächennutzungspläne, entsprechend Grünordnungspläne obligatorische Bestandteile von Bebauungsplänen sind.

15 *Erbguth/Schlacke*, § 10 Rn. 25.

2. Behandlung von Eingriffen in Natur und Landschaft durch die Eingriffsregelung

Den Normen um die Eingriffsregelung in §§ 13–19 BNatSchG – und namentlich dieser selbst – kommt eine zentrale Bedeutung im Naturschutzrecht zu. **164**

- § 13 stellt die Vermeidung von Eingriffen und die Pflicht zu deren Kompensation bei Unvermeidbarkeit als allgemeinen Grundsatz voran.
- § 14 BNatSchG beschreibt den Begriff des Eingriffs in Natur und Landschaft,
- § 15 BNatSchG befasst sich mit Verursacherpflichten und der Unzulässigkeit von Eingriffen, die einerseits unvermeidbar und nicht kompensierbar sind, andererseits aber aufgrund vorrangiger Belange des Natur- und Landschaftsschutzes bei der Abwägung der hinter dem Eingriff stehenden Belange zurückstehen müssen,
- § 16 BNatSchG sieht neuerdings die Möglichkeit der Bevorratung von Kompensationsmaßnahmen bei zu erwartenden unvermeidlichen Eingriffen in die Natur vor. Nach Landesrecht können gemäß § 16 Abs. 2 BNatSchG unter anderen sog. Ökokonten für derartige vorgezogene Kompensationsmaßnahmen angelegt werden.
- § 17 BNatSchG regelt das Verfahren und enthält eine Verordnungsermächtigung zugunsten der Regierungen Bundesländer für die nähere Ausgestaltung des Verwaltungsverfahrens bei Eingriffen in Natur und Landschaft
- § 18 BNatSchG betrifft das wichtige Verhältnis von Naturschutzrecht und Baurecht.
- § 19 BNatSchG betrifft Schäden an Arten und natürlichen Lebensräumen; die Norm ist in Umsetzung der Umweltschadensrichtlinie mit Erlass des USchadG[16] – im Jahre 2007 ursprünglich als § 21a BNatSchG – in das BNatSchG ausgenommen worden. Die Norm der Anwendung des USchadG im Naturschutzrecht.[17]

Die Eingriffsregelung ist das wichtigste Instrument des allgemeinen Naturschutzes und eine der wichtigsten Vorschriften im Naturschutzrecht überhaupt. Sie muss in ihren Grundzügen sicher beherrscht werden. Die Regelung konkretisiert das Vorsorge-[18] und das Verursacherprinzip[19], weil sie zum einen der Erhaltung des Status Quo dient und zum anderen dem Verursacher eines geplanten Eingriffs in Natur- und Landschaft ein Verbot auferlegt, den aktuellen Zustand zu verschlechtern[20].

Zur Vertiefung

§ 13 ff. BNatSchG sind systematisch auf den Schutz des Außenbereichs nach § 35 BauGB zugeschnitten. Allerdings gelten die Regelungen auch für Grundstücke im Geltungsbereich eines Bebauungsplans und für den unbeplanten Innenbereich. Hier besteht aber für die Zulassung von Vorhaben § 18 BNatSchG als Sonderregelung.

---

16 Siehe oben Rn. 98d.

17 Zur Systematik der naturschutzrechtlichen Eingriffsregelung nach der Reform 2002 *Sparwasser/Wöckel*, NVwZ 2004, 1189 ff.; zu den Änderungen nach der Reform 2010 vgl. *Michler/Möller*, NuR 2011, 81 ff. Das Verhältnis zum Baurecht behandeln *Beutling/Schwartmann* in Frenz/Müggenborg, BNatSchG, § 18 Rn. 1 ff.; siehe auch oben Rn. 178.

18 Siehe oben Rn. 41.

19 Siehe oben Rn. 43

20 *Hünnekens* in Johlen/Oerder, § 11 Rn. 24.

165 **a) Eingriff in Natur und Landschaft:** Die Anwendbarkeit von § 14 BNatschG setzt einen Eingriff in Natur und Landschaft voraus.[21] Dieser ist in § 14 Abs. 1 BNatSchG wie folgt legaldefiniert:

„Eingriffe in Natur und Landschaft im Sinne dieses Gesetzes sind Veränderungen der Gestalt oder Nutzung von Grundflächen oder Veränderungen des mit der belebten Bodenschicht in Verbindung stehenden Grundwasserspiegels, die die Leistungs- und Funktionsfähigkeit des Naturhaushalts oder das Landschaftsbild erheblich beeinträchtigen können."

166 **aa) Anknüpfungspunkt der Eingriffsregelung:** Die Eingriffsregelung knüpft an die Änderung der Gestalt oder Nutzung von Grundflächen an. Sie ist im Tatbestand in Eingriffshandlung und Eingriffswirkung gespalten. Unter einer Eingriffshandlung versteht man im Wesentlichen[22] die Veränderung der Gestalt oder Nutzung von Grundflächen. Hinsichtlich der prognostizierten Eingriffswirkung muss zu erwarten sein, dass der Naturhaushalt oder das Landschaftsbild infolge der Eingriffshandlung beeinträchtigt werden. Ein Eingriff liegt nach § 14 Abs. 1 BNatSchG also insbesondere bei Veränderungen der Gestalt oder Nutzung von Grundflächen vor. Das ist etwa bei

- Abgrabungen, Aufschüttungen, dem Ablagern von Abfall, der Errichtung von Freileitungen, der Beseitigung oder dem Anpflanzen von Hecken, oder der Nutzung von Grundflächen,
- z.B. Verwandlung von Heideflächen in Grünland oder der Aufforstung von Dünen.

bb) Land- und Forstwirtschaft sowie Fischerei: Zweifellos wird auch in der **Landwirtschaft** in Grund und Boden und damit in die Natur eingegriffen. Dazu folgender

167 ■ **17. Fall:** Landwirt L düngt seinen Acker, auf dem er Rüben anbaut, mit künstlich hergestelltem Dünger. Naturschützer N ist der Auffassung, dies sei nicht nur unnötig, sondern stelle zudem einen massiven Eingriff in Natur und Landschaft dar. Hat er Recht?

Maßnahmen im Rahmen der Land- und Forstwirtschaft sowie der Fischerei stellen nach § 14 Abs. 2 BNatSchG **tatbestandlich** (wichtig!) **keine Eingriffe** im Sinne des Naturschutzrechts dar, wenn die Grundsätze des Naturschutzes in Form der so genannten **„guten fachliche Praxis"** bei der Bodennutzung in diesem Bereich beachtet werden[23]. Orientiert sich ein Landwirt nur an ökonomischen und nicht auch nach ökologischen Gesichtspunkten, so entspricht sein Verhalten dieser Vorgabe nicht. Erleichterungen gelten insofern, als die tägliche Bewirtschaftung der Natur durch den Landwirt gewährleistet werden soll. Die Fortführung der bisherigen Betriebsführung steht unter dem Schutz von Art. 14 GG. Auch wenn Düngen oder der Einsatz von Pflanzenschutzmitteln nicht im Sinne des Naturschutzes sein mögen und die Natur belastet, so muss dies unter Berücksichtigung der Landwirtschaftsklausel in gewissem Umfang hingenommen werden.

---

21 Vgl. hierzu umfassend *Scheidler*, UPR 2010, 134 ff.; *Füßer*, NVwZ 2005, 144 ff. zum Eingriff bei FFH-Gebieten.

22 Zusätzlich sind Veränderungen des mit der belebten Bodenschicht in Verbindung stehenden Grundwasserspiegels erfasst.

23 Vergleichbare Regeln gibt es auch an anderer Stelle im Umweltrecht; vgl. etwa § 17 BBodSchG.

cc) Erheblichkeit des Eingriffs: Der Gesetzgeber erkennt an, dass **nicht jede Veränderung** von Natur und Landschaft einen Eingriff im Sinne von § 14 Abs. 1 BNatSchG sein kann. Relevant ist die „erhebliche" Veränderung der Leistungs- und Funktionsfähigkeit des Naturhaushalts oder des Landschaftsbildes. Die Rechtsprechung nimmt dies in Ausfüllung des unbestimmten Rechtsbegriffes der Erheblichkeit an, wenn die nachteilige Veränderung von Natur oder Landschaft nach Art, Umfang und Schwere „nicht völlig unwesentlich" ist[24] und ersetzt damit gleichsam einen unbestimmten Rechtsbegriff mit einem anderen, etwas präziseren. Man kann der näheren Umschreibung aber entnehmen, dass eine erhebliche Beeinträchtigung sich aus der Schwere oder der Dauer des Eingriffs ergeben kann. 168

Zur Vertiefung

Es ist umstritten, ob eine erhebliche Beeinträchtigung ausschließlich wegen zu befürchtender „Vorbildwirkung" eines einzelnen Vorhabens (Präzedenzfall) vorliegt, wenn das Vorhaben als solches noch nicht die Eingriffsschwelle überschreitet.[25] Wichtige Einzelfälle der Beeinträchtigung sind die optische Beeinträchtigung des Landschaftsbildes[26] durch Windkraftanlagen, durch Mobilfunksendemaste oder durch Hochspannungsleitungen[27].

dd) Dreistufige Prüfung des Eingriffs: Wenn ein Eingriff in Natur und Landschaft festgestellt ist, so schreibt § 15 Abs. 1–3 BNatSchG eine **dreistufige Prüfung** vor: 169

(1) Erste Stufe: Vermeidbarkeit: Auf einer **ersten Stufe** (§ 15 Abs. 1 BNatSchG) ist der Verursacher eines Eingriffs verpflichtet, vermeidbare Beeinträchtigungen von Natur und Landschaft zu unterlassen. 170

17. Prüfungsfrage: A baut entsprechend einer behördlichen Genehmigung Kohle ab. Naturschützer N hält ihm vor, der Abbau von Kohle sei an anderer Stelle mit wesentlich milderen Eingriffen in Natur und Landschaft verbunden. A wendet ein, er sei dort nicht berechtigt, Kohle abzubauen. Ist der Einwand des N stichhaltig?

Nach dem sog. Vermeidungsgebot des § 15 Abs. 1 BNatSchG ist nicht der Eingriff als solcher unzulässig, sondern nur die von ihm ausgehende vermeidbare Beeinträchtigung. Dass eine Beeinträchtigung vermeidbar ist, kann nicht damit begründet werden, die als Eingriff einzuordnende Maßnahme selbst könne insgesamt unterlassen werden[28]. Es muss also unternommen werden, was möglich ist, um eine Beeinträchtigung der Natur und Landschaft zu vermeiden oder zumindest zu mindern. Die Frage, ob eine Maßnahme, würde sie an anderer Stelle erfolgen, mit geringerer Intensität eingreifen würde, ist also losgelöst von der Eingriffsregelung als solcher zu sehen.

(2) Zweite Stufe: Unvermeidbarkeit und Ausgleich, Ersatz oder Ersatzzahlung: Ist ein Eingriff unvermeidbar, ist auf einer **zweiten Stufe** weiter zu prüfen. Der Eingriff muss dann entweder – vorrangig – durch Maßnahmen des Natur- und Landschafts- 171

24 *OVG Münster*, NuR 1996, 418, 419 f.
25 Dazu *VGH München*, NuR 1987, 181, 181 f.; *OVG Münster*, NuR 1999, 409, 409 f.
26 Zu den Begriffen Landschaftsbild und optischer Eindruck *OVG Münster*, NuR 1997, 410, 410 f.
27 *VG Karlsruhe*, NuR 1983, 74, 74 ff.
28 *BVerwG*, NuR 1997, 404, 405; *OVG Münster*, NVwZ-RR 1995, 10, 12; vgl. allgemein zum Vermeidungsgebot: *VGH Mannheim*, NuR 1987, 31, 31 ff.

schutzes **ausgeglichen** werden (Ausgleichsmaßnahmen) oder durch Ersatzmaßnahmen in sonstiger Weise **kompensiert** werden. Beim Ausgleich geht es im Wesentlichen um eine Wiederherstellung (§ 15 Abs. 2 S. 2 BNatSchG), beim sonstigen Ersatz im Wesentlichen um eine Ersetzung in gleicher Weise (§ 15 Abs. 2 S. 3 BNatSchG). Der Ausgleich muss nicht zwingend genau an der Stelle des Eingriffs erfolgen. Allerdings muss ein naturräumlicher funktioneller Zusammenhang zwischen Eingriff und Ausgleich bestehen.

172 Lässt die industrielle Vornutzung eine Ausgleichsmaßnahme auf dem Grundstück nicht zu, so kann ein Unternehmer dazu verpflichtet werden, an anderer Stelle ein Grundstück zu erwerben und dieses in einem bestimmten Zustand zu versetzen, also etwa Brachland oder eine Streuobstwiese anzulegen; nicht eindeutig ist, ob von der Ausgleichspflicht auch die Pflicht zur Pflege der entsprechenden Ausgleichsfläche erfasst ist[29].

173 Ziel des Ausgleichsgebots ist es, eine weitestgehende Kompensation der Folgen des Eingriffs durch gleichartige Ausgleichsmaßnahmen zu erreichen. Weil ein vollständiger Ausgleich einer Beeinträchtigung der Natur oftmals nicht zu verwirklichen ist, da sie an dieser Stelle endgültig vernichtet wurde, können die **Länder** aufgrund einer Ermächtigung in § 17 Abs. 11 BNatSchG die Durchführung weiterer Ersatzmaßnahmen anordnen, um die Eingriffsfolgen auch insoweit zu kompensieren[30]. Insbesondere können hier auch **Ersatzzahlungen** in Betracht gezogen werden, wenn es um den Ersatz nicht ausgleichbarer und nicht in sonstiger Weise kompensierbarer Beeinträchtigungen geht.

174 **(a) Ausgleich und Ersatz:** Das Gesetz unterscheidet zwischen Ausgleichs- und Ersatzmaßnahmen. Durch die Aufwertung anderer Flächen soll Ersatz für die durch die Eingriffsfolge zerstörte Natur geleistet werden. Die Abgrenzung zwischen Ausgleichs- und Ersatzmaßnahme ist fließend und schwierig. Eine **Ausgleichsmaßnahme** ist durch eine *gleichartige und gleichwertige Kompensation* des Eingriffs gekennzeichnet.

Trockenmagerrasen ersetzt einen gleichwertigen Trockenmagerrasen an anderer Stelle.

Eine **Ersatzmaßnahme** kann auch durch eine *andersartige gleichwertige Kompensation* erfüllt sein.

Eine Streuobstwiese wird durch einen naturnahen Mischwald ersetzt.

Bei der Ersatzzahlung aufgrund landesgesetzlicher Regelung gemäß § 15 Abs. 6 BNatSchG ist ein Eingriff finanziell abzugelten[31].

175 **(b) Verhältnis von Ausgleich/Ersatz/Ersatzzahlung:** Grundsätzlich gehen Ausgleichsmaßnahmen den Ersatzmaßnahmen vor[32]. Hiervon gilt eine Ausnahme, wenn die Erfüllung der Ausgleichspflicht tatsächlich unmöglich oder unverhältnismäßig ist. Ersatzmaßnahmen wiederum genießen Vorrang vor Ersatzzahlungen.[33]

---

29 Dies verneinend etwa *Schmidt-Eichstaedt*, BauR 2010, 1865 ff.; anders *Becker*, Das neue Umweltrecht 2010, Rn. 352.

30 Z.B. § 21 Abs. 2. BWNatSchG.

31 Z.B. § 21 Abs. Abs. 5 BWNatSchG; § 14a Abs. 3 BlnNatSchG; § 10 Abs. 4, 5 LNatSchG RP.

32 *Sparwasser/Wöckel*, NVwZ 2004, 1189, 1189 f.

33 *Sparwasser/Wöckel*, NVwZ 2004, 1189, 1191 f.

18. Fall: Zur Errichtung einer Industrieanlage soll eine 50 Meter lange, mannshohe alte Hecke zerstört werden. Das Errichten einer solchen Hecke an anderer Stelle wäre möglich, würde aber durch das Anpflanzen und die Pflege der Hecke unverhältnismäßig hohe Kosten verursachen. Der Betreiber der Anlage bietet als Ausgleich eine Ersatzzahlung in beträchtlicher Höhe an. Kann die Behörde hierauf eingehen? **176**

Bei der hier zu treffenden Abwägungsentscheidung müssen sämtliche Ersatzmaßnahmen zunächst unberücksichtigt bleiben, um den Vorrang des Ausgleichs nicht zu konterkarieren. Es kommt darauf an, ob die ökonomischen Kosten für die Durchführung der Maßnahme außer Verhältnis zu ihrem ökologischen Nutzen stehen.[34] Es muss also – ungeachtet der Frage des Ersatzes oder einer Ersatzzahlung – gefragt werden, ob ein Ausgleich an derselben Stelle möglich ist. Da dies hier nicht der Fall ist, kommt eine ersatzweise Anpflanzung einer vergleichbaren Hecke an anderer Stelle in Betracht. Auch hier dürfen die Kosten der Ersatzmaßnahme keine Rolle spielen. Ersatzzahlungen kommen also nur in Frage, wenn ein zuzulassender Eingriff vorliegt und eine Beeinträchtigung weder auszugleichen noch in sonstiger Weise – also durch eine Ersatzmaßnahme an anderer Stelle – zu kompensieren ist. Im 18. Fall kommt wegen der Möglichkeit zur Kompensation also keine Ersatzzahlung in Betracht.[35]

(c) Ökokonten: Die Regelungen zur Bevorratung von Kompensationsmaßnahmen, wie sie in § 16 BNatSchG, ergänzend in § 200a BauGB vorgesehen sind, stellen den Ländern die Möglichkeit zur Verfügung, im Landesrecht eine vorgreifliche Durchführung, Registrierung und Bewertung von Ausgleichs- und Ersatzmaßnahmen, insbesondere durch Ausweisung in kommunalen Bebauungsplänen zu regeln. Die entsprechenden Maßnahmen werden ohne zeitlichen Zusammenhang mit späteren Eingriffen in Natur und Landschaft getroffen, von der zuständigen Naturschutzbehörde bewertet, mit einem Punktwert versehen und auf einem Ökokonto gutgeschrieben. Zu einem späteren Zeitpunkt können private Investoren oder auch staatliche Stellen, die kompensationspflichtige Eingriffe in Natur und Landschaft vornehmen, von der Stelle, zu deren Gunsten die Punktwerte erfasst wurden, Punkte erwerben und so einen zeitnahen Ausgleich des Eingriffs erreichen, ohne langwierig mehr oder minder sinnvolle Ausgleichs- und Ersatzflächen oder -maßnahmen suchen zu müssen. Gegenüber den vorgenannten Vorzügen der betreffenden Regelungen wird als nachteilig erachtet, dass bislang freiwillig und ohne Anrechnung durchgeführte Maßnahmen nunmehr „kommerzialisiert" werden; auch werden echte, d.h. mit dem jeweiligen Projekt verbundene Ausgleichsmaßnahmen potentiell in den Hintergrund gerückt.[36] **176a**

(3) Dritte Stufe: Abwägung: Sind Beeinträchtigungen durch einen Eingriff **nicht vermeidbar** oder **nicht** in angemessener Frist **auszugleichen** oder in sonstiger Weise zu kompensieren, hat auf einer **dritten Stufe** eine **Abwägung** zu erfolgen. Ein Eingriff darf in diesem Fall nur dann nach § 15 Abs. 5 BNatSchG nicht zugelassen oder durch- **177**

34 *Sparwasser/Wöckel*, NVwZ 2004, 1189, 1190.

35 Zur Verwendung des Ersatzgeldes *Sparwasser/Wöckel*, NVwZ 2004, 1189, 1193 ff.

36 Zu den landesrechtlichen Ausprägungen der Ökokonten vgl. *Diederichsen*, NuR 2010, 843 ff. (vornehmlich zur Rechtslage in Hessen); *Funke*, SächsVBl. 2009, 277 ff. (Sachsen); *Wagner*, VBlBW 2006, 50 ff (Baden-Württemberg); allgemein zu Ökokonten und Ökopunktehandel nur *Thum*, UPR 2006, 289 ff.

geführt werden, wenn „die Belange des Naturschutzes und der Landschaftspflege bei der Abwägung aller Anforderungen an Natur und Landschaft anderen Belangen im Range vorgehen". Die Naturschutzbehörden müssen die Gebote aus § 15 BNatSchG zwingend beachten und können sie nicht im Wege der Abwägung überwinden[37]. Neben den öffentlichen Interessen sind in die Abwägung auch die privaten Belange des Betroffenen einzustellen. Auch muss sich die Naturschutzbehörde im Wege der Abwägung nicht in jedem Fall für die ökologisch beste Möglichkeit entscheiden[38]. Ein Vorrang der Naturschutzbelange wird im Ergebnis gegeben sein, wenn trotz aller Ausgleichs- und Kompensationsmöglichkeiten noch ein nicht vertretbares Defizit verbleibt[39]. Gehen die Belange des Naturschutzes und der Landschaftspflege nach der Abwägung vor, so kann die Behörde den Eingriff nur noch für unzulässig erklären. Es besteht dann kein Entscheidungsspielraum mehr.

2. Eingriff nach § 18 BNatSchG i.V.m. § 1a BauGB

178 Das Naturschutzrecht ist in vielfältiger Weise mit dem Baurecht verwoben. So betrifft es die Bauleitplanung der Kommunen und die Grundstücksnutzung im Rahmen von §§ 34 und 35 BauGB. Grundsätzlich macht die Ordnungsfunktion des Naturschutzrechts nicht vor dem Baurecht Halt. Auf der anderen Seite haben Bau- und Naturschutzrecht – insbesondere im Außenbereich – insofern dieselbe Zielrichtung, als es jeweils darum geht, eine (auch naturschutzrechtlich) ungewollte Bebauung zu verhindern. Allerdings ist die soeben geschilderte Eingriffsregelung für wesentliche Bereiche des Bauplanungsrechts in das Baurecht integriert. Die Integrationslösung im Rahmen dieses sog. „Baurechtskompromisses" nimmt der Eingriffsregelung für das Baurecht an Schärfe. Gemäß § 18 Abs. 1 BNatSchG richten sich Eingriffe in Natur und Landschaft nämlich nach dem BauGB, wenn diese aufgrund der Aufstellung, Änderung, Ergänzung oder Aufhebung von Bauleitplänen oder von Satzungen nach § 34 Abs. 4 S. 1 Nr. 3 BauGB zu erwarten sind. Im beplanten und unbeplanten Innenbereich nach §§ 30 ff., 34 BauGB ist die Eingriffsregelung gemäß § 18 Abs. 2 S. 1 BNatSchG überhaupt nicht anwendbar. Nach § 18 Abs. 2 S. 2 BNatSchG gilt sie nur für Außenbereichsvorhaben nach § 35 BauGB und für Bebauungspläne, soweit diese ein Planfeststellungsverfahren ersetzen. Dies kommt z.B. bei Straßenbauvorhaben vor. Beteiligungsrechte der Naturschutzbehörden sind hier teils eingeschränkt und in weiten Bereichen sogar ganz ausgeschlossen.

179 **a) Berücksichtigung der Eingriffsregelung in der Bauleitplanung:** Nach der Regelung des BNatSchG für die Bauleitplanung kommen die Natur- und Landschaftsschutzbelange nicht im Naturschutzrecht und auch nicht im konkreten Baugenehmigungsverfahren zum Tragen, sondern vielmehr bereits in der Bauleitplanung. Das Vermeiden und Ausgleichen von Eingriffen in Natur und Landschaft sind bauplanungsrechtlicher Abwägungsbelang nach § 1a Abs. 3 BauGB, so dass der naturschutzrechtliche Grund-

37 *BVerwG*, NVwZ 1998, 504, 506; *Kuschnerus*, NVwZ 1996, 235, 240 f.
38 *BVerwG*, NVwZ 1998, 504, 506.
39 *BVerwG*, NuR 2002, 539, 541 ff.

satz von Eingriff und Ausgleich in Natur und Landschaft im Bauplanungsrecht mit Besonderheiten gilt[40]. Hier wird über Vermeidungsgebote sowie Ausgleichs- und Ersatzmaßnahmen innerhalb des bauplanungsrechtlichen Abwägungsgebots des § 1 Abs. 7 BauGB nach Maßgabe des **§ 1 a Abs. 3 S. 2–5 BauGB** befunden[41]. Aus Sicht des Naturschutzrechts ergänzt § 18 Abs. 2 BNatSchG die Regelung des § 1a BauGB.

Zur Vertiefung: Dieses Verhältnis von Baurecht und Naturschutzrecht wurde in der Baugesetzbuchnovelle 1998 festgelegt. Bis dahin gab es eine derartige Klarstellung für das Verhältnis zwischen Bau- und Naturschutzrecht nicht. Man hatte zuvor argumentiert, dass erst durch das Bauvorhaben selbst aber noch nicht durch dessen Planung in Natur und Landschaft eingegriffen werden könne.

b) Ausgestaltung der Eingriffsregelung: Nach § 1a Abs. 3 S. 5 BauGB ist ein Ausgleich nicht erforderlich, soweit Eingriffe bereits vor der gemeindlichen Planungsentscheidung erfolgt sind oder zulässig waren. **§ 200a BauGB** führt dazu einen eigenständigen städtebaulichen Ausgleichsbegriff ein und ergänzt § 1a Abs. 3 S. 3 BauGB.[42] Anders als im sonstigen Fachplanungsrecht ist die Eingriffsregelung dem Bauplanungsrecht damit nicht aufgesattelt, sondern in dieses integriert. Es besteht hier im Vergleich zum naturschutzrechtlichen Regime also der wichtige Unterschied, dass die Eingriffsregelung im Bauplanungsrecht de facto nicht strikt zu beachten, sondern ein einfacher Abwägungsbelang ist, der im Rahmen der bauplanungsrechtlichen Abwägung „weggewogen" werden kann. In der **Eingriffsprüfung** gelten für Eingriffe in Natur und Landschaft und deren Ausgleich im Bauplanungsrecht folgende Besonderheiten **180**

aa) Eingriff: Die Bauplanungsbehörde hat zunächst zu prüfen, ob durch einen Bebauungsplan ein Eingriff in Natur und Landschaft zu erwarten ist. Sie muss eine Bestandsanalyse vornehmen und mögliche Eingriffe in der Phase der Bauleitplanung prognostizieren. **181**

bb) Ausgleich: Im Bauplanungsrecht erfolgt der *Ausgleich schon während der Bauleitplanung* durch geeignete Festsetzungen im Flächennutzungsplan als dem unverbindlichen, vorbereitenden Bauleitplan. **182**

(1) Verbot vermeidbarer Eingriffe: Auch im Bauplanungsrecht sind vermeidbare Eingriffe zu unterlassen. Ihre Unvermeidbarkeit ergibt sich hier aber aufgrund einer städtebaulichen Planrechtfertigung. Ist die Planung – wie in der Regel – gemäß § 1 Abs. 3 BauGB für die städtebauliche Ordnung und Entwicklung erforderlich, ist ein damit zwangsläufig verbundener Eingriff unvermeidbar. **183**

(2) Ausgleich oder Ersatz für unvermeidbare Eingriffe: Eingriffe, die aus der Bauleitplanung folgen, sind grundsätzlich vollständig auszugleichen oder es ist Ersatz zu leisten. Der rechtssystematische Unterschied zwischen Ausgleichs- und Ersatzmaßnahme ist für die Bauleitplanung aufgehoben, es gibt ein einheitliches Institut der städtebaulichen Ausgleichsregelung. **184**

40 *Erbguth/Schlacke*, § 10 Rn. 38.
41 Dazu *Tettinger/Erbguth/Mann*, Rn. 859 ff.
42 *Tettinger/Erbguth/Mann*, Rn. 862.

185 **(3) Durchführung des Ausgleichs:** Der Ausgleich erfolgt im Wesentlichen gemäß § 1a Abs. 3 BauGB durch geeignete Darstellungen im Flächennutzungsplan nach § 5 BauGB bzw. durch Festsetzungen im Bebauungsplan nach § 9 BauGB. Ergänzend regelt § 200a BauGB, dass

„Darstellungen für Flächen zum Ausgleich und Festsetzungen für Flächen oder Maßnahmen zum Ausgleich im Sinne des § 1a Abs. 3 (BauGB ...) auch Ersatzmaßnahmen (umfassen). Ein unmittelbarer räumlicher Zusammenhang zwischen Eingriff und Ausgleich ist nicht erforderlich, soweit dies mit einer geordneten städtebaulichen Entwicklung und den Zielen der Raumordnung sowie des Naturschutzes und der Landschaftspflege vereinbar ist."

Freilich kann die Gemeinde das Gebot des § 1a Abs. 3 BauGB zur Festsetzung von Ausgleichs- und Ersatzmaßnahmen im Rahmen des Bebauungsplanes nur erfüllen, wenn sie über geeignete Flächen für derartige Maßnahmen verfügt. Ist dies nicht der Fall, scheitert die Planung aber auch nicht unbedingt. Die Gemeinde kann etwa mit einer benachbarten Gemeinde vereinbaren, dass Flächen auf dem fremden Gemeindegebiet zur Verfügung gestellt werden können[43].

186 **18. Prüfungsfrage:** Bei der Durchführung eines Bauvorhabens soll im Rahmen der Änderung eines Bebauungsplans eine Hecke entfernt werden. Die Naturschutzbehörde steht auf dem Standpunkt, in diesem Fall richte sich die Frage nach der Beseitigung der Hecke nach Naturschutzrecht. Ist diese Auffassung zutreffend?

Die Auffassung der Behörde trifft nicht zu. Zwar handelt es sich bei der Beseitigung der Hecke um einen Eingriff in Natur und Landschaft nach § 18 Abs. 1 BNatSchG. Die Frage nach der Vermeidbarkeit dieses Eingriffs richtet sich aber gemäß § 18 Abs. 1, 2 S. 1 BNatSchG nach den Vorschriften des BauGB und ist hier ein Belang der bauplanerischen Abwägung.

3. Besonderer Schutz von Flächen und Biotopen

187 Die Regelungen in Kapitel 4 des BNatSchG betreffen den Schutz, die Entwicklung, die Pflege und Wiederherstellung zu erhaltender und regenerationsfähiger Teile von Natur und Landschaft[44]. Auch in diesem Bereich handelt es sich mit Ausnahme des allgemeine Grundsätze festlegenden § 20 BNatSchG um Vorschriften, von denen die Bundesländer abweichen dürfen. Die zentrale Idee des besonderen Gebietsschutzes ist es, bestimmte Flächen und Objekte durch rechtsverbindliche Festsetzung unter Schutz zu stellen und insbesondere ein **Netz Europäischer Schutzgebiete** („Natura 2000", §§ 31 ff. BNatSchG) aufzubauen, wobei § 30 BNatSchG besonders schutzwürdige Biotope unmittelbar schützt.

188 **a) Flächenschutz:** Ausgehend vom Gedanken des Biotopverbundes sieht § 21 Abs. 3 BNatSchG einen Gebietsschutz besonderer Teile von Natur und Landschaft im Wege der Unterschutzstellung vor. So sollen nach § 20 Abs. 2 BNatSchG

43 *VGH Mannheim*, NuR 1998, 148, 148 f.
44 *Sparwasser/Engel/Voßkuhle*, § 6 Rn. 181.

„1. nach Maßgabe des § 23 als Naturschutzgebiet,
2. nach Maßgabe des § 24 als Nationalpark oder als Nationales Naturmonument,
3. als Biosphärenreservat,
4. nach Maßgabe des § 26 als Landschaftsschutzgebiet,
5. als Naturpark,
6. als Naturdenkmal oder
7. als geschützter Landschaftsbestandteil."

Bestandteile eines Biotopverbundes sein, sofern dies gemäß § 21 Abs. 3 BNatSchG zur Erreichung der Ziele des Absatzes 1, nämlich der „dauerhaften Sicherung der Populationen wild lebender Tiere und Pflanzen einschließlich ihrer Lebensstätten, Biotope und Lebensgemeinschaften sowie der Bewahrung, Wiederherstellung und Entwicklung funktionsfähiger ökologischer Wechselbeziehungen" oder „zur Verbesserung des Zusammenhangs des Netzes „Natura 2000" geeignet ist.

aa) Schutzgebiete: Das BNatschG soll im Zusammenwirken mit den Vorschriften der Naturschutzgesetze der Bundesländer vor allem besonders schützenswerte Teile der Natur und Landschaft, sowie gefährdete Tier- und Pflanzenarten schützen. Anders als bei übergeordneten Plänen, etwa Raumordnungs- oder Landschaftsplänen, die sich individuell nicht sehr auswirken, hat die Festsetzung von Schutzgebieten eine erhebliche Bedeutung für die Nutzung von Flächen. So erklärt sich, dass um die Festsetzung von Schutzgebieten in der Praxis häufig Streit entsteht, so dass die Materie nicht selten auch zum Prüfungsstoff wird. 189

Zur Vertiefung

Gebote und Verbote in Schutzgebietsfestsetzungen nach § 22 Abs. 1 BNatSchG sind zulässige **Inhalts- und Schrankenbestimmung** im Sinne von Art 14 Abs. 1 S. 2 GG. Sie konkretisieren die Sozialbindung des Eigentums, weil die Situationsgebundenheit des betroffenen Grundstücks als Teil eines Schutzgebietes diesem anhaftet. Ist sie nicht unverhältnismäßig, so sind die Unterschutzstellung und die damit verbundenen Nachteile entschädigungslos hinzunehmen[45].

bb) Inhalt und Verfahren der Unterschutzstellung: Die Unterschutzstellung hat grundsätzlich durch rechtsverbindliche Festsetzung, also durch formellen Akt mit konstitutiver Wirkung zu erfolgen[46]. Schutzgegenstand, Schutzzweck, die zur Erreichung des Schutzzwecks notwendigen Gebote und Verbote und, soweit erforderlich, Pflege-, Entwicklungs- und Wiederherstellungsmaßnahmen oder die erforderlichen Ermächtigungen hierzu, sind nach § 22 Abs. 2 BNatSchG zu bestimmen. Die Schutzwürdigkeit eines Landschaftsteils ist eine Rechtsfrage und als solche gerichtlich voll überprüfbar. Die räumliche Abgrenzung des Gebiets ist demgegenüber auch planerisch geprägt und daher nur eingeschränkt zu kontrollieren[47]. 190

45 *BGH* DVBl 1993, 430, 431 f.; *VGH Mannheim*, NuR 1992, 186, 187.
46 *Appel* in Frenz/Müggenborg, BNatSchG, § 22 Rn. 4 ff.
47 *BVerwG*, NVwZ 1988, 1020, 1020 f., dazu auch *Sparwasser/Engel/Voßkuhle*, § 6 Rn. 184.

Zur Vertiefung

Das Bundesrecht schreibt es vor, alle Schutzgebiete – mit Ausnahme der Naturparke – rechtsverbindlich festzusetzen. Hierfür kommen verbindlich erklärte Landschaftspläne, Verordnungen oder Satzungen in Betracht[48]. In der Regel erfolgt die Festsetzung durch Rechtsverordnung. Es ist ebenfalls Aufgabe der Länder, die **Gebote** und **Verbote** zu erlassen, die der Verwirklichung des Schutzzwecks dienen[49]. Solche Verbote können etwa darin bestehen, an bestimmten Stellen nicht zu baden, zu zelten, Wege zu verlassen u.ä. Verfahrensrechtlich sind betroffene Grundstückseigentümer vor Erlass einer Schutzgebietsausweisung zwingend anzuhören. Bei wesentlichen Änderungen ist die Anhörung zu wiederholen.[50] Nach § 63 Abs. 1 Nr. 1, Abs. 2 Nr. 1 BNatSchG[51] sind anerkannte Naturschutzverbände an Verfahren zur Festsetzung von Schutzgebieten zu beteiligen. § 22 Abs. 3 BNatSchG sieht eine einstweilige Sicherstellung von zu schützenden Teilen von Natur und Landschaft durch landesrechtliche Regelung vor[52]. Im Laufe des Sicherstellungsverfahrens dürfen grundsätzlich lediglich (Veränderungs-)Verbote, aber keine genauen Handlungspflichten z.B. gegenüber dem Grundstückseigentümer ergehen. Die ordnungsgemäße Fortführung der bisherigen Nutzung eines Grundstücks darf nicht untersagt werden[53].

191 **cc) Die einzelnen Schutzgebiete:** Nach dem Gesetz (§ 22 BNatSchG) können folgende Schutzgebiete festgesetzt werden[54]:

- Naturschutzgebiet (§ 23 BNatSchG),
- Nationalpark oder als Nationales Naturmonument(§ 24 BNatSchG),
- Biosphärenreservat (§ 25 BNatSchG),
- Landschaftsschutzgebiet (§ 26 BNatSchG),
- Naturpark (§ 27 BNatschG),
- Naturdenkmal (§ 28 BNatSchG),
- geschützter Landschaftsbestandteil (§ 29 BNatSchG).

192 **(1) Naturschutzgebiete:** Naturschutzgebiete sind rechtsverbindlich festgesetzte Gebiete, in denen ein besonderer Schutz von Natur und Landschaft in ihrer Ganzheit oder in einzelnen Teilen erforderlich ist (§ 23 Abs. 1 BNatSchG). Es ist zulässig, ein Gebiet als Naturschutzgebiet auszuweisen, wenn dadurch wenigstens ein in § 23 Abs. 1 BNatSchG genannter Schutzzweck erfüllt wird und Schutzbedürftigkeit besteht, also gleichzeitig bestimmte Schutzmaßnahmen zur Erhaltung des Gebietes in seinem Zustand erforderlich sind. Die Unterschutzstellung erfolgt normalerweise durch Verordnung, sie ist aber auch mittels Verwaltungsakt, Gesetz oder Satzung möglich. Vom Schutzgegenstand umfasst ist das Gebiet einschließlich der belebten und unbelebten Natur. Im Geltungsbereich von Naturschutzgebieten sind gemäß § 23 Abs. 2 BNatSchG alle Handlungen verboten, die dazu führen können, dass ein Gebiet oder seine Bestandteile zerstört, beschädigt, verändert oder nachhaltig gestört werden können.

48 So etwa die Regelungen in §§ 19, 23, 42a ff. Landschaftsgesetz – LG NRW. Zur Beachtung der rechtlichen Anforderungen an Satzungen *VGH Mannheim*, NVwZ-RR 2002, 571, 571 f.

49 Vgl. dazu und zu möglichen Befreiungen von den Verboten sowie zum Problem der Beschränkung von Eigentümerbefugnissen: *Sparwasser/Engel/Voßkuhle*, § 6 Rn. 203 ff.

50 *OVG Lüneburg*, NuR 2001, 167, 168.

51 Zur Klage eines anerkannten Naturschutzverbandes gegen den Planfeststellungsbeschluss für den Neubau der Bundesautobahn A 20: *BVerwG*, LKV 1999, 29, 29 ff. Die Anerkennung von Naturschutzverbänden richtet sich gemäß § 63 BNatSchG mittlerweile nach § 3 URG, s.o. Rn. 98 b f.

52 Vgl. dazu z.B. die nordrhein-westfälische Regelung in § 42e LG NRW.

53 *Lorz/Müller/Stöckel*, § 122 Rdnr. 18.

54 Zu den einzelnen Gebieten *Sparwasser/Engel/Voßkuhle*, § 6 Rn. 187 ff.

Zur Vertiefung: Die Größe eines Schutzgebietes hängt vom Schutzzweck und den örtlichen Gegebenheiten ab. In der Bundesrepublik Deutschland sind lt. Bundesamt für Naturschutz (Stand 2009) etwa 3,6 % der Gesamtfläche als Naturschutzgebiet (1.301.420 ha), aufgeteilt auf 8481 Flächen, ausgewiesen[55].

(2) Nationalparke: Nationalparke sind besondere und großräumige[56] Naturschutzgebiete, die anders als ein Naturschutzgebiet im Regelfall zugänglich sein sollen. Um sie festzusetzen, müssen die in § 24 Abs. 1 Nr. 1 bis 3 BNatSchG genannten Voraussetzungen kumulativ vorliegen. Allerdings besteht allein aufgrund des Vorliegens aller Voraussetzungen allein deswegen noch keine Pflicht zur Festsetzung. Diese ist vielmehr im Wege der Abwägung zu ermitteln. Aus den in § 24 Abs. 2 BNatSchG genannten Zielen ergeben sich Kriterien für die Erforderlichkeit der Unterschutzstellung. Danach muss die Gewährleistung eines möglichst ungestörten Ablaufs der Naturvorgänge in ihrer natürlichen Dynamik überprüft werden. Ansonsten erfüllen Nationalparke, im Wesentlichen die gleichen Voraussetzungen wie ein Naturschutzgebiet. Allerdings befinden sie sich in einem Zustand, der durch den Menschen nicht oder nur wenig beeinflusst ist. Sie dienen zudem hauptsächlich dazu, den Artenreichtum der heimischen Tier- und Pflanzenwelt zu erhalten. 193

Zur Vertiefung

Derzeit gibt es in der Bundesrepublik Deutschland 14 Nationalparke und zwar Schleswig-Holsteinisches Wattenmeer (zugleich Biosphärenreservat), Hamburgisches Wattenmeer (zugleich Biosphärenreservat),) Niedersächsisches Wattenmehr (zugleich Biosphärenreservat), Vorpommersche Boddenlandschaft, Jasmund, Müritz, Unteres Odertal, Harz, Hainich, Sächsische Schweiz, Bayerischer Wald, Berchtesgaden (zugleich Biosphärenreservat), Eifel und Kellerwald-Edersee.[57]

(3) Nationale Naturmonumente: Nationale Naturmonumente sind gemäß § 24 Abs. 4 BNatSchG rechtsverbindlich festgesetzte Gebiete, die aus wissenschaftlichen, naturgeschichtlichen, kulturhistorischen oder landeskundlichen Gründen und wegen ihrer Seltenheit, Eigenart oder Schönheit von herausragender Bedeutung sind. Für sie gelten die Regeln der Unterschutzstellung wie bei Naturschutzgebieten. Als relativ neue Schutzkategorie auf der Ebene des nationalen Rechts, die national bedeutsame Naturerscheinungen, aber auch spezielle herausragende geologisch-geomorphologische Erscheinungen oder solche, in denen sich besondere Natur- und Kulturwerte verbinden, betreffen kann, wird derzeit noch definiert, welche Gebiete hierfür in Frage kommen. In der Diskussion sind bspw. der Drachenfels (NRW) oder die Kreidefelsen der Insel Rügen (MV). 193a

(4) Biosphärenreservate: Biosphärenreservate sind in § 25 BNatSchG geregelt. Es handelt sich dabei um großräumige Modellregionen, zur beispielhaften Entwicklung und Erprobung des menschlichen Zusammenlebens mit der Natur. Die Voraussetzungen der förmlichen Festsetzung ergeben sich aus § 25 Abs. 1 Ziffer 1–4 BNatSchG. 194

55 Abrufbar unter http://www.bfn.de/0308_nsg.html, zuletzt abgerufen am 11.7.2011.

56 Ob ein Gebiet großräumig ist, obliegt einem behördlichen Beurteilungsspielraum. Als Richtgröße – die sich nicht aus dem Gesetz ergibt – gelten etwa mindestens 10 000 Hektar ausgewiesener Fläche.

57 Vgl. auch unter http://www.bfn.de/0308_nlp.html,.zuletzt abgerufen am 11.7.2011. Zu den Voraussetzungen für die Unterschutzstellung: *OVG Lüneburg*, NuR 1999, 470, 470 ff.

Diese als Naturschutz- oder Landschaftsschutzgebiete festgesetzten Gebiete enthalten wichtige Beispiele landschaftsverträglicher Nutzung mit überregionaler Bedeutung. Es soll die Entwicklung von repräsentativen natürlichen Ökosystemtypen einschließlich ihrer Artenvielfalt erhalten werden.

Zur Vertiefung

Zur Zeit gibt es folgende 16 Biosphärenreservate in der Bundesrepublik Deutschland: Schleswig-Holsteinisches Wattenmeer, Hamburgisches Wattenmeer, Niedersächsisches Wattenmeer, Südost-Rügen, Schaalsee, Flusslandschaft Elbe, Schorfheide-Chorin, Spreewald, Karstlandschaft Südharz, Oberlausitzer Heide- und Teichlandschaft, Rhön, Vessertal-Thüringer Wald, Rhön, Berchtesgadener Land, Bliesgau und Schwäbische Alb.

195 **(5) Landschaftsschutzgebiete:** Landschaftsschutzgebiete nach § 26 BNatSchG sind die am häufigsten festgesetzten Schutzgebiete[58]. Die Festsetzung erfolgt unter den nach in Ziff. 1–3 vorgegebenen Voraussetzungen, wobei die Unterschutzstellung schon gerechtfertigt ist, wenn nur eine der dort genannten Varianten gegeben ist. Vom Schutz ist nicht bloß das natürliche Landschaftsbild erfasst, sondern auch die durch den Menschen veränderte Kulturlandschaft. Ergänzt wurden die Schutzzwecke durch die Reform 2010 gemäß § 26 Abs. 1 Nr. 2 durch Einbeziehung auch des Schutzes von Lebensstätten und Lebensräumen bestimmter wild lebender Tier- und Pflanzenarten. Handlungen, die den Charakter des Gebiets verändern oder dem Schutzzweck zuwider laufen, verbietet § 26 Abs. 2 BNatSchG unter ausdrücklichem Hinweis auf § 5 Abs. 1 BNatSchG. Für Landschaftsschutzgebiete besteht nur ein relatives Veränderungsverbot; wirtschaftliche Nutzungen – etwa zur Land- und Forstwirtschaft – sind anders als bei Naturschutzgebieten gestattet[59].

196 **(6) Naturparke:** Naturparke sind in § 27 BNatSchG[60] geregelt. Es handelt sich nach § 27 Abs. 1 BNatSchG um großräumige einheitlich zu entwickelnde und zu pflegende Gebiete, die überwiegend Landschaftsschutzgebiete oder Naturschutzgebiete sind. Sie eignen sich besonders für die Erholung und sind nach den Grundsätzen und Zielen der Raumordnung und Landesplanung für die Erholung oder den Fremdenverkehr vorgesehen. Sie müssen ferner besonders dazu geeignet sein, eine nachhaltige Regionalentwicklung zu fördern. Oft sind Naturparke als kommunale Zweckverbände und bisweilen als rechtsfähige Vereine organisiert.

197 **(7) Naturdenkmale:** Naturdenkmale sind nach § 28 Abs. 1 BNatSchG bis zu fünf Hektar große rechtsverbindlich festgesetzte Einzelschöpfungen der Natur, oder Flächen, deren besonderer Schutz aus wissenschaftlichen, naturgeschichtlichen oder landes-

58 Sie können auch anders als Naturschutzgebiete zu Erholungszwecken festgesetzt werden. Vgl. zur Unzulässigkeit eines Modellfluggeländes in Naturschutzgebieten siehe: *OVG Saarlouis*, NuR 1980, 129, 129 ff.; zur Einbeziehung von innerhalb geschlossener Ortschaften gelegenen Freiflächen in den Geltungsbereich eines Naturschutzgebiets *OVG Münster,* NuR 1981, 34, 34 f.; zum Verbot des Kraftfahrzeugverkehrs innerhalb eines Landschaftsschutzgebietes *OVG Münster*, NuR 1980, 79, 79 ff.

59 *Appel* in Frenz/Müggenborg, BNatSchG, § 26 Rn. 25 f.

60 Vgl. eine Übersicht über die derzeit über 100 Naturparke http://www.bfn.de/0308_np.html, zuletzt abgerufen am 11.7.2011.

kundlichen Gründen oder wegen ihrer Seltenheit, Eigenart oder Schönheit erforderlich ist. Die Festsetzung kann die Umgebung einbeziehen. Bei Naturdenkmalen kann es sich nicht um bewegliche Objekte oder lebende Tiere, sondern nur um statische Gegenstände handeln.[61]

(8) Geschützte Landschaftsbestandteile: Bei geschützten Landschaftsbestandtei- 198
len nach § 22 BNatSchG werden, wie im Falle eines Naturdenkmals, in der Regel Einzelobjekte geschützt. Der Schutz kann sich aber auch auf einen Bestand von Baumreihen oder Alleen in bestimmten Gebieten erstrecken. Anders als bei Naturdenkmälern wird nicht auf die Funktion eines Objekts abgestellt, sondern das Objekt ausschließlich um seiner selbst Willen geschützt. Tiere, die in einer gemäß § 29 BNatSchG geschützten Lebensstätte heimisch sind, werden über ein solches Gebiet nicht geschützt. Dazu muss ein Naturschutzgebiet ausgewiesen werden. In der Praxis realisiert sich der Schutzgehalt der Ausweisung eines geschützten Landschaftsbestandteiles auch in den Verboten nach der Schutzerklärung des § 29 Abs. 2 BNatSchG. Danach sind alle Handlungen verboten, die zu einer Veränderung, Beseitigung, Zerstörung oder Beschädigung des geschützten Landschaftsbestandteils führen können, wobei Eingriffe aus Gründen der Verkehrssicherheit ausdrücklich erlaubt sind.[62]

Zur Vertiefung: Landschaftsbestandteile gemäß § 29 BNatSchG sind häufig durch Baumschutzsatzungen oder Baumschutzverordnungen geschützt[63], die das Fällen von Bäumen unter einen Genehmigungsvorbehalt stellen, um den Grünbestand oder das Kleinklima zu verbessern.

b) Biotopschutz: Bestimmte von § 30 Abs. 2 Nr. 1–6 BNatSchG bundesgesetzlich 199
benannte Biotope – als „Lebensraum einer Lebensgemeinschaft wild lebender Tiere und Pflanzen" (§ 7 Abs. 2 Nr. 4 BNatSchG) – sind durch § 30 Abs. 1 S. 2 BNatSchG geschützt, wobei der unmittelbare gesetzliche Schutz einen der landesrechtlichen Abweichung nicht zugänglichen allgemeinen Grundsatz des Naturschutzrechts darstellt[64]. Biotope sind aufgrund ihrer besonderen Schutzwürdigkeit absolut vor erheblichen oder nachhaltigen Veränderungen geschützt. Sie unterliegen also einem allgemeinen Veränderungsverbot, von dem jedoch nach Maßgabe des § 30 Abs. 3 BNatSchG Ausnahmen zugelassen werden können[65]. Gewässer und Uferzonen unterliegen dem besonderen Schutz gemäß § 30 BNatSchG.

19. Fall: A betreibt eine Drachenflugschule. Ein landschaftlich wertvoller Teil des Gebiets, das 200
er nutzt, ist eine offene Felsbildung nach § 30 Abs. 1 S. 1 Nr. 5 BNatSchG. Dort sind aus der Luft unter anderem wild lebende Steinböcke zu bewundern. In diesem Bereich werden oft und gerne Flüge unternommen. Die zuständige Behörde fordert A schriftlich auf, die Flüge zu unterlassen, da dadurch – was zutrifft – die dort lebenden Tiere gestört werden. A legt hiergegen Widerspruch ein und steht auf dem Standpunkt, dass er wegen der aufschiebenden Wirkung seines Widerspruchs auf jeden Fall weiterfliegen könne, bis in letzter Instanz über diesen entschieden sei. Hat er Recht?

61 Dazu schon *BGH*, DÖV 1957, 669 f.
62 Zur Abgrenzung geschützter Landschaftsbestandteile zu anderen Schutzkategorien siehe auch: *OVG Koblenz*, NuR 1988, 91, 91 f.
63 Zu einem solchen Fall *BVerwG*, NJW 1996, 1487 f.
64 *Endres* in Frenz/Müggenborg, BNatSchG, § 30 Rn. 3.
65 Dazu *Sparwasser/Engel/Voßkuhle*, § 6 Rn. 216.

Biotope sind zwar nach den Regelungen der meisten Länder durch die Naturschutzbehörden in Listen und Karten zu erfassen. Dieser Erfassung kommt aber keine konstitutive Bedeutung zu. Der Schutz eines Biotops besteht direkt aufgrund des BNatSchG. Die Rechtspflicht, die Flüge zu unterlassen, bedarf keiner weiteren Konkretisierung gegenüber A. Nach allgemeiner Ansicht ist die Eintragung auch mangels regelnden Gehalts kein Verwaltungsakt. Da es an der Verwaltungsaktsqualität fehlt, stellt sich also auch die Frage der aufschiebenden Wirkung nicht. Allerdings kann A im Wege der Feststellungsklage klären lassen, ob die Fläche wirklich ein Biotop darstellt, wenn er ein berechtigtes Interesse an der Feststellung nachweisen kann.

Zur Vertiefung: Da Eingriffe in ein Biotop regelmäßig auch einen Eingriff in Natur und Landschaft darstellen, hat der Biotopschutz neben der Eingriffsregelung des § 14 BNatSchG nur einen engen eigenen Anwendungsbereich. Dies kommt etwa für Bauvorhaben im unbeplanten Innenbereich zum Tragen, da § 14 BNatSchG dort nicht gilt. Hier kann insoweit auf § 30 BNatSchG zurückgegriffen werden.

201 **c) „Natura 2000":** Die Vogelschutzrichtlinie 79/409/EWG und hieran anschließend die Fauna-Flora-Habitat-Richtlinie (FFH-RL)[66] verpflichten die Mitgliedstaaten der EU, europarechtliche Vorgaben des Natur- und Landschaftsschutzes zu erfüllen. Namentlich die FFH-RL sieht vor, bestimmte Typen von Lebensräumen (Anhang I), sog. Habitate bestimmter Tier- und Pflanzenarten (Anhang II) durch ein zusammenhängendes Netz europäischer Schutzgebiete („Natura 2000") zu sichern. So soll der Erhalt der in den Anhängen aufgeführten Arten und Lebensraumtypen gewährleistet werden.

Zur Vertiefung: Gemäß Art. 7 der FFH-Richtlinie bzw. § 32 BNatSchG müssen in das Schutzgebietsnetz auch die nach Maßgabe der Vogelschutzrichtlinie besonders zu schützenden Flächen einbezogen werden, so dass der Vogelschutzrichtlinie in der Praxis keine eigenständige Bedeutung zukommt.

Der Umsetzung dieser Vorgaben dienen §§ 32–38 BNatSchG mit Hilfe eines dreiphasigen Unterschutzstellungsverfahrens nach § 32 BNatSchG[67], bestehend aus

- Gebietsauswahl,
- Gebietsabgrenzung und
- Unterschutzstellung.

Die Bundesländer wählen nach § 32 Abs. 1 BNatSchG im Benehmen mit dem Bundesumweltministerium die in das Schutzgebietsnetz einzubeziehenden Gebiete aus. Diese werden sodann gemäß § 32 Abs. 2 BNatSchG zu Schutzgebieten im Sinne des § 20 Abs. 2 BNatSchG – in der Regel zu Natur- und Landschaftsschutzgebieten – erklärt.

Zur Vertiefung: Die Bundesrepublik Deutschland hat 4621 FFH-Gebiete (Stand Januar 2011) an die EU-Kommission gemeldet. Bezogen auf die Gesamtfläche machen diese 9,3 % der Landfläche aus[68].

---

66 Mit der FFH-Richtlinie wurde erstmals ein umfassendes rechtliches Instrumentarium zum Lebensraum- und Artenschutz in der Europäischen Union. Dazu *Frenz* in Frenz/Müggenborg, BNatSchG, § 31 Rn.2 ff., 29.

67 Zum Ablauf *Sparwasser/Engel/Voßkuhle*, § 6 Rn. 228.

68 http://www.bfn.de/0316_gebiete.html#c5409, zuletzt abgerufen am 11.7.2011.

Bei allen Maßnahmen, die geeignet sind, ein geschütztes Gebiet zu beeinträchtigen, hat nach der Unterschutzstellung unter Berücksichtigung der FFH-Richtlinie eine besonders strenge Umweltverträglichkeitsprüfung zu erfolgen. Wenn eine Unverträglichkeit festgestellt wird, ist die Maßnahme nur zulässig, wenn keine Alternativlösung besteht und zwingende Gründe für die Durchführung der Maßnahme sprechen. Bei Gebieten, die Lebensraum von besonders schutzwürdigen Tier- oder Pflanzenarten gemäß dem Anhang I und II der Richtlinie sind, kann ein Vorhaben sogar nur aus überwiegenden Gründen der Gesundheit, der öffentlichen Sicherheit oder aus vergleichbar wichtigen Gründen und nach zusätzlicher Einholung einer Stellungnahme der Europäischen Kommission zu dem betreffenden Vorhaben zugelassen werden.[69] 202

19. Prüfungsfrage: Durch das Gebiet eines Nationalparks, in dem eine Tierart der in Anhang II der FFH-RL genannten Art beheimatet ist, soll eine Fernstraße geführt werden. Was muss die Planungsbehörde in Hinblick auf die Anforderungen des BNatSchG beachten?

Gemäß § 36 S. 1 Nr. 1 BNatSchG muss die Behörde hier eine Verträglichkeitsprüfung nach § 34 BNatSchG durchführen, da eine Linienbestimmung nach § 16 BundesfernstraßenG geplant ist.[70]

Zur Vertiefung: § 57 BNatSchG betrifft den Sonderfall der **Meeresschutzgebiete**[71] Art. 6 FFH-RL verlangt diesbezüglich eine Prüfung, ob diesbezügliche Projekte und Pläne mit den festgelegten Erhaltungszielen vereinbar sind.

4. Artenschutz

Kapitel 5 des BNatSchG (§§ 37-53 BNatSchG) regelt den Artenschutz zugunsten heimischer Tier- und Pflanzenarten, die vom Aussterben bedroht sind. 203

Es existieren sog. „Rote Listen" gefährdeter Tier- und Pflanzenarten die derzeit etwa 20 000 Tier- und Pflanzenarten weltweit erfassen.[72]

Artenschutz dient nach § 39 Abs. 1 S. 1 BNatSchG dem „Schutz der wild lebenden Tier- und Pflanzenarten".

Näher ausgefüllt ist dieser Schutzauftrag durch die Bundes-Artenschutz-VO und die europäische ZooRL, denen die Länder Rechnung tragen müssen. Nach § 37 Abs. 1 S. 2 BNatSchG umfasst **Artenschutz**

„1. den Schutz der Tiere und Pflanzen wild lebender Arten und ihrer Lebensgemeinschaften vor Beeinträchtigungen durch den Menschen und die Gewährleistung ihrer sonstigen Lebensbedingungen,
2. den Schutz der Lebensstätten und Biotope der wild lebenden Tier- und Pflanzenarten sowie

---

69 Zur Erklärung eines Gebietes zum Schutzgebiet und den daraus erwachsenden Schutzpflichten aus der Vogelschutzrichtlinie und der FFH-Richtlinie: *VGH München*, NuR 1997, 45, 46 ff. Zur Bedeutung von Art. 7 FFH-Richtlinie auch *Füßer*, NVwZ 2005, S. 144.

70 *Lütkes/Ewer*, § 34 Rn. 10 ff.; zur Rechtslage nach BNatSchG aF *Schumacher/Fischer-Hüftle*, § 34 Rn. 20 ff.

71 Vgl. hierzu *Lütkes/Ewer*, § 57 Rn. 4 f.; zur Rechtslage nach BNatSchG aF *Schumacher/Fischer-Hüftle*, § 38 Rn. 4 ff.

72 Vgl. unter http://www.iucnredlist.org/, zuletzt abgerufen am 11.7.2011.

3. die Wiederansiedlung von Tieren und Pflanzen verdrängter wild lebender Arten in geeigneten Biotopen innerhalb ihres natürlichen Verbreitungsgebiets."

204 **a) Begriffsbestimmungen:** Das BNatSchG enthält in § 10 Abs. 2 Nr. 1–19 Begriffsbestimmungen, die im Artenschutzrecht Verwendung finden. Näher festgelegt ist hier etwa, wann es sich im naturschutzrechtlichen Sinne um Tiere, Pflanzen und verschiedene Ausprägungen des Artenbegriffs handelt, wobei insbesondere die Differenzierung zwischen besonders geschützten Arten (§ 10 Abs. 2 Nr. 13 BNatSchG) und streng geschützten Arten (§ 10 Abs. 2 Nr. 14 BNatSchG) von Bedeutung ist.

205 **b) Allgemeiner und besonderer Artenschutz:** Das Gesetz unterscheidet nach allgemeinem (§ 39-43 BNatSchG) und besonderem Artenschutz (§§ 44-47 BNatSchG). **Allgemeiner Artenschutz** verbietet im Wesentlichen die Beeinträchtigung von Tieren und Pflanzen sowie von deren Lebensstätten (§ 39 Abs. 1 Nr. 1–3 BNatSchG). Es ist verboten, wildlebende Tiere zu beunruhigen, zu fangen, zu verletzten oder zu töten. Zudem ist es verboten, wildlebende Pflanzen zu entnehmen, zu nutzen, zu verwüsten und deren Lebensstätten zu beeinträchtigen oder zu zerstören, wenn kein „vernünftiger" Grund vorliegt.

Zur Vertiefung: Als ein solcher vernünftiger Grund ist etwa die ordnungsgemäße Land- und Forstwirtschaft, die ordnungsgemäße Jagdausübung und der Schutz einer Ernte vor Zerstörung durch Tiere oder Eingriffe in eine Tierart zum Schutz einer anderen anerkannt.

Die Vorschriften zum **besonderen Artenschutz** stellen konkrete Verbote (§ 44-47 BNatSchG) auf, die Schädigungen und Entnahmen aus der Natur betreffen sowie Störungs-, Besitz- und Vermarktungsverbote betreffen. Es sind aber auch Ausnahmen von bestimmten besonderen Verboten zugelassen (§ 45 BNatSchG)[73]. Eingriffe in Flora und Fauna sind in diesem Bereich, auch wenn ein vernünftiger Grund vorliegt, grundsätzlich unzulässig.

206 ▪ **20. Fall:** Amerikaner A erwirbt in seinem Sommerurlaub 2005 an der Ostsee am Strand ein getrocknetes Seepferdchen. Bei der Ausfuhr konfisziert der Zollbeamte das Souvenir. Zu Recht? Wie wäre es, wenn A das Seepferdchen nachweislich schon im März 2004 erworben hätte?

Nach Maßgabe des § 44 Abs. 2 BNatSchG ist nicht allein das Ein- und Ausführen geschützter – auch toter – Tiere oder Pflanzen, sondern schon allein deren Besitz unzulässig[74]. Dies gilt auch für Seepferdchen, die seit dem 15. Mai 2004 in Anhang II des Washingtoner Artenschutzübereinkommens (CITES) gelistet sind. Der Besitz geschützter Tiere ist dann ausnahmsweise gestattet, wenn der Besitzer – etwa durch eine Kaufquittung – nachweisen kann, dass er ein Tier schon vor deren Unterschutzstellung in Besitz hatte oder dass Pflanzen aus ordnungsgemäßer Bodennutzung erworben wurden. Wer den Nachweis über die Besitzberechtigung nicht erbringen kann, muss die Einziehung des Tieres oder der Pflanze durch die Zollbehörde (§ 51 BNatSchG) oder die Naturschutzbehörde (§ 48 Abs. 4 BNatSchG) dulden. Diese Einziehung ist vor

73 Dazu *Sparwasser/Engel/Voßkuhle*, § 6 Rn. 268 ff.

74 Die Verfassungsmäßigkeit des Besitz- und Verkehrsverbots hat das Bundesverfassungsgericht bezüglich lebender und toter Vögel bestätigt *BVerfGE* 61, 291, 307.

Art. 14 GG verfassungsrechtlich unbedenklich. Rechtswidrig erworbenes Eigentum wird nicht geschützt[75]. Hätte A das Seepferdchen nachweislich vor der Erfassung in CITES, also vor dem 15. Mai 2004 erworben, dürfte er es behalten.

5. Natur und Landschaft als Raum zur Erholung

Natur- und Landschaftsschutz dienen nicht nur der Erhaltung oder Wiederherstellung der Umwelt um ihrer selbst Willen, sondern auch zur Erholung der Menschen. Dem trägt das aus §§ 59-62 BNatSchG bestehende Kapitel 7 des BNatSchG Rechnung. § 59 Abs. 1 BNatSchG regelt das grundsätzliche Recht zum Betreten der Flur als allgemeinen Grundsatz, mit Einschränkungen für bestimmte Flächen in Absatz 2. § 62 BNatSchG verpflichtet den Bund, Länder und Körperschaften des öffentlichen Rechts Grundstücke, die sich zur Erholung eignen, zu diesem Zweck zur Verfügung zu stellen. § 60 BNatSchG beinhaltet eine Haftungsfreistellung für öffentliche Stellen bei Betreten der freien Landschaft, § 61 BNatSchG betrifft die Freihaltung von bestimmten Gewässern und Uferzonen von baulichen Anlagen. **207**

20. Prüfungsfrage: Bauer A stört sich daran, dass Spaziergänger auf dem Weg in ein nahe gelegenes Waldgebiet gelegentlich sein abgemähtes Stoppelfeld überqueren. Er beschwert sich bei der zuständigen Naturschutzbehörde. Zu Recht?

Grundsätzlich ist es jedermann gestattet, die Flur auf Straßen und Wegen sowie ungenutzte Grundflächen auf eigene Gefahr zum Zwecke der Erholung zu betreten. Bei einem abgemähten Stoppelfeld handelt es sich um eine ungenutzte Grundfläche, so dass A das Betreten gemäß § 59 Abs. 1 S. 1 BNatSchG dulden muss.

21. Prüfungsfrage: Auf einem Grundstück des A befindet sich ein Teich, der im Winter in der Regel fest zufriert. B möchte im Winter dort Eisstockschießen. A kann und will den Teich nicht nutzen, möchte aber aus Prinzip verhindern, dass sich dort Menschen amüsieren. Darf B Eisstockschießen? **208**

Die Benutzung oberirdischer Gewässer richtet sich nicht nach BNatSchG, sondern nach § 25 Wasserhaushaltsgesetz (WHG)[76]. Nach § 25 WHG ist die Benutzung oberirdischer Gewässer im Rahmen des Gemeingebrauchs grundsätzlich gestattet, sofern Rechte anderer nicht entgegenstehen und die Interessen von Eigentümer und Anliegern nicht beeinträchtigt werden. Das Spielen auf dem zugefrorenen Tümpel stellt Gemeingebrauch des Gewässers dar, das die Befugnisse des Eigentümers nicht beeinträchtigt. B darf den Teich also zum Eisstockschießen betreten.

VI. Verfahren und Prozessuales

Um eine stärkere Bürgerbeteiligung zu erreichen und um naturschutzbedeutsame Maßnahmen transparenter zu gestalten, sind in Kapitel 8, §§ 63 f. BNatSchG, Mitwirkungsrechte anerkannter Vereine vorgesehen. Diese bestehen in Form von Anhörungs-, Beteiligungs- und Klagemöglichkeiten.

75 *BVerfG*, NuR 1996, 400, 401.
76 Vgl. auch das Betretungsrecht für den Wald nach § 14 BWaldG.

1. Klagerecht Einzelner

209 Trifft eine Behörde eine naturschutzrechtliche **Einzelentscheidung** – z.B. über den Antrag eines Unternehmers auf Erteilung einer Befreiung von einem Verbot einer Landschaftsschutzverordnung – so ist dies ein Verwaltungsakt im Sinne von § 35 VwVfG. Dem Bürger stehen gegen eine ablehnende Bescheidung des Antrags ggf. Widerspruch und Verpflichtungsklage zu.

Naturschutzrechtliche Planungen dienen aber ansonsten ausschließlich öffentlichen Interessen und vermitteln demzufolge **keine subjektiv-öffentlichen Rechte**. Grundsätzlich steht der Rechtsweg gegen Maßnahmen des Naturschutzes also nicht offen. Dies gilt selbst dann, wenn solche Maßnahmen gegen Vorschriften des Naturschutzrechts verstoßen. Wird für die Verwirklichung eines Vorhabens aber ein in Privateigentum stehendes Grundstück ganz oder teilweise in Anspruch genommen, so hat der Grundstückseigentümer **ausnahmsweise** eine Befugnis gegen einen **Planfeststellungsbeschluss** zu klagen, da dieser enteignende oder enteignungsgleiche Vorwirkung hat. Im Wege der Klage wird dann auch überprüft, ob der Planfeststellungsbeschluss mit dem Naturschutzrecht vereinbar ist.[77]

2. Anerkannte Vereine

Das Naturschutzrecht räumt zudem bestimmten anerkannten Vereinen, die sich mit dem Naturschutz befassen, bestimmte Mitwirkungs- und Klagerechte ein.

210 **a) Mitwirkungsrechte:** § 63 BNatSchG gestattet es Vereinen, die vom Bundesministerium für Umwelt, Naturschutz und Reaktorsicherheit anerkannt sind, in naturschutzrechtlichen Angelegenheiten Rechte zur **Stellungnahme** und zur **Einsicht in Sachverständigengutachten** geltend zu machen. Die Voraussetzungen der Anerkennung sind in § 63 BNatSchG i.V.m. § 3 URG[78] geregelt. Aus Kompetenzgründen gelten die Regelungen des BNatSchG nur für die Mitwirkung bei Verfahren vor Bundesbehörden und für die Anerkennung von Vereinen auf Bundesebene. Allerdings haben die Länder entsprechende Mitwirkungsvorschriften erlassen. Woran von den Ländern anerkannten Vereinen eine Teilhabe zusteht, ergibt sich aus § 60 Abs. 2 BNatSchG.

211 **b) Klagerechte:** Nach § 63 BNatSchG i.V.m. § 3 URG anerkannten Vereinigungen ist in § 64 BNatSchG ein Klagerecht eingeräumt, obwohl diese durch die angegriffene Maßnahme nicht in ihren Rechten verletzt sind[79]. Damit hat der Bund sein Recht an das vieler Bundesländer angeglichen.

■ **21. Fall:** Im Bundesland X ist von der zuständigen Behörde zugunsten eines Vorhabenträgers eine Befreiung von einem Verbot zum Schutz eines rechtsverbindlich festgesetzten Naturschutzgebietes ausgesprochen worden. Zudem wird eine Plangenehmigung erteilt, die jedoch keine Öffentlichkeitsbeteiligung verlangt. Naturschutzverein N ist über beide Vorgänge empört und möchte gerichtliche Hilfe in Anspruch nehmen. Besteht jeweils ein Klagerecht?

---

77 *BVerwGE* 67, 74, 75 ff.

78 Vgl. oben Rn. 98b.

79 Dazu *Louis/Stück*, NdSVBl. 2005, 225 ff. Vgl. auch *Gellermann*, NVwZ 2006, 7 ff.

Anerkannte Naturschutzvereinigungen können im Rahmen einer Prozessstandschaft für die Natur ohne Vorliegen einer Klagebefugnis (§ 42 Abs. 2 VwGO) gegen naturschutzrechtliche Verwaltungsentscheidungen Klage erheben, wenn und soweit sie in ihren nach dem BNatSchG oder aufgrund anderer Fachgesetze zukommenden Beteiligungsrechten verletzt sind. Die Gegenstände einer sog. altruistischen Verbandsklage sind in § 64 Abs. 1 BNatSchG aufgeführt. Daneben stehen die Klagerechte nach § 2 URG zur Verfügung[80]. Allerdings ist die Klagebefugnis auch auf die Geltendmachung dieser Beteiligungsrechte beschränkt. Der Verein kann also auf Grundlage des Beteiligungsrechts und der Bestimmung des § 63 Abs. 1 Nr. 2 BNatSchG gegen die Befreiung klagen. Eine Klage gegen Planungs- und Zulassungsentscheidungen, die eine Umweltverträglichkeitsprüfung voraussetzen, sind nach § 2 URG möglich[81]. Auch kann ein Naturschutzverband eine Verpflichtungsklage auf Planergänzung zur Nachbesserung von naturschutzrechtlichen Ausgleichs- oder Ersatzmaßnahmen erheben[82].

Zur Vertiefung

Dogmatisch liegt hier eine von § 42 Abs. 2 VwGO zugelassene Ausnahme („soweit gesetzlich nichts anderes bestimmt ist") von der Regel vor, dass der Kläger bei Anfechtungs- und Verpflichtungsklage geltend machen muss, in eigenen Rechten verletzt zu sein. Die Vorteile einer Verbandsklage liegen etwa darin begründet, dass naturschutzrechtliche Entscheidungen besser begründet werden, wenn Vereinsklagen zu erwarten sind.

3. Normenkontrolle

Nicht selten kommt es im Naturschutzrecht auch zu Normenkontrollverfahren. Aufgrund der Ermächtigung in § 47 Abs. 1 Nr. 2 VwGO haben die meisten Bundesländer Vorschriften erlassen, wonach naturschutzrechtliche Verordnungen und Satzungen im Wege der Normenkontrolle überprüft werden können.[83] Am häufigsten werden in Normenkontrollverfahren Schutzgebietsfestsetzungen nach §§ 22 ff. BNatSchG überprüft. Zulässigkeitsvoraussetzung ist auch für den Normenkontrollantrag, dass der Antragsteller substantiiert geltend machen kann, in subjektiv-öffentlichen Rechten verletzt zu sein.[84] 212

VII. Fazit und Glossar

Das Naturschutzrecht hat eine umfassende Reichweite zum Schutz von Natur und Landschaft. Sehr wichtig sind die Eingriffs- und Ausgleichsregelung und das Instrumentarium, insbesondere die Schutzgebiete. Eine prozessuale Besonderheit ist die Einführung des Verbandsklagerechts für Naturschutzvereine. 213

80 Siehe oben Rn. 98b f.
81 *BVerwG*, NVwZ 1991, 162, 165.
82 Dazu *Hien*, DVBl. 2005, 1341, 1342.
83 In Berlin, Hamburg und Nordrhein-Westfalen finden sich keine landesrechtlichen Zulassungen nach § 47 Abs. 1 Nr. 2 VwGO. Dazu *Wolff* in Wolff/Decker, § 47 VwGO, Rn. 10.
84 *Wysk*, VwGO § 47 Rn. 33 ff.

Instrumente des Naturschutzrechts	Instrumente des Naturschutzrechts sind der allgemeine Schutz von Natur und Landschaft, der Flächenschutz, der Biotopschutz, die Bildung des „Natura-2000-Netzes" und der Artenschutz.
Eingriffe in Natur und Landschaft	Ein Eingriff in Natur und Landschaft ist die Veränderung der Gestalt oder Nutzung von Grundflächen. Es muss bezüglich der prognostizierten Eingriffswirkung zu erwarten sein, dass der Naturhaushalt oder das Landschaftsbild infolge der Eingriffhandlung beeinträchtigt werden. Nach § 13 Abs. 1 BNatSchG liegt ein Eingriff also insbesondere bei Veränderungen der Gestalt oder Nutzung von Grundflächen vor.
Schutzgebiete	Schutzgebiete sind besonders schützenswerte Teile der Natur und Landschaft. Ihre Festsetzung hat eine wichtige Bedeutung für die Nutzung von Flächen.
Biotopschutz	Biotope sind „Lebensraum einer Lebensgemeinschaft wild lebender Tiere und Pflanzen" (§ 7 Abs. 2 Nr. 4 BNatSchG). Sie werden durch § 30 Abs. 1 S. 2 BNatSchG absolut vor erheblichen oder nachhaltigen Veränderungen geschützt. Sie unterliegen einem allgemeinen Veränderungsverbot, von dem jedoch nach Maßgabe des § 30 Abs. 2 BNatSchG Ausnahmen zugelassen werden können.
Natura 2000	Die Vogelschutzrichtlinie und die Fauna-Flora-Habitat-Richtlinie (FFH-RL) verpflichten die Mitgliedstaaten der EU, europarechtliche Vorgaben des Natur- und Landschaftsschutzes einzuhalten. Es müssen Typen von Lebensräumen (Anhang I) und sog. Habitate bestimmter Tier- und Pflanzenarten (Anhang II) durch ein zusammenhängendes Netz europäischer Schutzgebiete („Natura 2000") gesichert werden.
Artenschutz	Das BNatSchG unterscheidet allgemeinen (§§ 39 ff. BNatSchG) und besonderen Artenschutz (§§ 44 ff. BNatSchG). **Allgemeiner Artenschutz** verbietet die unbegründete Beeinträchtigung von Tieren und Pflanzen sowie von deren Lebensstätten (§ 39 Abs. 1 Nr. 1–3 BNatSchG). Wildlebende Tiere dürfen nicht beunruhigt, gefangen, verletzt oder getötet werden. Zudem ist es ohne „vernünftigen Grund" verboten, wildlebende Pflanzen zu entnehmen, zu nutzen, zu verwüsten und deren Lebensstätten zu beeinträchtigen oder zu zerstören.
Verbandsklage	In § 64 BNatSchG ist nach § 63 BNatSchG i.V.m. § 3 URG anerkannten Naturschutzvereinigungen ein Klagerecht eingeräumt, obwohl diese durch im Wege der Klage angegriffene Maßnahmen nicht in ihren Rechten verletzt sind. Derartige Vereinigungen können im Rahmen einer Prozessstandschaft für die Natur ohne Klagebefugnis gegen naturschutzrechtliche Verwaltungsentscheidungen Klage erheben, wenn und soweit sie in ihren nach dem BNatSchG oder aufgrund anderer Fachgesetze zukommenden Beteiligungsrechten verletzt sind. Daneben stehen die Klagerechte nach § 2 URG zur Verfügung.

B Bodenschutzrecht

I. Problemstellung

214 In der Bundesrepublik Deutschland sind gut 300 000 Flächen als altlastenverdächtig registriert. Trotz der großen Bedeutung des Bodenschutzes wurde dieser Bereich vom Gesetzgeber lange vernachlässigt und erst Ende der 1990er Jahre geregelt. Dabei spielt der Boden mit seinen zahlreichen Bezugspunkten zu Wasser, Luft und Klima eine bedeutende Rolle für den Umweltschutz. Gut über die Hälfte der Böden in der Bundesrepublik Deutschland wird für die Lebensmittelproduktion genutzt. Sie sind zudem ein natürlicher Filter für das Grundwasser, aus dem ca. 70 Prozent des Trinkwassers gewonnen werden. Das Umweltmedium Boden hat also wichtige lebenserhaltende Funktionen und ist ein nicht ersetzliches Element für die natürlichen Stoffkreisläufe und die belebte Umwelt[85]. Das BBodSchG definiert den Boden erstmals als eigenständiges Schutzgut des Umweltrechts. Zugleich werden mit dem BBodSchG und den darin definierten Sanierungspflichten Zielsetzungen anderer Umweltgesetze, insbesondere des BNatSchG, das nicht zuletzt auf eine Eindämmung des Flächenverbrauchs angelegt ist, durch Wiederzuführen aufgegebener Nutzflächen in den Wirtschaftskreislauf befördert[86]. Allerdings haben die mit dem BBodSchG konkretisierten Sanierungspflichten offenbar zu einer erheblichen Verunsicherung des Grundstücksverkehrs mit ehemals wirtschaftlich bzw. industriell genutzten Flächen geführt.

II. Rechtsquellen

Bodenschutzrechtliche Rechtsquellen finden sich vor allem auf Bundes- und Landesebene. Nennenswerte europarechtliche Rechtsquellen[87] gibt es nicht.

1. Bundesrecht

215 In der Bundesrepublik Deutschland ist die Altlastensanierung seit 1999 im Bund im Wesentlichen im Bundes-Bodenschutzgesetz (BBodSchG) und in der Bodenschutz- und Altlastenverordnung (BBodSchV) geregelt. Die BBodSchV dient als sog. untergesetzliches Regelwerk der Durchführung und Präzisierung des Gesetzes auf Bundesebene[88].

85 Eine Rechtsprechungsübersicht findet sich bei *Kahl*, JZ 2008, 120 ff.

86 Siehe oben Rn. 155c.

87 Allerdings werden eine Europäische Bodenschutzrichtlinie und eine Europäisierung des Bodenschutzes insgesamt diskutiert. Dazu *Heui Lee/Bückmann*, UPR 2005, 370. Allerdings betrifft die Schutzrichtung nach jetzigem Stand nicht vornehmlich den Bereich der Altlasten im weitesten Sinne, sondern eher Fragen der Erosion, der Versalzung, Verdichtung, der Erdrutsche bzw. des Verlustes organischer Substanzen.

88 Siehe zu dieser Regelungstechnik oben Rn. 20 f.

2. Landesrecht

216 Da die Gesetzgebungskompetenz für das Bodenschutzrecht beim Bund liegt, dienen die Landesgesetze der Ausführung und Umsetzung des Bundesrechts in den Ländern.[89] Einige Bundesländer haben zu diesem Zweck eigens Bodenschutzgesetze erlassen, andere haben ihre vorhandenen Abfall- und Altlastengesetze der neuen Rechtslage im Bund angepasst[90]. Die Landesgesetze enthalten im Wesentlichen bodenschutzrechtliche Mitwirkungspflichten der Betroffenen zugunsten der Behörden. Mit einigen Abweichungen fußen die Regelungen der Länder auf einem Musterentwurf der Bund/Länder Arbeitsgemeinschaft Boden (LABO) und dienen der Umsetzung und Durchführung des BBodSchG.

III. Systematik

217 Das Bodenschutzrecht dient der Abwehr von Gefahren für den Boden und ist daher dogmatisch Bestandteil des Polizei- und Ordnungsrechts. Systematisch müssen Vorschriften im BBodSchG und der auf seiner Grundlage ergangenen BBodSchV auseinander gehalten werden. Anders als etwa im Immissionsschutzrecht oder im Kreislaufwirtschafts- und Abfallrecht – wo es eine Vielzahl von Verordnungen gibt – kommt der BBodSchV die alleinige Bedeutung für Fragen der Untersuchung, der Sanierung, der Gefahrenabwehr und der Vorsorge auf dem Gebiet des Bodenschutzrechts zu.

1. Gesetz

218 Das BBodSchG besteht aus fünf Teilen. Der erste Teil enthält allgemeine Vorschriften und betrifft den Anwendungsbereich und bodenschutzrechtliche Begriffsbestimmungen. Im zweiten Teil sind Grundsätze und Pflichten normiert. Dieser zweite Teil ist im Studium besonders wichtig, weil er in § 4 BBodSchG zum Teil **neue Störerkategorien** einführt, die mit überkommenen polizeirechtlichen Grundsätzen brechen. Zudem findet sich hier eine Spezialregelung im Hinblick auf die Gefahrerforschung (§ 9 BBodSchG) und die wichtige Eingriffsnorm des § 10 BBodSchG. Gegenstand des dritten Teils sind ergänzende Vorschriften für Altlasten. Dort finden sich in §§ 11–15 verschiedene Regelungen, zu deren Durchsetzung § 16 BBodSchG gesondert ermächtigt. § 13 BBodSchG gibt unter der Überschrift „Sanierungsuntersuchungen und Sanierungsplanung" Verfahrensvorgaben für die Behandlung besonders komplexer Altlastensanierungen. Hier kann die Behörde von nach § 4 BBodSchG Pflichtigen eine komplexe Sanierungsuntersuchung und die Erstellung eines sog. Sanierungsplanes verlangen. Sie kann sogar bestimmen, dass dieser Plan durch einen besonders qualifi-

---

89 Die Kompetenzzuweisung ist umstritten. Für eine Kompetenz aus Art. 74 Nr. 18 GG *BVerwG*, NVwZ 2000, 1179, 1181. Dagegen etwa *Degenhart* in Sachs, Art. 74 Rn. 77 GG, der eine „Mosaikkompetenz" aus Art. 74 Nr. 11, 24, 29–32 GG ableitet. Mit weiteren Nachweisen *Schwartmann/Pabst*, Rn. 49.

90 Etwa Nordrhein-Westfalen, Bayern und Niedersachsen. Vgl. dazu die Zusammenstellung von *Brandt*, Bodenschutzrecht, einschließlich des Musterentwurfes der LABO.

zierten Sachverständigen erstellt werden muss (§ 18 BBodSchG). Das Gesetz setzt dabei zugleich verstärkt auf konsensuale Lösungen. So räumt es dem Pflichtigen in § 13 Abs. 4 BBodSchG ausdrücklich die Möglichkeit ein, an die Behörde mit einem **Sanierungsvertrag** heranzutreten.[91] Kommt der Verpflichtete seiner Pflicht zur Planerstellung nicht nach, so normiert § 14 BBodSchG ein Selbsteintrittsrecht für die Behörde. Nach § 15 BBodSchG unterliegen Sanierungsmaßnahmen der Überwachung durch die zuständige Behörde. Diese kann den Betroffenen auch dazu verpflichten, Eigenkontrollmaßnahmen durchzuführen und deren Ergebnisse auf Verlangen mitzuteilen. Der vierte Teil enthält Vorgaben für die landwirtschaftliche Bodennutzung, für die traditionell Erleichterungen bei der Bodennutzung gelten. Zu den Schlussvorschriften des fünften Teils zählen insbesondere die wichtige **Kostenregelung**, sowie eine Wertausgleichsnorm[92]. § 24 BBodSchG regelt die Kostentragung bei Sanierungsvorhaben. Abs. 1 der Vorschrift behandelt das „vertikale" Verhältnis zwischen Behörde und Sanierungspflichtigem. Im davon unabhängigen Absatz 2 ist das „horizontale" Verhältnis mehrerer Sanierungspflichtiger untereinander normiert. Die Wertausgleichsregelung des § 25 BBodSchG greift, soweit die öffentliche Hand Pflichten nach § 4 BBodSchG erfüllt und durch die damit verbundene Sanierung den Grundstückswert nicht nur unwesentlich erhöht. § 26 BBodSchG enthält schließlich Bußgeldtatbestände für den Fall einer Verletzung bodenschutzrechtlicher Pflichten.

2. Untergesetzliches Regelwerk

Wie im Umweltrecht häufig, hat der Verordnungsgeber auch im Bodenschutzrecht ein **219**
untergesetzliches Regelwerk zur Konkretisierung des Gesetzes erlassen. Die BBodSchV mit ihren vier technischen Anhängen stellt den Hauptteil des so genannten untergesetzlichen Regelwerks des BBodSchG dar. Das enge Zusammenspiel von Gesetz und Verordnung soll zum Anlass genommen werden, dieses Miteinander an Hand des jungen und hinsichtlich seiner Regelungstechnik modernen Bodenschutzrechts exemplarisch etwas ausführlicher darzustellen.

IV. Anwendungsbereich und Begriffsbestimmungen

Der sachliche Anwendungsbereich des Gesetzes und dessen Verhältnis zu anderen Rechtsgebieten ist in § 3 BBodSchG festgelegt.

1. Anwendungsbereich

§ 3 Abs. 1 BBodSchG benennt die Bereiche, in denen das BBodSchG nur subsidiär, also **220**
für den Fall Anwendung findet, das ein anderes der dort genannten Rechtsgebiete keine Geltung beansprucht. Die Lektüre der Nummern 1–11 von § 3 Abs. 1 BBodSchG, legt den Schluss nahe, das BBodSchG habe so gut wie keinen Anwendungsbereich.

91 Siehe dazu unten Rn. 263.
92 Dazu *Schwartmann/Pabst*, Rn. 272 ff.

Dieser Eindruck täuscht. Das Gesetz will nur dann nicht gelten, wenn und soweit in den von Nummern 1–11 aufgeführten Normen Einwirkungen auf den Boden im *materiellen* Sinne geregelt werden. Dies ist vergleichsweise selten der Fall[93]. Die Einschlägigkeit des Gesetzes und damit ggf. auch die jeweilige Behördenzuständigkeit zu ermitteln, kann aber kompliziert sein.

22. Fall[94]: Polizist A entdeckt auf einem Parkplatz an einer Bundesfernstraße umweltschädliche Chemikalien, die entfernt werden müssen. Er fragt sich nun, welche Behörde er informieren muss.[95]

Hier ist eine zweistufige Prüfung erforderlich. Zunächst muss gefragt werden, ob das dem Bodenschutzrecht vorgehende Fachrecht den Bodenschutz überhaupt regelt; wenn dies so ist, darf es den Bodenschutz nicht bloß als Regelungsgegenstand erwähnen. Damit das Bodenschutzrecht nicht einschlägig ist, müssen zudem materielle Vorgaben zum Schutz des Bodens in dem vorrangigen Fachrecht enthalten sein.

221 **a) Fachrecht:** Im 22. Fall gelten nach § 3 Abs. 1 Nr. 8 BBodSchG vorrangig die Vorschriften über die Unterhaltung und den Betrieb von Verkehrswegen. Für die Bundesfernstraße ist also das Bundesfernstraßengesetz (FStrG) einschlägig. Zu prüfen ist aber weiter, ob dieses materiell bodenschützende Normen enthält. Eine solche Vorschrift findet sich erst bei näherem Hinsehen. Nach § 17 Abs. 1 S. 2 FStrG ist nämlich die Umweltverträglichkeit ein Abwägungsbelang, der im Rahmen der straßenrechtlichen Planfeststellung beim Fernstraßenbau zu berücksichtigen ist. Die Ermittlung der Umweltverträglichkeit wiederum richtet sich nach § 2 Abs. 1 S. 2 Nr. 1 UVPG. Dort ist die Ermittlung der Auswirkungen eines Vorhabens auf den Boden erwähnt. Damit wäre der erste Schritt getan und eine bodenschützende Norm in prinzipiell vorrangigem Fachrecht gefunden.

222 **b) Materieller Bodenschutz:** Im zweiten Schritt ist dann zu prüfen, ob sich hier auch materielle Pflichten für die Beseitigung schädlicher Bodenveränderungen im Bereich von Bundesfernstraßen finden. Bis auf die allgemeinen Aussagen im Rahmen der UVP gibt das FStRG i.V.m. dem UVPG keine Vorgaben für den Bodenschutz also insbesondere keine materiellen Pflichten. Diese müssen dann wieder aus dem BBodSchG entnommen werden. Daher sind die materiellen Maßstäbe für die Gewährung des Bodenschutzes in diesem Fall nicht aus dem in § 3 Abs. 1 Nr. 8 BBodSchG erwähnten Fachrecht, sondern aus dem BBodSchG selbst zu entnehmen.

223 **c) Das Verhältnis des Bodenschutzrechts zu Immissionsschutzrecht und Abfallrecht:** § 3 Abs. 1 Nr. 11 BBodSchG sieht i.V.m. Abs. 3 eine integrierendes Regelungsmodell für BBodSchG und BImSchG vor[96]. Eine entscheidende Neuerung für den Anwendungsbereich des BBodSchG im Verhältnis zum Abfallrecht ergibt sich aus der Rechtsprechung des EuGH.

93 Vgl. dazu die Aufzählung bei *Schwartmann/Pabst*, Rn. 24 ff.

94 Fall nach *BVerwG*, NVwZ 1999, 421 ff.

95 Dazu *Schwartmann/Pabst*, Rn. 26.

96 *Schönfeld* in Oerder/Numberger/Schönfeld, BBodSchG § 3 Rn. 2 ff. Zum Verhältnis des BBodSchG zum Naturschutz und Wasserrecht, a.a.O. § 3 Rn. 49 ff.

22. Prüfungsfrage: Bei Arbeiten mit Altöl auf einem Betriebsgelände dringt Öl in das Erdreich ein. Der Sachbearbeiter der zuständigen Behörde will nun eine Gefährdungseinschätzung vornehmen und sodann gegebenenfalls Sanierungsmaßnahmen aufgeben. Richtet sich die geplante Maßnahme nach Bodenschutzrecht oder nach Abfallrecht?

Ist ein Abfallstoff – etwa in den Boden eingedrungenes Altöl – mit dem Erdreich fest verbunden und immobil geworden, so ist nach der Systematik des deutschen Bodenschutz- und Abfallrechts das Bodenschutzrecht einschlägig, weil in diesem Fall keine bewegliche Sache vorliegt, wie es die Begriffsbestimmung des § 3 Abs. 1 Krw-/AbfG verlangt. In diesem Falle beansprucht das Krw-/AbfG nach § 3 Abs. 1 Nr. 1 BBodSchG keine Geltung. In der Entscheidung **„Van de Walle und Texaco"**[97] hat der EuGH dieses nach aktuellem deutschem Recht eindeutige Ergebnis für europarechtswidrig erklärt.

Zur Vertiefung

Nach dieser Entscheidung aus dem Jahr 2004 liegt auch dann Abfall vor, wenn ein Stoff fest mit dem Erdreich verbunden, also nicht beweglich ist. Das Kriterium der Beweglichkeit eines Abfallstoffes nach § 3 Abs. Krw-/AbfG hätte damit an die europarechtliche Vorgabe angepasst werden müssen. Die Entscheidung hätte so für das Bodenschutzrecht weit reichende Konsequenzen gehabt[98]. Da eine schädliche Bodenveränderung bzw. eine Altlast danach auch Abfall ist, wäre der Anwendungsbereich des BBodSchG eingeschränkt. Abfälle sind nach § 3 Abs. 1 KrW-/AbfG alle beweglichen Sachen, die unter eine der in Anhang I zum KrW-/AbfG aufgeführten Abfallgruppen (Q 1–Q 16) fallen und deren sich der Besitzer entledigt, entledigen will oder entledigen muss.[99] Von diesen Merkmalen hier das erste, nämlich die Beweglichkeit des Abfalls problematisch. Es ist Öl in das Erdreich eingedrungen und hat dieses verunreinigt. Dieser Stoff ist aber keine bewegliche Sache i.S.d. § 90 BGB mehr. Es hat sich vielmehr mit dem Erdreich verbunden, ist dessen wesentlicher Bestandteil und auf diese Weise immobil geworden. Die Sanierungsverfügung kann nach aktuell geltendem deutschen Recht also nicht auf das KrW-/AbfG gestützt werden. Zu lösen ist der Fall vielmehr durch das BBodSchG, das ausweislich seines § 3 Abs. 1 Nr. 1 für diesen Fall Geltung beansprucht. Die Gefährdungsabschätzung richtet sich nach § 9 BBodSchG und anschließende Sanierungsmaßnahmen sind auf § 10 BBodSchG zu stützen.

Die aktuelle Abfallrichtlinie (RL 2008/98/EG) nimmt nunmehr in Art. 2 Abs. 1 b) Böden in situ, also am Ursprungsort, einschließlich nicht ausgehobener kontaminierter Böden und dauerhaft mit dem Boden verbundener Gebäude aus dem Geltungsbereich der Richtlinie aus; dem wird der deutsche Gesetzgeber nach dem Entwurf des KrWG folgen[100].

d) Sonstige Spezialbereiche: § 3 Abs. 2 BBodSchG nennt weitere spezielle Bereiche, in denen das BBodSchG nicht anzuwenden ist. Dies betrifft „Anlagen, Tätigkeiten, Geräte oder Vorrichtungen, Kernbrennstoffe und sonstige radioaktive Stoffe, soweit Rechtsvorschriften den Schutz vor den Gefahren der Kernenergie und der Wirkung ionisierender Strahlen regeln." Das BBodSchG „gilt ferner nicht für das Aufsuchen, Bergen, Befördern, Lagern, Behandeln und Vernichten von Kampfmitteln". 224

97 *EuGH*, NVwZ 2004, 1341 ff. Siehe zu dieser weit reichenden Entscheidung des EuGH und ihren Folgen: *Versteyl*, NVwZ 2004, 1297, 1297 ff.; *Petersen/Lorenz*, NVwZ 2005, 257 ff.; *Jochum*, JuS 2005, 140 ff.; *Mager*, VBlBW 2005, 289 ff.

98 Dazu *Versteyl*, NVwZ 2004, 1297, 1298 f.

99 Siehe dazu unten Rn. 421, 425, 428.

100 Vgl. die Erläuterung in: Gesetzentwurf der Bundesregierung, Entwurf eines Gesetzes zur Neuordnung des Kreislaufwirtschafts- und Abfallrechts, S. 138 unter http://www.bmu.de/files/pdfs/allgemein/application/pdf/krwg_bf.pdf, zuletzt abgerufen am 11.7.2011. Näher zum Entwurf des KrWG unten Rn. 459a.

2. Begriffsbestimmungen

§ 2 BBodSchG enthält wesentliche Begriffsbestimmungen für das Bodenschutzrecht[101]. Zentral ist die Differenzierung zwischen *schädlichen Bodenveränderungen* und *Altlasten*.

225 **a) Schädliche Bodenveränderung:** Von schädlichen Bodenveränderungen spricht man, wenn zwei Voraussetzungen erfüllt sind. Zum einen muss wenigstens eine der vom BBodSchG geschützten Bodenfunktionen (vgl. § 2 Abs. 2 BBodSchG) beeinträchtigt sein. Zum anderen müssen diese Beeinträchtigungen „Gefahren, erhebliche Nachteile oder erhebliche Belästigungen für den einzelnen oder die Allgemeinheit" herbeiführen können.

23. Prüfungsfrage: Bei ordnungsgemäß durchgeführten Ausschachtungsarbeiten vor dem Haus des A wird ein Bagger eingesetzt und es fahren Baustellenfahrzeuge ab und an. A befürchtet, dass die Bewegung des Erdreiches Schadstoffe löst und möchte, dass die Behörde gegen alle genannten Tätigkeiten einschreitet. Zu Recht?

226 Von einer **Gefahr** wird man erst ausgehen können, wenn eine nachhaltige und dauerhafte Störung von Bodenfunktionen aufgrund der Einschätzung eines sachkundigen Betrachters zu befürchten ist.[102] Dafür, dass es durch die Arbeiten zu einer Freisetzung von Schadstoffen kommt, ist angesichts der fachgerechten Ausführung dieser Tätigkeiten nichts ersichtlich.

Zur Vertiefung

Wie verhält es sich mit möglichen Gesundheitsgefahren, die durch den Einsatz von Bagger und Baustellenfahrzeugen entstehen können? Je höher die Bedeutung des bedrohten Schutzgutes ist, desto niedriger ist die Schwelle für die Annahme einer Gefahr. Droht also ein erheblicher Schaden, kann die Wahrscheinlichkeit seines tatsächlichen Eintretens gering sein.[103] Die Schwelle sinkt weiter, je sensibler das Schutzgut – z.B. das Grundwasser – ist. Anders als bei der Gefahr, die sich auf die Zukunft bezieht, ist im Falle eines **Nachteils** oder einer **Belästigung** bereits ein Schaden eingetreten. Allerdings kann nicht jede messbare nachteilige Einflussnahme auf eine Bodenfunktion die Voraussetzungen einer schädlichen Bodenveränderung erfüllen. Vielmehr bedarf es der **Erheblichkeit**. Bei wertender Betrachtung muss also ein gewisses Ausmaß erreicht sein. Es ist nicht Sinn des Polizeirechts, bloße Unannehmlichkeit zu verhindern. Gesundheitsschäden – also realisierte Gesundheitsgefahren – sind immer erheblich. Auch bei einem geräuschempfindlichen Menschen dürften die im Fall geschilderten Arbeiten noch keine Gefahr für die Gesundheit oder sein Eigentum bedeuten. Diese wären bezogen auf die Gesundheit in Form von Gehörschäden und bezogen auf Sachwerte etwa durch die Verursachung von Setzrissen denkbar. Wäre aber längerfristiger Einsatz geplant, oder ein solcher, der mit besonderem Lärm verbunden wäre – z.B. durch eine Abrissbirne oder gar eine Sprengung, so könnte die Gefahrenschwelle hierdurch überschritten werden.

227 **b) Altlast:** Im landläufigen Sprachgebrauch wird der Begriff Altlast als umfassendes Synonym für Bodenverunreinigungen gebraucht. Im Sinne des Bodenschutzrechts handelt es sich dabei hingegen nur um den Spezialfall der Verunreinigung einer Fläche. Hier findet das BBodSchG auf drei Arten von Flächen Anwendung, nämlich auf

101 Dazu insgesamt *Schwartmann/Pabst*, Rn. 87 ff.
102 BR-Drs. 702/96, S. 86.
103 *Oerder*, NVwZ 1992, 1031, 1033.

- Altlasten,
- Altstandorte und
- altlastenverdächtige Flächen.

Altlasten sind nach § 2 Abs. 5 BBodSchG Altablagerungen und Altstandorte, also nicht mehr in Betrieb befindliche Anlagen und Grundstücke. Vom Zeitpunkt der Stilllegung an ist die Altlast „alt".[104] Ist eine Anlage noch in Betrieb, liegt keine Altlast vor. Eine **Altablagerung** nach Nr. 1 liegt bei ehemaligen Abfallbeseitigungsanlagen vor. **Altstandorte** nach Nr. 2 sind Grundstücke stillgelegter Anlagen, auf denen mit umweltgefährdenden Stoffen umgegangen worden ist.

Unabhängig davon, ob eine Altablagerung oder ein Altstandort vorliegt, müssen hiervon schädliche Bodenveränderungen oder sonstige Gefahren für den einzelnen oder die Allgemeinheit hervorgerufen werden.[105]

Zur Vertiefung

Neben der Altlast kennt das BBodSchG Grundstücke bzw. Anlagen, bei denen die Schwelle zur festgestellten Gefahr noch nicht überschritten ist, sondern erst Verdachtsmomente hierfür vorliegen, so etwa bei der **altlastenverdächtigen Fläche** nach § 2 Abs. 6 BBodSchG. Diese unterscheidet sich dadurch von der Altlast, dass bei der altlastenverdächtigen Fläche sicher ist, dass eine Altablagerung oder ein Altstandort vorliegt, zugleich aber offen ist, ob hiervon schädliche Bodenveränderungen oder sonstige Gefahren für den einzelnen oder die Allgemeinheit hervorgerufen werden. Letzteres macht die altlastenverdächtige Fläche zur Altlast. Anders als die altlastenverdächtige Fläche – die nur eine Altablagerung oder ein Altstandort sein kann – kann die **Verdachtsfläche** nach § 2 Abs. 4 BBodSchG jedes Grundstück sein, für das der Verdacht einer schädlichen Bodenveränderung besteht. Die altlastenverdächtige Fläche ist damit ein Spezialfall der Verdachtsfläche. § 2 Abs. 7 und 8 BBodSchG enthalten Definitionen von Sanierungs- sowie Schutz- und Beschränkungsmaßnahmen nach dem Bodenschutzrecht[106].

Weitere umfassende Begriffsbestimmungen enthält § 2 BBodSchV[107].

c) Das Verhältnis von schädlichen Bodenveränderungen zu Altlasten: Zum Verhältnis von schädlichen Bodenveränderungen zu Altlasten folgende 228

24. Prüfungsfrage: A ist Eigentümer eines Grundstücks, auf dem Anlagen betrieben werden. Die Behörde hat den Verdacht, dass dieser Anlagenbetrieb Bodenveränderungen hervorruft, die eine Gefahr für die Allgemeinheit bedeuten. Nach einer Untersuchung bestätigt sich dies. A fragt sich nun, wie sein Grundstück jetzt bodenschutzrechtlich präzise zu bezeichnen ist.

Der Begriff schädliche Bodenveränderung ist dem der Altlast in gewisser Weise übergeordnet[108]. So setzt die Altlast etwa nach § 4 Abs. 5 BBodSchG eine in der Vergangenheit entstandene schädliche Bodenveränderung voraus. Diese kann aber auch durch eine aktuelle Beeinträchtigung, z.B. durch den laufenden Betrieb verursacht sein. Für diese Fälle ist dann der Begriff der schädlichen Bodenveränderung einschlägig[109]. A ist also

104 Kritisch dazu *Numberger* in Oerder/Numberger/Schönfeld, BBodSchG, § 2 Rn. 35; *Sanden* in Sanden/Schoeneck, BBodSchG, § 2 Rn. 110.
105 Vgl. zur altlastenverdächtigen Fläche und zur Verdachtsfläche *Schwartmann/Pabst,* Rn. 101.
106 Vgl. insoweit näher *Sanden* in Sanden/Schoeneck BBodSchG § 2 Rn. 99 ff. und 110 ff.
107 Dazu *Schwartmann*, Bundesrecht IL 75 a; § 2 BBodSchV.
108 *Versteyl/Sondermann*, BBodSchG, § 2 Rn. 56.
109 Dazu *Hipp/Rech/Turian*, BBodSchG, Rn. 61.

nicht Eigentümer einer altlastenverdächtigen Fläche (§ 2 Abs. 6 BBodSchG), da es an einem Grundstück mit einer stillgelegten Anlage fehlt. Nachdem der Verdacht sich bestätigt hat, hat er keine Altlast (laufender Betrieb), sondern ein Grundstück, das mit einer schädlichen Bodenveränderung verunreinigt ist.

229 **d) Sanierung:** Der Begriff der Sanierung ist in § 2 Abs. 7 BBodSchG definiert. Das Gesetz differenziert zwischen Sanierungsmaßnahmen einerseits sowie Schutz- und Beschränkungsmaßnahmen nach § 2 Abs. 8 BBodSchG andererseits. Sanierungsmaßnahmen sind nach § 2 Abs. 7 BBodSchG Dekontaminationsmaßnahmen, Sicherungsmaßnahmen und Verminderungsmaßnahmen.

Zur Vertiefung

Es gibt grundsätzlich **keinen Vorrang** einer Sanierungsmaßnahme vor der anderen. Nach § 4 Abs. 3 S. 1 BBodSchG ist „so zu sanieren, dass dauerhaft keine Gefahren, erheblichen Nachteile oder erheblichen Belästigungen für den einzelnen oder die Allgemeinheit entstehen". Mit welcher Sanierungsmaßnahme dieses Ziel zu erreichen ist, hängt maßgeblich von der Nutzung ab, die auf der zu sanierenden Fläche vorgesehen ist (§ 4 Abs. 4 BBodSchG). Für einen Kinderspielplatz sind regelmäßig strengere Werte als für eine industrielle Nutzung einzuhalten. Wenn ein Nutzungsziel mit einer weniger belastenden Maßnahme genauso zu erreichen ist wie mit einer kostenintensiveren, kann die Behörde nicht deshalb eine aufwändigere Dekontamination verlangen, weil sie eine komplette Beseitigung der schädlichen Bodenveränderung für wünschenswert hält. Eine strengere Anforderung wäre – um in den Kategorien des Grundsatzes der Verhältnismäßigkeit zu sprechen – nicht erforderlich, da es ein milderes, aber – bezogen auf den jeweiligen Nutzungszweck – gleich effektives Mittel zur Erreichung des Erfolges gibt. Eine **Ausnahme** von diesem Grundsatz der Gleichwertigkeit gilt aber bei sog. **„Neulasten"** (4 Abs. 5 BBodSchG), die nach dem 1. März 1999 entstanden sind. Wenn der Betroffene heute die Verunreinigung von Erdreich in der vollen Kenntnis der Schädlichkeit entstehen lässt, soll er für einen makellosen Zustand des Bodens sorgen. Hier schützt den Betroffenen lediglich der Nachweis seiner Gutgläubigkeit und der allgemeine Verhältnismäßigkeitsgrundsatz.

Die Anforderungen an Sanierungsmaßnahmen sind in § 5 BBodSchV näher definiert.

230 **e) Schutz- und Beschränkungsmaßnahmen:** Schutz- und Beschränkungsmaßnahmen nach § 2 Abs. 8 BBodSchG führen nicht zu einer Sanierung des Bodens; dessen Gefährdungspotential bleibt erhalten. Allerdings gibt der Staat sich mit der Notlösung zufrieden, dass der Standort für den einzelnen oder die Allgemeinheit „unschädlich gemacht wird". Hier kommen vornehmlich **Nutzungsbeschränkungen** oder eine **Nutzungsuntersagung** in Betracht.

231 **23. Fall:** A ist Eigentümer eines in Flussnähe gelegenen Grundstücks, das aufgrund langjähriger industrieller Nutzung stark verunreinigt ist. Es ist nicht möglich, die Fläche zu versiegeln. Wenn es stark regnet, steigt der Wasserpegel des nahe gelegenen Flusses, der ebenfalls stark verunreinigt ist. Der Fluss spült dann kontaminiertes Wasser in das Grundstück. Das führt jeweils wieder zu einer neuen Verunreinigung des Erdreiches. Ist die Anordnung einer Sanierungsmaßnahme hier rechtmäßig?

Hier erscheint problematisch, ob es verhältnismäßig ist, überhaupt eine dieser Maßnahmen aufzugeben. Es besteht die besondere Situation, dass es unvermeidbar ständig zu neuen Schadenseinträgen kommt und eine Versiegelung technisch unmöglich ist.

– Aus diesem Grund kann bereits die **Eignung** von Sanierungsmaßnahmen bezweifelt werden. Ein Sanierungserfolg würde nämlich mit jedem neuen Schadstoffeintrag durch den Fluss wieder aufgehoben.

- Da gar kein geeignetes Mittel zur Gefahrenabwehr besteht, wäre auch die **Erforderlichkeit** des Eingriffs (milderes aber ebenso effektives Mittel) nicht gegeben.
- Weil eine Sanierung und deren mangelnder Erfolg nicht in einem angemessenen Verhältnis zueinander stehen, fehlt es an der Verhältnismäßigkeit im engeren Sinne oder **Angemessenheit**. Hier könnte auch mit hohem finanziellem Aufwand kein adäquater Erfolg erzielt werden.

Weil es im Fall technisch nicht möglich ist, das Gelände zu versiegeln, kommt allein eine Schutzmaßnahme (§ 2 Nr. 8 BBodSchV) etwa im Wege einer (teilweisen) Nutzungsuntersagung in Frage (§ 2 Abs. 8 BBodSchG). Es entstehen also keine Sanierungskosten, die Fläche kann aber nicht genutzt werden.

V. Einzelfragen

Die bodenschutzrechtlichen Einzelfragen betreffen die Pflichten und die Sanierungspflichtigen, die Haftung der Störer nebeneinander und Ausgleichsansprüche untereinander, sowie die behördliche Umsetzung der bodenschutzrechtlichen Pflichten.

1. Bodenschutzrechtliche Pflichten und Sanierungspflichtige (§§ 4 ff. BBodSchG)

Das Bodenschutzrecht kennt vor- und nachsorgende Pflichten.

a) Vorsorgende Pflichten (§ 4 Abs. 1 und 2 BBodSchG): § 4 BBodSchG ist eine **232**
Kernvorschrift des BBodSchG zur Regelung der Pflichten zur Gefahrenabwehr. Nach § 4 Abs. 1 BBodSchG muss sich jeder, der auf den Boden einwirkt, so verhalten, dass er negative Bodeneinwirkungen vermeidet. Daneben tritt die Pflicht des § 4 Abs. 2 BBodSchG, die sich an Grundstückseigentümer und -besitzer richtet, zur Abwehr von dem eigenen Grundstück ausgehender schädlicher Bodenveränderungen, die Rechtsgüter Dritter gefährden.

b) Nachsorgende Pflichten und Sanierungspflichtige (§ 4 Abs. 3–6 BBodSchG): **233**
Wenn bereits eine schädliche Bodenveränderung eingetreten ist, so sind die Verantwortlichen gemäß § 4 Abs. 3-6 BBodSchG sanierungspflichtig. Diese Pflicht ist darauf gerichtet, ein Grundstück so zu sanieren, dass hiervon dauerhaft keine Gefahren, erheblichen Nachteile oder erheblichen Belästigungen für Einzelne oder die Allgemeinheit ausgehen. Anders als die Pflichten aus § 4 Abs. 1 und 2 BBodSchG ist die Sanierungspflicht Ausprägung eines nachsorgenden, reparierenden Bodenschutzes.[110] Das Bodenschutzrecht ist eine Materie des Polizei- und Ordnungsrechts. Behördliche Maßnahmen zur Feststellung oder Behandlung von schädlichen Bodenveränderungen oder Altlasten richten sich deswegen gegen die so genannten „Störer" als die nach Polizei-

110 *Hipp/Rech/Turian*, BBodSchG, Rn. 230.

und Ordnungsrecht Verantwortlichen[111]. Das BBodSchG orientiert sich einerseits an dem klassischen Störerbegriff, andererseits erfährt der Kreis der Verantwortlichen nach dem BBodSchG empfindliche Ausweitungen gegenüber dem sonstigen Polizei- und Ordnungsrecht. Zugleich benennt das BBodSchG die Störer für seinen Geltungsbereich abschließend[112]. Es kann so erhebliche Risiken für den Grundstücksverkehr von Unternehmen und Investoren bergen. Das klassische Polizei- und Ordnungsrecht kennt folgende Störer[113]:

234 **aa) Verhaltensstörer:** Verhaltensstörer ist, wer durch sein Verhalten eine Störung oder eine Gefahr für die öffentliche Sicherheit herbeiführt. Die Verhaltenshaftung ist verschuldensunabhängig und knüpft grundsätzlich an die unmittelbare Verursachung an[114]. Die Verhaltensstörerhaftung kommt sowohl für positives Tun als auch für Unterlassen in Betracht, sofern eine öffentlich-rechtliche Pflicht zu einem bestimmten Handeln besteht. Eine Handlungspflicht kann sich insbesondere aus vorangegangenem, potentiell gefahrträchtigem Tun ergeben[115].

24. Fall[116]: Nach Stilllegung einer legal betriebenen Anlage werden schädliche Bodenverunreinigungen festgestellt. Die Behörde nimmt A als ehemaligen Betreiber der Anlage in die Pflicht. A hält sich nicht für sanierungspflichtig, da er sich immer an die Genehmigung gehalten habe und ihm nichts vorzuwerfen sei. Hat er Recht?

Der Grundsatz der Verschuldensunabhängigkeit der Verhaltenshaftung des allgemeinen Polizei- und Ordnungsrechts gilt für die Haftung nach dem BBodSchG ohne Einschränkung. Die Nichterkennbarkeit der Gefährlichkeit eigenen Handelns geht zu Lasten des Verursachers. Auch die Legalisierungswirkung einer Anlagengenehmigung, also der Ausschluss der Verhaltensverantwortlichkeit durch die grundsätzliche Erlaubnis des Anlagenbetriebs, geht nur so weit, wie im Genehmigungsverfahren die bestimmte Punkte gewürdigt wurden[117]. Risiken, die zur Zeit der Genehmigungserteilung unabsehbar sind, werden – wie andere nicht vorab erkennbare Umweltgefahren – dem Anlagenbetreiber zugerechnet. Sie können deshalb trotz Anlagengenehmigung eine spätere Verhaltensverantwortlichkeit auslösen[118].

235 **bb) Gesamtrechtsnachfolger des Verursachers:** Zusätzlich zum klassischen Begriff des Verhaltensstörers kommt im BBodSchG bei der Verhaltenshaftung eine **neue Störerkategorie** hinzu. Wenn über ein kontaminiertes Grundstück die Gesamtrechtsnachfolge eintritt, dann muss der Rechtsnachfolger unter bestimmten Voraussetzungen für das Verhalten des Rechtsvorgängers haften. Von Gesamtrechtsnachfolge spricht man, wenn alle Rechte und Pflichten in Bezug auf ein Grundstück übernommen werden. Die wesentlichen für das BBodSchG relevanten Gesamtrechtsnachfolgetatbestände sind die

111 In diesem Sinne auch *Spieth/Wolfers*, NVwZ 1999, 355, 355.
112 *BVerwG* NVwZ 1999, 421, 421. Dazu *Schwartmann/Pabst*, Rn. 52 ff.
113 Dazu und zu hier nicht erwähnten anerkannten Sonderformen *Pieroth/Schlink/Kniesel*, § 9 Rn. 1 ff.
114 *Schenke*, Rn. 242.
115 Siehe dazu unten Rn. 507.
116 Vgl. *VGH Mannheim*, NVwZ 1993, 1014, 1015.
117 Siehe dazu unten Rn. 509 ff.
118 Ebenso *Hipp/Rech/Turian*, BBodSchG, Rn. 287, 290 f.

- Erbfolge (§§ 1922, 1967 BGB) und die
- Verschmelzung, Umwandlung und Spaltung von Unternehmen (§§ 346, 353, 359 Abs. 2 AktG und § 25 UmwG).

Kein Gesamtsrechtnachfolgetatbestand ist die Firmenübernahme nach § 25 HGB[119]. Hier liegt nur ein Schuldbeitritt vor.

Zur Vertiefung

Bei der Rechtsnachfolge in die Verhaltensverantwortlichkeit ist zwischen der Nachfolge in konkretisierte und abstrakte Ordnungspflichten zu unterscheiden.[120] Bei ersterer ist die Ordnungspflicht schon durch Verwaltungsakt konkretisiert. Bei letzterer ist zum Zeitpunkt der Rechtsnachfolge noch kein Verwaltungsakt ergangen. Ob eine Rechtsnachfolge in eine konkretisierte Verhaltensverantwortlichkeit möglich ist, ist nach wie vor umstritten[121]. Die ebenfalls lange umstrittenen Frage, inwieweit eine Rechtsnachfolge in eine abstrakte Verhaltensverantwortlichkeit möglich ist[122], entscheidet für das BBodSchG § 4 Abs. 3 S. 1 2. Alt. BBodSchG. Der Gesamtrechtsnachfolger tritt danach auch in die abstrakte Ordnungspflicht ein[123].

cc) Zustandsstörer: Zustandsstörer ist, wer Eigentümer einer Sache oder Inhaber 236
der tatsächlichen Gewalt über eine solche ist, von der Gefahren oder Störungen ausgehen. Anknüpfungspunkt für die Zustandshaftung ist vornehmlich die tatsächliche und rechtliche Sachherrschaft[124]. Auch die Zustandsverantwortung ist verschuldensunabhängig.

■ **25. Fall:** A ist Eigentümer eines unbebauten Wiesengrundstücks, das einen Verkehrswert von 20 000 € hat. Eines Tages kommt es vor seinem Grundstück zu einem Verkehrsunfall, bei dem ein mit einer giftigen Flüssigkeit beladener Tanklastzug ausläuft. Die Flüssigkeit dringt in das Grundstück ein. Das Erdreich muss saniert werden. Es entstehen Sanierungskosten in Höhe von 500 000 €. Die Behörde nimmt A in Anspruch, weil Fahrer und Halter des verunglückten Fahrzeuges mittellos sind. A meint, eine Inanspruchnahme sei rechtswidrig, jedenfalls in dieser Höhe. Stimmt das?

Eine Zustandsverantwortlichkeit für nicht schuldhaft herbeigeführte Gefahren aufgrund höherer Gewalt, Naturereignissen oder Kriegsfolgen ist grundsätzlich nicht ausgeschlossen[125]. Die Frage, inwieweit eine Einschränkung der Zustandshaftung trotzdem denkbar ist, war lange umstritten[126].

Zur Vertiefung

Das Bundesverwaltungsgericht[127] vertrat die Ansicht, dass bereits der Umstand, dass der Erwerber bei Erwerb des Grundstücks, etwa aus einer ihm bekannten vorherigen Nutzung, auf die Möglichkeit einer schädlichen Bodenveränderung hätte schließen können, zur Begründung der Zustandshaftung ausreiche. Gleichwohl wurde die Möglichkeit einer Opfergrenze für die Einstandspflicht anerkannt, nämlich dort, wo der privatnützige Gebrauch des Eigentums durch die Sanierungslasten aufgehoben war[128].

---

119 *Knopp/Löhr*, BBodSchG in der betrieblichen Praxis, Rn. 61.
120 Dazu *Pieroth/Schlink/Kniesel*, § 9 Rn. 49 ff.
121 Zur Rechtslage vor Erlass des BBodSchG vgl. *Schlabach/Simon*, NVwZ 1992, 143, 144 f.
122 Vgl. hierzu die umfangreichen Nachweise bei *Hipp/Rech/Turian*, BBodSchG, Rn. 293.
123 Zu verbleibenden Unsicherheiten *Schwartmann/Pabst*, Rn. 126 ff. Zu der Frage, wie lange die Haftung des Gesamtrechtsnachfolgers des Verursachers zurückreicht, *Vierhaus/Marx*, NVwZ 2006, 45 f.
124 Vgl. *Tettinger/Erbguth/Mann*, Rn. 503.
125 *Knopp/Löhr*, BBodSchG in der betrieblichen Praxis, Rn. 100.
126 Vgl. hierzu auch *Schlabach/Heck*, VBlBW 1999, 406, 413 f.
127 So etwa in *BVerwG*, NVwZ 1991, 475, 475 f.
128 *BVerwG*, NVwZ 1991, 475, 475 f.

237 In einem viel beachteten Urteil hob das Bundesverfassungsgericht[129] die vorgenannte Entscheidung auf und legte die Grenzen der Zustandshaftung fest[130]. Danach erfordert das Eigentumsgrundrecht des Art. 14 GG eine differenzierte Betrachtungsweise. Eigentümer von Altlastengrundstücken können grundsätzlich nicht mehr unbegrenzt zur Durchführung von Sanierungsmaßnahmen in Anspruch genommen werden. Ordnungsbehördliche Anordnungen müssen den **Verkehrswert** von Altlastengrundstücken berücksichtigen, um so der verfassungsrechtlich garantierten Privatnützigkeit des Eigentums Rechnung zu tragen.

Zur Vertiefung

Anhaltspunkt für die Bestimmung der Grenze ist dabei nach einer Faustformel der Verkehrswert des Grundstücks nach Durchführung der Sanierung[131]. „Wird der Verkehrswert von den Kosten der Sanierung überschritten, entfällt in der Regel das Interesse des Eigentümers an einem künftigen privatnützigen Gebrauch des Grundstücks.“ Eine Haftungsbegrenzung zugunsten des Eigentümers auf den Verkehrswert ist etwa angebracht, wenn die von einem Grundstück ausgehenden Gefahren von Naturereignissen, aus der Allgemeinheit zuzurechnenden Ursachen oder aus unbefugtem Gebrauch Dritter herrühren. Sie kommt auch in Frage, wenn das zu sanierende Grundstück einen wesentlichen Teil des Vermögens des Sanierungspflichtigen ausmacht. Hat der Eigentümer allerdings bewusst oder aus Sorglosigkeit das Risiko des hohen Sanierungsaufwandes freiwillig übernommen, so kommt wegen mangelnder Schutzwürdigkeit keine Haftungsbegrenzung in Betracht. Zumutbar ist eine über die genannte Grenze hinausgehende Kostenbelastung allerdings dort, wo positive Kenntnis des Eigentümers von der Belastung des Grundstücks vorliegt oder dieser eine risikoreiche Nutzung des Grundstücks bewusst zulässt; fahrlässige Unkenntnis von der Belastung schadet dagegen nicht[132]. Eine weitere Begrenzung der Haftung des Eigentümers sieht das Bundesverfassungsgericht dort, wo eine Belastung über den Verkehrswert grundsätzlich zumutbar ist. So darf nicht die vollständige wirtschaftliche Leistungsfähigkeit des Eigentümers mit einbezogen werden. Vielmehr reicht die Verantwortlichkeit nur so weit, wie das sonstige Vermögen im rechtlichen oder wirtschaftlichen Zusammenhang mit dem Grundstück steht; besteht somit eine „funktionale Einheit“ des Grundstücks mit einem Betrieb des Eigentümers, ist dessen Haftung wiederum auf den Wert dieses Betriebes begrenzt[133].

Im Fall müsste ermittelt werden, welchen Verkehrswert das Grundstück nach der Sanierung hat. In dieser Höhe kann A in Anspruch genommen werden. In der überschießenden Höhe muss die öffentliche Hand und damit die Allgemeinheit eintreten.

238 **dd) Die Haftung des Derelinquenten**

25. Prüfungsfrage[134]: A überträgt sein kontaminiertes Grundstück auf eine vermögenslose ausländische Kapitalgesellschaft, die eigens zu dem Zweck gegründet wurde, das Grundstück zu erwerben. Ist das zulässig?

---

129 *BVerfG*, NJW 2000, 2573 ff.

130 Vgl. zu dieser wichtigen Entscheidung teils zustimmend, teils sehr kritisch etwa: *Bickel*, NJW 2000, 2562 f.; *Knopp*, BB 2000, 1373 ff.; *Meißner*, ZfIR 2000, 471 ff.; *Trurnit*, altlasten spektrum 2000, 270 ff.; *Kobes*, altlasten spektrum 2000, 273 ff.; *Lepsius*, JZ 2001, 22 ff.; *Mohr*, altlasten spektrum 2001, 36 f.; *Müggenborg*, NVwZ 2001, 39 ff.

131 *BVerfG*, NJW 2000, 2573, 2575.

132 *BVerfG*, NJW 2000, 2573, 2575 f.

133 *BVerfG*, NJW 2000, 2573, 2576.

134 So *VGH Mannheim*, VBlBW 1998, 312, 312 f.; anders noch, die Zulässigkeit der Übertragung anerkennend, derselbe VGH im Verfahren des einstweiligen Rechtsschutzes im gleichen Sachverhalt, *VGH Mannheim*, NVwZ 1996, 1036, 1038; vgl. auch *Knopp*, DVBl. 1999, 1010, 1013.

Ein Pflichtiger kann sich seiner Haftung nicht dadurch entziehen, dass er sein Eigentum an dem betroffenen Grundstück aufgibt (Dereliktion, § 4 Abs. 3 S. 4 letzte Variante BBodSchG). Dies gilt jedenfalls, soweit Kenntnis von der Kontamination des Grundstücks vorlag. Es haftet auch fort, wer ein Grundstück aufgrund eines sittenwidrigen Übertragungsvorgangs auf einen Dritte überträgt. Im Fall wurde die Übertragung für nichtig erklärt, und der ursprüngliche Eigentümer verblieb in der Zustandshaftung.

ee) Nichtstörer: Der Nichtstörer ist nach allgemeinem Polizei- und Ordnungsrecht eine andere Person als die polizeirechtlich Verantwortlichen. Er besitzt einerseits ein Mittel zur Gefahrenabwehr, hat aber andererseits keinerlei Verursachungsbeiträge zur Gefahrentstehung geleistet und kann auch nicht über die gefährliche Sache verfügen. 239

Zur Vertiefung

Der Nichtstörer darf nach den Polizeigesetzen der Bundesländer ausnahmsweise im polizeirechtlichen Notstand in die Pflicht genommen werden.[135] Dessen Voraussetzung ist im Wesentlichen das Vorliegen einer erheblichen gegenwärtigen Gefahr, eine Unmöglichkeit der Erfolg versprechenden Inanspruchnahme eines Verhaltens- oder Zustandsstörers und die Unmöglichkeit einer effektiven Gefahrenabwehr durch die Behörde selbst. Zudem muss der Nichtstörer ohne erhebliche eigene Gefährdung oder ohne Verletzung höherwertiger eigener Pflichten in Anspruch zu nehmen sein[136]. Nach seiner Inanspruchnahme soll der Nichtstörer die durch die Inanspruchnahme entstandenen Kosten verlangen können.

Das BBodSchG hat die Haftung des Nichtstörers nicht aufgenommen, so dass dessen Inanspruchnahme wegen des abschließenden Störerkataloges des § 4 BBodSchG ausscheidet. Hierfür spricht, dass Sanierungsmaßnahmen zumeist im Wege der Fremdvornahme, d.h. durch Einschalten von Fachfirmen, erfolgen wird, die von der Behörde in gleicher Weise eingeschaltet werden können wie von einem unbeteiligten Dritten; regelmäßig wird es also an dem für die Nichtstörerhaftung konstitutiven Merkmal fehlen, dass – etwa entsprechend § 19 OBG NRW – „die Ordnungsbehörde die Gefahr nicht oder nicht rechtzeitig selbst oder durch Beauftragte abwehren kann".[137]

ff) Haftungserweiterungen: Das BBodSchG normiert über die klassischen polizeirechtlichen Haftungskategorien hinaus nicht nur die Haftung des Gesamtrechtsnachfolgers des Verursachers sondern noch zusätzliche Haftungstatbestände. Es schafft so Haftungserweiterungen, die im Polizei- und Ordnungsrecht neu sind. Es handelt sich um die Einstandspflicht aus handels- oder gesellschaftsrechtlichem Rechtsgrund und die Haftung des früheren Eigentümers. 240

(1) Einstandspflicht aus handels- oder gesellschaftsrechtlichem Rechtsgrund: 241
§ 4 Abs. 3 S. 4 1. Hs. BBodSchG enthält eine neuartige Haftungsausdehnung. Danach ist zur Sanierung auch verpflichtet, wer aus handels- oder gesellschaftlichem Rechtsgrund für eine juristische Person einzustehen hat.

---

135 *Pieroth/Schlink/Kniesel*, § 9 Rn. 74 ff.

136 Vgl. insoweit etwa § 19 OBG NW. Zu den Voraussetzungen insgesamt *Pieroth/Schlink/Kniesel*, § 9 Rn. 74.

137 So aber *Hipp/Rech/Turian*, BBodSchG, Rn. 289, die behaupten, der Gesetzgeber habe den Nichtstörer vergessen, mit der Konsequenz, dass eine Inanspruchnahme nach Landesrecht zulässig bliebe. Dagegen *Schwartmann/Pabst*, Rn. 151 ff., wonach das Nichterwähnen des Nichtstörers als „beredtes Schweigen" des Bundesgesetzgebers zu werten ist. Eine ergänzende Anwendung von Landesrecht scheidet aus.

242 **(a) Einstandspflicht nach Gesellschaftsrecht:** Das Gesellschaftsrecht geht grundsätzlich von der Trennung des Vermögens von Gesellschaft und Gesellschafter aus (vgl. etwa § 13 Abs. 2 GmbH-Gesetz). So kann ein Gesellschafter sich grundsätzlich vor dem Zugriff auf sein privates Vermögen schützen, wenn die Gesellschaft in eine Notlage gerät. Ausnahmsweise ist aber ein **Durchgriff** auf das Vermögen der Gesellschafter zulässig.

Zur Vertiefung

Wann dies der Fall ist, ist im Gesetz häufig nicht geregelt. Vielmehr hat sich hierzu eine Kasuistik in der Rechtsprechung entwickelt.[138] Die pauschale Übertragung der handels- und gesellschaftsrechtlichen Haftungsgrundsätze auf das Polizeirecht ist rechtsdogmatisch problematisch. Im Gesellschaftsrecht dient die Durchgriffshaftung dem Schutz der Gläubiger der Gesellschaft. Im Bodenschutzrecht geht es demgegenüber um die Sicherung der Erhaltung der Bodenfunktionen. Wie sich die Übertragung handels- und gesellschaftlicher Grundsätze in das Polizeirecht rechtlich insgesamt auswirkt, ist noch offen. Rechtsprechung zu dieser Frage gibt es, soweit ersichtlich, nicht[139], was für die praktische Irrelevanz der Vorschrift spricht.

Die § 4 Abs. 3 S. 4 1. Hs. BBodSchG zugrunde liegenden Konstellationen sind in erster Linie Missbrauchsfälle. Als ein solcher gilt zum Beispiel die Unterkapitalisierung von Tochterunternehmen.

243 ■ **26. Fall:** Die A-GmbH besitzt ein Kapital von 5 000 000 € und ist Eigentümerin verschiedener Liegenschaften. Einige dieser Grundstücke sind verunreinigt und ihre Sanierung kostet ca. 2 000 000 €. Der Geschäftsführer der A-GmbH will nun die B-Liegenschaftsanierungs-GmbH gründen und diese mit einem Stammkapital von 25 000 € ausstatten. Einziger Gesellschafter und Geschäftsführer soll der kurz zuvor aus Kasachstan eingereiste B sein, der kein Privatvermögen hat. Wäre das zulässig?

Eine Durchgriffshaftung auf das Privatvermögen eines Gesellschafters ist nach der Rechtsprechung des BGH gerechtfertigt, wenn das Eigenkapital einer Gesellschaft nicht ausreicht, um den nach Art und Umfang der Geschäftstätigkeit erforderlichen mittel- oder langfristigen Kapitalbedarf zu befriedigen. So wird bei einer GmbH-Gründung mit einem Stammkapital von 25 000,– € als regelmäßiger gesetzlicher Mindestsumme und einem Finanzierungsbedarf für Altlastensanierungen in Höhe von mehreren Millionen Euro von einem klaren Fall der Unterkapitalisierung auszugehen sein. Eine Haftung wegen Unterkapitalisierung kann aber auch vorliegen, wenn das Stammkapital im Laufe des Geschäftsbetriebes absinkt, der Geschäftsführer dies auch erkennt, aber keine Kapitalerhöhung vornimmt[140]. Insgesamt sind die Voraussetzungen, unter denen der BGH einen Durchgriff zulässt, eng. Voraussetzung ist immer auch eine Absicht zur vorsätzlichen und sittenwidrigen Schädigung.[141] In diesen Fällen führt aber auch die Vorschrift des § 826 BGB, wonach Schadensersatz für die vorsätzliche sittenwidrige Schädigung zu leisten ist, zu sachgerechten Lösungen.[142]

---

138 Dazu *Karsten Schmidt*, Gesellschaftsrecht, 4. Aufl., 2002, S. 233 ff. Zusammenfassend bezogen auf das Bodenschutzrecht *Schwartmann/Pabst*, Rn. 138 ff., wobei die Rechtsprechung des BGH zur sog. qualifizierten faktischen Konzernabhängigkeit aufgegeben und durch die von der sog. Ausfallhaftung wegen existenzvernichtenden Eingriffs ersetzt wurde. Dazu BGHZ 142, 92, 95.

139 So auch *Kügel*, NJW 2004, 1570, 1573.

140 *Vierhaus*, NJW 1998, 1262, 1265.

141 *Knopp/Löhr*, BBodSchG in der betrieblichen Praxis, Rn. 122 nehmen diese bei Kenntnis vom Sanierungsbedarf auf eigenen Grundstücken an.

142 Dazu *Schwartmann*, DStR 1999, 324, 327.

(b) Einstandspflicht nach Handelsrecht: Aus handelsrechtlicher Sicht kommen als Haftungstatbestände eines Dritten für den Zustandsverantwortlichen die §§ 25 bis 28 HGB in Betracht. Die Haftung nach § 25 HGB setzt einen Wechsel der Unternehmensträgerschaft voraus, der eine Haftung des Erwerbers für die im Betrieb des Geschäfts begründeten Verbindlichkeiten des früheren Inhabers zur Folge hat[143]. Der Altunternehmer kann sich aber nicht wirksam von seiner Haftung befreien, wenn er Eigentümer des belasteten Grundstücks war. Er haftet dann gemäß § 4 Abs. 6 BBodSchG[144]. 244

(2) Nachhaftung des früheren Eigentümers: § 4 Abs. 6 BBodSchG ist ein bemerkenswertes polizeirechtliches Novum. Nach dieser Vorschrift haftet der frühere Eigentümer eines Grundstücks auch dann weiter, wenn er nach dem Eintrag eines neuen Eigentümers in das Grundbuch keinen aktuellen Bezug mehr zu seinem ehemaligen Grundeigentum hat. Die Haftung gilt für alle Eigentumsübertragungen nach dem 1. März 1999, bei denen der Eigentümer die schädlichen Bodenveränderungen zum Zeitpunkt des Eigentumsübergangs kannte oder kennen musste. Wer zu diesem Zeitpunkt schutzwürdig darauf vertrauen durfte, dass sein Grundstück nicht verunreinigt war, muss gemäß § 4 Abs. 6 S. 2 BBodSchG nicht haften. 245

27. Fall: A erwirbt am 10.11.2002 ein ehemals industriell genutztes Grundstück, auf dem – wie A weiß – von D jahrelang mit Altöl umgegangen wurde. Über vorhandene schädliche Bodenveränderungen und Altlasten wurde beim Erwerb nicht gesprochen. Am 5.12.2002 veräußert A das Grundstück unverändert an B weiter und berichtet diesem über die Nutzung des Grundstücks. B behält das Grundstück ebenfalls nur kurz und verkauft es seinerseits unverändert am 8.1.2003 an C. Bei einer Untersuchung im August 2004 stellt sich heraus, dass das Grundstück verunreinigt und sanierungsbedürftig ist. C ist mittellos. Kann die Behörde A oder B in Anspruch nehmen?

Hier greift die Haftung des früheren Eigentümers eines Grundstücks nach § 4 Abs. 6 S. 1 BBodSchG. Die Behörde kann sowohl A als auch B als frühere Eigentümer in Anspruch nehmen. Beide haben nach dem 1.3.1999 ein Industriegrundstück erworben und müssen sich zumindest Fahrlässigkeit bezüglich der Kenntnis von der Verunreinigung vorhalten lassen. Denn wo mit Altöl umgegangen wird, sind Verunreinigungen wahrscheinlich. Durch die Haftung des früheren Eigentümers können also Haftungsketten entstehen, wenn ein Grundstück mehrfach verkauft wird. Es bleibt dann jeder der früheren Eigentümer als Zustandsstörer nach § 4 Abs. 6 BBodSchG haftbar[145]. Nicht zur Haftung herangezogen werden kann ein Alteigentümer, wenn er im Zeitpunkt, zu dem er selber das Grundstück erworben hat, schutzwürdig darauf vertrauen durfte, dass dieses nicht mit Schadstoffen belastet war[146].

Zur Vertiefung

§ 4 Abs. 6 BBodSchG ist **verfassungsrechtlichen Bedenken** ausgesetzt. Die Zustandsverantwortlichkeit ist im Wesentlichen an die tatsächliche und rechtliche Sachherrschaft gebunden. Sie knüpft an die Nutzungsmöglichkeit bzw. -befugnis an. Wird das Eigentum am Grundstück auf Dritte übertragen, so entfällt mit der Nutzungsmöglichkeit der Anknüpfungspunkt der Zustandshaftung[147]. Dagegen wird eingewandt, dass die Haftung an eine bestehende Zustandsverantwortlichkeit anknüpfe und diese lediglich verlängere. Der Eigentümer verliere durch § 4 Abs. 6 246

143 *Knopp/Löhr*, BBodSchG in der betrieblichen Praxis, Rn. 133.
144 *Knopp/Löhr*, BBodSchG in der betrieblichen Praxis, Rn. 134.
145 Vgl. *Müggenborg*, NVwZ 2000, 50, 51.
146 Vgl. insoweit *Müggenborg*, NVwZ 2000, 50, 50.
147 So etwa *Knopp/Löhr*, BBodSchG in der betrieblichen Praxis, Rn. 147.

BBodSchG allein die Aussicht, mit dem Verkauf nicht mehr als Zustandsverantwortlicher zu gelten. Verfassungsrechtlich wird dies als unbedenkliche Inhaltsbestimmung des Eigentums für die Zukunft gesehen[148]. Allerdings werden durch die letztgenannte Auffassung die angesprochenen Bedenken nicht beseitigt. Die Frage ist nicht abschließend geklärt. Man kann hier eine Parallele zur Eigentumsaufgabe ziehen. Die Haftung des Derelinquenten ist unbestritten, obwohl auch er sein früheres Eigentum nicht (mehr) nutzen kann. Hier erfolgt die Eigentumsaufgabe bloß unentgeltlich.[149]

2. Gemeinsame Haftung der Störer nebeneinander und Ausgleichsanspruch

Die in § 4 Abs. 3 und 6 BBodSchG genannten Störer haften gegenüber der öffentlichen Hand nebeneinander und miteinander. Allerdings regelt das Gesetz auch einen Ausgleichsanspruch der Störer untereinander.

247 **a) Gemeinsame Haftung:** Sind mehrere Personen verantwortlich, so hat die Behörde die Wahl, welchen der Störer sie in Anspruch nehmen möchte. Im **Fall 27** haften neben D als Handlungsstörer und C als aktuellem Zustandsstörer noch B und C. Häufig fallen auch zwei Haftungsgründe in einer Person zusammen, etwa dann, wenn der Verursacher zugleich Grundstückeigentümer ist.

Zur Vertiefung

Welchen der Störer sie in Anspruch nimmt, entscheidet die Behörde im Rahmen ihres Auswahlermessens. Das BBodSchG enthält keine diesbezüglichen Vorgaben. Es ist also auf die allgemeinen Grundsätze der Störerauswahl zurückzugreifen. Die Rechtsprechung hat allgemeine Kriterien der Störerauswahl entwickelt[150]. Dazu zählen die örtliche und sachliche Nähe zur Gefahr und deren Beherrschbarkeit durch den Pflichtigen, das Setzen der zeitlich letzten Ursache der konkreten Gefahr, die Höhe des Verursachungsbeitrags an der Gefahr und das Verschulden, die finanzielle Leistungsfähigkeit der Verpflichteten, die Zumutbarkeit von Gefahrbeseitigungsmaßnahmen[151] und der Grundsatz „Doppelstörer (Verhaltens- und Zustandsstörer) vor Einzelstörer"[152]. Der BayVGH etwa steht auf dem Standpunkt, dass bei Altlasten, deren Verseuchung lange zurückliegt und bei denen die Verursachung nicht eindeutig feststellbar ist, ein Vorrang des Zustandsstörers anzunehmen sei, der zudem die Beweislast für eine seines Erachtens vorrangige Verhaltenshaftung eines Dritten tragen soll[153]. Der VGH Bad.-Württ. vertritt die Auffassung, dass ein Vorrang des Verhaltensstörers nur in Betracht komme, wenn die Verursachung durch den konkreten Pflichtigen dem Grunde und dem Umfang nach eindeutig feststehe[154]. Wichtig ist, dass für die Behörde immer der Grundsatz der schnellen und **effektiven Gefahrenabwehr** im Vordergrund steht[155]. Wenn also ein Verhaltens- und ein Zustandsstörer zur Auswahl stehen, wird es etwa bei größerer finanzieller Leistungsfähigkeit und schnellerer Zugriffsmöglichkeit des letzteren ermessensgerecht sein, den Zustandsstörer vor dem Verhaltensstörer in die Pflicht zu nehmen[156].

Selbst wenn ein Störer, bei dem beide Haftungsgründe zusammenfallen, den Nachweis führen kann, dass er als Eigentümer seines Grundstücks nichts zu dessen Verun-

148 So etwa *Sanden* in Sanden/Schoeneck, BBodSchG, § 4 Rn. 47.
149 Dazu *Schwartmann/Pabst*, Rn. 149.
150 Dazu auch *Bickel*, altlasten spektrum 2001, 61, 67 f.
151 Dazu *Schwartmann/Pabst*, Rn. 164 ff.
152 Vgl. hierzu *Buck*, NVwZ 2001, 51, 52; Einen Vorrang der Verhaltenshaftung sieht *Becker*, DVBl. 2000, 595, 596 f.
153 *VGH München*, NVwZ 1986, 942, 945 f.
154 *VGH Mannheim*, DVBl. 1990, 1046, 1047.
155 Vgl. *Kothe*, UPR 1999, 96, 97.
156 Siehe auch schon allgemein oben Rn. 138.

reinigung beigetragen hat, so bleibt er in seiner Eigenschaft als Eigentümer – oder nach Weiterveräußerung als früherer Eigentümer – haftbar.

b) Ausgleichsanspruch: Um die Härten der möglichen Inanspruchnahme des Zustandsstörers vor dem Verursacher abzumildern, hat der Gesetzgeber im BBodSchG in § 24 Abs. 2 einen Ausgleichsanspruch gegen den Verursacher eingeführt.[157] Er erkennt damit jedenfalls auf der Sekundärebene eine Vorrang der Verhaltensverantwortlichen an. **248**

28. Fall: Auf dem Gelände des A läuft ein Tanklastwagen aus, der diesen mit Heizöl beliefert. Haftet A als Grundstückseigentümer für diesen Unfall gegenüber der Behörde? Hat er gegebenenfalls einen Ausgleichsanspruch gegen den Verursacher des Schadens? Ist die Haftung des A als Eigentümer begrenzt?

A haftet als Eigentümer verschuldensunabhängig nach § 4 Abs. 3 S. 1 BBodSchG. Weil er leicht aufzufinden und an einer zügigen Beseitigung des Schadens interessiert ist, wird die Behörde ihn häufig bevorzugt in die Pflicht nehmen. Da im Polizeirecht der Grundsatz der Effektivität der Gefahrenabwehr gilt, ist dies möglich, wenn die Behörde nicht unverhältnismäßig handelt.[158] Bei einem solchen Vorgehen kann es zwangsläufig zu Ergebnissen kommen, die nach dem Rechtsgefühl ungerecht sind, weil es nahe liegt, den Eigentümer, der mit der Verursachung des Schadens nichts zu tun hat, gegenüber dem Verursacher besser zu stellen. Zur Verwirklichung dieses Anliegens normiert *§ 24 Abs. 2 S. 1 BBodSchG* nun ausdrücklich einen Ausgleichsanspruch der Störer untereinander, wobei § 426 Abs. 1 S. 2 BGB entsprechend angewendet wird. Abweichend hiervon richtet sich der Umfang des Ausgleichsanspruchs aber nach dem Grad der Verursachung. So kann das gewünschte Ergebnis erzielt werden, wonach der Verursacher die Kosten alleine tragen muss. § 24 Abs. 2 BBodSchG ermöglicht es dem Inanspruchgenommenen, auch denjenigen in Regress zu nehmen, der zum Kreis der Ordnungspflichtigen nach § 4 BBodSchG gehört, aber von der Behörde im Rahmen des Auswahlermessens unter mehreren Störern nicht herangezogen wurde. Den Ausgleichsanspruch stellt das Gesetz auch demjenigen zur Verfügung, der seiner materiellen, also nicht durch hoheitliche Anordnung festgestellten Pflicht zur Sanierung nachkommt, auch wenn er von der Behörde noch nicht oder auch künftig nicht in Anspruch genommen wird[159].

Zur Vertiefung

Der Ausgleichsanspruch hat allerdings in der praktischen Anwendung eine entscheidende Schwäche. Er ist nämlich zivilrechtlicher Natur und muss vor den ordentlichen Gerichten geltend gemacht werden, § 24 Abs. 2 S. 6 BBodSchG. Hier gilt nicht der Amtsermittlungsgrundsatz[160], so dass der Anspruchsteller faktisch oftmals erhebliche Probleme hat, den Verursachungsbeitrag seines Anspruchsgegners nach den Regeln der Zivilprozessordnung darzulegen und zu beweisen.[161] Allerdings hat der BGH mittlerweile Beweiserleichterungen für den Kläger ausdrücklich anerkannt.[162]

157 Dazu jetzt auch *BGH*, JZ 2005, 145 ff., mit Anm. *Wagner*, JZ 2005, 150 ff.
158 Vgl. zum Verhältnis zwischen Effektivitätsgebot und Verhältnismäßigkeitsgrundsatz nur *Pieroth/ Schlink/Kniesel*, § 9 Rn. 89.
159 Statt vieler anderer *Vierhaus*, NJW 1998, 1262, 1267; anderer Ansicht wohl *Knoche*, NVwZ 1999, 1198, 1198 ff.
160 Siehe dazu oben Rn. 124 f.
161 Dazu *Schwartmann/Pabst*, Rn. 242 ff.
162 *BGH*, JZ 2005, 145, 149 f., mit Anm. *Wagner*, JZ 2005, 150 ff. Siehe dazu auch unten Rn. 481.

249 **c) Zivilrechtliche Abbedingbarkeit der Altlastenverantwortlichkeit:** Wer ein verunreinigtes Grundstück erwirbt, möchte möglichst nicht für „mitgekaufte" Umweltschäden haften. Umgekehrt möchte der Verkäufer aber frei werden und am liebsten ein Grundstück samt aller Verunreinigungen verkaufen.

29. Fall: A erwirbt am 10.11.2002 ein ehemals industriell genutztes Grundstück, auf dem – wie A weiß – durch D jahrelang mit Altöl umgegangen wurde. Über vorhandene schädliche Bodenveränderungen und Altlasten wurde beim Erwerb nicht gesprochen. Am 5.12.2002 veräußert er es unverändert an B weiter und berichtet über die Nutzung des Grundstücks. Zugleich enthält der notariell beurkundete Grundstückskaufvertrag eine Klausel, wonach B den A von allen öffentlich-rechtlichen Ansprüchen freistellt, die ihm gegenüber geltend gemacht werden. Im Januar 2003 wird B vermögenslos. Die Behörde nimmt daraufhin den A wegen der Altlastensanierung in Anspruch. Dieser stellt sich auf den Standpunkt, er habe seine Ordnungspflicht durch die Klausel abbedungen. Hat er Recht?

Eine solche Absicherung im Rahmen des Kaufvertrages mit dem Veräußerer des Grundstücks durch Haftungsfreistellungen ist zivilvertraglich möglich. Sämtliche vertraglichen Haftungsfreistellungsvereinbarungen im Verhältnis zwischen Erwerber und Veräußerer gelten aber nur gegenüber dem privaten Vertragspartner und nicht gegenüber der Ordnungsbehörde[163], so dass A nicht freigestellt ist.

Zur Vertiefung

Die öffentlich-rechtliche Verantwortung lässt sich vertraglich im Verhältnis zur Behörde nicht ausschließen, sie steht nicht zur privatautonomen Disposition der Parteien. Der privatrechtliche Grundstückskaufvertrag hat also keine „Außenwirkung" gegenüber der Behörde[164]. Auch dann, wenn ein solcher Vertrag eine wirksame Haftungsfreistellung für Verkäufer oder Käufer vorsieht, gilt diese nur im Verhältnis der zivilrechtlichen Vertragsparteien untereinander. Für die Parteien eines zivilrechtlichen Kaufvertrages besteht aber die Möglichkeit, alle Kosten, die im Zusammenhang mit einer späteren Altlastensanierung anfallen, der jeweils anderen Partei aufzuerlegen. Dazu können auch die Kosten einer möglichen ordnungsbehördlichen Inanspruchnahme zählen. Eine derartige Vereinbarung birgt natürlich finanzielle Risiken. Sofern sie abgeschlossen werden kann, steht oder fällt ihr Wert mit der Solvenz des die Haftung übernehmenden Vertragspartners. Mit der Behörde kann der Sanierungspflichtige im Falle einer komplexeren Altlast einen öffentlich-rechtlichen Sanierungsvertrag über die Durchführung der Sanierung abschließen.[165]

Der Erwerber muss sich darüber im Klaren sein, dass er als neuer Eigentümer oder Nutzungsberechtigter, unabhängig von jeglichem Verursachungsbeitrag, häufig bevorzugtes Objekt behördlicher Inanspruchnahme sein wird. Dies liegt unter anderem an seiner Greifbarkeit für die Behörde und an seinem Interesse an der Sanierung des Standorts, der bald wieder genutzt werden soll.

249a Sofern der einzige greifbare Störer, sei er Verhaltensstörer oder Zustandsstörer, wirtschaftlich nicht leistungsfähig, also bspw. zahlungsunfähig ist, entbindet ihn dies nicht der ordnungsrechtlichen Verantwortlichkeit nach § 4 BBodSchG; die entsprechende Pflicht ist zwar ggf. nicht durchsetzbar, kann aber grundsätzlich rechtmäßig auferlegt werden[166].

---

163 Im Verhältnis zur Behörde kann der Investor einen Sanierungsvertrag (§ 13 Abs. 4 BBodSchG) schließen, der als Verwaltungsvertrag den Regeln der §§ 54 ff. VwVfG unterfällt. Dazu *Schwartmann/Pabst*, Rn. 474 ff., mit einem Vertragsmuster, Rn. 552 ff.

164 *Fabis*, ZfIR 1999, 633, 639.

165 Siehe dazu sogleich unten Rn. 263.

166 Vgl. *VGH München*, Az. 22 ZB 10.2874 vom 14.03.2011, n.v.

3. Umsetzung der bodenschutzrechtlichen Pflichten

Einführend zur Umsetzung der bodenschutzrechtlichen Pflichten folgender 250

30. Fall: Bei der Begehung eines Industriestandorts erlässt die zuständige Behörde gegenüber dem Eigentümer E eine Ordnungsverfügung. Hier wird zutreffend ausgeführt, dass auf dem betreffenden Gelände früher Pechpfannen, eine Gaszentrale, ein Maschinenhaus, eine Bitumenmischanlage, ein Tauchbecken und eine Trafostation vorhanden waren. Nunmehr sei dort noch eine Anschüttung unbekannter Zusammensetzung vorhanden. Zudem seien einige Bereiche des Grundstücks mit Öl verunreinigt. Daher bestünde aufgrund konkreter Anhaltspunkte der hinreichende Verdacht für das Vorhandensein einer schädlichen Bodenveränderung, die aufgrund der früheren Nutzungen als gegeben anzusehen sei. Die Behörde gibt dem Eigentümer in der mit ordnungsgemäßer Rechtsbehelfsbelehrung versehenen Verfügung wörtlich auf, „einen Fachgutachter mit der Gefährdungsabschätzung auf dem angegebenen Gelände zu beauftragen. … Zur Abstimmung der erforderlichen Untersuchung und des genauen Untersuchungsgebietes" solle E „sich mit dem zuständigen Sachbearbeiter beim Umweltsamt, Herrn X mit der Telefonnummer Y in Verbindung setzen." Wie ist die Rechtmäßigkeit dieser Verfügung zu beurteilen?

Bei der Eingriffsermächtigung zur Durchsetzung bodenschutzrechtlicher Pflichten differenziert das BBodSchG in Verfeinerung des Polizeirechts zwischen Maßnahmen zur Gefahrerforschung und sonstigen Anordnungen, die dann tatsächlich zur Sanierung führen. Das behördliche Vorgehen unterteilt sich hier in drei Stufen.

- Auf der **ersten Stufe** erfolgt eine behördliche Erfassung des jeweiligen Standorts und eine kursorische Erstbewertung durch die Behörde.
- Auf einer **zweiten Stufe** wird die eigentliche behördliche Gefahrerforschung (orientierende Untersuchung) vorgenommen, die unter bestimmten Umständen ab einem gewissen Punkt dem Ordnungspflichtigen übertragen (Detailuntersuchung) werden soll.
- Nachdem diese Stufen zur Gefahrerforschung beschritten sind, kann auf einer **dritten Stufe** eine Sanierungsanordnung oder eine Sanierungsuntersuchung und Sanierungsplans aufgegeben werden.

a) Gefahrerforschung: Die Gefahrerforschung (Stufen 1 und 2) ist gesondert in § 9 251
BBodSchG geregelt, der durch Bestimmungen der BBodSchV ergänzt wird. Das Zusammenwirken von BBodSchG und BBodSchV mit ihren vier technischen Anhängen ist regelungstechnisch nicht immer einfach nachzuvollziehen.

Zur Vertiefung

Manchmal sind die Präzisierungen leicht zu handhaben. Dies gilt etwa für die nähere Ausgestaltung der inhaltlichen Anforderungen an Sanierungsuntersuchung und Sanierungsplanung nach § 13 BBodSchG durch § 6 BBodSchV i.V.m. Anhang 3 der BBodSchV, wo sich Sanierungsanforderungen und Prüfungsabläufe für Untersuchungen finden oder die Ergänzung der Begriffsbestimmungen in § 2 des BBodSchG durch § 2 BBodSchV. Hier kommt es allein darauf an, die ergänzenden Normen zu kennen, sie aufzusuchen und anzuwenden.

Teilweise ist das Zusammenspiel zwischen Gesetz und Verordnung unübersichtlich und es verlangt ein stetiges Hin und Her zwischen den verschiedenen Regelwerken. Die Verordnung muss grundsätzlich immer mit dem Gesetz gemeinsam gelesen werden. Dies lässt sich an der Vorschrift zur Gefahrermittlung nach § 9 BBodSchG i.V.m. der BBodSchV veranschaulichen, deren System im Folgenden kurz dargestellt sei.

252 **aa) Anhaltspunkte:** Die bodenschutzrechtliche Gefährdungsabschätzung erfolgt zweistufig. Sie setzt auf der ersten Stufe bei Anhaltspunkten für das Vorliegen einer schädlichen Bodenveränderung oder Altlast nach § 9 Abs. 1 BBodSchG an. Diese müssen sich der Behörde aufdrängen, wenn sie eine Fläche erfasst. Erhärten sich die Anhaltspunkte bei dieser ersten Untersuchung nicht, so müssen keine weiteren Maßnahmen ergriffen werden. Verfestigt sich der Verdacht aufgrund konkreter Anhaltspunkte zu einem hinreichenden Verdacht, dann muss auf der zweiten Stufe festgestellt werden, ob der Verdacht sich bei genauerer Untersuchung unter Berücksichtigung so genannter Prüfwerte weiter erhärtet oder ob er sich ausräumen lässt. Im ersten Fall ist die Angelegenheit abgeschlossen (§ 4 Abs. 2 S. 1 BBodSchV). Im zweiten Fall müssen Maßnahmen zur Gefahrenabwehr getroffen werden. Wer für die Gefahrermittlung verantwortlich ist, regelt das Gesetz im Zusammenspiel mit der Verordnung.

(1) Gesetz: Zunächst muss die Behörde ermitteln, ob das Vorliegen einer Gefahr in Betracht kommt. Diese Pflicht enthält § 9 Abs. 1 S. 1 BBodSchG. Danach soll die zuständige Behörde geeignete Maßnahmen zur Ermittlung des Sachverhalts ergreifen, wenn ihr Anhaltspunkte für das Vorliegen einer schädlichen Bodenveränderung oder Altlast vorliegen.

(2) Verordnung: Was genau unter Anhaltspunkten zu verstehen ist , in welchem Fall sie vorliegen und wann sie sich zu „konkreten Anhaltspunkten aufgrund eines hinreichenden Verdachts" verfestigt haben, regelt das BBodSchG jedoch nicht. Hier muss die BBodSchV zu Rate gezogen werden. Die Schwelle für das Vorliegen von Anhaltspunkten für eine schädliche Bodenveränderung oder Altlast ist niedrig. Ihr Überschreiten begründet einen Anfangsverdacht. Die Kriterien zur Festlegung von Anhaltspunkten sind daher grobmaschig und undifferenziert.

Zur Vertiefung

Die BBodSchV nennt hier Beispiele. So ist bei **Altstandorten** nach § 3 Abs. 1 BBodSchV etwa von Anhaltspunkten auszugehen, wenn auf dem Grundstück entweder über einen längeren Zeitraum oder aber in erheblicher Menge mit Schadstoffen umgegangen wurde und die Vermutung besteht, dass aufgrund von Unregelmäßigkeiten im betrieblichen Ablauf oder aufgrund von Störfällen nicht unerhebliche Mengen von Schadstoffen in den Boden eingedrungen sind.

253 **bb) Hinreichender Verdacht:** Hat die Behörde aufgrund konkreter Anhaltspunkte einen hinreichenden Verdacht für das Vorliegen einer schädlichen Bodenveränderung oder Altlast, kann sie nach § 9 Abs. 2 BBodSchG Maßnahmen zur Gefährdungsabschätzung anordnen.

(1) Gesetz: Bevor ihr das Vorgehen nach § 9 Abs. 2 BBodSchG gestattet ist, muss die Behörde aber wieder nach § 9 Abs. 1 BBodSchG ausgehend von ihren Anhaltspunkten zunächst ermitteln, ob die vermutete Belastung unter Berücksichtigung der konkreten Umstände auch die Vermutung einer Gefährdung zulässt, die es rechtfertigt, dem Ordnungspflichtigen detaillierte weitere Untersuchungen auf seine Kosten aufzugeben. Solche Maßnahmen sind nach dem Wortlaut von § 9 Abs. 2 BBodSchG nicht schon bei Vorliegen von Anhaltspunkten gerechtfertigt. Vielmehr muss in einer *orientierenden Untersuchung* – die die Behörde veranlassen und zunächst bezahlen muss – das Erreichen der Schwelle von § 9 Abs. 2 BBodSchG und damit ein hinreichender Verdacht einer schädlichen Bodenveränderung oder Altlast festgestellt oder ausgeräumt werden.

(2) Verordnung: Dieses Vorgehen ergibt sich aber seinerseits nicht aus dem BBodSchG, sondern es kann aus der Definition der *orientierenden Untersuchung* in § 2 Nr. 3 BBodSchV abgelesen werden. In § 4 Abs. 2 S. 1 BBodSchV wird angeordnet, dass ein Verdacht ausgeräumt ist, wenn der Gehalt oder die Konzentration eines Schadstoffs unterhalb des jeweiligen Prüfwertes in Anhang 2 zur BBodSchV liegen.

Zur Vertiefung: An dieser Stelle kommt einer der vier technischen Anhänge zur BBodSchV ins Spiel und es ist zu überprüfen, ob sich dort ein entsprechender Wert findet. In der Praxis wird es an dieser Stelle besonders kompliziert, weil Anhang 2 nicht flächendeckend Prüfwerte enthält.[167]

(3) Gesetz: Das weitere Vorgehen ergibt sich wieder aus § 9 Abs. 2 BBodSchG. Wenn die Behörde, wie soeben beschrieben, aufgrund konkreter Anhaltspunkte einen hinreichenden Verdacht für eine schädliche Bodenveränderung oder Altlast nachgewiesen hat, kann sie dem in § 4 Abs. 3, 5 und 6 BBodSchG aufgeführten Personenkreis die Durchführung notwendiger Untersuchungen zur endgültigen Gefährdungsabschätzung im Rahmen einer *Detailuntersuchung* (§ 2 Nr. 4 BBodSchV) aufgegeben (§ 9 Abs. 2 BBodSchG).

Zur Vertiefung

Der potentielle Ordnungspflichtige hat die Kosten der Detailuntersuchung[168] zunächst vorzulegen. Die endgültige Pflicht zur Kostentragung für die Detailuntersuchung entsteht für den Pflichtigen, wenn der Verdacht einer schädlichen Bodenveränderung oder Altlast sich bestätigt (§ 24 Abs. 1 S. 1 BBodSchG). Anderenfalls sind dem Pflichtigen die verauslagten Kosten nach § 24 Abs. 1 S. 2 BBodSchG zu erstatten. Damit ist zugleich ein bis zur Regelung im Bodenschutzgesetz umstrittenes Standardproblem über die Zulässigkeit und Kostentragung von Gefahrerforschungseingriffen – jedenfalls für den Geltungsbereich des BBodSchG – gelöst.

(4) Verordnung: Das Vorgehen wegen eines hinreichenden Verdachts einer schädlichen Bodenveränderung oder Altlast im Sinne von § 9 Abs. 2 BBodSchG ist erst bei *konkreten Anhaltspunkten* hierfür zulässig. Ob sie vorliegen, richtet sich wiederum nach § 3 Abs. 4 BBodSchV.

Zur Vertiefung: Sie sind gegeben, wenn entweder die behördlichen Untersuchungen eine Überschreitung der Prüfwerte nach Anhang 2 der BBodSchV ergeben oder wenn deren Überschreitung aufgrund einer Bewertung nach § 4 Abs. 3 BBodSchV zu erwarten ist, wenn also eine sog. Sickerwasserprognose (§ 2 Ziff. 5 BBodSchV) dies annehmen lässt.[169]

cc) Konkrete Fehler: Die Ordnungsverfügung zur Gefahrerforschung nach § 9 **254**
BBodSchG im 30. Fall ist aus zwei Gründen rechtswidrig.

(1) Unbestimmtheit: Sie ist zunächst unter Berücksichtigung der Vorgaben von § 37 VwVfG zu **unbestimmt**. Aus der Anordnung kann nicht ersehen werden, auf welchen Flächen genau eine Gefährdungsabschätzung vorgenommen werden soll. Insbesondere wird die Bestimmtheit nicht durch die Aufforderung, mit dem zuständigen Sachbearbeiter zu sprechen, herbeigeführt. Vielmehr ist es erforderlich, die betroffenen

167 Vgl. zum Vorgehen in diesem Fall *Schwartmann/Pabst*, Rn. 56 f.
168 Dazu *Mohr*, UPR 2005, 99 ff.
169 Dazu eingehend *Schwartmann/Pabst*, Rn. 176 ff.

Flächen präzise zu benennen. Weiterhin ergibt sich aus der Verfügung nicht, unter welchen Gesichtspunkten die Gefährdungsabschätzung durch den Gutachter erfolgen soll. Der Adressat des Verwaltungsakts weiß weder, nach welchen Stoffen er suchen soll, noch wo er diese suchen und welche Maßnahmen er hierbei anwenden soll.

255 **(2) Mangelnde Gefahrerforschung:** Zum anderen ergibt sich aus der Verfügung nicht, warum aufgrund konkreter **Anhaltspunkte** der hinreichende Verdacht einer Altlast bestehen soll. Die Behörde hätte zunächst selbst eine orientierende Untersuchung durchführen, deren Ergebnis bewerten und auf Grundlage dieser Bewertung für alle zu bestimmenden Untersuchungsflächen darlegen müssen, welche konkreten Anhaltspunkte sie hat. Im Fall hat die Behörde bloß einen Anfangsverdacht geäußert. Auf dieser Basis darf sie aber noch keine umfassende Detailuntersuchung aufgeben. Es fehlt damit an einer orientierenden Untersuchung und an der Bewertung der auf dieser Grundlage ermittelten Ergebnisse.

256 **b) Sonstige Anordnungen:** Wenn eine *Detailuntersuchung* den hinreichenden Verdacht einer schädlichen Bodenveränderung oder Altlast bestätigt hat, müssen auf der dritten Stufe Maßnahmen zur Gefahrenabwehr ergriffen werden. Der Bereich der Gefährdungsabschätzung wird verlassen und das Stadium der Sanierungsanordnung (§ 10 BBodSchG) bzw. der Sanierungsuntersuchungen und der Sanierungsplanung (§ 13 BBodSchG) wird erreicht. Das Gesetz sieht hier wieder eine differenzierte Vorgehensweise vor. Sie bestimmt sich danach, ob ein komplexerer oder ein weniger komplexer Fall einer schädlichen Bodenveränderung oder Altlast vorliegt.

257 **aa) Sanierung in einfacheren Fällen (§ 10 BBodSchG):** Fälle, in denen weniger schwerwiegende oder weniger komplexe Verunreinigungen zu beklagen sind, werden nach BBodSchG im Wege der Anordnung einer Ordnungsverfügung gelöst. Die entsprechende **Eingriffsgrundlage** ist § 10 BBodSchG. Eine solche Verfügung ergeht als Verwaltungsakt, der sich an die nach § 4 BBodSchG zu bestimmenden Pflichtigen richten, der allerdings aufgrund der tatsächlichen Unsicherheiten hinsichtlich des genauen Ausmaßes der Verunreinigung insbesondere im Hinblick auf seine Bestimmtheit nach § 37 VwVfG besonders fehleranfällig ist[170].

258 **bb) Sanierung von qualifizierten Altlasten (§ 13 BBodSchG):** Für **besonders qualifizierte Altlasten** sieht das BBodSchG mit Sanierungsuntersuchungen und Sanierungsplan nach § 13 Abs. 1 BBodSchG ein besonderes Vorgehen vor, die jeweils als Verwaltungsakt ergehen und sich wiederum an die nach § 4 BBodSchG zu bestimmenden Pflichtigen richten.

Zur Vertiefung

Bevor ein Vorgehen nach § 13 BBodSchG zulässig ist, muss die Behörde zunächst nach § 9 Abs. 1 BBodSchG vorgegangen sein. Dabei muss sie hinreichend **konkrete Anhaltspunkte** für das Vorliegen einer Altlast gewonnen haben, die sich im Zuge einer Detailuntersuchung nach § 9 Abs. 2 BBodSchG bestätigt haben müssen. Weiterhin muss die zu beseitigende **Altlast** hinreichend **qualifiziert** sein. Nur dann ist ein abgestimmtes, planmäßiges Vorgehen notwendig. Dies kann aufgrund der Gefährlichkeit der Altlast, aufgrund ihrer Komplexität oder aus der Erforderlichkeit besonderer Maßnahmen sowie aus der Notwendigkeit eines abgestimmten Verhaltens

170 Siehe dazu oben Rn. 131 f. und in Fall 30 bezogen auf die Gefahrerforschung.

ergeben.[171] Liegen die Voraussetzungen des § 13 BBodSchG nicht vor, ist eine Altlast also nicht qualifiziert, sondern nur „einfach", so ist die Durchführung von Sanierungsuntersuchungen und das Verlangen eines Sanierungsplans rechtswidrig und eine entsprechende Anordnung mit ggf. Widerspruch und Anfechtungsklage anfechtbar.

Mit **Sanierungsuntersuchungen** sollen ungeeignete Sanierungsmaßnahmen ausgeschlossen werden und unter den geeigneten diejenigen bestimmt werden, die zur Erfüllung der Pflichten nach § 4 Abs. 3 BBodSchG verhältnismäßig sind. 259

Zur Vertiefung: Die entsprechenden Maßnahmen werden von § 6 Abs. 1 BBodSchV i.V.m. deren Anhang 3 konkretisiert. In Anhang 3 ist nach Art einer Checkliste ein regelmäßig abzuarbeitendes, aber nicht abschließendes Prüfprogramm für Sanierungsuntersuchungen und eine Reihenfolge für die Sachverhaltsermittlung vorgegeben.

Der Pflichtige muss zur Umsetzung der Sanierungsuntersuchungen gemäß § 13 Abs. 1 S. 1 2. HS. BBodSchG einen **Sanierungsplan** vorlegen. Dieser kann nach § 13 Abs. 6 BBodSchG für verbindlich erklärt werden. Der Sanierungsplan soll es der Behörde vorab ermöglichen zu überprüfen, ob die Sanierungspflicht effektiv erfüllt werden kann. 260

Zur Vertiefung: Der Inhalt des Sanierungsplanes wird nicht nur durch § 13 Abs. 1 S. 1 und § 13 Abs. 1 S. 1 2. Hs. Nr. 1–3 BBodSchG selbst, sondern zusätzlich wiederum durch Anhang 3 zur BBodSchV näher konkretisiert.

4. Wertausgleich

Es kommt vor, dass die öffentliche Hand eine Sanierung im Wege der Ersatzvornahme oder der unmittelbaren Ausführung durch Einsatz öffentlicher Mittel vornehmen lässt, weil sich die Inanspruchnahme eines Ordnungspflichtigen nicht oder zu spät realisieren lässt. In diesem Fall muss der durch die Sanierung entstandene Wertzuwachs unter den Voraussetzungen des § 25 BBodSchG von der in Vorleistung getretenen Behörde abgeschöpft werden. Der Wertausgleichsanspruch setzt voraus, dass die Mittel zur Sanierung, also zur Verwirklichung von Pflichten nach § 4 BBodSchG oder aber zu deren Vorstufe (§ 9 Abs. 2 BBodSchG oder § 13 Abs. 1 BBodSchG), aufgewandt worden sind. Das sanierte Grundstück muss durch den Einsatz der öffentlichen Mittel einen nicht nur unwesentlichen **Wertzuwachs** erfahren haben, der unter Berücksichtigung des Verkehrswertes des Grundstücks vor und nach der Sanierungsmaßnahme zu ermitteln ist. Die Ermittlung des Wertzuwachses erfolgt in entsprechender Anwendung der Immobilienwertermittlungsverordnung.[172] Wenn die Voraussetzungen des § 25 BBodSchG vorliegen, *muss* der Wertzuwachs in der Regel abgeschöpft werden (Erhebungspflicht). Ausnahmen sind nur zur Vermeidung unbilliger Härten und in Fällen der Altlastenfreistellung in den neuen Bundesländern (§ 25 Abs. 5 BBodSchG) zulässig. 261

Zur Vertiefung: Der das Grundstück belastende Ausgleichsbetrag wird auf Grundlage von § 25 Abs. 6 BBodSchG gestützten Verordnung über die Eintragung eines Bodenschutzlastvermerks im Grundbuch eingetragen.

---

171 Vgl. dazu und zu den nicht scharf voneinander trennbaren Fallgruppen der qualifizierten Altlast: *Schwartmann/Pabst*, Rn. 414 ff.

172 *VGH Kassel*, Az. 2 A 2931/09 vom 5.4.2011, n.v.

VI. Verfahren und Prozessuales

In verfahrensrechtlicher und prozessualer Hinsicht gilt Folgendes.

1. Widerspruch und Anfechtungsklage

262 Da es sich bei bodenschutzrechtlichen Ordnungsverfügungen um Verwaltungsakte handelt, ist Rechtsschutz hiergegen im Wege von Widerspruch und Anfechtungsklage möglich. Verfahrensrechtlich sind auch hier die bereits vorgestellten Fehlerquellen von Verwaltungsakten zu berücksichtigen[173]. Darüber hinaus gelten im Bodenschutzrecht im Verwaltungsverfahrens- und Verwaltungsprozessrecht einschließlich des einstweiligen Rechtsschutzes grundsätzlich keine Besonderheiten.

2. Sanierungsvertrag

263 Besonderer Erwähnung bedarf hier allerdings der öffentlich-rechtliche Vertrag nach §§ 54 ff. VwVfG. Im Bodenschutzrecht ist es häufig sinnvoll, Probleme nicht streitig, sondern auf konsensualem Wege zu lösen. Das Instrument hierfür ist der Verwaltungsvertrag, hier in Form eines Sanierungsvertrages. Der Gesetzgeber hat den öffentlich-rechtlichen Vertrag in § 13 Abs. 4 BBodSchG im Zusammenhang mit dem Sanierungsplan ausdrücklich hervorgehoben und greift damit den im Umweltrecht festzustellenden Trend des konsensualen Verwaltungshandelns durch Kooperation von Staat und Bürger auf.[174] Als sog. *Sanierungsvertrag im weiteren Sinne* kann der öffentlich-rechtliche Vertrag aber auch unabhängig von einem Sanierungsplan zur Sanierung weniger umfangreicher schädlicher Bodenveränderungen oder Altlasten vorgelegt werden[175]. Der Abschluss eines Sanierungsvertrages hat zur Folge, dass sich das Risiko überraschender Verwaltungsentscheidungen im Zusammenhang mit der Sanierung eines Grundstücks verringern lässt. Zugleich kann der Ordnungspflichtige die Durchführung einschließlich der hier entstehenden Kosten in gewissem Umfang steuern[176]. Ferner bietet der Vertrag die Möglichkeit, Dritte – also etwa andere Störer, aber auch Nachbarn oder Behörden – einzubeziehen. So kann vor allem, wenn es um den Kostenausgleich nach § 24 Abs. 2 BBodSchG geht, ein zeitaufwändiger Folgeprozess möglicherweise umgangen werden.

Zur Vertiefung

Ein Sanierungsvertrag[177] nennt zu Anfang üblicherweise die an ihm beteiligten Parteien, also in der Regel die Behörde, den Sanierungspflichtigen und ggf. einbezogene Dritte, soweit sie durch den Vertrag rechtlich betroffen sind. Sodann wird dem eigentlichen Regelungsinhalt eine Präambel vorangestellt, die Angaben zur Geschichte des zu sanierenden Grundstücks, z.B. frühere, aktuelle und geplante weitere Nutzungen enthält, und in der bereits festgestellte Bodenbelastungen benannt werden. Zudem hat die Präambel die wichtige Funktion, rechtliche und tatsächliche Unsicherheiten zu benennen, deren Überwindung den Abschluss eines Vergleichs-

173 Siehe oben Rn. 123 ff.
174 Siehe dazu bereits oben Rn. 81 ff. Vgl. auch *Schwartmann/Pabst*, Rn. 475.
175 Dazu *Schwartmann/Pabst*, Rn. 477 ff.
176 Vgl. dazu auch *Schlemminger/Böhn*, NVwZ 2010, 354 ff.
177 Vgl. zum Sanierungsvertrag *Schwartmann/Pabst*, Rn. 474 ff.; 552 ff.

vertrages rechtfertigt[178]. Wichtig ist es weiterhin, im Vertrag verbindliche Sanierungsziele festzulegen und die Sanierungsverpflichtung präzise zu umreißen. Hier sind die Vertragspflichten des Ordnungspflichtigen und die Gegenleistungen der Behörde zu benennen. Zu regeln ist hier, welche Flächen mit welchen Mitteln saniert werden müssen und welche Sanierungsziele erreicht werden sollen. Auch ist Anfang und Ende der Sanierung festzulegen sowie zu bestimmen, ob Vor- und Nachsorgemaßnahmen getroffen werden müssen und wann die Nachsorge ggf. abgeschlossen sein soll. Wichtig ist es ferner, die Behörde zu verpflichten, auf die Anordnung weiterer Sanierungsmaßnahmen zu verzichten, wenn die vertraglich definierten Sanierungsziele erreicht sind. Am Vertrag können Private oder Behörden als Dritte beteiligt sein, wenn sie durch den Vertrag betroffen sind und die Einbeziehung allseits gewünscht ist. Häufig werden Investoren und zukünftige Eigentümer beteiligt, um so diese Vertragspartner von zukünftigen behördlichen Forderungen freistellen zu können. Diese Freistellung wirkt freilich auch hier nicht gegenüber der Behörde, sondern nur im Innenverhältnis der beteiligten Privaten bzw. der Sanierungspflichtigen. Auch Ausgleichsverpflichtete nach § 24 Abs. 2 BBodSchG können einbezogen werden, da der Sanierungsvertrag eventuelle Ausgleichsansprüche ohne ein Verzögerungsrisiko durch zivilgerichtliche Verfahren mitregeln kann.

VII. Fazit und Glossar

Die Bedeutung des Bodenschutzrechts liegt vor allem darin begründet, dass dieses **264**
Gebiet in besonderer Weise der Gefahrenabwehr zuzuordnen ist und hier allgemeine polizeirechtliche Grundsätze modifiziert werden. Anhand der speziellen Regeln zur Gefahrerforschung lässt sich die Schwelle von der Amtsermittlung (§ 9 Abs. 1 BBodSchG) zur Befugnis Gefahrerforschungs- (§ 9 Abs. 2 BBodSchG) und Ordnungsverfügungen (§§ 10 und 13 BBodSchG) aufzugeben schön aufzeigen aber auch gut prüfen. Die Frage der Bestimmtheit von Sanierungsverfügungen ist ein im Bodenschutz häufig auftretendes Problem des Verwaltungsverfahrensrechts. Hinzu kommen die Störerbegriffe des Bodenschutzrechts, die weit über die Grundsätze der klassischen Gefahrenabwehr hinausgehen. Nicht zu vernachlässigen sind Fragen der Störerauswahl und der Kostentragung für Gefahrerforschungseingriffe und der Ausgleich unter den Ordnungspflichtigen. Schließlich finden sich im Bodenschutzrecht wichtige Anknüpfungspunkte für konsensuales Handeln der Verwaltung, insbesondere durch Sanierungsvertrag.

Anwendungsbereich	§ 3 Abs. 1 BBodSchG benennt Bereiche, in denen das BBodSchG nur subsidiär anwendbar sind. Der Anwendungsbereich des Gesetzes ist trotzdem weit, weil in den Spezialgesetzen Einwirkungen auf den Boden im materiellen Sinne geregelt werden müssen, was eher selten vorkommt.
Schädliche Bodenveränderungen	Schädliche Bodenveränderungen liegen nach § 2 Abs. 2 BBodSchG vor, wenn wenigstens eine der vom BBodSchG geschützten Bodenfunktionen beeinträchtigt ist und diese Beeinträchtigungen „Gefahren, erhebliche Nachteile oder erhebliche Belästigungen für den einzelnen oder die Allgemeinheit" herbeiführen können. Der Begriff schädliche Bodenveränderung ist dem der Altlast übergeordnet.
Altlasten	Altlasten nach § 2 Abs. 5 BBodSchG sind Altablagerungen und Altstandorte, also nicht mehr in Betrieb befindliche Anlagen und Grundstücke. Eine Altablagerung nach Nr. 1 ist eine ehemalige Abfallbeseitigungsanlage. Ein Altstandort nach Nr. 2 ist ein Grundstück einer stillgelegten Anlage. Von

178 Siehe dazu oben Rn. 82.

	einer Altlast müssen schädliche Bodenveränderungen oder sonstige Gefahren für den einzelnen oder die Allgemeinheit hervorgerufen werden.
Pflichten	§ 4 BBodSchG regelt die Pflichten zur Gefahrenabwehr. Nach § 4 Abs. 1 BBodSchG muss sich jeder, der auf den Boden einwirkt, so verhalten, dass er negative Bodeneinwirkungen vermeidet. Nach § 4 Abs. 2 BBodSchG müssen schädliche Bodenveränderungen für das eigene Grundstück und für Grundstücke Dritter durch Grundstückseigentümer und -besitzer abgewehrt werden. Sind bereits schädliche Bodenveränderungen eingetreten, sind die Verantwortlichen nach § 4 Abs. 3–6 BBodSchG sanierungspflichtig. Ein Grundstück ist so zu sanieren, dass davon dauerhaft keine Gefahren, erhebliche Nachteile oder erhebliche Belästigungen für Einzelne oder die Allgemeinheit ausgehen. Im Gegensatz zu den Pflichten aus § 4 Abs. 1 und 2 BBodSchG ist die Sanierungspflicht Ausprägung eines nachsorgenden, reparierenden Bodenschutzes.
Pflichtige	Pflichtige nach § 4 BBodSchG sind: • der Verursacher einer schädlichen Bodenveränderung oder Altlast (Abs. 3 S. 1 Var. 1) • der Gesamtrechtsnachfolger des Verursachers einer schädlichen Bodenveränderung oder Altlast (Abs. 3 S. 1 Var. 2) • der Grundstückseigentümer Abs. 3 S. 1 Var. 3 • der frühere Grundstückseigentümer Abs. 6 • der Inhaber der tatsächlichen Gewalt Abs. 3 S. 1 Var. 4 • derjenige, der aus handels- oder gesellschaftsrechtlichem Rechtsgrund für eine juristische Person einzustehen hat, Abs. 3 S. 4. • derjenige, der das Eigentum an einem Grundstück aufgibt (Derelinquent), Abs. 3 S. 4 a. E.
Ausgleichsanspruch	§ 24 Abs. 2 S. 1 BBodSchG enthält einen Ausgleichsanspruch der Störer untereinander. Der Umfang des Ausgleichsanspruchs richtet sich nach dem Grad der Verursachung, sodass im Ergebnis der alleinige Verursacher die Kosten alleine tragen muss.
Gefahrerforschung	Die bodenschutzrechtliche Gefahrerforschung erfolgt auf zwei Stufen. Auf der **ersten Stufe** wird ein Standort behördlich erfasst und einer kursorischen Erstbewertung durch die Behörde unterzogen. Auf einer **zweiten Stufe** kommt es zur eigentlichen behördlichen Gefahrerforschung (orientierende Untersuchung), die unter bestimmten Umständen dem Ordnungspflichtigen übertragen (Detailuntersuchung) werden soll.
Sanierungsanordnungen	Sanierungsanordnungen bei weniger schwerwiegenden oder weniger komplexen Verunreinigungen werden mit Hilfe einer Ordnungsverfügung gelöst, für die § 10 BBodSchG **Eingriffsgrundlage** ist. Liegt eine **besonders qualifizierte** Altlast vor, kommen Sanierungsuntersuchungen und Sanierungsplan in Betracht. Eingriffsgrundlage ist hier § 13 Abs. 1 BBodSchG. Auch Sanierungsuntersuchungen und Sanierungsplan ergehen als Verwaltungsakt.
Sanierungsvertrag	Zur einvernehmlichen Beseitigung von schädlichen Bodenveränderungen und Altlasten kann zwischen Ordnungspflichtigem und Behörde ein Sanierungsvertrag geschlossen werden, der auf Dritte übertragen werden kann. Das Risiko überraschender Verwaltungsentscheidungen im Zusammenhang mit der Sanierung eines Grundstücks lässt sich so verringern, und der Ordnungspflichtige kann die Durchführung einschließlich der hier entstehenden Kosten in gewissem Umfang steuern. Die Behörde hat den Vorteil, dass der Ordnungspflichtige auf Basis einer freiwilligen Vereinbarung oftmals bereitwilliger saniert.

C Wasserrecht

Dem Wasserrecht unterfallen neben dem umweltrechtlich bedeutsamen Recht der „Wasserwirtschaft", das man auch „Wasserhaushaltsrecht" nennt[179], noch das Wasserstraßen- und Wasserwegerecht. Letzteres befasst sich mit den Oberflächengewässern in ihrer Eigenschaft als Verkehrswege[180] und wird hier nicht behandelt. **265**

I. Problemstellung

Hält man sich die vielfältigen Funktionen des Wassers vor Augen, so erschließt sich die Bedeutung des Wasserschutzes sogleich. Wasser ist nicht nur als Trinkwasser eine wichtige Lebensgrundlage für Mensch und Tier, sondern es findet etwa auch in der industriellen Produktion und der Landwirtschaft vielfältige Verwendung. Zugleich wird die Belastung von Gewässern durch die Einleitung industrieller Abwässer durch Geruchsbildung und Fischsterben leicht augenfällig. Zu denken ist an Zerstörungen, die über ihre Ufer getretene Gewässer etwa nach einem Hochwasser oder einer Sturmflut nach sich ziehen. Neben dem Bedürfnis nach dem Schutz des Wassers vor Umweltbelastungen, das insbesondere im Zuge der Industrialisierung bedeutsam wurde, ist es seit jeher wichtig, die Benutzung des Wassers, etwa zu Zwecken der Schifffahrt oder der Fischerei oder auch zum Schutz vor Hochwasser, zu regeln. So wurde auch das Wasserhaushaltsgesetz (WHG) bereits in der noch jungen Bundesrepublik Deutschland verabschiedet und trat am 1.3.1960 in Kraft[181]. **266**

II. Rechtsquellen

Quellen des Wasserrechts finden sich auf nahezu allen rechtlichen Ebenen.

1. Völkerrecht

Da die Nutzung von Meeren und fließenden Gewässern, die Staatsgrenzen überschreiten, traditionell zwischenstaatlicher Regelung bedarf, existieren seit jeher völkerrechtliche Regelungen zum Schutz und zur Ausbeutung von Meeresschätzen, zur Nutzung von Wasserstraßen aber auch umweltvölkerrechtliche Verbote zur Beeinträchtigung von Gewässern[182]. **267**

179 In den Grundsätzen der Gewässerbewirtschaftung schlägt sich der ökologische Zweck des WHG nieder; vgl. *Laskowski/Ziehm* in Koch, § 5 Rn. 55.

180 Vgl. *Laskowski/Ziehm* in Koch, § 5 Rn. 5

181 Verabschiedet wurde es am 27.6.1957. Bis zum Jahr 2010 wurde es acht Mal grundlegend novelliert. Vgl. auch die Rechtsprechungsübersicht bei *Kahl/Schmidt*, JZ 2006, 125 ff.

182 Dazu *Beyerlin*, Rn. 173 ff., 219 ff.

2. Europarecht

Das Wasserrecht wird zunehmend auch europarechtlich geprägt[183].

268 **a) Europäische Wasserrahmenrichtlinie:** Hier sticht die am 22.12.2000 in Kraft getretene EU-Wasserrahmenrichtlinie (WRRL)[184] hervor, die zur Vereinheitlichung und Reform des europäischen Wasserrechts erlassen wurde. Ihr liegt ein ganzheitlicher Bewirtschaftungsansatz zugrunde, wonach dem in sog. Flussgebietseinheiten – dem gesamten Einzugsbereich der großen europäischen Ströme – durch auf Flussgebiete bezogene Bewirtschaftungspläne Maßnahmen zum Gewässerschutz koordiniert werden sollen. Durch diese länderübergreifenden Maßnahmen sollen die Gewässerqualität auch im Hinblick auf die im Wasser lebenden Tiere und Pflanzen verbessert werden. Ziel der Richtlinie ist es, bis zum Jahr 2015 einen guten ökologischen, chemischen und mengenmäßigen Zustand von Grundwasser und Oberflächengewässer in der Gemeinschaft zu erreichen. Es sollen weitere Verschlechterungen der Gewässer vermieden werden, Einleitungen gefährlicher Stoffe sollen schrittweise reduziert und eine hinreichende Versorgung mit Oberflächen- und Grundwasser guter Qualität gesichert werden.

269 **b) Sonstige europäische Rechtsquellen:** Neben den zentralen Vorgaben aus der WRRL seien hier beispielhaft weitere wichtige europäische Gewässerschutzrichtlinien genannt, die aufgrund von Art. 192 Abs. 1 AEUV das nationale Gewässerschutzrecht überlagern und nach Art. 288 Abs. 3 AEUV verbindliche Ziele für die Mitgliedstaaten setzen. Es handelt sich dabei etwa um die

- die Gewässerschutzrichtlinie 464/76/EWG mit ihren Tochterrichtlinien
- die Grundwasserschutzrichtlinie 80/68/EWG
- die Kommunal-Abwasserrichtlinie 91/271/EWG
- die IVU-Richtlinie 96/61/EG
- die Nitratrichtlinie 91/676/EWG
- die Rohwasserrichtlinie 75/440 EWG
- die Trinkwasserrichtlinie 98/83/EG
- die Badegewässerrichtlinie 76/160/EWG
- die Fischgewässerrichtlinie 78/659/EWG
- die UVP- und UVP Änderungsrichtlinie 85/337/EWG und 97/11/EG
- die Plan-UVP-Richtlinie 2001/42/EG[185]
- die Pflanzenschutzrichtlinie 91/414/EWG
- die Biozidrichtlinie 98/8/EG
- die Klärschlammrichtlinie 86/278/EWG

183 Dazu etwa *Caspar*, DÖV 2001, 529 ff. unter Bezugnahme auf die Wasserrahmenrichtlinie.
184 Dazu *Knopp*, NVwZ 2003, 275 ff.
185 Vgl. zu dessen Umsetzung das Gesetz zur Einführung einer Strategischen Umweltprüfung (SUPG), das seit dem 29.6.2005 gilt.

3. Bundesrecht

Das nationale Wasserrecht der Bundesrepublik Deutschland ist maßgeblich durch das **Wasserhaushaltsgesetz** (WHG) geprägt, das die Bewirtschaftung des Wassers regelt. Es stammt aus dem Jahr 1957 und wurde 2002 entsprechend der Vorgaben der Wasserrahmenrichtlinie[186] umfassend novelliert, aber auch im Jahr 2005 noch einmal geändert. In diesem Zusammenhang wurde im Zuge der Schaffung des europarechtlichen Bewirtschaftungssystems eine länderübergreifende Bewirtschaftung von Flussgebietseinheiten eingeführt, deren Planung und Koordination den Ländern obliegt.[187] Die letzte Neufassung stammt aus dem Jahre 2009, die wesentlichen Vorschriften sind zu 1.3.2010 in Kraft getreten. Zudem sind die **Trinkwasserverordnung**[188], das **Abwasserabgabengesetz** und das mittelbar dem Wasserschutz dienende Pflanzenschutzgesetz hervorzuheben. 270

Zur Vertiefung: Zu erwähnen ist auch das Gesetz über Wasser- und Bodenverbände (**Wasserverbandsgesetz** – WVG), auf dessen Grundlage die Wasser- und Bodenverbände als Selbstverwaltungskörperschaften eigenverantwortlich wasserwirtschaftliche Aufgaben wahrnehmen, wobei sie freilich unter der Rechtsaufsicht des jeweiligen Bundeslandes stehen[189].

Mit dem WHG in der Neufassung von 2009 verfolgt der Gesetzgeber im Wesentlichen vier Zielsetzungen. Zunächst reagiert er – wie im Naturschutzrecht[190] – auf die Umgestaltung der Gesetzgebungskompetenzen von der weggefallenen Rahmenkompetenz des Art. 75 Abs. 1 Nr. 4 GG hin zur konkurrierenden Gesetzgebungskompetenz nach Art. 72 Abs. 3, 74 Abs. 1 Nr. 32 GG, die die Schaffung eine bundesgesetzlichen Vollregelung des Wasserhaushaltsrechts erfordert. Zugleich sollte das Wasserrecht systematisiert und vereinheitlicht werden, um es in der Praxis handhabbarer zu gestalten. Die vorgenannten EG-Bestimmungen sollten in bundeseinheitliches Recht gefasst und schließlich Bestandteile des bisherigen Landesrechts bei Bestehen eines bundeseinheitlichen Regelungsbedürfnisses in Bundesrecht überführt werden[191]. 270a

4. Landesrecht

Im Wasserrecht konnte der Bund für den Wasserhaushalt wie im Naturschutzrecht nur Rahmenvorschriften[192] erlassen. Aber bereits das alte WHG enthielt umfassende inhaltliche Regelungen, so dass den Ländern im Wesentlichen doch nur die Befugnis zur Umsetzung der bundesrechtlichen Vorgaben und des Vollzuges des Wasserrechts 271

186 Zur Umsetzung der Wasserrahmenrichtlinie durch das Landeswassergesetz Nordrhein-Westfalen, *Filser*, NWVBl. 2005, 419 ff.

187 In der Bundesrepublik Deutschland Donau, Rhein, Maas, Ems, Weser, Elbe, Eider, Oder, Schlei/Trave sowie Warnow/Peene. Vgl. zur Koordinierung nach Flussgebietseinheiten gemäß § 1b WHG, *Knopp*, NVwZ 2003, 275, 276.

188 Diese wurde allerdings auf Grundlage des Infektionsschutzgesetzes und des Lebensmittel- und Bedarfsgegenständegesetzes erlassen.

189 Dazu *Erbguth/Schlacke*, § 11 Rn. 14.

190 Siehe oben Rn. 151b.

191 Vgl. insoweit *Müggenborg/Hentschel*, NJW 2010, 961, 962.

192 Vgl. Art. 75 Abs. 1 Ziffer 4 GG.

blieb[193]. Das Abweichungsrecht der Länder betrifft nunmehr alle Regelungen des WHG, die nicht stoff- oder anlagenbezogen sind. Insoweit definiert Art. 72 Abs. 3 S. 1 Nr. 5 GG im Klammerzusatz wiederum sog. abweichungsfeste Kerne.

5. Ortsrecht

272 Schließlich finden sich auf kommunaler Ebene regelmäßig Satzungen, insbesondere betreffend die Trinkwasserversorgung und Abwasserbeseitigung.

III. Systematik des Wasserhaushaltsgesetzes

273 Das alte WHG zeichnete sich nach Einleitungsbestimmungen im Wesentlichen durch eine systematische Zweiteilung aus, zum einen das wasserrechtliche Instrumentarium und zum anderen die sog. Bewirtschaftungsmaßstäbe.[194] Danach fanden sich **gemeinsame Vorschriften** (§§ 1b–22 WHG), Vorschriften zu **oberirdischen Gewässern** (§§ 23–32 WHG), zu **Küstengewässern** (§§ 32a, 32 b WHG), zum **Grundwasser** (§§ 33–35 WHG), zur wasserwirtschaftlichen **Planung** und zum Wasserbuch (§§ 36–37a WHG) sowie Bußgeld- und Schlussbestimmungen (§§ 41, 42 WHG).

273a Das neue WHG ist in sechs Kapitel, teilweise mit Abschnitten unterteilt gegliedert. Kapitel 1 (§§ 1–5 WHG) enthält allgemeine Bestimmungen, so insbesondere zum Zweck des Gesetzes, nämlich gemäß § 1 Abs. 1 WHG

> „durch eine nachhaltige Gewässerbewirtschaftung die Gewässer als Bestandteil des Naturhaushalts, als Lebensgrundlage des Menschen, als Lebensraum für Tiere und Pflanzen sowie als nutzbares Gut zu schützen."

Daneben sind der Anwendungsbereich (§ 2 WHG) sowie Begriffsbestimmungen (§ 3 WHG) aufgenommen. Vorschriften zu Gewässereigentum und Sorgfaltpflichten (§§ 4 f. WHG) schließen sich an. Das zweite Kapitel mit vier Abschnitten (§§ 6–49 WHG) regelt die Gewässerbewirtschaftung, das dritte Kapitel (§§ 50–95 WHG), unterteilt in neun Abschnitte, betrifft besondere wasserwirtschaftliche Bestimmungen, das vierte Kapitel (§§ 96–99 WHG) befasst sich mit Entschädigungen und Ausgleich. Das fünfte Kapitel (§§ 10–102 WHG) betrifft Bestimmungen zur Gewässeraufsicht. Schließlich befasst sich das sechste Kapitel (§§ 103-106 WHG) mit Bußgeld- und Übergangsbestimmungen.

IV. Anwendungsbereich und Begriffsbestimmungen

274 Im Zusammenhang mit Anwendungsbereich und Begriffsbestimmungen müssen der Grundsatz der Gewässerbewirtschaftung, der Anwendungsbereich des WHG und dessen wichtigste Begriffsbestimmungen beachtet werden.

---

193 Vgl. die tabellarische Gegenüberstellung der Zuständigkeiten nach der 7. WHG-Novelle aus dem Jahr 2002 bei *Sparwasser/Engel/Voßkuhle*, § 8 Rn. 64.

194 Vgl. dazu die systematische Übersicht bei *Breuer*, Rn. 116

1. Anwendungsbereich des WHG und Begriffsbestimmungen

Den Anwendungsbereich des WHG legt das Gesetz in § 2 Abs. 1 WHG fest. Es gilt danach für oberirdische Gewässer (§ 2 Abs. 1 Nr. 1 WHG), für Küstengewässer (§ 2 Abs. 1 Nr. 2 WHG) und für das Grundwasser (§ 2 Abs. 1 Nr. 3 WHG). **275**

Zugleich definiert das Gesetz diese Begriffe in § 3 WHG. Daneben finden sich in § 3 WHG weitere Definitionen zu Begriffen der künstlichen Gewässer, zu unterschiedlichen Wasserqualitäten und -beschaffenheiten, zum Stand der Technik, zum Einzugsgebiet, Teileinzugsgebiet und zur Flussgebietseinheit.

a) Oberirdische Gewässer: Ein oberirdisches Gewässer ist gemäß § 3 Nr. 1 WHG **276**

„das ständig oder zeitweilig in Betten fließende oder stehende oder aus Quellen wild abfließende Wasser".

Ein solches Gewässer muss einen Zusammenhang zum Wasserhaushalt aufweisen. Wasser, das keinen Bezug zum natürlichen Wasserhaushalt hat, etwa weil es sich in einem Becken oder einer Leitung befindet, unterfällt dem WHG nicht.[195]

b) Küstengewässer: Nach § 3 Nr. 2 WHG versteht man unter Küstengewässer **277**

„das Meer zwischen der Küstenlinie bei mittlerem Hochwasser oder der seewärtigen Begrenzung der oberirdischen Gewässer und der seewärtigen Begrenzung des Küstenmeeres."

Das Küstengewässer des Meeres (Küstenmeer) endet seewärts mit der sog. 12-Meilen-Zone, die die Bundesrepublik Deutschland als Grenze ihres Hoheitsbereichs in Anspruch nimmt. Die seewärtige Grenze der oberirdischen Gewässer richtet sich für Wasserstraßen nach dem Wasserstraßengesetz (Anlage zu § 1 Nr. 1 WaStrG) und ansonsten gemäß § 3 Nr. 2 2. Hs WHG nach Landesrecht.[196]

c) Grundwasser: Grundwasser ist in § 3 Nr. 3 WHG als **278**

„das unterirdische Wasser in der Sättigungszone, das in unmittelbarer Berührung mit dem Boden oder dem Untergrund steht"

definiert. Dieses im Bereich der Wassersättigung des Bodens liegende Wasser muss in direktem Kontakt mit dem Boden oder sonstigem Untergrund stehen, es muss Anteil an den natürlichen Gewässerfunktionen haben, darf dem Wasserhaushalt nicht entzogen sein und muss zudem bewirtschaftbar sein[197].

> **Zur Vertiefung:** Grundwasser ist **nicht eigentumsfähig** und die Möglichkeit, es zu nutzen, wird nicht vom Eigentumsgrundrecht des Art. 14 GG gewährt. Vielmehr ist das Grundwasser einer eigenen öffentlich-rechtlichen Benutzungsordnung unterstellt.[198] **279**

---

195 Dazu *Sparwasser/Engel/Voßkuhle*, § 8 Rn. 93 ff.

196 *Berendes*, § 3 Rn. 6; zur früheren, insoweit vergleichbaren Rechtslage *Czychowski/Reinhardt*, § 1 Rn. 9 ff.

197 *Kloepfer*, § 13 Rn. 43.

198 *BVerfG* NJW 1982, 745, 748 f.

279a **d) Begriffe der Gewässerarten, -qualitäten und -beschaffenheiten** finden sich in § 3 Nrn. 4-10 WHG, so etwa für Gewässereigenschaften (§ 3 Nr. 7 WHG)

„die auf die Wasserbeschaffenheit, die Wassermenge, die Gewässerökologie und die Hydromorphologie bezogenen Eigenschaften von Gewässern und Gewässerteilen",

den Gewässerzustand (§ 3 Nr. 8 WHG)

„die auf Wasserkörper bezogenen Gewässereigenschaften als ökologischer, chemischer oder mengenmäßiger Zustand eines Gewässers; bei als künstlich oder erheblich verändert eingestuften Gewässern tritt an die Stelle des ökologischen Zustands das ökologische Potenzial",

die Wasserbeschaffenheit (§ 3 Nr. 9 WHG)

„die physikalische, chemische oder biologische Beschaffenheit des Wassers eines oberirdischen Gewässers oder Küstengewässers sowie des Grundwassers",

und die schädliche Gewässerveränderung (§ 3 Nr. 10 WHG)

„Veränderungen von Gewässereigenschaften, die das Wohl der Allgemeinheit, insbesondere die öffentliche Wasserversorgung, beeinträchtigen oder die nicht den Anforderungen entsprechen, die sich aus diesem Gesetz, aus auf Grund dieses Gesetzes erlassenen oder aus sonstigen wasserrechtlichen Vorschriften ergeben".

279b **e) Stand der Technik und EMAS-Standort** werden in § 3 Nrn. 11 und 12 WHG bezeichnet. Der Begriff des Standes der Technik folgt der üblichen Definition[199]. Der Begriff des EMAS-Standortes nimmt auf die Bezeichnung nach Umweltaudit-Gesetz (UAG) Bezug[200].

280 **f) Einzugsgebiet, Teileinzugsgebiet und Flussgebietseinheit:** Die Begriffe des Einzugs- und Teileinzugsgebiets sowie der Flussgebietseinheit (§ 3 Nrn. 13–15 WHG) wurden ebenfalls unter Berücksichtigung der Schaffung des europarechtlichen Bewirtschaftungssystems nach der WRRL im Jahr 2002 eingeführt. Die (zehn) deutschen Flussgebietseinheiten sind gemäß § 7 Abs. 1 S. 1 WHG: Donau, Rhein, Maas, Ems, Weser, Elbe, Eider, Oder, Schlei/Trave sowie Warnow/Peene[201].

2. Eigentum und allgemeine Sorgfaltspflichten

280a **Grundeigentum** berechtigt – wie § 4 Abs. 3 WHG bestätigt – weder zur **Gewässerbenutzung** noch zum Gewässerausbau, wenn hierfür eine Erlaubnis oder Bewilligung erforderlich ist. Es ist – wie das BVerfG in seiner wichtigen **Nassauskiesungsentscheidung** bestätigt hat – im Hinblick auf Art. 14 GG nicht zu beanstanden, dass das Wasser im Hinblick auf seine Eigentumsfähigkeit einer speziellen öffentlich-rechtlichen Benutzungsordnung unterstellt ist[202]. Im Übrigen bestehen, soweit behördliche Zulas-

199 Siehe oben Rn. 28.
200 Siehe oben Rn. 94.
201 Vgl. zur Koordinierung nach Flussgebietseinheiten gemäß § 1b WHG a.F., heute § 7 Abs. 2–5 WHG, *Knopp*, NVwZ 2003, 275, 276.
202 *BVerfGE* 58, 300 ff.

sungen erteilt oder nicht vonnöten sind, für Eigentümer und Nutzungsberechtigte von Gewässern – ungeachtet des Entnehmens fester Stoffe aus oberirdischen Gewässern, soweit sich dies auf die Gewässereigenschaften auswirkt (§ 9 Abs. 1 Nr. 3 WHG) – die Pflicht, die Benutzung durch Dritte zu dulden.

Im Übrigen ist gemäß § 5 Abs. 1 WHG jeder bei Maßnahmen, die Einwirkungen auf Gewässer zeitigen können, zur erforderlichen Sorgfalt verpflichtet, um **280b**

„1. eine nachteilige Veränderung der Gewässereigenschaften zu vermeiden,
2. eine mit Rücksicht auf den Wasserhaushalt gebotene sparsame Verwendung des Wassers sicherzustellen,
3. die Leistungsfähigkeit des Wasserhaushalts zu erhalten und
4. eine Vergrößerung und Beschleunigung des Wasserabflusses zu vermeiden."

3. Grundlagen der Gewässerbewirtschaftung

§ 6 Abs. 1 S. 1 WHG stellt – in Bezugnahme auf das Nachhaltigkeitsprinzip als umweltrechtlichem Grundprinzip[203] – die nachhaltige Bewirtschaftung von Gewässern in den Mittelpunkt, zur Erreichung folgender Ziele: **280c**

„1. ihre Funktions- und Leistungsfähigkeit als Bestandteil des Naturhaushalts und als Lebensraum für Tiere und Pflanzen zu erhalten und zu verbessern, insbesondere durch Schutz vor nachteiligen Veränderungen von Gewässereigenschaften,
2. Beeinträchtigungen auch im Hinblick auf den Wasserhaushalt der direkt von den Gewässern abhängenden Landökosysteme und Feuchtgebiete zu vermeiden und unvermeidbare, nicht nur geringfügige Beeinträchtigungen so weit wie möglich auszugleichen,
3. sie zum Wohl der Allgemeinheit und im Einklang mit ihm auch im Interesse Einzelner zu nutzen,
4. bestehende oder künftige Nutzungsmöglichkeiten insbesondere für die öffentliche Wasserversorgung zu erhalten oder zu schaffen,
5. möglichen Folgen des Klimawandels vorzubeugen,
6. an oberirdischen Gewässern so weit wie möglich natürliche und schadlose Abflussverhältnisse zu gewährleisten und insbesondere durch Rückhaltung des Wassers in der Fläche der Entstehung von nachteiligen Hochwasserfolgen vorzubeugen,
7. zum Schutz der Meeresumwelt beizutragen."

§ 6 Abs. 1 S. 2 WHG nimmt dann noch den Grundsatz des integrativen Umweltschutzes[204] in Bezug, indem er „ein hohes Schutzniveau für die Umwelt insgesamt" als zentrale Gewährleistung der nachhaltigen Gewässerbewirtschaftung festlegt und die Vermeidung medienübergreifender Auswirkungen der Gewässerbewirtschaftung postuliert. Zudem folgt aus Absatz 2 die Pflicht zur Erhaltung natürlicher oder naturnaher Gewässer sowie eine grundsätzliche Pflicht zu Renaturierungsmaßnahmen. **280d**

Die auf diese Weise als zentral hervorgehobene Pflicht zur **Bewirtschaftung** des Wassers prägt das Wasserecht traditionell und trägt der Bedeutung des Wassers als Lebensgrundlage für Mensch und Tier Rechnung. Unter Bewirtschaftung ist jede Einflussnahme auf Gewässer zu verstehen, die auf eine Ordnung des Wasserhaushalts nach Menge und Güte abzielt[205]. Schutzgut der Grundsatzvorschrift des § 6 WHG sind nach

203 Siehe oben Rn. 42.
204 Siehe oben Rn. 48.
205 Dazu *Sparwasser/Engel/Voßkuhle*, § 8 Rn. 73 f.

§ 1a Abs. 1 Nr. 2 WHG auch von Gewässern direkt abhängende Landökosysteme und Feuchtgebiete. Seit der 7. WHG-Novelle im Jahr 2002 hat die Bewirtschaftung des Wassers entsprechend der Anforderungen der WRRL nunmehr gemäß § 7 Abs. 1 WHG nach in dieser Norm festgelegten **Flussgebietseinheiten** zu erfolgen[206]. Gesetzliche Mittel zur **Durchsetzung des Bewirtschaftungsgebots**, das im sog. Bewirtschaftungsermessen[207] der Wasserbehörde liegt, finden sich neben der wasserrechtlichen Generalklausel in § 6 Abs. 1 WHG bspw. in

- § 8 WHG (grundsätzliches Benutzungsverbot mit einem Erlaubnis- und Bewilligungsvorbehalt und Zuteilung von Nutzungsrechten),
- § 13 WHG (nachträgliche Anordnungen)
- §§ 51 f., 76 f. WHG sowie § 61 BNatSchG (Festsetzung von Wasserschutzgebieten, Überschwemmungsgebieten und Gewässerrandstreifen),
- § 57 WHG (Anforderungen an Einleitungen von Abwässern in Gewässer),
- §§ 60, 62 WHG (Genehmigungspflichten für Abwasserbehandlungs- und Rohrleitungsanlagen)
- § 68 WHG (Planfeststellungspflicht bei Gewässerausbau)
- §§ 82 ff. WHG (Bewirtschaftungspläne und Maßnahmeprogramme),

V. Einzelfragen

281 Die Einzelfragen des Wasserrechts befassen sich mit der Benutzung von Gewässern, mit Vorschriften zu Anlagen, mit dem vorsorgenden Gewässerschutz, mit der Gewässerunterhaltung und dem Gewässerausbau mit der behördlichen Überwachung und dem Abwasserabgabenrecht.

1. Benutzung von Gewässern

Die Benutzung von Gewässern hat nach einem bestimmten System zu erfolgen.

282 **a) Benutzungstatbestände (§ 9 WHG):** Die (grundsätzlich gestattungspflichtigen) Benutzungsmöglichkeiten des Wassers nennt der Gesetzgeber in § 9 WHG. Man unterscheidet hier nach den **echten** Benutzungstatbeständen des § 9 Abs. 1 WHG – wie Entnehmen und Ableiten, Aufstauen und Absenken, Entnehmen fester Stoffe, Einbringen und Einleiten von Stoffen sowie Entnahme, Förderung usw. von Grundwasser – und **unechten** Benutzungstatbeständen nach § 9 Abs. 2 WHG, wie dem Aufstauen, Absenken und Umleiten durch Anlagen und dem Durchführen wasserverändernder Maßnahmen. Die Benutzungstatbestände nach § 9 Abs. 2 WHG werden erst kraft gesetzlicher Wertung im Wege der Fiktion („gelten") zum Benutzungstatbestand. Nach § 9 Abs. 3 WHG sind „Maßnahmen, die dem Ausbau eines oberirdischen Gewässers dienen, (...) keine Benutzungen".

---

206 Zuvor geschah dies nach fachlichen Aspekten und durch Gewässerabschnitte, die sich nach Ländergrenzen bestimmten.

207 Zur Legaldefinition gemäß § 12 Abs. 2 WHG *Berendes*, § 12 Rn. 8 f.; zur früheren Rechtslage *Kotulla*, § 6 WHG Rn. 19 ff.

b) Gestattungspflicht von Wasserbenutzungen: Wer ein Gewässer benutzen möchte, bedarf hierzu nach § 8 WHG **grundsätzlich** einer öffentlich-rechtlichen **Gestattung** in Form einer Erlaubnis oder Bewilligung. Die Inhalte beider Gestattungen sind in § 10 Abs. 1 WHG definiert. **283**

- Die **Erlaubnis** gewährt die widerrufliche **Befugnis**, ein Gewässer zu einem bestimmten Zweck in einer nach Art und Maß bestimmten Weise zu benutzen; sie kann befristet werden.
- Die **Bewilligung** gewährt das **Recht**, ein Gewässer in einer nach Art und Maß bestimmten Weise zu benutzen, sie ist generell zu befristen (§ 14 Abs. 2 WHG).

aa) Erlaubnis und Bewilligung: Die **Erlaubnis** ist die **Regelform** der wasserrechtlichen Genehmigung. Eine **Bewilligung** darf nach § 14 Abs. 1 WHG nur in Ausnahmefällen erteilt werden, nämlich dann, wenn **284**

1. dem Benutzer ohne eine gesicherte Rechtsstellung nicht zugemutet werden kann,
2. einem bestimmten Zweck dient, der nach einem bestimmten Plan verfolgt wird, und
3. keine Benutzung im Sinne des § 9 Absatz 1 Nummer 4 und Absatz 2 Nummer 2 ist.[208]

Erlaubnis und Bewilligung sind **Sachkonzessionen** mit dinglicher Wirkung (§ 8 Abs. 4 WHG). Ihre Gewährung steht jeweils im **Ermessen** der Behörde. Nach § 13 WHG können sowohl Erlaubnis[209] als auch Bewilligung[210] mit Inhalts- und Nebenbestimmungen versehen werden, unter Vorbehalt gestellt und auch versagt werden. Die Genehmigungsformen **unterscheiden** sich dadurch, dass sie ihrem Adressaten unterschiedlich starke Rechtspositionen einräumen. Während die Erlaubnis eine widerrufliche Befugnis zur Gewässerbenutzung in einer bestimmten Art und Weise darstellt, gewährt die stärkere Bewilligung ein Recht zur Benutzung eines Gewässers. Sie kann nach § 8 Abs. 2 WHG für eine Dauer von bis zu 30 Jahren, in besonderen Fällen darüber hinaus, erteilt werden. In dieser Zeit ist ihre Beschränkung und Rücknahme nur unter den erschwerten Voraussetzungen des § 18 Abs. 2 WHG zulässig, was dem Adressaten der Bewilligung gegenüber der öffentlichen Hand eine befristete Bestandsgarantie und damit Rechts- und Investitionssicherheit vermittelt. Nach § 16 Abs. 1, 2 WHG wirken Erlaubnis und Bewilligung auch **gegenüber Privaten**; seitens des Betroffenen kann bei der Erlaubnis

> „auf Grund privatrechtlicher Ansprüche zur Abwehr nachteiliger Wirkungen der Gewässerbenutzung nicht die Einstellung der Benutzung verlangt werden. Es können nur Vorkehrungen verlangt werden, die die nachteiligen Wirkungen ausschließen. Soweit solche Vorkehrungen nach dem Stand der Technik nicht durchführbar oder wirtschaftlich nicht vertretbar sind, kann lediglich Entschädigung verlangt werden";

bei der Bewilligung können

> „wegen nachteiliger Wirkungen der Gewässerbenutzung keine Ansprüche geltend gemacht werden, die auf die Beseitigung der Störung, auf die Unterlassung der Benutzung, auf die Herstellung von Vorkehrungen oder auf Schadenersatz gerichtet sind. Satz 1 schließt Ansprüche auf Schadenersatz wegen nachteiliger Wirkungen nicht aus, die darauf beruhen, dass der Gewässerbenutzer angeordnete Inhalts- oder Nebenbestimmungen nicht erfüllt hat."

---

208 Dazu *Kloepfer*, § 13 Rn. 96 ff.
209 Dazu *Sparwasser/Engel/Voßkuhle*, § 8 Rn. 137 ff.
210 Dazu *Sparwasser/Engel/Voßkuhle*, § 8 Rn. 156 ff.

Für die Erlaubnis und die Bewilligung muss gemäß § 11 Abs. 1 WHG bei Feststellung der UVP-Pflicht des betreffenden Vorhabens ein dem UVPG entsprechendes Verfahren angewendet werden. Bewilligungen können darüber hinaus nur in einem besonderen Verfahren mit Öffentlichkeitsbeteiligung gewährt werden, das einem Planfeststellungsverfahren bzw. dem Genehmigungsverfahren nach § 10 BImSchG angenähert ist[211].

Auch die Erlaubnis darf im Rechtsstaat nicht ohne sachlichen Grund widerrufen werden und wie die Erlaubnis steht die Bewilligung unter dem Vorbehalt nachträglicher Anordnungen nach § 13 WHG, so dass sich die Unterschiede der beiden Genehmigungsformen in der Praxis nicht hart auswirken[212].

285 **bb) Gehobene Erlaubnis:** Als Zwischenform zwischen Erlaubnis und Bewilligung hat sich in der landesrechtlichen Praxis vielfach die sog. **„gehobene Erlaubnis"** durchgesetzt[213], die nunmehr in § 15 WHG ihre bundesrechtliche Bestätigung gefunden hat. Hier können die gegenüber Dritten wirkenden Vorschriften zur Bewilligung aus dem WHG – §§ 11 Abs. 2, 14 Abs. 3–5 WHG – auf die Erlaubnis entsprechend angewendet werden.

286 **cc) Versagungsgründe:** Erlaubnis und Bewilligung stehen gemäß § 12 Abs. 1 WHG unter dem Versagungsgrund nicht vermeidbarer schädlicher Gewässerveränderung und des Verstoßes gegen öffentlich-rechtliche Vorschriften; ansonsten ordnet § 12 Abs. 2 WHG die Erteilung nach pflichtgemäßem Ermessen, das ausdrücklich als „Bewirtschaftungsermessen" gekennzeichnet ist, an. Im Bewilligungsverfahren spielen private Belange zudem über § 14 Abs. 3–6 WHG eine besondere Rolle. Weiterhin enthält **§ 57 WHG**[214] als Ausdruck des Verursacher- und Vorsorgeprinzips besondere Versagungsgründe bei der **Einleitung von Abwässern**, die den Einleiter auf die Standards des Standes der Technik verpflichtet[215].

287 **c) Ausnahmsweise gestattungsfreie Benutzung:** In Ausnahmefällen ist die Gewässerbenutzung **gestattungsfrei.** Diese gestattungsfreien Benutzungen lässt das WHG, das jeweils landesrechtliche Ergänzungen und Ausgestaltungen verlangt, u.a. geordnet nach Gewässerart zu. So erlauben §§ 25 f. WHG eine gestattungsfreie Benutzung nach Maßgabe landesrechtlicher Spezifizierung

- für oberirdische Gewässer, §§ 32a–32c WHG
- für Küstengewässer und
- § 33 WHG für das Grundwasser.[216]

211 Dazu *Kloepfer*, § 13 Rn. 101.

212 *Sparwasser/Engel/Voßkuhle*, § 8 Rn. 127.

213 Vgl. etwa § 16 BayWG; § 20 HWG, § 11 NWG; § 27 LWG RP; § 12 WG LSA; § 30 Bbg WG.

214 Auf dessen Grundlage ist die Abwasserverordnung ergangen. Dazu *Erbguth/Schlacke*, § 11 Rn. 12.

215 Dazu *Kloepfer*, § 13 Rn. 114 ff.

216 Vgl. die Aufstellung weiterer gestattungsfreier Benutzungen bei *Sparwasser/Engel/Voßkuhle*, § 8 Rn. 124.

▪ **31. Fall:** Familie A fährt in Urlaub an die Ostsee und will in Rostock-Warnemünde ein neu erworbenes Sportpaddelboot einweihen. Sohn S studiert im ersten Semester Jura und fragt sich, ob hierzu eine Genehmigung oder gar eine Bewilligung erforderlich ist und ob man möglicherweise für die Benutzung des Meeres etwas zahlen muss. Schließlich müsse dies ja durch den Staat kostenpflichtig sauber gehalten werden und im Schwimmbad bezahle man ja auch Eintritt.

Familie A möchte ein Küstengewässer gemäß § 3 Nr. 2 WHG nutzen.

aa) Benutzungstatbestand: Zunächst stellt sich die Frage, welcher Benutzungstatbestand hier einschlägig ist. Nach § 9 Abs. 1 Nr. 4 WHG ist das „Einbringen und Einleiten von Stoffen in Gewässer", damit auch in Küstengewässer, ein Benutzungstatbestand. Der Begriff des „Stoffes", der im WHG nicht näher bestimmt ist, ist weit zu verstehen und erfasst jede Materie, die vor dem Einbringen in das Gewässer nicht vorhanden war[217]. Hier soll ein Kunststoffboot – also ein Stoff – in ein Küstengewässer eingebracht werden, um die Tragkraft des Wassers zur menschlichen Fortbewegung zu nutzen. Eine Benutzung liegt also vor. **288**

bb) Gestattungspflicht: Es stellt sich damit die weitere Frage nach der Gestattungspflicht. Bundesrechtlich befasst sich § 43 WHG mit der erlaubnisfreien Nutzung solcher Gewässer. Danach können „die Länder (...) bestimmen, dass eine Erlaubnis oder Bewilligung nicht erforderlich ist, **289**

1. für das Einleiten von Grund-, Quell- und Niederschlagswasser in ein Küstengewässer,
2. für das Einbringen und Einleiten von anderen Stoffen in ein Küstengewässer, wenn dadurch keine signifikanten nachteiligen Veränderungen seiner Eigenschaften zu erwarten sind."

Familie A möchte sich entsprechend der Nr. 2 verhalten und einen Stoff in das Wasser einbringen. Eine präzisierende Aussage zu der gewünschten Nutzung von Küstengewässern enthält das Landesrecht von Mecklenburg-Vorpommern. Danach ist die Nutzung solcher Gewässer jedermann u.a. zum Baden und für den Wassersport unentgeltlich gestattet (§ 22 S. 1 LWaG MV). Da man die Benutzung eines Paddelbootes als sportliche Betätigung begreifen kann, lässt sich die Benutzung des Bootes unter die genannten Normen subsumieren[218]. Familie A darf also ohne Gestattung und kostenlos paddeln.

2. Anlagen

Gefährdungen des Wassers erfolgen nicht nur durch dessen allgemeine Benutzung, sondern insbesondere auch durch Unfälle und Störfälle beim Betrieb von Anlagen. Dem trägt das WHG auch insofern ergänzt durch das Landesrecht mit einem besonderen Anlagenrecht Rechnung. Das WHG kennt anlagenbezogene Bestimmungen für **290**

217 *VGH München*, NVwZ-RR 2000, 422, 422.
218 Zur Ausweitung des Katalogs der gestattungsfreien Benutzung durch die Länder *Sparwasser/Engel/Voßkuhle*, § 8 Rn. 125.

- Abwasserbehandlungsanlagen (§§ 54 ff. WHG),
- Anlagen zum Umgang mit wassergefährdenden Stoffen sowie Rohrleitungsanlagen (§§ 62 ff. WHG), die der Gesetzgeber als potentiell besonders gefahrträchtig erachtet.

291 **a) Abwasserbehandlungsanlagen (§§ 54 ff. WHG):** für Abwasserbehandlungsanlagen stellen §§ 55 f. WHG zwei wichtige Grundsätze auf. Zum einen gilt nach § 55 Abs. 1 WHG das Gebot zur **allgemeinwohlverträglichen Beseitigung** des in Abwasserbehandlungsanlagen anfallenden Abwassers. Zum anderen weist § 56 WHG die Pflicht zur Abwasserbeseitigung im Grundsatz juristischen Personen des **öffentlichen Rechts** zu. Hiervon verspricht sich der Gesetzgeber eine zuverlässigere Abwasserbeseitigung; Landesrecht kann aber die Einbeziehung anderer Abwasserbeseitigungspflichtiger regeln., so dass hier gewissermaßen ein gesetzlich vorgesehener Fall eines **Public Private Partnership** (PPP) vorliegt. Zudem stellen § 60 WHG besondere Anforderungen an Bau und Betrieb von Abfallbeseitigungsanlagen und deren Zulassung[219].

292 **b) Anlagenbezogener Schutz des Umgangs mit wassergefährdenden Stoffen und Rohrleitungsanlagen (§§ 62 ff.):** Im Hinblick auf wassergefährdende Stoffe kennt das WHG zunächst Anforderungen an Anlagen und Rohrleitungen, die wassergefährdende Stoffe betreffen. Die Norm enthält Verordnungsermächtigungen für Bund und Länder zur näheren Ausgestaltung des Anlagen-, des Stoff- und des diesbezüglichen Gebührenrechts. § 63 WHG normiert die Notwendigkeit einer Eignungsfeststellung für bestimmte Anlagentypen durch die zuständigen Behörden.

Wassergefährdende Stoffe sind gemäß § 62 Abs. 3 WHG feste, flüssige und gasförmige Stoffe, die geeignet sind, dauernd oder in einem nicht nur unerheblichen Ausmaß nachteilige Veränderungen der Wasserbeschaffenheit herbeizuführen. Die VO über wassergefährdende Stoffe bei der Beförderung mit Rohrleitungsanlagen (WasgefBefV) führt hier u.a. flüssige Mineralölprodukte, organische Säuren wie Essig- oder Acrylsäure, Alkohole wie Methanol, Chlor und Ammoniak auf[220].

Betroffene Anlagen sind gemäß § 62 Abs. 1 S. 1 WHG:

„Anlagen zum Lagern, Abfüllen, Herstellen und Behandeln wassergefährdender Stoffe sowie Anlagen zum Verwenden wassergefährdender Stoffe im Bereich der gewerblichen Wirtschaft und im Bereich öffentlicher Einrichtungen". Diese „müssen so beschaffen sein und so errichtet, unterhalten, betrieben und stillgelegt werden, dass eine nachteilige Veränderung der Eigenschaften von Gewässern nicht zu besorgen ist" (sog. **Besorgnisgrundsatz**) Das Gleiche gilt für Rohrleitungsanlagen, die den Bereich eines Werksgeländes nicht überschreiten[221], Zubehör einer Anlage zum Umgang mit wassergefährdenden Stoffen sind oder Anlagen verbinden, die in engem räumlichen und betrieblichen Zusammenhang miteinander stehen."

§ 62 Abs. 1 S. 1 WHG gilt gemäß Satz 3 entsprechend für:

„Anlagen zum Umschlagen wassergefährdender Stoffe sowie zum Lagern und Abfüllen von Jauche, Gülle und Silagesickersäften sowie von vergleichbaren in der Landwirtschaft anfallenden Stoffen [...] mit der Maßgabe, dass der bestmögliche Schutz der Gewässer vor nachteiligen Veränderungen ihrer Eigenschaften erreicht wird".

---

219 *Berendes*, § 60 Rn. 3 ff.
220 Vgl. zur Aufzählung der anderen wassergefährdenden Stoffe § 1 WasgefBefV.
221 Werksinterne Rohrleitungsanlagen unterfallen also nicht den §§ 19a–f. Nach § 19g Abs. 3 WHG.

All diese Anlagen[222] müssen nach § 62 Abs. 2 WHG den allgemein anerkannten Regeln der Technik[223] entsprechen.

Zur Vertiefung

In Bezug auf Industrieparks sieht das neue WHG eine Verschärfung der Rechtslage vor. Während nach altem Recht der sog. Besorgnisgrundsatz, also eine Beschaffenheit dergestalt, dass eine Verunreinigung der Gewässer oder eine sonstige nachteilige Veränderung ihrer Eigenschaften nicht zu besorgen ist, gemäß § 19g Abs. 1 S. 2 WHG aF nicht für Rohrleitungen zwischen Anlagen galt, wenn diese kurzräumig durch landgebundene öffentliche Verkehrswege getrennt waren, ist diese Privilegierung, die vorrangig auf Industrieparks, die sich häufig durch Rohrleitungsverbindungen zwischen Anlagen auf verschiedenen Werksgeländen auszeichnen, in § 62 Abs. 1 S. 2 WHG entfallen[224].

3. Vorsorgender Gewässerschutz

Das WHG sieht seit der 7. Novelle des WHG im Jahr 2002 umfangreiche Mittel des vorsorgenden Gewässerschutzes vor. Es handelt sich dabei um die Festsetzung von Bewirtschaftungszielen für Gewässer und Vorsorgegeboten zur Reinhaltung von Gewässern und um die wasserwirtschaftliche Planung von Flussgebietseinheiten. 293

a) Bewirtschaftungsziele (§§ 27–31, 44, 47 WHG): Im WHG finden sich jeweils sog. Bewirtschaftungsziele für oberirdische Gewässer (§§ 27–31 WHG), für Küstengewässer (§ 44 WHG) und für das Grundwasser (§ 47 WHG). 294

aa) Oberirdische Gewässer: Nach § 27 Abs. 1 WHG sind oberirdische Gewässer 295

„(...), soweit sie nicht als künstlich oder erheblich verändert eingestuft werden, so zu bewirtschaften, dass
1. eine nachteilige Veränderung ihres ökologischen und chemischen Zustands vermieden wird und
2. ein guter ökologischer und chemischer Zustand erhalten oder erreicht werden."

Der Zustand dieser Gewässer darf sich also nicht nur nicht verschlechtern (Nr. 1), sondern er muss auch erhalten und entwickelt werden.[225] Für künstliche und erheblich veränderte oberirdische Gewässer (§ 28 WHG) gelten nach § 27 Abs. 2 WHG geringere Anforderungen. **Ausnahmen** von den Bewirtschaftungszielen sind unter den Voraussetzungen des § 31 WHG zulässig[226].

bb) Küstengewässer: Die Bewirtschaftungsziele für landwärtige Küstengewässer (§ 7 Abs. 5 S. 2 WHG) richten sich gemäß § 44 S. 1 WHG ebenfalls nach §§ 27–31 WHG. Für seewärtige Küstengewässer ist ein guter chemischer Zustand zu erreichen, § 44 S. 2 WHG. 296

cc) Grundwasser: Grundwasser ist nach § 47 Abs. 1 WHG 297

„so zu bewirtschaften, dass
1. eine Verschlechterung seines mengenmäßigen und chemischen Zustands vermieden wird,
2. alle signifikanten und anhaltenden Trends ansteigender Schadstoffkonzentrationen auf Grund der Auswirkungen menschlicher Tätigkeiten umgekehrt werden,

222 Zum weit zu verstehenden Anlagenbegriff *Kloepfer*, § 13 Rn. 160.
223 Siehe dazu oben Rn. 28.
224 Vgl. *Müggenborg/Hentschel*, NJW 2010, 961, 963 f. unter Hinweis auf BR-Drs. 180/09, S. 89 f.
225 Dazu *Sparwasser/Engel/Voßkuhle*, § 8 Rn. 193 ff.
226 *Berendes*, § 31 Rn. 1 ff.; *Knopp*, Das neue Wasserhaushaltsrecht, Rn. 280 ff.

3. ein guter mengenmäßiger und ein guter chemischer Zustand erhalten oder erreicht werden; zu einem guten mengenmäßigen Zustand gehört insbesondere ein Gleichgewicht zwischen Grundwasserentnahme und Grundwasserneubildung."

298 **b) Vorsorgegebote zur Reinhaltung (§§ 32, 45, 48 WHG)**[227]**:** Um die Sauberkeit der Gewässer zu erhalten und zu fördern, enthält das WHG für die drei Gewässerarten oberirdische Gewässer (§ 32 WHG), Küstengewässer (§ 45 WHG) und Grundwasser (§ 48 WHG) Reinhaltevorschriften, die sich inhaltlich im Wesentlichen entsprechen. In diesen Vorschriften werden jeweils **Verbote** besorgniserregenden Verhaltens – z.B. Lagern und Ablagern gefährlicher Stoffe – ausgesprochen (§§ 32 Abs. 2, 45, 48 Abs. 2 WHG) oder Verbote, **Erlaubnisse zu erteilen** – etwa zum Einbringen oder Einleiten von Stoffen – normiert (§ 48 Abs. 1 WHG).

299 **c) Wasserwirtschaftliche Planung von Flussgebietseinheiten:** Eine **entscheidende Neuerung** der WHG-Novelle des Jahres 2002, übernommen in der Novelle des Jahres 2010, besteht in der Schaffung wasserrechtlicher Planungsinstrumente zur Steuerung aller wasserrechtlichen Entscheidungen, die nach der WRRL bis zum Jahr 2009 für die Flussgebietseinheiten nach § 7 WHG vorliegen müssen. Hier existieren Maßnahmenprogramme und Bewirtschaftungspläne.

300 **aa) Maßnahmenprogramm (§ 82 WHG):** Bis zum 31.12.2009 hatten die Mitgliedstaaten des EG/EU, in der Bundesrepublik aufgrund innerstaatlicher Zuständigkeit die Bundesländer, für jede Flussgebietseinheit ein Maßnahmenprogramm zu erstellen, das bis zum 22.12.2012 umgesetzt sein müssen[228]. Diese Programme dienen dazu, die gesetzlich festgelegten Bewirtschaftungsziele im Hinblick auf die ökologische, chemische und beim Grundwasser auch für die mengenmäßige **Gewässergüte** zu erreichen. Die Maßnahmenprogramme sind die **Vollzugsgrundlage** der Gewässerbewirtschaftung[229]. Die grundlegenden und ergänzenden **Maßnahmen** sind nach § 82 Abs. 3 und 4 WHG **unmittelbar** der Art. 11 Abs. 3 bzw. Art. 11 Abs. 4 **WRRL** zu entnehmen[230].

301 **bb) Bewirtschaftungsplan (§ 83 WHG):** Nach § 83 Abs. 1 WHG haben die Länder – insbesondere unter Berücksichtigung der Vorgaben des § 84 Abs. 1 WHG und der WRRL[231] – Bewirtschaftungspläne aufzustellen. Diese müssen nach Anhang VII zur WRRL enthalten

1. eine allgemeine Beschreibung der Merkmale der Flussgebietseinheit;
2. eine Zusammenfassung der signifikanten Belastungen und anthropogenen Einwirkungen auf den Zustand von Oberflächengewässer und Grundwasser;
3. eine Ermittlung und Kartierung der Schutzgebiete;
4. eine Karte der Überwachungsnetze Ergebnisse der Überwachungsprogramme für den Zustand der Oberflächengewässer, des Grundwassers und der Schutzgebiete;
5. eine Liste der Umweltziele für Oberflächengewässer, Grundwasser und Schutzgebiete;

227 Vgl. *Knopp*, Das neue Wasserhaushaltsrecht, Rn. 284 ff.; 357, 371 ff.
228 Art. 11 Abs. 7 WRRL.
229 *Kloepfer*, § 13 Rn. 194, *Kotulla*, NVwZ 2002, 1409, 1415 f.
230 Dazu *Kloepfer*, § 13 Rn. 195 ff.
231 Dazu *Kotulla*, § 6 WHG Rn. 7 ff.

6. eine Zusammenfassung der wirtschaftlichen Analyse des Wassergebrauchs;
7. eine Zusammenfassung des Maßnahmenprogramms oder der Maßnahmenprogramme einschließlich Angaben dazu, wie die vorbenannten Umweltziele zu erreichen sind;
8. ein Verzeichnis etwaiger detaillierterer Programme und Bewirtschaftungspläne für Flussgebietseinheiten, in denen besondere Teileinzugsgebiete, Sektoren, Problembereiche oder Gewässertypen behandelt werden, sowie eine Zusammenfassung ihrer Inhalte;
9. Zusammenfassung der Maßnahmen zur Information und Anhörung der Öffentlichkeit, deren Ergebnisse und der darauf zurückgehenden Änderungen des Plans;
10. eine Liste der zuständigen Behörden;
11. Anlaufstellen und Verfahren für die Beschaffung der Hintergrunddokumente und -informationen.

Auf diese Weise soll ggf. auch über Staatsgrenzen hinweg eine einheitliche Betrachtung der gesamten Einheit eines Wasserlaufs vom Oberlauf bis zum Unterlauf sichergestellt werden.

d) Sicherung der Gewässerqualität: Zur Sicherung der Gewässerqualität dient fol- **302**
gendes System.

aa) Wasserschutzgebiete: Für besondere Gebiete können im Sinne des Allgemein- **303**
wohls gemäß § 51 Abs. 1 WHG mittels Rechtsverordnung der Länder Wasserschutzgebiete festgesetzt werden, um

1. „Gewässer im Interesse der derzeit bestehenden oder künftigen öffentlichen Wasserversorgung vor nachteiligen Einwirkungen zu schützen oder
2. das Grundwasser anzureichern oder
3. das schädliche Abfließen von Niederschlagswasser sowie das Abschwemmen und den Eintrag von Bodenbestandteilen, Dünge- oder Pflanzenbehandlungsmitteln in Gewässer zu vermeiden".

Zur Erhaltung dieser Schutzgebiete können nach § 52 WHG Schutzanordnungen erlassen werden, in denen wassergefährdende Handlungen verboten oder für nur beschränkt zulässig erklärt werden und die Eigentümer und Nutzungsberechtigten von Grundstücken zur Duldung bestimmter Maßnahmen verpflichtet werden.

bb) Hochwasserschutz: Grundsätzlich sind **304**

„oberirdische Gewässer (...) so zu bewirtschaften, dass so weit wie möglich Hochwasser zurückgehalten, der schadlose Wasserabfluss gewährleistet und der Entstehung von Hochwasserschäden vorgebeugt wird."

Veranlasst insbesondere durch die Elbe- und Oder-Hochwasser im Jahr 2002 hat der Bund die Rahmenbedingungen für das Siedeln in Überschwemmungsgebieten verschärft. Seit 2005 gilt im 4. Abschnitt des WHG ein novelliertes Regime zum vorbeugenden Hochwasserschutz[232], übernommen in Abschnitt 6 des 2. Kapitels des WHG 2010 (§§ 72–81 WHG).

232 Dazu *Kotulla*, NVwZ 2006, 129 ff.

Zur Vertiefung Gemäß § 73 WHG werden Bewertungen von Hochwasserrisiken und die Bestimmung hochwassergefährdeter Gebiete durch die zuständigen Behörden verlangt. Hochwasserrisiko bedeutet gemäß § 73 Abs. 1 S. 2 WHG „die Kombination der Wahrscheinlichkeit des Eintritts eines Hochwasserereignisses mit den möglichen nachteiligen Hochwasserfolgen für die menschliche Gesundheit, die Umwelt, das Kulturerbe, wirtschaftliche Tätigkeiten und erhebliche Sachwerte". Gemäß § 76 WHG werden Überschwemmungsgebiete festgesetzt. Überschwemmungsgebiete sind gemäß § 76 Abs. 1 S. 1 WHG „Gebiete zwischen oberirdischen Gewässern und Deichen oder Hochufern und sonstige Gebiete, die bei Hochwasser überschwemmt oder durchflossen oder die für Hochwasserentlastung oder Rückhaltung beansprucht werden". Gemäß § 77 WHG können diese Gebiete damit gleichzeitig als Rückhalteflächen dienen, also als Flächen, die zur Zurückhaltung von aus dem Gewässerbett ausgetretenem Wasser geeignet sind. Gemäß § 75 WHG sind von den zuständigen Behörden sog. Risikomanagementpläne zu erstellen, die aber nicht zu einer Verlagerung von Hochwasserrisiken auf andere Länder oder Staaten führen dürfen; gemäß § 75 Abs. 5 WHG sind für Flussgebietseinheiten nach § 7 WHG entweder ein einziger oder mehrere koordinierte Risikomanagementpläne zu erstellen, sofern die jeweilige Bewirtschaftungseinheit vollständig auf deutschem Hoheitsgebiet liegt; im Übrigen ist möglichst eine Risikomanagementkoordination mit den zuständigen Behörden der betroffenen Staaten innerhalb und außerhalb der Europäischen Union herzustellen.

Während der vorbeugende Hochwasserschutz bis zum Jahr 2005 lediglich in der kommunalen Bauleitplanung berücksichtigt werden musste, schreibt § 78 Abs. 1 Nr. 1 WHG nun vor, dass im Wesentlichen in **Überschwemmungsgebieten** (...) die Ausweisung von neuen Baugebieten in Bauleitplänen oder sonstigen Satzungen nach dem Baugesetzbuch, ausgenommen Bauleitpläne für Häfen und Werften" unzulässig ist.

Zur Vertiefung: Bis zur Novelle im Jahr 2005 war der vorbeugende Hochwasserschutz im ROG und im Baugesetzbuch vgl. § 5 Abs. 2 Nr. 7, § 5 Abs. 3 Nr. 1 und § 9 Abs. 5 Nr. 1 BauGB geregelt.

Allerdings gelten bezüglich des Hochwasserschutzes z.B. dann **Ausnahmen**, wenn andere Möglichkeiten der Siedlungsentwicklung nicht bestehen oder geschaffen werden können oder wenn das neu auszuweisende Gebiet unmittelbar an ein bestehendes angrenzt oder (...) der Verlust von verloren gehendem Rückhalteraum umfang-, funktions- und zeitgleich ausgeglichen wird (§ 78 Abs. 2 WHG mit weiteren Ausnahmen). Zudem darf die Errichtung und Erweiterung einer baulichen Anlage in Überschwemmungsgebieten nach § 78 Abs. 3 WHG genehmigt werden, wenn im Einzelfall das Vorhaben z.B. die Hochwasserrückhaltung nicht oder nur unwesentlich beeinträchtigt und der Verlust von verloren gehendem Rückhalteraum zeitgleich ausgeglichen wird.

4. Gewässerunterhaltung und Gewässerausbau

305 Die Erhaltung der Gewässerqualität und der Funktionen der Gewässer erledigt sich nicht von selbst. Sie müssen vielmehr unterhalten und teilweise ausgebaut werden. Dem ist der dritte Abschnitt des WHG gewidmet.

306 **a) Unterhaltung:** Gemäß § 39 Abs. 1 WHG gehört zur **Unterhaltung** eines Gewässers also dessen Pflege und Entwicklung:

1. die Erhaltung des Gewässerbettes, auch zur Sicherung eines ordnungsgemäßen Wasserabflusses,
2. die Erhaltung der Ufer, insbesondere durch Erhaltung und Neuanpflanzung einer standortgerechten Ufervegetation, sowie die Freihaltung der Ufer für den Wasserabfluss,

3. die Erhaltung der Schiffbarkeit von schiffbaren Gewässern mit Ausnahme der besonderen Zufahrten zu Häfen und Schiffsanlegestellen,
4. die Erhaltung und Förderung der ökologischen Funktionsfähigkeit des Gewässers insbesondere als Lebensraum von wild lebenden Tieren und Pflanzen,
5. die Erhaltung des Gewässers in einem Zustand, der hinsichtlich der Abführung oder Rückhaltung von Wasser, Geschiebe, Schwebstoffen und Eis den wasserwirtschaftlichen Bedürfnissen entspricht."

Die betreffenden Maßnahmen müssen sich dabei an den Bewirtschaftungszielen des WHG ausrichten. Träger der Unterhaltungslast sind, soweit sie nicht Aufgabe der öffentlichen Hand ist, grundsätzlich die Eigentümer der Gewässer, die Anlieger und Eigentümer von Grundstücken und Anlagen, die aus der Unterhaltung Vorteile haben oder solche, die die Unterhaltung erschweren (§ 40 Abs. 1 WHG).

b) Ausbau: Nach § 67 Abs. 2 WHG fällt unter den Gewässerausbau die Herstellung, **307**
die Beseitigung und die wesentliche Umgestaltung eines Gewässers oder seiner Ufer. Der Ausbau hat gemäß § 67 Abs. 1 WHG so zu erfolgen, ", dass natürliche Rückhalteflächen erhalten bleiben, das natürliche Abflussverhalten nicht wesentlich verändert wird, naturraumtypische Lebensgemeinschaften bewahrt und sonstige nachteilige Veränderungen des Zustands des Gewässers vermieden oder, soweit dies nicht möglich ist, ausgeglichen werden. Ausbaumaßnahmen müssen sich nach § 31 Abs. 1 S. 3 WHG an den Bewirtschaftungszielen Gemäß § 68 WHG sind der Gewässerausbau sowie Deich- und Dammbauten, die den Hochwasserabfluss beeinflussen, grundsätzlich **planfeststellungsbedürftig**.

5. Überwachung

Der Überwachung des Gewässerzustandes dient ein zweigliedriger Ansatz. Sie erfolgt **308**
zum einen durch staatliche Überwachung durch Behörden und zum anderen durch gesetzlich angeordnete private Eigenüberwachung. Insbesondere der erstgenannte Bereich ist von besonderer Bedeutung, weil er der „Aufhänger" einer Falllösung sein kann.

a) Staatliche Überwachung: Die Benutzung von Gewässern unterliegt nach § 100 **309**
Abs. 1 WHG der hoheitlichen Gewässeraufsicht. Wer ein Gewässer nutzen will oder auch nur einen Antrag hierauf stellt, hat nach § 101 WHG i.V.m. ergänzendem Landesrecht bestimmte Duldungs-, Auskunfts- und Mitwirkungspflichten. Die behördlichen Kompetenzen und die genaue Ausgestaltung der Überwachung sind als Polizeirecht Sache landesgesetzlicher Regelung. So gibt es in jedem Bundesland eine **wasserpolizeiliche Generalklausel**[233], welche die Ermächtigung für behördliches Einschreiten zur Gefahrerforschung und durch Untersagungs-, Beseitigungs- oder Sanierungsverfügungen, letztere unter Bezugnahme auf das Umweltschadensgesetz[234] darstellt[235]. Die Anwendung der Generalklausel wird inhaltlich aber durch

233 Dazu *Sparwasser/Engel/Voßkuhle*, § 8 Rn. 273.
234 Siehe dazu oben Rn. 98d f.
235 Vgl. zu häufigen Fehlerquellen derartiger Verfügungen oben Rn. 123 ff.

- die Versagungsvorschrift des § 12 WHG,
- die Bewirtschaftungsziele nach §§ 27 ff. WHG und
- die Reinhaltungsvorschriften der §§ 32, 45, 48 WHG

ausgefüllt. Die Eingriffsbefugnisse nach den Polizeigesetzen der Länder gelten subsidiär.[236] Dabei sieht auch das WHG in § 24 Abs. 1 WHG und § 65 Abs. 2 WHG Aufsichtserleichterungen für EMAS-Standorte vor.[237]

■ **32. Fall:** A ist Öko-Bäcker und errichtet an seinem an einem Bachlauf gelegenen Haus eine Wassermühle, mit der er ein Mühlrad betreibt. Eine Erlaubnis hierfür hat A nicht; er hätte diese aber bei entsprechender Antragstellung erhalten. Nachdem die Behörde nach einem halben Jahr von der Tätigkeit des A erfährt, untersagt sie den Betrieb der Mühle. A wendet ein, dass die Untersagung mit Blick auf die grundsätzliche Gestattungsfähigkeit der Benutzung rechtswidrig sei; die Erlaubnis wolle er jetzt beantragen. Hat A Recht?

A leitet durch den Betrieb der Mühle Wasser aus einem oberirdischen Gewässer ab (§ 9 Abs. 1 Nr. 1, Var. 2 WHG) ab und erfüllt dadurch einen Benutzungstatbestand. Im Wasserrecht besteht die Besonderheit, dass für eine Untersagungs- oder Beseitigungsverfügung in der Regel eine formell-illegale Gewässerbenutzung, also eine solche ohne Gestattung[238] ausreicht. Nach der Rechtsprechung des Bundesverwaltungsgerichts dürfte es verhältnismäßig sein, eine Ordnungsverfügung bereits allein aus diesem Grund zu erlassen. Dass die Wasserbenutzung durch A an sich genehmigungsfähig ist, spielt also keine Rolle.

310 **b) Eigenüberwachung:** Neben der behördlichen Überwachung schreibt das WHG, wie andere Umweltgesetze, etwa das KrW-/AbfG (§§ 54 ff. KrW-/AbfG) oder das BImSchG (§§ 53 ff. BImSchG), eine betriebsinterne Überwachung vor. Diese erledigt vornehmlich der Gewässerschutzbeauftragte, dessen Aufgaben in §§ 64–66 WHG beschrieben sind[239].

6. Abwasserabgabenrecht

311 Im 2. Teil dieses Buches wurde die indirekte Verhaltenssteuerung als ein Weg genannt, das umweltrelevante Verhalten der Bürger zu steuern. Ein solches Instrument der Verhaltenssteuerung ist das – ebenfalls durch Landesgesetze ergänzte – Abwasserabgabengesetz (AbwAG), das ökonomische Anreize für gewässerschonendes Verhalten setzt. Ein sog. Direkteinleiter (§ 57 Abs. 1 WHG) muss für das Einleiten von Abwasser in ein Gewässer nach § 1 S. 1 AbwAG eine Abgabe entrichten. Die Höhe der Abgabe richtet sich danach, wie schädlich das Abwasser ist. Der Erlös der Abwasserabgabe ist zweckgebunden und muss gemäß § 13 Abs. 1 S. 1 AbwAG für Maßnahmen verwendet werden, die der Erhaltung oder Verbesserung der Güte des Gewässers dienen.[240]

236 *Sparwasser/Engel/Voßkuhle*, § 8 Rn. 273 ff.
237 Siehe dazu schon oben Rn. 94.
238 *OVG Münster*, ZfW 1998, 455, 457.
239 *Laskowski/Ziehm* in Koch, § 5 Rn. 125.
240 Dazu *Sparwasser/Engel/Voßkuhle*, § 8 Rn. 280 ff.

VI. Verfahren und Prozessuales

Die **Erlaubnis** nach § 9 Abs. 1 WHG und deren selbständig anfechtbare Nebenbestimmungen können als Verwaltungsakte mit Widerspruch, sofern nach Landesrecht vorgesehen, und/oder Anfechtungsklage angegriffen werden.

1. Vorverfahren bei Bewilligung

Da die wasserrechtliche **Bewilligung** nach §§ 7 Abs. 1, 11 Abs. 2 WHG in einem förmlichen Verwaltungsverfahren ergeht, kann sie gemäß § 70 VwVfG unmittelbar, also ohne Vorverfahren mit der Anfechtungsklage angefochten werden. **312**

2. Normenkontrolle

Die Festsetzung der **Wasserschutzgebiete** unterliegt – sofern landesrechtlich zugelassen – der verwaltungsgerichtlichen Normenkontrolle nach § 47 VwGO[241]. **313**

VII. Fazit und Glossar

Im Wasserrecht ist besonderes Augenmerk auf das Zusammenspiel von gestattungspflichtiger und gestattungsfreier Benutzung zu legen; innerhalb der gestattungspflichtigen Benutzungen ist zwischen Erlaubnis und Bewilligung zu unterscheiden. Wichtig ist es auch, über die Vorgaben der WRRL und die aus diesem Grund eingeführten Bewirtschaftungsziele und die Flussgebietseinheiten informiert zu sein. **314**

Gewässerbewirtschaftung	Bewirtschaftung ist jede Einflussnahme auf Gewässer, die auf eine Ordnung des Wasserhaushalts nach Menge und Güte abzielt. Schutzgut der diesbezüglichen Grundsatzvorschrift (§ 1a WHG) sind auch von Gewässern direkt abhängende Landökosysteme und Feuchtgebiete. Die Bewirtschaftung hat den Anforderungen der WRRL zu folgen und es sind Flussgebietseinheiten festzulegen.
Flussgebietseinheiten	Nach der WHG-Novelle 2002 muss eine wasserrechtliche Planung für die Flussgebietseinheiten nach § 7 WHG vorliegen. Dafür existieren Maßnahmenprogramme und Bewirtschaftungspläne. Die (zehn) deutschen Flussgebietseinheiten sind: Donau, Rhein, Maas, Ems, Weser, Elbe, Eider, Oder, Schlei/Trave sowie Warnow/Peene.
Benutzungstatbestände	Man unterscheidet **echte** Benutzungstatbestände des § 9 Abs. 1 WHG (Entnehmen und Ableiten, Aufstauen und Absenken, Einbringen und Einleiten) und **unechte** Benutzungstatbestände (§ 9 Abs. 2 WHG, Aufstauen, Absenken und Umleiten durch Anlagen und Durchführen wasserverändernder Maßnahmen). Maßnahmen, die dem Ausbau eines oberirdischen Gewässers dienen, sind keine Benutzungen (9 Abs. 3 WHG).

241 *Kloepfer*, § 13 Rn. 177 f.

Erlaubnis und Bewilligung	Erlaubnis und Bewilligung sind **Sachkonzessionen** mit dinglicher Wirkung (§ 8 WHG). Ihre Gewährung steht jeweils im Ermessen der Behörde. Die Erlaubnis ist die Regelform der wasserrechtlichen Genehmigung. Eine Bewilligung darf nach § 14 WHG nur in Ausnahmefällen erteilt werden. Die beiden Gestattungsformen unterscheiden sich dadurch, dass sie ihrem Adressaten unterschiedlich starke Rechtspositionen einräumen.
Gestattungsfreie Benutzung	Eine Gewässerbenutzung ist ausnahmsweise gestattungsfrei. Die Voraussetzungen müssen durch das WHG und landesrechtliche Ergänzungen und Ausgestaltungen verlangt, u.a. geordnet nach Gewässerart, geregelt werden (§ 8 Abs. 2, 3 WHG).
Anlagen	Das Wasser wird auch durch Unfälle und Störfälle beim Betrieb von Anlagen gefährdet. Es gibt daher im WHG ein besonderes Anlagenrecht mit anlagenbezogene Bestimmungen für Abwasserbehandlungsanlagen (§§ 54 ff. WHG) und für Anlagen zum Umgang mit wassergefährdenden Stoffen und Rohrleitungsanlagen (§§ 62 f. WHG).
Bewirtschaftungsziele	Bewirtschaftungsziele enthalten §§ 27, 44, 47 WHG jeweils für oberirdische Gewässer, für Küstengewässer und für das Grundwasser.
Reinhaltungsgebote	Das WHG enthält in §§ 32, 45, 48 WHG grundsätzliche Reinhaltungsgebote für oberirdische Gewässer, Küstengewässer und das Grundwasser, durch die vornehmlich das Einbringen fester Stoffe zum Zwecke der Entledigung verboten ist und ein Umgang mit wassergefährdenden Stoffen die Besorgnis nachteiliger Veränderungen dieser Medien nicht hervorrufen darf.
Abwasserabgaben	Das Abwasserabgabengesetz (AbwAG) setzt ökonomische Anreize für gewässerschonendes Verhalten. Für das Einleiten von Abwasser in ein Gewässer muss eine Abgabe entrichtet werden, deren Höhe sich nach der Schädlichkeit des Abwassers richtet.

D Immissionsschutzrecht

315 Das öffentliche Immissionsschutzrecht[242] dient, insofern vergleichbar mit dem Bodenschutzrecht und dem Wasserrecht, dem Schutz eines bestimmten Umweltmediums, nämlich der Luft, um diese und das Klima im Wesentlichen vor schädlichen Einwirkungen durch Luftverunreinigungen und Lärmbelastungen zu bewahren[243].

I. Problemstellung

316 Das menschliche Zusammenleben in der Industriegesellschaft ist durch **Luftverunreinigung** aus verschiedenen Quellen durch zahlreiche Stoffe gekennzeichnet.

Zur Vertiefung: Die Umwelt wird etwa durch gesundheitsgefährdende und belastende Schwebestäube und Schwebestoffe, wie Schwermetalle und Blei, oder durch gasförmige Stoffe,

242 Siehe zum zivilrechtlichen Immissionsschutzrecht unten Rn. 493 ff.
243 Vgl. mit einem Rechtsprechungsüberblick *Kahl*, JZ 2010, 718 ff.

wie Ozon, Kohlendioxid oder Kohlenmonoxid, verunreinigt, die im Zuge der privaten und industriellen Nutzung der Umwelt freigesetzt werden.

Diese Verunreinigungen haben verheerende Auswirkungen auf das Klima und die Umwelt, die sich in der Debatte um Feinstaub und damit verbundene Fahrverbote[244], in der seit Jahren geführten Diskussion um das Waldsterben oder gar in Veränderungen des gesamten Weltklimas niederschlagen.[245] Das Immissionsschutzrecht hat die Aufgabe, solche Beeinträchtigungen zu verhindern oder zumindest zu reduzieren. Zugleich schützt es vor Beeinträchtigungen der Umwelt durch **Lärmbelastungen**[246].

II. Rechtsquellen

Auch im Immissionsschutzrecht finden sich Rechtsquellen auf nahezu allen Ebenen.

1. Völkerrecht

Im Immissionsschutzrecht gibt es eine Reihe völkerrechtlicher Verträge. Hier sind etwa **317**
das **Genfer (ECE-) Übereinkommen** über weiträumige grenzüberschreitende Luftverunreinigungen durch Schwefel, Stickoxid und flüchtige organische Verbindungen (VOC) und das darauf aufbauende **Helsinki-Zusatzprotokoll** über die Verringerung von Schwefelimmissionen oder ihres grenzüberschreitenden Flusses um mindestens 30 %, das **Sofia-Protokoll** zur Eindämmung des NO_X-Ausstoßes auf dem Stand von 1987, das **Oslo-Protokoll** zur Reduzierung der Gesamt-Schwefel-Emission, das **Genfer Protokoll** zu VOC, das **Aarhus-Protokoll** zu dauerhaften organischen Luftverunreinigungen und zu Schwermetallen sowie das **Göteborg-Protokoll** zur Bekämpfung der Verursachung der Eutrophierung und des bodennahen Ozons zu nennen. Im Bereich des **Klimaschutzes** ist in der Folge der Konferenz von Rio im Jahr 1992 das **Protokoll von Kyoto** zur Reduzierung von Treibhausgasen zu nennen, das im Jahr 2005 auch in der Bundesrepublik Deutschland in Kraft getreten ist. Dieses Abkommen mag aber als Beispiel dafür dienen, dass der weltweite Umweltschutz darunter leidet, dass wichtige Staaten – in diesem Fall etwa die Vereinigten Staaten von Amerika – nicht dazu bereit sind, beizutreten. Die Weiterentwicklung des im Jahre 2012 auslaufenden Kyoto-Protokolls, so auf den Folgekonferenzen von Bali 2007, Kopenhagen 2009 und Cancún 2010, hat als letzte Zielsetzung eine Begrenzung der Erderwärmung auf 2 °C im Vergleich zum vorindustriellen Niveau als Minimalkonsens erreicht.

2. Europarecht

Auch im Europarecht findet sich eine Reihe von Rechtsakten zum Immissionsschutz. **318**
Neben direkt wirkenden **Verordnungen** (Art. 288 Abs. 2 AEUV), wie der VO (EG) Nr. 2037/2000 über Stoffe, die zum Abbau der Ozonschicht führen, und der REACH-

244 *Willand/Buchholz*, NJW 2005, 2641 ff. *Calliess*, NVwZ 2006, 1 ff.
245 Dazu *Jarass*, § 1 Rn. 4.
246 Dazu *Sparwasser/Engel/Voßkuhle*, § 10 Rn. 32 ff.

Verordnung (VO (EG) Nr. 1907/2006 über Registrierung, Bewertung, Zulassung und Beschränkung chemischer Stoffe, die aber vornehmlich dem Gefahrstoffrecht zuzuordnen ist, handelt es sich dabei vornehmlich um **Richtlinien** i.S.v. Art. 288 Abs. 3 AEUV. Die Auswahl ist hier so groß, dass es Sinn macht, Fallgruppen nach Schutzrichtung zu bilden für ortsfeste und bewegliche Anlagen, stoffbezogene Regelungen, Verminderung von Schadstoff- und Lärmemissionen durch Fahrzeuge, Grenz- und Leitwerte, integrierter Umweltschutz und Emissionshandel.

319 **a) Ortsfeste und bewegliche Anlagen:** Für ortsfeste Anlagen gilt etwa die Rahmenrichtlinie 84/360/EWG zur Bekämpfung der Luftverunreinigungen durch Industrieanlagen vom 28. Juni 1984 und die Richtlinie 2001/14/EG zur Begrenzung der Schadstoffemissionen von Großfeuerungsanlagen in die Luft vom 23.10.2001. Vorgaben für bewegliche Anlagen enthält z.B. die Richtlinie 2000/14/EG über umweltbelastende Geräuschemissionen von zur Verwendung im Freien vorgesehenen Geräten und Maschinen vom 8. Mai 2000.

320 **b) Stoffbezogene Regelungen:** Stoffbezogene Vorschriften enthält die Richtlinie 76/769/EWG für Beschränkungen des Inverkehrbringens und der Verwendung bestimmter gefährlicher Stoffe und Zubereitungen vom 27.7.1976 sowie die Richtlinie 85/210/EWG über den Bleigehalt des Benzins vom 30. März 1985, die durch das Benzin-Blei-Gesetz umgesetzt wurde. Zu nennen ist hier auch die Richtlinie 2003/30/EG über die Kraftstoffqualität, die letztlich Grundlage der Biosprit-/E 10-Diskussion in der Bundesrepublik ist.

321 **c) Regeln bezogen auf Schadstoff- und Lärmemissionen durch Fahrzeuge:** Eine ganze Reihe von Richtlinien regelt Schadstoff- und Lärmemissionen von Fahrzeugen. So etwa die Richtlinie 80/1268/EWG über die Kohlendioxidemission und den Kraftstoffverbrauch von Kraftfahrzeugen vom 12. Dezember 1980, die Richtlinie 98/69/EG über Maßnahmen gegen die Verunreinigung der Luft durch Emissionen von Kraftfahrzeugen vom 13. Oktober 1998 und die Richtlinie über Maßnahmen gegen Emissionen gasförmiger Schadstoffe und luftverunreinigender Partikel vom 13. Dezember 1999.

322 **d) Grenz- und Leitwerte:** Teilweise geben Richtlinien Qualitätsstandards für die Luft vor, indem sie Grenz- und Leitwerte für den Gehalt bestimmter Schadstoffgehalte in der Luft festlegen. So etwa die Luftqualitätsrahmenrichtlinie 96/62/EG vom 27. September 1996 oder die Richtlinie 2002/3/EG über den Ozongehalt in der Luft vom 12. Februar 2002.

323 **e) Integrierter Umweltschutz:** Weitere Richtlinien befassen sich mit dem sog. integrierten Umweltschutz nach der sog. **IVU-Richtlinie**[247], die im Oktober 1996 in Kraft getreten ist. Danach ist für den Betrieb umweltrelevanter Industrieanlagen ein spezielles Genehmigungsverfahren durchzuführen, das auf dem Ansatz eines **medienübergreifenden**, integrierten Umweltschutzes basiert.

247 Dazu *Schwartmann/Maus* EuZW 2000, 74 ff.

Zur Vertiefung

Entgegen der bis dahin allein geltenden separaten Betrachtungsweise, bei der die einzelnen Umweltmedien Luft, Boden und Wasser gesondert betrachtet wurden, wird nach dem integrierten Ansatz[248] eine Gesamtbetrachtung der Umweltgefährdung vollzogen. Der medienübergreifende Ansatz findet sich im europäischen Recht außerdem noch in der Umweltinformationsrichtlinie und in den Vorschriften über das Umwelt-Audit. Ganz wesentlicher Inhalt der IVU-Richtlinie ist die Festsetzung materieller Grundpflichten und Genehmigungsvoraussetzungen für den Betrieb bestehender und neuer Industrieanlagen, die in Anhang I der Richtlinie aufgeführt sind. Für bestehende Anlagen gelten diese Pflichten spätestens acht Jahre nach Anwendung der Richtlinie. Verfahrensrechtlich normiert die Richtlinie detaillierte Angaben für den Genehmigungsantrag und eine Öffentlichkeitsbeteiligung. Schließlich ist die Überwachung und Überprüfung genehmigter Anlagen geregelt.

Fortgeschrieben wird die IVU-Richtlinie durch die sog. **Öffentlichkeitsrichtlinie** 2003/35/EG vom 26. Mai 2003 über die Beteiligung der Öffentlichkeit bei der Ausarbeitung bestimmter umweltbezogener Pläne und Programme und zur Änderung der UVP- und IVU-Richtlinien. Sie berücksichtigt die Vorgaben der **Aarhus-Konvention**[249] und sieht eine Veränderung des Begriffs der Öffentlichkeit und ein Verbandsklagerecht für Industrieanlagen und Infrastrukturprogramme vor, die der IVU-Richtlinie unterfallen[250]. Die bis zum 25. Juni 2005 erforderliche Umsetzung der Öffentlichkeitsrichtlinie in das deutsche Recht war nicht fristgerecht erfolgt, so dass sich für diese die Frage der unmittelbaren Geltung stellte[251]. Mittlerweile sind die wesentlichen Vorgaben der Richtlinie durch das Umweltrechtsbehelfsgesetz in deutsches Recht umgesetzt worden.[252] **324**

f) Emissionshandel: Seit dem 1.1.2005 existiert in der Bundesrepublik Deutschland auf Grundlage der sog. **Emissionshandelsrichtlinie** 2003/87/EG ein System für den Handel mit Treibhausgasemissionszertifikaten in der Gemeinschaft vom 13. Oktober 2003, das verfahrensrechtlich in die Anlagengenehmigung nach dem BImSchG eingebunden ist. **325**

Zur Vertiefung

Die Emissionshandelsrichtlinie wird durch das Gesetz über den Handel mit Berechtigungen zu Emissionen von Treibhausgasen (**TEHG**) und durch das Gesetz über den nationalen Zuteilungsplan für Treibhausemissionsberechtigungen in der Zuteilungsperiode 2005–2007 (Zuteilungsgesetz – **ZuG** 2007)[253] umgesetzt. Es bestand Streit darüber, ob die Zuständigkeitsregelungen im TEHG gegen mit den europarechtlich gewährleisteten Rechten auf Eigentum und der freien Berufsausübung und gegen die Kompetenzbestimmungen des Grundgesetzes verstoßen. Beides lehnte das Bundesverwaltungsgericht ab[254], so dass das Emissionshandelssystem als rechtmäßig gelten kann[255].

248 Siehe zum Integrationsprinzip als umweltrechtlichem Grundprinzip bereits oben Rn. 48.
249 Siehe dazu oben Rn. 96.
250 Dazu *Ekardt/Pöhlmann,* NVwZ 2005, 532, 532.
251 Zu den Anforderungen der unmittelbaren Geltung einer Richtlinie am Beispiel der IVU-Richtlinie *Schwartmann/Maus* EuZW 2000, 74 ff.
252 Siehe oben Rn. 98b f.
253 Dazu *Pabst* in Fricke/Ott, § 24 Rn. 100 ff. und unten Rn. 383.
254 *BVerwG,* NVwZ 2005, 1178, 1178 ff.; Vorinstanz *VG Würzburg,* NVwZ 2005, 471 ff. Vgl. auch *Maslaton/Hauk,* NVwZ 2005, 1150 ff. Zum Emissionshandel auch *Begemann/Lustermann,* NVwZ 2006, 135 ff.; *Sieberg,* NVwZ 2006, 141 ff.
255 *Maslaton/Hauk,* NVwZ 2005, 1150, 1153.

Angestoßen durch das Protokoll von Kyoto[256] wird hierdurch ein gemeinschaftsweites System des Handels mit Emissionen eingeführt. Betreiber von bestimmten Anlagen werden verpflichtet, für den Ausstoß einer Tonne bestimmter Gase, insbesondere Kohlendioxid, eine Emissionsberechtigung – genannt Zertifikat – nachzuweisen, die sie erwerben müssen. Anlagenbetreiber, für die sich eine technische Emissionsreduktion nicht rechnet, sollen von anderen Anlagenbetreibern, die diese erreichen können, Emissionsberechtigungen erwerben können. Insgesamt soll Umweltverschmutzung auf diese Weise verteuert und unattraktiv gemacht werden.[257]

3. Bundesrecht

326 Im Zentrum der bundesrechtlichen Vorschriften zum Immissionsschutz steht das **Bundesimmissionsschutzgesetz** (BImSchG), das durch derzeit 34 geltende Rechtsverordnungen (BImSchV) und Verwaltungsvorschriften konkretisiert wird[258]. Die nachfolgend aufgeführten Verordnungen setzen bei den verschiedenen Schutzansätzen des Immissionsschutzrechts an. Sie sind für Ausbildung und Praxis von unterschiedlicher Bedeutung. Auf besonders relevante Verordnungen wird gesondert hingewiesen.

- 1. BImSchV Verordnung über Kleinfeuerungsanlagen
- 2. BImSchV Verordnung zur Emissionsbegrenzung von leichtflüchtigen halogenierten organischen Verbindungen
- 3. BImSchV Verordnung über den Schwefelgehalt bestimmter flüssiger Kraft- oder Brennstoffe
- 4. BImSchV Verordnung über **genehmigungsbedürftige Anlagen**
- 5. BImSchV Verordnung über Immissionsschutz- und Störfallbeauftragte
- 7. BImSchV Verordnung zur Auswurfbegrenzung von Holzstaub
- 8. BImSchV Rasenmäherlärm-Verordnung (aufgehoben)
- 9. BImSchV Verordnung über das **Genehmigungsverfahren**
- 10. BImSchV Verordnung über die Beschaffenheit und die Auszeichnung der Qualitäten von Kraftstoffen
- 11. BImSchV Verordnung über Emissionserklärungen und Emissionsberichte
- 12. BImSchV **Störfall-Verordnung**
- 13. BImSchV Verordnung über Großfeuerungs- und Gasturbinenanlagen
- 14. BImSchV Verordnung über Anlagen der Landesverteidigung
- 15. BImSchV Baumaschinenlärm-Verordnung (aufgehoben)
- 16. BImSchV Verkehrslärmschutzverordnung
- 17. BImSchV Verordnung über die Verbrennung und die Mitverbrennung von Abfällen
- 18. BImSchV Sportanlagenlärmschutzverordnung
- 19. BImSchV Verordnung über Chlor- und Bromverbindungen als Kraftstoffzusatz
- 20. BImSchV Verordnung zur Begrenzung der Kohlenwasserstoffemissionen beim Umfüllen und Lagern von Ottokraftstoffen

256 Siehe oben Rn. 317 und *Beyerlin*, Rn. 367 ff.
257 Zur Einzelheiten siehe unten Rn. 383.
258 Vgl. zu dieser Regelungstechnik oben Rn. 20 f.

- 21. BImSchV Verordnung zur Begrenzung der Kohlenwasserstoffemissionen bei der Betankung von Kraftfahrzeugen
- 22. BImSchV Verordnung über Immissionswerte für Schadstoffe in der Luft
- 23. BImSchV Verordnung über die Festlegung von Konzentrationswerten (aufgehoben)
- 24. BImSchV Verkehrswege-Schallschutzmaßnahmenverordnung
- 25. BImSchV Verordnung zur Begrenzung von Emissionen aus der Titandioxid-Industrie
- 26. BImSchV Verordnung über elektromagnetische Felder
- 27. BImSchV Verordnung über Anlagen zur Feuerbestattung
- 28. BImSchV Verordnung über Emissionsgrenzwerte für Verbrennungsmotoren
- 29. BImSchV Gebührenordnung für Maßnahmen bei Typprüfungen von Verbrennungsmotoren
- 30. BImSchV Verordnung über Anlagen zur biologischen Behandlung von Abfällen
- 31. BImSchV VOC-Verordnung – Verordnung zur Begrenzung der Emissionen flüchtiger organischer Verbindungen bei der Verwendung organischer Lösemittel in bestimmten Anlagen
- 32. BImSchV Geräte- und Maschinenlärmschutzverordnung
- 33. BImSchV Verordnung zur Verminderung von Sommersmog, Versauerung und Nährstoffeinträgen
- 34. BImSchV Verordnung über die Lärmkartierung
- 35. BImSchV Verordnung zur Kennzeichnung der Kraftfahrzeuge mit geringem Beitrag zur Schadstoffbelastung
- 36. BImSchV Verordnung zur Durchführung der Regelungen der Biokraftstoffquote
- 37. BImSchV (derzeit nicht besetzt)
- 38. BImSchV Quotenanrechnung bestimmter biogener Öle(aufgehoben)
- 39. BImSchV Verordnung über Luftqualitätsstandards und Emissionshöchstmengen

Weitere bundesgesetzliche Regelungen sind in anderen Fachgesetzen zur Regelung des Straßenverkehrs – also des Straßenverkehrsgesetzes (StVG), der Straßenverkehrsordnung (StVO) und der Straßenverkehrszulassungsordnung (StVZO), dem Baugesetzbuch (BauGB) und der Baunutzungsverordnung (BauNVO)[259] sowie im Fluglärmschutzgesetz und im Benzinbleigesetz geregelt. Zudem gelten im Immissionsschutzrecht normkonkretisierende Verwaltungsvorschriften, nämlich die Technischen Anleitungen **TA-Lärm** und **TA-Luft**.[260]

259 Dazu *Erbguth/Schlacke*, § 9 Rn. 17.
260 Siehe dazu oben Rn. 22.

4. Landesrecht und Ortsrecht

327 Die Länder haben zur Durchführung bestimmter immissionsschutzrechtlicher Pflichten Rechtsverordnungen sowie unter Berücksichtigung ihrer verbliebenen Kompetenz[261] teilweise[262] auch **Landesimmissionsschutzgesetze** erlassen. Hier können etwa Entschädigungspflichten bei Widerruf einer Genehmigung geregelt werden (vgl. § 21 Abs. 5 BImSchG) oder es kann Ortsrecht zum Schutz vor Luft- und Lärmemissionen ergehen (vgl. § 49 Abs. 3 BImSchG); das Landesimmissionsschutzrecht hat dabei überwiegend die Frage des durch Menschen verursachten Lärms als Regelungsgegenstand, nicht den durch Anlagen erzeugten Lärm[263]. Neben Vorschriften über die Verwendung von Tongeräten im Freien sind etwa im LImSchG NRW Vorschriften über das Verbrennen im Freien und das Abbrennen von Feuerwerkskörpern, sowie zum Schutz der Nachtruhe enthalten.

III. Systematik

328 Das öffentlich-rechtliche Immissionsschutzrecht soll entsprechend seiner in § 1 Abs. 1 BImSchG niedergelegten Zweckbestimmung die Umwelt – hier mit besonderem Bezug zur Luft – vor Verunreinigungen, Lärm, Erschütterungen und ähnlichen Erscheinungen schützen[264]. Sofern genehmigungsbedürftige Anlagen betroffen sind, trägt es nach § 1 Abs. 2 BImSchG auch dem integrierten Umweltschutz nach der **IVU-Richtlinie** und der **Öffentlichkeitsrichtlinie**[265] Rechnung. Das Immissionsschutzrecht lässt sich systematisch nach Anwendungsbereichen, in anlagen-, produkt-, verkehrs-, handlungs- und gebietsbezogenen Immissionsschutz untergliedern. Die in der Ausbildung wichtigen Vorschriften zum **anlagenbezogenen Immissionsschutz** finden sich im zweiten Teil des BImSchG in §§ 4–31 BImSchG betreffend die Errichtung und den Betrieb von Anlagen. Das Gesetz unterscheidet hier wiederum in jeweils eigenen Abschnitten zwischen genehmigungsbedürftigen Anlagen (§§ 4–21 BImSchG), nicht genehmigungsbedürftigen Anlagen (§§ 22–25 BImSchG) und Bestimmungen über die Ermittlung von Emissionen und Immissionen, sicherheitstechnische Prüfungen und den technischen Ausschuss für Anlagensicherheit (§§ 26–31a BImSchG). Der dritte Teil des BImSchG ist dem **produktbezogenen Immissionsschutz** vorbehalten (§§ 32–37 BImSchG) einschließlich der Vorschriften zu Biokraftstoffen (§§ 37a–37f BImSchG). Hier wird die Verwaltung zum Erlass von Vorschriften ermächtigt, die Anforderungen an die Beschaffenheit und generelle Zulassung von Anlagen und Anlagenteilen sowie an die Beschaf-

261 Der Bund hat diesen Bereich unter Berufung auf seine Kompetenz aus Art. 73 Nr. 6 GG und Art. 74 Abs. 1 Nr. 11, 21-24 GG weitgehend ausgefüllt. Zu den noch offenen Bereichen – solche, die nicht mit dem Betreib von Anlagen, Fahrzeugen oder Verkehrswegen zu tun haben (z.B. Geräusche von Haustieren und das Benutzen von Musikinstrumenten) *Sparwasser/Engel/Voßkuhle*, § 10 Rn. 84 f.

262 So etwa Brandenburg, Berlin, Bayern, Bremen, Nordrhein-Westfalen und Rheinland-Pfalz. Dazu *Jarass*, Einl. Rn. 25.

263 Vgl. etwa *Ketteler*, VR 2008, 18 ff.; grundlegend *Pudenz*, NuR 1991, 359 ff.

264 *Jarass*, § 1 Rn. 2 ff.

265 Siehe dazu oben Rn. 324.

fenheit von Brenn- und Treibstoffen betreffen. Im vierten Teil ist der **verkehrsbezogene Immissionsschutz** geregelt, der sich in §§ 38–43 BImSchG in Grundzügen mit der Beschaffenheit und dem Betrieb von Fahrzeugen und dem Bau und der Änderungen von Straßen und Schienenwegen befasst. Der **Überwachung und Verbesserung der Luftqualität** ist der fünfte Teil mit §§ 44–47 BImSchG gewidmet. Der sechste Teil des BImSchG betrifft die Lärmminderungsplanung (§§ 47a–47f BImSchG), der siebte Teil und achte Teil enthalten in §§ 48–62, 66–73 BImSchG **gemeinsame Vorschriften**. Sie betreffen u.a. Ermächtigungen – etwa zur Umsetzung von EG-Recht (§ 48a BImSchG), zum Erlass von Verwaltungsvorschriften wie der TA Lärm und TA Luft[266] (§ 48 BImSchG), sowie Übergangs- und Schlussvorschriften.

IV. Anwendungsbereich und Begriffsbestimmungen

Anwendungsbereich und Begriffsbestimmungen der immissionsschutzrechtlichen Normen verlangen eine besonders sorgfältige Betrachtung.

1. Anwendungsbereich

§ 2 Abs. 1 BImSchG legt den sachlichen Anwendungsbereich des Gesetzes fest. 329

33. Fall: Die Gemeinde G will einen Fußballplatz in öffentlicher Trägerschaft bauen. Müssen hierbei die Vorgaben des BImSchG beachtet werden?

Nach § 2 Abs. 1 BImSchG gelten die Vorschriften des Gesetzes für:

„1. die Errichtung und den Betrieb von Anlagen,
2. das Herstellen, Inverkehrbringen und Einführen von Anlagen, Brennstoffen und Treibstoffen, Stoffen und Erzeugnissen aus Stoffen nach Maßgabe der §§ 32 bis 37,
3. die Beschaffenheit, die Ausrüstung, den Betrieb und die Prüfung von Kraftfahrzeugen und ihren Anhängern und von Schienen-, Luft- und Wasserfahrzeugen sowie von Schwimmkörpern und schwimmenden Anlagen nach Maßgabe der §§ 38 bis 40 und
4. den Bau öffentlicher Straßen sowie von Eisenbahnen, Magnetschwebebahnen und Straßenbahnen nach Maßgabe der §§ 41 bis 43."

Gemäß § 2 Abs. 2 BImSchG sind Flugplätze und Anlagen, Geräte, Vorrichtungen sowie Kernbrennstoffe und sonstige radioaktive Stoffe, die dem Atomgesetz unterliegen sowie der Gewässerschutz und Fragen des Düngemittel- und Pflanzenschutzrechts grundsätzlich vom Anwendungsbereich des BImSchG ausgenommen.

Auf Grundlage der genannten Bestimmungen kann Fall 33 noch nicht gelöst werden. Zwar kann schon ausgeschlossen werden, dass der Fußballplatz unter § 2 Abs. 1 Nr. 2–4 BImSchG fällt. Es bleibt aber offen, ob er eine Anlage ist und die Nr. 1 dieser Norm greift[267].

266 Siehe dazu oben Rn. 22.
267 Siehe dazu noch unten Rn. 337.

2. Begriffsbestimmungen

330 § 3 BImSchG enthält eine Reihe wichtiger Begriffsbestimmungen, die auch über seinen Anwendungsbereich hinaus im Umweltrecht und anderen Rechtsgebieten gelten, in denen die hier definierten Begriffe verwendet werden[268]. Folgende Begriffe gibt es, die im Examen sicher beherrscht werden müssen: Schädliche Umwelteinwirkung (Abs. 1), Immission (Abs. 2), Emission (Abs. 3), Luftverunreinigung (Abs. 4), Anlage (Abs. 5), Betriebsbereich (Abs. 5a), Stand der Technik (Abs. 6) und dem Herstellen gleichgestellte Handlungen (Abs. 7).

331 **a) Schädliche Umwelteinwirkung:** Der für das Umweltrecht zentrale, aber auch im benachbarten Fachrecht[269] wichtige Begriff der „schädlichen Umwelteinwirkung" ist in § 3 Abs. 1 BImSchG definiert als

„Immissionen, die nach Art, Ausmaß oder Dauer geeignet sind, Gefahren, erhebliche Nachteile oder erhebliche Belästigungen für die Allgemeinheit oder die Nachbarschaft herbeizuführen."

Dieser Begriff ist sehr wichtig, weil an ihn Betreiberpflichten, Genehmigungs- und Anordnungsvoraussetzungen anknüpfen. Wenn keine schädlichen Umwelteinwirkungen gegeben sind, herrscht für den Verursacher derartiger „unschädlicher Umwelteinwirkungen" insofern Handlungsfreiheit. Es ist also unter Berücksichtigung der Tatbestandsmerkmale des Abs. 1 genau zu prüfen, ob eine schädliche Umwelteinwirkung vorliegt.

332 **aa) Gefahren, erhebliche Nachteile, erhebliche Belästigungen:** Der Gefahrenbegriff richtet sich auch im Immissionsschutzrecht nach dem Polizeirecht. Faustformelartig kann man eine **Gefahr** als hinreichende Wahrscheinlichkeit eines Schadenseintritts[270] und einen **Schaden** als realisierte Gefahr begreifen. Die Wahrscheinlichkeit beurteilt sich danach, wie ein verständiger Amtswalter die Sachlage beurteilt hätte. Mit dem Ansteigen der Bedeutung des bedrohten Schutzgutes sinkt die Schwelle für die Annahme einer Gefahr[271]. Droht ein Schaden für die menschliche Gesundheit, so liegt eine Gefahr auch dann vor, wenn die Wahrscheinlichkeit des Schadenseintritts gering ist.

333 Ein **Nachteil** ist demgegenüber eine Beeinträchtigung, die weder ein Schaden als realisierte Gefahr noch eine Belästigung ist. Von der Belästigung unterscheidet sich der Nachteil dadurch, dass er auf Beeinträchtigungen von materiellen Interessen abzielt, ohne dass zugleich eine unmittelbare Rechtsgutsverletzung vorliegt. Er betrifft nicht den Menschen, sondern Tiere, Pflanzen, sonstige Sachgüter und das Vermögen. Eine **Belästigung** ist demgegenüber eine Beeinträchtigung des seelischen oder körperlichen Wohlbefindens des Menschen, die noch keine Gesundheitsgefahr darstellt.[272]

268 Dazu oben 11. Prüfungsfrage zu § 5 Abs. 1 Nr. 3 GastG „schädliche Umwelteinwirkungen".
269 Vg. z.B. § 5 Abs. 1 Nr. 3 GastG.
270 *Schenke*, Rn. 69.
271 *BVerwGE* 45, 51, 61.
272 Dazu *Sparwasser/Engel/Voßkuhle*, § 10 Rn. 114 f.

■ **26. Prüfungsfrage:** G betreibt eine Gaststätte mit Außengastronomie in einem allgemeinen Wohngebiet, für die er eine Konzession bis 24 Uhr hat. Der Biergarten zieht auch Publikum aus dem näheren Umkreis an. Weil der Lärmpegel das zulässige Maß überschreitet, erhält G eine Auflage, wonach die Außengastronomie um 22 Uhr zu schließen ist. Aufgrund dieser Maßnahme bleiben zahlreiche Gäste aus, weil sich die Anfahrt für einen Aufenthalt nur bis 22 Uhr nicht lohnt. Handelt es sich hier um einen Nachteil oder eine Belästigung des G?

■ **27. Prüfungsfrage:** Unmittelbar neben dem Haus des A finden Bauarbeiten statt. Dabei wird unter anderem mit einem Presslufthammer und einer Abrissbirne gearbeitet, und der entstehende Schutt auf einen LKW verladen. Zudem wird der nervlich zart besaitete A oft gezwungen, beim Verlassen seines Grundstücks mit seinem Auto zu warten, bis ein Bauwagen beiseite gefahren ist. Handelt es sich hier um einen Nachteil oder eine Belästigung des A?

In der 26. Prüfungsfrage kommt es zu finanziellen Einbußen, so dass hier ein Nachteil vorliegt. Bei Prüfungsfrage 27 kann es nur um Belästigungen gehen. Allerdings ist hier zu differenzieren. Abbrucharbeiten sind dazu geeignet, sowohl Unannehmlichkeiten als auch wirkliche Gesundheitsschäden zu verursachen. Unangenehm, aber wohl noch kein Schaden, wäre etwa die Geräuschkulisse des Verladens und Abfahrens von Schutt durch LKW. Es handelt sich hier also um eine Belästigung des A. Es liegt aber auf der Hand, dass der Einsatz z.B. von Presslufthammer und Abrissbirne oder gar eine Sprengung tatsächliche Gesundheitsschäden verursachen können, und die Schwelle von der Gefahr zum körperlichen Schaden auf diese Weise überschritten werden kann, was im Einzelfall nachgewiesen werden müsste. Es fällt aber schwer, diese – genau wie das Verladen von Schutt, das einen gewissen Lärmpegel nicht überschreitet – als rechtserheblich zu begreifen. Hier kommt das in § 3 Abs. 1 BImSchG genannte Korrektiv der **Erheblichkeit** zum Tragen. Nur erhebliche Nachteile und Belästigungen sind schädliche Umwelteinwirkungen. Die Erheblichkeit ist im Wege einer einzelfallbezogenen Bewertung festzustellen. Das Vorliegen dieses Merkmals ist dadurch gekennzeichnet, dass das zumutbare Maß der Beeinträchtigung in einer bestimmten Situation nach Art, Ausmaß oder Dauer auch unter Berücksichtigung öffentlicher Belange überschritten wird[273]; bei dem Verladen von Bauschutt kommt es damit auf den Einzelfall an. Das Warten auf die Baustellenfahrzeuge kann zwar als seelische Beeinträchtigung gewertet werden, wird aber nicht durch Immissionen der Baustelle ausgelöst. Zwar ist das Abstellen der Fahrzeuge unter Umständen noch als Umwelteinwirkung zu werten, diese müsste aber eine den in Absatz 2 genannten Einwirkungen „ähnliche" sein. Zudem dürfte es sich bei dem kurzen Warten auf das Wegfahren von Baustellenfahrzeugen um eine unbeachtliche Bagatelle handeln.

bb) Nachbarschaft und Allgemeinheit: In § 2 Abs. 1 BImSchG wird zwischen der Nachbarschaft und der Allgemeinheit unterschieden. Die Allgemeinheit ist betroffen, soweit öffentliche Güter wie etwa Boden, Wasser oder Luft beeinträchtigt werden. **Nachbarn** in ihrer Eigenschaft als konkret Rechtsbetroffene sind demgegenüber in Individualinteressen betroffen und können aufgrund dessen wegen einer Verletzung eigener Rechte im Sinne des § 42 Abs. 2 VwGO klagebefugt sein, wenn eine Norm nach ihrem Schutzzweck Dritten Individualschutz vermittelt[274]. Nachbar ist grundsätz- **334**

273 *Sparwasser/Engel/Voßkuhle*, § 10 Rn. 116 ff.
274 Siehe dazu oben Rn. 116.

lich, wer regelmäßig eine engere räumliche und zeitliche Verbindung zu einer Anlage hat, also dessen Eigentum oder angemietetes Objekt sich im Einwirkungsbereich einer Anlage befindet, damit ggf. auch, ohne Grenznachbar zu sein.

335 **b) Immission und Emission:** Nach der gesetzlichen Definition in § 3 Abs. 2 BImSchG sind **Immissionen**:

„auf Menschen, Tiere und Pflanzen, den Boden, das Wasser, die Atmosphäre sowie Kultur- und sonstige Sachgüter **einwirkende** Luftverunreinigungen, Geräusche, Erschütterungen, Licht, Wärme, Strahlen und ähnliche Umwelteinwirkungen",

wohingegen gemäß § 3 Abs. 3 BImSchG **Emissionen**:

„die von einer Anlage **ausgehenden** Luftverunreinigungen, Geräusche, Erschütterungen, Licht, Wärme, Strahlen und ähnlichen Erscheinungen"

sind (Hervorhebung nicht im Original). Es kommt also bei der Unterscheidung auf die Betrachtungsweise an. Während bei Immissionen auf das **Einwirken** abgestellt wird, sieht man bei Emissionen auf das **Ausgehen** von einer Anlage. Emissionen werden also zu Immissionen, wenn sie auf einen bestimmten Ort einwirken[275]. **Emissionen** sind nach § 3 Abs. 3 BImSchG auf die eingangs genannten Schutzgüter „einwirkende Luftverunreinigungen, Geräusche, Erschütterungen, Licht, Wärme, Strahlen" und ähnliche Einwirkungen – also auch Staub und niederfrequente oder hochfrequente Vibrationen. Es sind also solche Luftverunreinigungen, Geräusche etc. gemeint, die von einer Anlage ausgehen. Der Emissionsbegriff stellt somit auf die Verursachung und Erzeugung von Auswirkungen ab, während der Begriff **„Immission"** auf die Folgen in der Umwelt und auf die Schutzgüter im Sinne von „Einwirkung" ausgerichtet ist.

■■ **28. Prüfungsfrage:** In der Nachbarschaft des A wird ein Windpark errichtet. A befürchtet zu Recht, dass sein Grundstück durch den entstehenden Schattenwurf der mächtigen Rotorblätter so gut wie den ganzen Tag beeinträchtigt wird. Ist der Einwand immissionsschutzrechtlich von Bedeutung und ist dies bereits im Genehmigungsverfahren zu berücksichtigen?

Zunächst stellt sich hier die begriffliche Frage, ob Schatten – im Unterschied zu Licht – eine Immission darstellt. Dies ist nicht der Fall. Schatten ist vielmehr das Gegenteil, nämlich das Fehlen von Lichtimmissionen. Es ist aber anerkannt, dass auch Schattenwurf eine schädliche Umwelteinwirkung sein kann, die erhebliche Belästigungen und Nachteile mit sich bringt. Dies gilt namentlich für die bewegten Schattenwürfe (wegen des durch die Rotorbewegungen in schneller Folge eintretenden Licht- und Schattenfolgen „Discoeffekt" genannt), die Windräder verursachen[276]. Nach § 5 Abs. 1 S. 1 Nr. 1 BImSchG ist der Einwand des A bereits im Genehmigungsverfahren („so zu errichten") zu beachten. Dies ergibt sich weiterhin daraus, dass die Genehmigung nach BImSchG zugleich die Baugenehmigung enthält. Im Bau- und Nachbarrecht ist die Verhinderung unwillkommener Schatten ohnehin ein rechtlich beachtliches Interesse.

275 *Jarass*, § 3 Rn. 4, 11.

276 So z.B. *OVG Hamburg*, UPR 2005, 78 (Leitsätze) zu § 22 BImSchG.

c) Luftverunreinigung: Luftverunreinigungen nach § 3 Abs. 4 BImSchG 336

„sind Veränderungen der natürlichen Zusammensetzung der Luft, insbesondere durch Rauch, Ruß, Staub, Gase, Aerosole, Dämpfe oder Geruchsstoffe."

Es kommt also darauf an, eine Veränderung insbesondere im Hinblick auf die in der Norm beispielhaft aufgeführten Stoffe festzustellen.

d) Anlage: § 3 Abs. 5 BImSchG definiert Anlagen als: 337

„1. Betriebsstätten und sonstige ortsfeste Einrichtungen,
2. Maschinen, Geräte und sonstige ortsveränderliche technische Einrichtungen sowie Fahrzeuge, soweit sie nicht der Vorschrift des § 38 unterliegen, und
3. Grundstücke, auf denen Stoffe gelagert oder abgelagert oder Arbeiten durchgeführt werden, die Emissionen verursachen können, ausgenommen öffentliche Verkehrswege."

Unter **Betriebsstätten** versteht man nach Nr. 1 bauliche Anlagen, die insbesondere der gewerblichen, industriellen oder landwirtschaftlichen Produktion dienen, wobei eine Betriebsstätte mehrere Produktionsstätten haben kann, die jeweils für sich Anlagen sind[277]. **Sonstige ortsfeste Einrichtungen** sind etwa Sportanlagen, von denen oft nicht unerheblicher Lärm ausgeht. Bei dem in **Fall 32** angesprochenen Fußballplatz handelt es sich damit um eine sonstige ortsfeste Einrichtung, so dass dessen Errichtung nach § 2 Abs. 1 Nr. 1 BImSchG dem Anwendungsbereich des BImSchG unterfällt. Sportanlagen – für die heute die Sportanlagenlärmschutzverordnung (18. BImSchV) gilt – sind fraglos „ortsfeste Einrichtungen" gemäß § 3 Abs. 5 Nr. 1 BImSchG[278].

33. Fall (Abwandlung): Bis der Fußballplatz errichtet wird, spielen Kinder dort trotzdem schon einmal „wild" Fußball, wodurch über lange Zeit massiver Lärm verursacht wird. Nachbar N fühlt sich hierdurch gestört. Die zuständige BImSchG-Behörde weigert sich einzuschreiten. Sie sei nicht zuständig, weil ja hier kein genehmigter Sportplatz vorliege. Zu Recht?

Auch wenn es sich bei einer Wiese nicht um einen von der öffentlichen Hand errichteten Fußballplatz, sondern nur um eine dazu genutzte Wiese, die nicht „zur Sportausübung bestimmt" ist (§ 1 Abs. 2 18. BImSchV), gehen von dieser zumindest Umwelteinwirkungen jedenfalls in Form von Belästigungen aus. Die Behörde ist also zuständig. Ob sie deshalb auch gleich zum Einschreiten verpflichtet ist, steht auf einem anderen Blatt; je nach Intensität des Lärms, auch über die erhebliche Belästigung hinaus auch gesundheitsgefährdend sein kann, ist aber eine Ermessensreduzierung hin zu einer Pflicht zum Einschreiten hin denkbar.

Gemäß § 3 Abs. 5 Nr. 2 BImSchG fallen auch **Maschinen, Geräte und sonstige ortsveränderliche technische Einrichtungen** sowie grundsätzlich auch Fahrzeuge[279] unter den Anlagenbegriff. Ortsveränderlich ist eine Einrichtung, wenn sie dazu bestimmt ist, an verschiedenen Orten eingesetzt zu werden.

277 *Jarass*, § 3 Rn. 70.
278 Anerkannt seit *BVerwGE* 81, 197, 200 f. „Tegelsbarg"-Entscheidung.
279 Bei Fahrzeugen gilt dies nur, sofern sie nicht § 38 BImSchG unterliegen.

29. Prüfungsfrage: A ist Straßenmusiker und spielt in ständig wechselnden Fußgängerzonen Geige. Fällt diese Handlung unter das BImSchG?

Obwohl A gegebenenfalls erheblichen Lärm verursachen kann, ist das BImSchG hier nicht betroffen, da es sich bei der Geige weder um ein Gerät noch um eine technische Einrichtung handelt. Ebenso fällt das Benutzen eines Hammers, eines Fußballs oder eines Punchingballs nicht unter das BImSchG, da diese Geräte nicht betrieben werden.[280] Sehr wohl zum Anwendungsbereich des § 3 Abs. 5 Nr. 2 BImSchG zählen etwa mobile Kompressoren, Rüttelplatten oder Planierraupen.

Nach § 3 Abs. 5 Nr. 3 BImSchG sind auch „**Grundstücke**, auf denen Stoffe gelagert oder abgelagert oder Arbeiten durchgeführt werden, die Emissionen verursachen können[281]", Anlagen, wobei Lagern das Aufbewahren zur späteren Verwertung oder Beseitigung bedeutet.

Zur Vertiefung

Damit fallen auch Baustellen und Privatstraßen, auf denen Lärm verursachende Arbeiten durchgeführt werden und Altlastengrundstücke, aus denen kontaminierter Boden oder kontaminiertes Wasser entnommen wird, aber auch offene Getränkelager von Supermärkten dem Anlagenbegriff des BImSchG, unabhängig davon, ob sie Teil einer sonstigen Betriebsstätte sind. Für die Anforderungen an das Lagern etc. sind dabei die Vorgaben des KrW-/AbfG entscheidend, während die Genehmigung hierzu sich gemäß § 31 Abs. 1 KrW-/AbfG nach BImSchG richtet. Ausnahmen gelten für planfeststellungsbedürftige Abfalldeponien (§ 31 Abs. 2 KrW-/AbfG).

337a Der **Abbruch** einer Betriebsstätte gemäß Nr. 1 zählt nicht mehr zu deren Betrieb, kann aber **Betrieb eines Grundstücks** sein, und damit seinerseits wieder der Genehmigungspflicht unterfallen[282].

338 **e) Stand der Technik:** Die gesetzliche Definition des Begriffes „Stand der Technik"[283] findet sich in § 3 Abs. 6 BImSchG. Es

„ist der Entwicklungsstand fortschrittlicher Verfahren, Einrichtungen oder Betriebsweisen, der die praktische Eignung einer Maßnahme zur Begrenzung von Emissionen in Luft, Wasser und Boden, zur Gewährleistung der Anlagensicherheit, zur Gewährleistung einer umweltverträglichen Abfallentsorgung oder sonst zur Vermeidung oder Verminderung von Auswirkungen auf die Umwelt zur Erreichung eines allgemein hohen Schutzniveaus für die Umwelt insgesamt gesichert erscheinen lässt. Bei der Bestimmung des Standes der Technik sind insbesondere die im Anhang aufgeführten Kriterien zu berücksichtigen."

Zur Einhaltung des Standards kommt es nicht darauf an, ob sich eine Anlage in der Praxis bereits bewährt hat. Ihre praktische Eignung muss aber im technischen Maßstab als gesichert erscheinen. Anderenfalls würde es nicht zur Erprobung neuer Anlagen kommen können.[284] Zur Bestimmung des jeweiligen Standes der Technik enthält der Anhang zu § 3 Abs. 6 BImSchG nähere Kriterien.

280 *Sparwasser/Engel/Voßkuhle*, § 10 Rn. 127.

281 „... ausgenommen öffentliche Verkehrswege".

282 Vgl. *Pabst* in Fricke/Ott, § 24 Rn. 22. Zur Frage der Genehmigungspflicht sogleich unten Rn. 340 ff.

283 Siehe dazu oben Rn. 28

284 *Sparwasser/Engel/Voßkuhle*, § 10 Rn. 133.

f) „Hohes Schutzniveau für die Umwelt insgesamt" (Integrationsklausel): In § 3 Abs. 6 BImSchG ist der aus der europäischen IVU-Richtlinie[285] herrührende Begriff des „hohen Schutzniveaus für die Umwelt"[286], der jedenfalls über Art. 20a GG eine verfassungsrechtliche Abstützung erfahren hat, geregelt. Durch diese Bezugnahme auf den integrierten Umweltschutz entsteht eine ausdrückliche Verpflichtung zur Schaffung eines hohen Schutzniveaus. **339**

V. Einzelfragen

Wichtige Einzelfragen des Immissionsschutzrechts betreffen das diesbezügliche Instrumentarium, das den besonders wichtigen anlagenbezogenen sowie den produkt- und verkehrsbezogenen Immissionsschutz, den Lärmschutz und sonstige Instrumente des Immissionsschutzes[287] erfasst.

1. Anlagenbezogener Immissionsschutz

Die Vorschriften zum anlagenbezogen Immissionsschutz sind in der Ausbildung besonders bedeutsam. Auch hier beschränken sich die Erläuterungen auf das zwingend erforderliche Rüstzeug zur Darstellung des Systems des anlagenbezogen Immissionsschutzes. Dieses muss aber sicher beherrscht werden. Das gilt zunächst für den schon behandelten Anlagenbegriff, der besonders bedeutsam ist, weil an ihn die zentralen Pflichten des Anlagenbetreibers und spiegelbildlich dazu auch die Überwachungs- und Kontrollaufgaben mit den sich anschließenden Rechtsschutzfragen anknüpfen. **340**

Das BImSchG unterscheidet zwischen **genehmigungsbedürftigen Anlagen** (§§ 4 bis 21 BImSchG) und **nicht genehmigungsbedürftigen Anlagen** (§§ 22 bis 25 BImSchG).[288] Für die Bestimmung der genehmigungsbedürftigen Anlagen gilt die **4. BImSchV** und für das Genehmigungsverfahren die **9. BImSchV**.

Der Betrieb genehmigungsbedürftiger Anlagen (§ 3 Abs. 5 BImSchG) steht unter einem **Verbot mit Erlaubnisvorbehalt**[289]. Das Vorhandensein eines Anzeige- oder Genehmigungserfordernisses nach BImSchG ist also bei jeder Errichtung und jedem Betrieb (§ 4 BImSchG) oder bei jeder wesentlichen Änderung oder Erweiterung (§ 16 BImSchG) – etwa durch Ausbau oder Erhöhung der Kapazität einer vorhandenen Anlage im laufenden Betrieb – zu prüfen. Demgegenüber kann eine nicht genehmigungsbedürftige Anlage **anzeigebedürftig** sein. Diese Differenzierung ist wichtig, weil sich die Betreiberpflichten bei genehmigungsbedürftigen Anlagen (§ 5 BImSchG) und nicht genehmigungsbedürftigen Anlagen (§ 22 BImSchG) unterscheiden. Für genehmigungs-

285 Siehe dazu Rn. 323
286 Vgl. etwa auch § 5 Abs. 1 BImSchG.
287 Vgl. zum Klimaschutz und den Stichworten Reduzierung der Ozonbelastung nach dem Protokoll von Kyoto oben Rn. 317, zum Emissionshandel unten Rn. 383 und zu Rechtsfragen der Kraft-Wärme-Kopplung unten Rn. 466.
288 Einzelheiten dazu unten Rn. 366 ff.
289 Dazu allgemein *Ramsauer* in Koch, § 3 Rn. 62.

bedürftige Anlagen gelten teilweise noch besondere Anforderungen aufgrund Gesetzes (vgl. die Verordnungsermächtigung des § 7 BImSchG) und auch das behördliche Engreifen ist anders ausgestaltet.

341 **a) Genehmigungsbedürftige Anlagen:** Genehmigungsbedürftige Anlagen sind im Anhang zur 4. BImSchV, die auf Grundlage des § 4 Abs. 1 S. 1 BImSchG ergangen ist, abschließend aufgeführt. Für diese Anlagen gelten zunächst besondere **Betreiberpflichten** gemäß § 5 BImSchG[290]. Deren Einhaltung ist nach § 6 BImSchG nicht nur Voraussetzung für die Genehmigung einer genehmigungspflichtigen Anlage, die während der gesamten Betriebsdauer der Anlage und bis über deren Stilllegung zu erfüllen sind. Bei Verstößen gegen diese Pflichten kann die Behörde etwa nachträgliche Anordnungen erlassen oder den Betrieb ggf. sogar untersagen.

342 **aa) Feststellung des Genehmigungserfordernisses (insbesondere 4. BImSchV):** Wie erwähnt, besteht nach § 4 BImSchG für die Errichtung und den Betrieb (§ 4 BImSchG) und die Änderung (§ 16 BImSchG) von Anlagen (§ 3 Abs. 5 BImSchG) ein *grundsätzliches* Genehmigungserfordernis für solche als besonders gefährlich eingestuften Anlagen, wie sie in der 4. BImSchV aufgeführt sind.

343 **bb) Prüfung der Ausnahmen vom Genehmigungserfordernis:** Allerdings gilt das Genehmigungserfordernis des § 4 Abs. 1 BImSchG mit folgenden Ausnahmen, die im Prüfungsaufbau zunächst abzuarbeiten sind.

344 **(1) § 4 Abs. 1 BImSchG – Fehlende Ortsfestigkeit, Dauerhaftigkeit, Gewerblichkeit:** Eine Ausnahme liegt nach § 4 Abs. 1 BImSchG i.V.m. § 1 Abs. 1 S. 1 der 4. BImSchV vor, wenn nach den Umständen nicht zu erwarten ist, dass die Anlage nach Inbetriebnahme nicht länger als zwölf Monate an demselben Ort betrieben werden soll.[291] Wenn eine Anlage (bis auf Abfallentsorgungsanlagen) nicht gewerblichen Zwecken dient und nicht im Rahmen wirtschaftlicher Unternehmungen verwendet werden soll, so besteht ein Genehmigungserfordernis nur, wenn sie „in besonderem Maße" geeignet ist, schädliche Umwelteinwirkungen durch Luftverunreinigungen oder Geräusche hervorzurufen. Ob diese besondere Umweltgefährlichkeit vorliegt, regelt die 4. BImSchV. Nur wenn für solche Anlagen eine der in § 1 Abs. 1 S. 3 der 4. BImSchV genannten Nummern des Anhangs einschlägig sind, entfällt das Genehmigungserfordernis.

345 **(2) § 4 Abs. 2 BImSchG – Bergbau:** Keine Genehmigung ist nach § 4 Abs. 2 S. 2 BImSchG auch für „Tagebaue und die zum Betrieb eines Tagesbaus sowie die zur Wetterführung unerlässlichen Anlagen" erforderlich. Genehmigungsbedürftig nach BImSchG sind demgegenüber über Tage gelegene Anlagen des Bergwesens (§ 4 Abs. 2 S. 1 BImSchG).

346 **(3) § 1 Abs. 6 der 4. BImSchV – Forschungsprivileg:** Auch Forschungs-, Entwicklungs- und Erprobungsanlagen sind nach § 1 Abs. 6 der 4. BImSchV nicht genehmigungsbedürftig.

290 Dazu insgesamt *Jarass*, § 5 Rn. 6 ff.
291 Genehmigungsbedürftige Anlagen sind also grundsätzlich ortsfest.

(4) Bauartzulassung – § 4 Abs. 1 S. 3 BImSchG: Keiner Genehmigung bedürfen einzelne Anlagen, wenn dies nach § 4 Abs. 1 S. 3 BImSchG a.E. von der 4. BImSchV zugelassen wird. Es kommt darauf an, ob eine Anlage oder wesentliche Teile einer solchen durch Rechtsverordnung der Bauart nach zugelassen sind und in Übereinstimmung mit der Bauartzulassung errichtet und betrieben werden. Eine derartige Regelung auf Grundlage des § 33 BImSchG ist allerdings noch nicht ergangen. 347

30. Prüfungsfrage: Die katholische Kirchengemeinde K will eine Kirche mit einer Glocke errichten und fragt, ob sie hierzu einer Genehmigung nach dem BImSchG braucht.

Zwar handelt es sich bei der Glocke um eine Anlage nach § 3 Abs. 5 BImSchG. Auch kann diese Anlage zu erheblichen Lärmbeeinträchtigungen führen. Die Glocke ist aber keine gewerbliche Anlage im Sinne des § 4 Abs. 1 BImSchG i.V.m. § 1 Abs. 1 der 4. BImSchV. Nichtgewerbliche und nichtwirtschaftliche Anlagen sind vom Genehmigungserfordernis ausgeschlossen.

cc) Prüfung des Genehmigungserfordernisses: Welche Anlagen im Einzelnen genehmigungsbedürftig sind, regelt die aufgrund von § 4 Abs. 1 S. 3 BImSchG ergangene **4. BImSchV abschließend** in einem zweispaltigen Anhang. 348

Insgesamt gibt es drei Arten von Zulassungsverfahren, nämlich
- das förmliche Genehmigungsverfahren (§ 10 BImSchG),
- das vereinfachte Genehmigungsverfahren (§ 19 BImSchG) und
- das Anzeigeverfahren.

Wie das vereinfachte Verfahren und das förmliche Genehmigungsverfahren durchzuführen sind, ist in der 9. BImSchV über das Genehmigungsverfahren näher festgelegt, die aufgrund von § 10 Abs. 10 BImSchG ergangen ist. Es gibt hier folgende Gemeinsamkeiten und Unterschiede:
- In **beiden Verfahrensarten** sind § 10 Abs. 1, 5 und 7 BImSchG anzuwenden.
- Im **förmlichen Verfahren** sind auch die weiteren Absätze 2–11 von § 10 BImSchG zu beachten.
- Im **vereinfachten Verfahren** sind einige **Vorschriften** des förmlichen Genehmigungsverfahrens – nämlich zur Öffentlichkeitsbeteiligung (§ 10 Abs. 2–4, 6, 9 BImSchG), zur Präklusionswirkung (§ 11 BImSchG) und zur privatrechtsgestaltenden Wirkung der Genehmigung (§ 14 BImSchG) – **nicht anzuwenden** (§ 19 Abs. 2 BImSchG).

Welches Vorhaben welcher Spalte zuzuordnen ist, ergibt sich aus **§ 10 Abs. 2 der 4. BImSchV**. 349

Zur Vertiefung

An dieser Stelle ist es unverzichtbar, die sich aus § 10 Abs. 2 der 4. BImSchV und den Spalten in 1 und 2 in deren Anhang ergebende Systematik anzusehen und den Verordnungstext sowie dessen Anhang einmal durchzublättern. Dabei ist der Aufbau des Anhangs nach Branchen bzw. nach in den Anlagen erzeugten Produkten hilfreich. Die Systematik erklärt sich dann beinahe von selbst. Allerdings ist zu berücksichtigen, dass im Produktionsprozess vieler Branchen Hilfsanlagen erforderlich sind, die im Anhang nicht in der jeweiligen Hauptbranche, sondern an anderer Stelle aufgeführt sind. Bei energieintensiven Produktionsverfahren wie häufig etwa bei der Stahlerzeugung (Ziffer 3 des Anhangs) ist daran zu denken, dass hier auch Anlagen zur Energieerzeugung erforderlich sind (vgl. Ziffer 1 des Anhanges). Bei der Prüfung der Genehmigungsbedürftigkeit von Abfallverwertungsanlagen (Ziffer 8 des Anhangs) ist zu bedenken, dass hier häufig auch Anlagen zur Lagerung von Abfällen und aus gesonderten Stoffen (Ziffer 9, 4. BImSchV) erforderlich oder geplant sein können. Einfluss auf die Genehmigungsfähigkeit haben auch Leistungsgrenzen und Anlagengrößen (§ 1 Abs. 1 S. 4 der 4. BImSchV), die Frage ob eine gemeinsame Anlage vorliegt (§ 1 Abs. 3 BImSchV) sowie der Umfang der Genehmigungsbedürftigkeit (§ 1 Abs. 2 und 4 der 4. BImSchV).

350 **(1) Förmliches Genehmigungsverfahren (§§ 10 ff. BImSchG und „Spalte 1 – Anlagen" nach 4. BImSchV und 9. BImschV):** Das förmliche Genehmigungsverfahren nach § 10 ff. BImSchG gilt

- für Anlagen, die in Spalte 1 der 4. BImSchV aufgeführt sind (§ 2 Abs. 1 Nr. 1 a der 4. BImSchV)
- für Anlagen, die sich aus Spalte 1 und 2 zusammensetzen (§ 2 Abs. 1 Nr. 1 b der 4. BImSchV)
- für Anlagen, die zwar nur in Spalte 2 des Anhangs genannt sind, aber einer Umweltverträglichkeitsprüfung bedürfen (§ 2 Abs. 1 Nr. 1 c der 4. BImSchV).[292]

Zur **Durchführung** des förmlichen Genehmigungsverfahrens hat die Bundesregierung mit der **9. BImSchV** über das **Genehmigungsverfahren** eine eigene Verordnung erlassen. Das Verfahren wird durch einen schriftlichen **Antrag** eingeleitet (§ 10 Abs. 1 BImSchG, § 3 der 9. BImSchV).

350a Der Antragsteller hat vor allem auf die **Vollständigkeit** des Antrags zu achten. Er hat **umfassend** und im Einzelnen nachprüfbar **darzulegen**, wo und wie die **Anlage errichtet** werden soll und dass alle **Genehmigungsvoraussetzungen** vorliegen, insbesondere dass keine schädlichen Umwelteinwirkungen hervorgerufen werden können.

Eine Aufzählung der notwendigen Antragsunterlagen findet sich in § 4 ff. 9. BImSchV. Erforderlich ist gem. § 4a 9. BImSchV Angaben zur Anlage und zum Anlagenbetrieb; hierzu gehören Angaben über

- Einsatzstoffe,
- Neben-, Zwischen- und Endprodukte, Reststoffe sowie
- Art und Ausmaß der zu erwartenden Immissionen.

Gem. § 4b 9. BImSchV sind Angaben zu **Schutzmaßnahmen** erforderlich, ggf. eine **Sicherheitsanalyse**. § 4c 9. BImSchV verlangt einen Plan zur **Reststoffbehandlung**, § 4d 9. BImSchV eine Übersicht zur **Energieeffizienz**. Ergänzend verlangt § 4 Abs. 2 9. BImSchV ggf. Angaben zu naturschutzrechtlichen Anforderungen.

Mit dem Antrag ist ein Verzeichnis der beigefügten Antragsunterlagen vorzulegen. Zu beachten ist auch, dass die Aufzählung in §§ 4 ff. 9. BImSchV nicht abschließend ist, die Behörde also im Einzelfall also auch andere geeignete Unterlagen fordern darf. Speziell zugeschnitten auf die **Öffentlichkeitsbeteiligung** ist die Pflicht zur Erstellung einer allgemein **verständlichen**, für die Auslegung geeigneten **Kurzbeschreibung** der Anlage. Diese soll einen Überblick über die Anlage, ihren Betrieb und die voraussicht-

292 Zu Einzelheiten hinsichtlich des Geltungsbereiches des förmlichen Genehmigungsverfahrens *Sparwasser/Engel/Voßkuhle*, § 10 Rn. 215.

lichen Auswirkungen auf Allgemeinheit und Nachbarschaft vermitteln, § 4 Abs. 3 9. BImSchV.

Nach Eingang des Antrags und der Antragsunterlagen erteilt die Behörde einen **Eingangsnachweis**. Sie prüft dabei die **Vollständigkeit** des Antrags und der beigefügten Unterlagen, § 7 9. BImSchV. Die **Vollständigkeitsprüfung** erfolgt zum einen aus dem Blickwinkel, der Genehmigungsbehörde eine umfassende **Sachprüfung** nach § 6 BImSchG zu ermöglichen, sie erfolgt aber auch im Hinblick darauf, dass die Unterlagen **geeignet** sein müssen für eine eventuell notwendige Auslegung im Falle der **Öffentlichkeitsbeteiligung**. **350b**

Die Behörde wird den Antragsteller bei **Unvollständigkeit** auffordern, die fehlenden Angaben zu machen und hierfür eine **Frist** setzen, die längstens drei Monate betragen soll (§ 20 Abs. 2 Satz 2 9. BImSchV). Zu beachten ist, dass das Nachreichen der Unterlagen **nicht** im Wege des **Verwaltungszwangs** durchgesetzt werden kann. Vielmehr kann der Antrag nach Fristablauf **sofort abgelehnt** werden. Es steht der Behörde frei, ob sie das Verfahren bis zum Nachreichen der Unterlagen ruhen lässt oder soweit wie möglich weiter betreibt. **Gehindert** ist sie allerdings an der Auslegung unvollständiger Unterlagen[293]. Für Dritte besteht **kein durchsetzbares Recht auf Vervollständigung** der Unterlagen[294]. **350c**

Nach einer öffentlichen **Bekanntmachung** des Vorhabens durch die Genehmigungsbehörde (§ 10 Abs. 3 S. 1 BImSchG, §§ 8, 9 der 9. BImSchV) hat eine umfassende **Behördenbeteiligung** stattzufinden, bei der eine einmonatige Stellungnahmemöglichkeit für Behörden besteht (§ 10 Abs. 5 BImSchG, §§ 11, 11a der 9. BImSchV), der eine **Öffentlichkeitsbeteiligung** nachfolgt, bei der nach Einsichtnahme (§ 10 Abs. 2 S. 2 HS. 1 BImSchG, § 10 der 9. BImSchV) Einwendungen (§§ 10 Abs. 2 S. 2 HS. 2, Abs. 4 Nr. 2 BImSchG, § 12 der 9. BImSchV) erhoben werden können (§ 10 Abs. 1 BImSchG, § 3 der 9. BImSchV). Deren Versäumen führt zu materieller Präklusion[295] (§ 10 Abs. 3 S. 4 BImSchG). Den Einsichtnehmenden ist auf Wunsch eine **Kopie** der **Kurzbeschreibung kostenlos** zu überlassen. **350d**

Im Anschluss daran hat, sofern dies für das konkrete Verfahren vorgesehen ist, eine **Umweltverträglichkeitsprüfung** zu erfolgen, deren Voraussetzungen sich im Wesentlichen wiederum aus der 9. BImSchV ergeben[296]. Abgeschlossen wird das Verfahren durch eine **Entscheidung** der Genehmigungsbehörde, die spätestens sieben Monate nach Eingang der vollständigen Antragsunterlagen getroffen sein muss (§ 10 Abs. 6a BImSchG).[297] **350e**

(2) Vereinfachtes Genehmigungsverfahren (§ 19 BImSchG und „Spalte 2 – Anlagen"): Soweit eine Anlage bzw. ein Erweiterungsvorhaben einschließlich der **351**

293 Vgl. *Jarass*, § 10 Rn. 42 f.
294 Vgl. *VGH München*, NVwZ 1989, 482, 483.
295 Siehe dazu siehe oben Rn. 144.
296 Zu Einzelheiten *Jarass*, § 10 Rn. 32.
297 Dazu *Jarass*, § 10 Rn. 117 ff.

bestehenden Anlage **nur in Spalte 2** des Anhangs zur 4. BImSchV aufgeführt ist, hat die Genehmigung nach § 2 Abs. 1 S. 1 Nr. 2 der 4. BImSchV im **vereinfachten Verfahren** nach § 19 BImSchG zu erfolgen. Etwas anderes gilt, wenn eine Umweltverträglichkeitsprüfung (UVP) erforderlich ist. Dann gilt nach § 2 Abs. 1 Nr. 1c) der 4. BImSchV das förmliche Genehmigungsverfahren. Für eigentlich gesondert genehmigungsbedürftige Teile oder Nebeneinrichtungen von Anlagen reicht nach § 1 Abs. 4 der 4. BImSchV *eine* Genehmigung.[298] Für den Antragsteller gelten im vereinfachten Genehmigungsverfahren die oben erwähnten **Erleichterungen** (§ 19 Abs. 2 BImSchG).

352 **(3) Anzeigeverfahren für Änderungen im Anlagenbetrieb:** Häufiger als neue Anlagen genehmigt werden, kommt es zu einer Änderung oder Erweiterung bestehender Anlagen.

■ **31. Prüfungsfrage:** A betreibt eine genehmigte Brauerei mit einem Ausstoß von über 3000 Hektoliter Bier täglich (Anlage nach 4. BImSchV Spalte 1 Nr. 7.27) als Einzelunternehmen. Er möchte zunächst einen neuen leitenden Angestellten einstellen und zudem mit der Produktion nicht mehr um 6 Uhr, sondern um 5 Uhr beginnen. Weiterhin möchte er den Standort einer Anlage im Betrieb räumlich verändern. Sind diese Veränderungen anzeigepflichtig?

353 **(a) Unwesentliche Änderung:** Änderungen, die immissionsschutzrechtlich völlig unbedeutend sind, können einfach erfolgen, ohne dass es einer Anzeige oder Genehmigung bedarf. Die Einstellung eines neuen leitenden Angestellten ist immissionsschutzrechtlich belanglos und kann einfach erfolgen.

354 **(b) Änderung mit Auswirkungen:** Erst dann, wenn sich eine Änderung auf in § 1 BImSchG genannte Schutzgüter auswirken kann, ist sie nach § 15 Abs. 1 BImSchG „der zuständigen Behörde mindestens einen Monat, bevor mit der Änderung begonnen werden soll, schriftlich **anzuzeigen**". Die Vorverlagerung der Betriebszeiten hat Einfluss auf die Nachbarschaft, da es einen Unterschied macht, ob die Tätigkeit eines Lärm und Gerüche verursachenden Betriebes eine Stunde früher als bisher beginnt. Diese Änderung wäre also anzeigepflichtig.

355 **(c) Wesentliche Änderung genehmigungsbedürftig:** Es ist auch möglich, dass durch die „Änderung der Lage, der Beschaffenheit oder des Betriebs einer genehmigungsbedürftigen Anlage (...) nachteilige Auswirkungen hervorgerufen werden können und diese für die Prüfung nach § 6 Abs. 1 Nr. 1 (BImSchG) erheblich sein können". In diesem Fall liegt nach § 16 Abs. 1 BImSchG eine **wesentliche Änderung** vor, die der **Genehmigung** bedarf. Hinsichtlich der räumlichen Veränderung einer Anlage im Betrieb ist zu prüfen, ob auch danach noch die in § 6 Abs. 1 Nr. 1 BImSchG erwähnten Pflichten erfüllt werden. Wäre dies nicht der Fall, so läge eine genehmigungspflichtige wesentliche Änderung vor.

356 **dd) Einzelfragen und Wirkungen der Genehmigung:** Einzelfragen der Genehmigungen betreffen insbesondere deren Voraussetzungen, Nebenbestimmungen, das Erlöschen der Genehmigung und Einzelfallanordnungen.

298 Dazu *Sparwasser/Engel/Voßkuhle*, § 10 Rn. 139 ff.

(1) Voraussetzungen der Genehmigung: Unabhängig von der Verfahrensart, also davon, ob ein förmliches Verfahren nach § 10 oder ein vereinfachtes Verfahren nach § 19 BImSchG zu führen ist, sind die Genehmigungsvoraussetzungen grundsätzlich in § 6 BImSchG geregelt. Nach § 6 Abs. 1 Nr. 1 und 2 BImSchG ist eine Genehmigung zu erteilen, wenn die sich aus §§ 5 und 7 BImSchG ergebenden Pflichten erfüllt werden und andere öffentlich-rechtliche Vorschriften – z.B. baurechtliche – sowie Arbeitsschutzbelange nicht entgegenstehen. **357**

Zur Vertiefung

Die Formulierung „ist zu erteilen" verdient dabei besondere Beachtung, weil sie die Genehmigungsbehörde bei Vorliegen der Tatbestandsvoraussetzungen bindet und kein Ermessen bezüglich der Genehmigung einräumt. Prozessual bedeutet dies, dass bei unberechtigter Verweigerung der Genehmigung ein **gerichtlich durchsetzbarer Anspruch** auf Genehmigung besteht.

Für die Prüfung bedeutet dies, dass nach Überprüfung der Einhaltung der Betreiberpflichten nach § 5 BImSchG überprüft werden muss, ob für die jeweilige Anlage eine Rechtsverordnung nach § 7 erlassen wurde.

(a) Einhaltung der Betreiberpflichten: Gemäß § 6 muss zunächst sichergestellt sein, dass die Pflichten nach § 5 BImSchG, die so genannten Betreiberpflichten, erfüllt werden. **358**

Zur Vertiefung

§ 3 BImschG und § 5 BImSchG setzen dabei ohne gesetzliche Definition einen (Anlagen-)Betreiber voraus, so etwa in § 3 Abs. 5a BImSchG, wo der Betriebsbereich als der „gesamte unter der Aufsicht eines Betreibers stehende Bereich", von dem Emissionen ausgehen können, bezeichnet wird. Anlagenbetreiber ist damit derjenige, der bestimmenden Einfluss auf die Beschaffenheit und den Betrieb der Anlage hat, der also bestimmen kann, ob und wie die Anlage betrieben wird[299]. Der Anlagenbetreiber kann der Eigentümer eines Unternehmens sein, wenn der Betrieb innerhalb des Unternehmens stattfindet, gleich ob es sich um eine natürliche oder eine juristische Person bzw. Personenvereinigung handelt[300], es muss aber nicht der Eigentümer sein. Fallen im Einzelfall Eigentümer und Betriebsverantwortlicher auseinander, ist in der Regel auf den für den Betrieb Verantwortlichen abzustellen. So kann Betreiber eines Grundstücks als emittierende Anlage auch der Grundstückspächter sein. **358a**

Die Betreiberpflichten sind in § 5 BImSchG wie folgt systematisiert: **358b**

– **Schutz- bzw. Abwehrpflichten** (§ 5 Abs. 1 Nr. 1 BImschG). Danach ist zu gewährleisten, dass

  „schädliche Umwelteinwirkungen und sonstige Gefahren, erhebliche Nachteile und erhebliche Belästigungen für die Allgemeinheit und die Nachbarschaft nicht hervorgerufen werden können".

  Derartige Abwehrpflichten gewähren grundsätzlich Drittschutz[301]. Der Betreiber einer genehmigungsbedürftigen Anlage muss nicht nur schädliche Umwelteinwirkungen vermeiden sondern auch „sonstige Gefahren" unterbinden. Diese können etwa über Immissionen hinaus durch feste Stoffe hervorgerufen werden, die etwa durch den Einsturz eines Gebäudes nach einer Explosion eintreten können. Für

299 Vgl. *Pabst* in Fricke/Ott, § 24 Rn. Rn. 16.
300 Vgl. *Jarass*, § 3 Rn. 81.
301 Dazu *Jarass*, § 5 Rn. 119 ff.

den über den Normalbetrieb hinausgehenden Schutz gilt für die Vermeidung von Gefahren in Störfällen die Störfallverordnung (12. BImSchV).

- **Vorsorgepflichten** (§ 5 Abs. 1 Nr. 2). Es ist

  „Vorsorge gegen schädliche Umwelteinwirkungen und sonstige Gefahren, erhebliche Nachteile und erhebliche Belästigungen (zu treffen), insbesondere durch die dem Stand der Technik entsprechenden Maßnahmen"

  Vorsorge greift zur Verhinderung von Risiken unterhalb der Schwelle der Schädlichkeit. Nach Überschreiten dieser Schwelle ist die Schutzpflicht der Nr. 1 aktiviert. Den Stand der Technik definiert das BImSchG in § 3 Abs. 6 BImSchG in Verbindung mit dem Anhang zum BImSchG zu dieser Norm. Die Vorsorgepflicht ist nicht drittschützend[302] und bei einer Anordnung von Maßnahmen unter ihrer Berücksichtigung muss der Grundsatz der **Verhältnismäßigkeit** beachtet werden. Eine Vorsorgemaßnahme kann unverhältnismäßig sein, wenn Aufwand und Emissionsminderungseffekt nicht in einem angemessenen Verhältnis zueinander stehen.

- **Abfallvermeidungs-, -behandlungs- und -entsorgungspflichten** (§ 5 Abs. 1 Nr. 3) nehmen auf das KrW-/AbfG Bezug und sind nicht drittschützend[303].
- **Energieeffizienzpflicht** (§ 5 Abs. 1 Nr. 4 BImSchG), die grundsätzlich nicht drittschützend ist.
- **Nachsorgepflichten** (§ 5 Abs. 3 BImSchG) beziehen sich insbesondere auf die Zeit nach der Betriebseinstellung[304].

358c **(b) Einhaltung eventueller Vorgaben aus Verordnung:** Neben § 5 BImSchG ermächtigt § 7 BImSchG die Bundesregierung, durch Erlass von Rechtsverordnungen **weitere Betreiberpflichten** zu normieren. Folgende Verordnungen entfalten solche Pflichten:

- Großfeuerungsanlagenverordnung (13. BImSchV),
- Abfallverbrennungsanlagenverordnung (17. BImSchV)
- Abfallablagerungsverordnung (AbfAblVO)
- Verordnung über biologische Abfallbehandlungsanlagen (30. BImSchV)
- StörfallVO (12. BImSchV)
- Altölverordnung (AltölVO),
- Verordnung zur Begrenzung der Emissionen beim Umfüllen und Lagern von Ottokraftstoffen (20. BImSchV)
- Verordnung über die Entsorgung gebrauchter halogenierter Lösungsmittel (LösemittelVO)

359 **(2) Nebenbestimmungen, Teilantrag, Konzentrationswirkung, Vorbescheid:** Eine Genehmigung kann nach § 12 BImSchG mit **Nebenbestimmungen** versehen werden. In diesem Fall wird dem Antrag, der in der Regel auf unbedingte, unbefristete, vorbehaltlose oder auflagenfreie Genehmigung gerichtet ist, nur teilweise entsprochen. Es

302 *BVerwG* 65, 313, 320.
303 Dazu *Jarass*, § 5 Rn. 72 ff.
304 Dazu *Sparwasser/Engel/Voßkuhle*, § 10 Rn. 165 ff.

besteht umgekehrt auch die Möglichkeit, dass der Antragsteller von vornherein nur eine Teilgenehmigung zur Errichtung und zum Betrieb einer **Teilanlage** („Teil einer Anlage") beantragt. § 8 BImSchG sieht eine Teilgenehmigung nach behördlichem Ermessen vor, wenn der Vorhabenträger ein berechtigtes Interesse daran hat, die Genehmigungsvoraussetzungen für den Gegenstand der Teilgenehmigung erfüllt sind und wenn sich aufgrund einer vorläufigen Beurteilung ergibt, dass einer späteren Genehmigung der Gesamtanlage keine von Anfang an unüberwindlichen Hindernisse entgegen stehen („vorläufige Gesamtbeurteilung" nach § 8 S. 2 BImSchG).

Die BImSchG-Genehmigung hat nach § 13 BImSchG eine so genannte **formelle Konzentrationswirkung**. Das bedeutet, dass sie auch andere behördliche Entscheidungen, die die Anlage betreffen, umfasst. Daher muss die Immissionsschutzbehörde im Genehmigungsverfahren auch die materiell-rechtlichen Anforderungen miterfasster Genehmigungen und Zulassungen prüfen und berücksichtigen. Zu deren Einhaltung können dann Nebenbestimmungen in die Genehmigung nach BImSchG aufgenommen werden. **360**

Zur Vertiefung: Die Konzentrationswirkung gilt nach verbreiteter Ansicht etwa für Baugenehmigungen. Auf komplexere Genehmigungen wie Planfeststellungen, die Zulassung bergrechtlicher Betriebspläne, atomrechtliche Entscheidungen und solche nach § 8 WHG erstreckt sich die Konzentrationswirkung nicht.

Möchte der künftige Anlagenbetreiber, bevor er größere Investitionen trifft, eine vorgezogene Entscheidung über einzelne Genehmigungsvoraussetzungen oder den Standort der Anlage erwirken, so kann er gemäß § 9 Abs. 1 BImSchG einen **Vorbescheid** beantragen[305]. Ergeht er, so muss der Antragssteller innerhalb von zwei – spätestens vier – Jahren, hiervon Gebrauch machen (§ 9 Abs. 2 BImSchG).

(3) Erlöschen der Genehmigung: Wenn der Antragssteller nicht fristgemäß mit der Errichtung oder dem Betrieb einer genehmigten Anlage beginnt oder wenn diese länger drei Jahre nicht betrieben wird, erlischt die Genehmigung nach § 18 BImSchG. Über das Erlöschen ergeht ein feststellender Verwaltungsakt. In diesem Fall wird der Anlagenbetrieb formell illegal. **361**

(4) Einzelfallanordnungen: Der Immissionsschutzbehörde steht ein breites Instrumentarium von Eingriffen in den Betrieb genehmigungsbedürftiger Anlagen zur Verfügung. Es handelt sich dabei um nachträgliche Anordnungen und Auflagen, die Möglichkeit der Untersagung, Stilllegung und Beseitigung sowie den Widerruf der Anlagengenehmigung. **362**

(a) Nachträgliche Anordnungen und Auflagen: Nach Erteilung einer Genehmigung oder einer Änderungsanzeige (§ 15 BImSchG) kann (§ 17 Abs. 1 S. 1 BImSchG) bzw. soll[306] (§ 17 Abs. 1 S. 2 BImSchG) die Behörde nach § 17 BImSchG nachträgliche Anordnungen zur Erfüllung der Pflichten erlassen, die sich aus dem BImSchG und den zu diesem ergangenen Rechtsverordnungen ergeben. Sie hat hierbei den Grundsatz der **363**

305 Vgl. zum vergleichbar gelagerten Bauvorbescheid *Tettinger/Erbguth*, Rn. 1242 f.
306 Das bedeutet in der Regel ein Muss. Siehe dazu oben Rn. 109.

Verhältnismäßigkeit nach der besonderen Maßgabe des § 17 Abs. 2 BImSchG zu beachten. Ist eine nachträgliche Anordnung unverhältnismäßig, so soll die Genehmigung nach Maßgabe des § 17 Abs. 2 S. 2 BImSchG ganz oder teilweise widerrufen werden. Zudem besteht in diesem Fall kein bzw. ein nur abgeschwächter Bestandsschutz.

364 **(b) Untersagung, Stilllegung und Beseitigung:** Die Untersagung, Stilllegung und Beseitigung des Anlagenbetriebes richten sich nach § 20 BImSchG. Abs. 3 dieser Vorschrift sieht eine personenbezogene – bezogen auf den Betreiber oder den mit der Leitung des Betriebs Beauftragten – **Untersagung** vor. Diese Untersagung ist mit dem Fall der Unzuverlässigkeit des Gewerbetreibenden nach § 35 GewO vergleichbar. Sie erfolgt im Ermessen der Behörde bei Vorliegen von Tatsachen, die auf die Unzuverlässigkeit der entsprechenden Personen im Zusammenhang mit der Befolgung von Umweltschutzvorschriften vorliegen, und wenn die Untersagung zum Wohl der Allgemeinheit geboten ist. Beantragt der Betreiber dann die Erlaubnis, die Anlage durch eine zuverlässige Person betreiben zu lassen, so kann ihm dies gestattet werden (§ 20 Abs. 3 S. 2 BImSchG). Wenn eine Anlage ohne Genehmigung errichtet, betrieben oder wesentlich geändert wurde, soll die zuständige Behörde deren **Stilllegung** oder sogar deren **Beseitigung** anordnen (§ 20 Abs. 2 S. 1 BImSchG). Ist die Allgemeinheit oder die Nachbarschaft auf andere Weise nicht ausreichend zu schützen, so ist Beseitigung anzuordnen (§ 20 Abs. 2 S. 2).

365 **(c) Widerruf der Genehmigung:** Eine rechtmäßig erteilte Genehmigung kann gemäß § 21 BImSchG für die Zukunft widerrufen werden, was i.d.R. erhebliche finanzielle Auswirkungen für den betroffenen Betrieb hat. Inhaltlich entspricht die Widerrufsregelung den §§ 49 Abs. 1–3, 5, 50 VwVfG. Da es an einer Regelung für die Rücknahme einer rechtswidrig erteilten Genehmigung fehlt, ist insoweit auf § 48 VwVfG zurückzugreifen.[307] § 21 Abs. 1–6 BImSchG gelten jedoch nicht, soweit die Genehmigung auf einen Drittwiderspruch oder die Anfechtungsklage eines Dritten aufgehoben wird (§ 21 Abs. 7 BImSchG).

(d) Sonstiges: Wer eine genehmigungsbedürftige Anlage betreibt, ist nach § 27 BImSchG verpflichtet, Emissionserklärungen abzugeben. Nach § 26 BImSchG kann die zuständige Behörde besondere (§ 26) und kontinuierliche Emissionsmessungen (§ 29) sowie sicherheitstechnische Überprüfungen (§ 29a) anordnen.

366 **b) Genehmigungsfreie Anlagen:** Genehmigungsfreie Anlagen sind nach § 2 Abs. 1 Nr. 1 i.V.m. § 3 Abs. 5 BImSchG im Wesentlichen Betriebsstätten und sonstige ortsfeste Einrichtungen, Maschinen, Geräte und sonstige ortsveränderliche technische Einrichtungen sowie Grundstücke, auf denen Stoffe gelagert oder abgelagert oder Arbeiten durchgeführt werden, die Emissionen verursachen können, die zwar dem BImSchG unterliegen, aber nicht der Genehmigungspflicht nach § 4 BImSchG, weil sie typischerweise nur geringe Umweltgefahren verursachen können[308]. Hier sind an Errichtung und

307 Zu diesen Einzelfragen *Sparwasser/Engel/Voßkuhle*, § 10 Rn. 233 und Rn. 392 ff. (Widerruf und Rücknahme).

308 Vgl. mit Beispielen *Jarass*, BImSchG, § 22 Rn. 9.

Betrieb weniger hohe Anforderungen als bei genehmigungsbedürftigen Anlagen geknüpft und es gelten eigene Verordnungen. Mit der geringeren Regelungsdichte bei nicht genehmigungsbedürftigen Anlagen sind aber zugleich Unsicherheiten bei der Rechtsanwendung und beim Rechtsschutz verbunden, weil bei Einzelfallanordnungen größerer Ermessenspielraum besteht.

aa) Betreiberpflichten: Auch für genehmigungsfreie Anlagen bestehen Betreiberpflichten und es gelten sonstige Vorschriften (§§ 22–25 BImSchG). 367

34. Fall: A hat eine gebrauchte Flutlichtanlage erworben, die ihm als Einbruchschutz dienen soll. Sie besteht aus mehreren, nebeneinander angeordneten, sehr hellen Lampen, die A an einen Bewegungsmelder gekoppelt hat. A bringt das Flutlicht auf einem Mast hinter seinem Haus an. Immer wenn sich bei Dunkelheit im Kontaktbereich des Bewegungsmelders etwas rührt, geht das Licht für zwei Minuten an. Da in der Umgebung viele Katzen leben, tritt häufig „blinder Alarm" ein. Dies stört A nicht, weil er zur anderen Seite des Hauses schläft. Wohl aber stört es seinen Nachbarn, dessen Schlafzimmer im unmittelbaren Einstrahlungsbereich des Lichtes liegt. Darf A seine Alarmanlage betreiben?

Die Betreiberpflichten für nicht genehmigungspflichtige Anlagen bestehen nach § 22 Abs. 1 BImSchG im Wesentlichen darin, nach dem Stand der Technik vermeidbare schädliche Umwelteinwirkungen zu verhindern und unvermeidbare zu minimieren sowie eine ordnungsgemäße Abfallentsorgung zu gewährleisten[309]. Zusammengefasst bestehen also eine Verhinderungspflicht, eine Minimierungspflicht und eine Abfallbeseitigungspflicht.

Auch für nicht genehmigungsbedürftige Anlagen existiert eine Verordnungsermächtigung (§ 23 BImSchG), auf deren Grundlage eine Reihe von Verordnungen zur **Konkretisierung der Betreiberpflichten** erlassen wurden[310]. Es handelt sich dabei zum Beispiel um:

- 1. BImSchV (Kleinfeuerungsanlagen)
- Altölverordnung (AltölVO)
- 2. BImSchV (Emissionsbegrenzung von leichtflüchtigen halogenierten organischen Verbindungen)
- 7. BImSchV, (Ausfluchtbegrenzung von Holzstaub)
- 8. BImSchV (Rasenmäherlärm),
- 10. BImSchV (Beschaffenheit Auszeichnung der Qualitäten von Kraftstoffen)
- 18. BImSchV (Sportanlagenlärm)
- 20. BImSchV (Begrenzung Emissionen flüchtiger organischer Verbindungen beim Umfüllen und Lagern von Ottokraftstoffen)
- 21. BImSchV (Begrenzung der Kohlenwasserstoffemissionen bei Betankung von Kraftfahrzeugen)
- 22. BImSchV (Luftqualität)
- 26. BImSchV (Elektromagnetische Felder)[311]
- 27. BImSchV (Feuerbestattung)

309 Zu diesen Geboten *Jarass*, § 22 Rn. 1 ff.
310 Dazu *Sparwasser/Engel/Voßkuhle*, § 10 Rn. 266 ff.
311 Dies ist etwa relevant für Mobilfunkanlagen.

- 31. BImSchV (Lösemittelverordnung auf Grundlage VOC-Richtlinie)
- 32. BImSchV (Geräte- und Maschinenlärmschutzverordnung)

367a Zur Vertiefung

Zwar besteht grds. die Annahme, dass nicht genehmigungsbedürftige Anlagen in ihrer Gefährlichkeit hinter solchen nach Anhang zur 4. BImSchV zurückbleiben. Die verbleibenden Unsicherheiten in dieser Frage lassen sich aber in besonderer Weise an der 26. BImSchV nachweisen. Diese betrifft die Errichtung und den Betrieb von **Sendeanlagen**, die gewerblichen Zwecken dienen oder im Rahmen wirtschaftlicher Unternehmen Verwendung finden und dabei **nicht** der **Anlagengenehmigung** nach § 4 BImSchG unterliegen. Im Wesentlichen handelt es sich hierbei um Sendefunkanlagen des Mobilfunknetzes (Hochfrequenzanlagen), aber auch um ortsfeste Anlagen zum Transport von Elektrizität, wie etwa Freileitungen, Erdkabel, Oberleitungen oder Elektroumspannanlagen (Niederfrequenzanlagen). Obwohl die schädlichen Auswirkungen durch elektromagnetische Felder wohl bis heute **nicht endgültig geklärt** sind, sind in der entsprechenden Verordnung Vorschriften zum Betrieb, zu maximalen Feldstärken in der Umgebung solcher Anlagen sowie zur Ermittlung derartiger Feldstärken niedergelegt. Bei den Gefahren durch elektromagnetische Felder handelt es sich also klassisch um eine Art von Gefahren, deren Folgen derzeit nicht letztlich eingeschätzt werden können, deren Regelung aber im Lichte des **Vorsorgeprinzips** als Risikoquelle geboten erscheint. Gerade im Bereich der elektromagnetischen Felder zeigt sich, dass für eventuelle Umwelteinwirkungen **nicht** immer auf **durchschnittliche Erfahrungen** zurückgegriffen werden kann, und hier eine weitgehende Ungewissheit der Existenz bzw. einer tatsächlichen Verwirklichung der Gefahr vorliegt. Bereits die Möglichkeit des Gefahreintritts aber bewegt den Verordnungsgeber zu einem entsprechenden vorsorglichen Handeln. Nicht abschätzbar ist derzeit, welchen Einfluss das Gesetz zum Schutz vor nicht ionisierender Strahlung (NiSG) im Verhältnis zur 26. BImSchV haben wird; das NiSG von 2010 regelt in § 1 Abs. 1 Nr. 2 relativ versteckt Fragen der Vorsorge bezüglich der Anlagen für den Mobilfunk.[312]

368 **bb) Einzelfallanordnungen:** Auch nicht genehmigungsbedürftige Anlagen unterliegen der behördlichen Überwachung, wobei die §§ 24 ff. BImSchG als Eingriffsermächtigung dienen. Danach können die erforderlichen Anordnungen erlassen werden (§ 24 BImSchG) und erforderlichenfalls kann (§ 25 Abs. 1 BImSchG) bzw. soll (§ 25 Abs. 2 BImSchG) der Betrieb einer Anlage untersagt werden. Im Fall handelt es sich bei dem Flutlicht um eine (nicht genehmigungspflichtige) Anlage[313] (§ 3 Abs. 5 BImschG). Diese entspricht aber nicht – wie es § 22 Abs. 1 Nr. 1 BImSchG verlangt – dem Stand der Technik gemäß § 3 Abs. 6 BImSchG. Man wird Zweifel daran haben müssen, dass hier eine Einbruchschutzanlage auf dem Entwicklungsstand eines fortschrittlichen Verfahrens vorliegt. A darf die Anlage also nicht betreiben und die Behörde soll diese auf Grundlage von § 25 Abs. 2 BImSchG wegen der damit verbundenen Gesundheitsbeeinträchtigungen für den Nachbarn, dem die Nachtruhe genommen wird, untersagen.

2. Produktbezogener Immissionsschutz

369 Das BImSchG formuliert in §§ 32–37 BImSchG und §§ 37a–37f BImSchG **produktbezogene Anforderungen** an die Beschaffenheit von Anlagen, Stoffen, Erzeugnissen, Brenn-, Treib- und Schmierstoffen. Dieser produktbezogene Immissionsschutz dient dazu, dem Immissionsschutz bereits bei Herstellung von Massen- und Serienprodukten Rechnung zu tragen, was im Wege der Rechtsverordnung zu erfolgen hat.[314] Diesbezüglich sind folgende Verordnungen von Bedeutung:

312 Vgl. insoweit auch *Becker*, Das neue Umweltrecht 2010, Rn. 482.
313 *BVerwGE* 79, 254, 256 für eine Feueralarmsirene.
314 Dazu *Jarass*, § 35 Rn. 1 ff.

- 3. BImSchV Verordnung über den Schwefelgehalt bestimmter flüssiger Kraft- oder Brennstoffe
- 10. BImSchV Verordnung über die Beschaffenheit und die Auszeichnung der Qualitäten von Kraftstoffen
- 19. BImSchV Verordnung über Chlor- und Bromverbindungen als Kraftstoffzusatz
- 28. BImSchV Verordnung über Emissionsgrenzwerte für Verbrennungsmotoren
- 32. BImSchV Geräte- und Maschinenlärmschutzverordnung
- Altölverordnung

Die Einführung des sog. **E10-Kraftstoffs** (Benzin, dem bis zu 10 % Ethanol beigefügt ist) beruht dabei neben der 10. BImschV vornehmlich auf dem Biokraftstoffquotengesetz 2006, das in Umsetzung der Richtlinie 2003/30/EG über die Kraftstoffqualität erlassen wurde.

3. Verkehrsbezogener Immissionsschutz

Verkehrsbezogene Anforderungen an die Beschaffenheit und den Betrieb von Fahrzeugen sowie den Bau- und die Änderung von Straßen- und Schienenwegen sind im vierten Teil des BImSchG, bestehend aus den §§ 38–48 BImSchG geregelt. Diese im Immissionsschutzrecht nur lückenhaft vorhandenen Regelungen werden durch Vorschriften anderer Gesetze, etwa der StVO, der StVZO und des Straßenrechts, sowie durch das Allgemeine Eisenbahngesetz (AEG) und das Luftverkehrsgesetz (LuftVG) ergänzt.[315] Der Gesetzgeber verfolgt hier zum einen den Ansatz, Anforderungen im Rahmen der **Produktzulassung** zu stellen, wie etwa in §§ 38, 39 BImSchG, §§ 47 ff. StVZO für Kraftfahrzeuge, die sich z.B. einer regelmäßigen Abgasuntersuchung unterziehen müssen. Zum anderen soll Immissionsschutz schon durch Planung verwirklicht werden. Dies geschieht bei öffentlichen Verkehrswegen, also Straßen, Straßenbahnen und Eisenbahnen (§§ 41 ff. BImSchG), die freilich nach § 3 Abs. 5 Nr. 3 keine Anlagen im Sinne des BImSchG sind, ebenso wie im Luftverkehr im Wege der Planfeststellung[316]. **370**

4. Gebietsbezogener Immissionsschutz

Die wachsende Bedeutung des gebietsbezogenen Immissionsschutzes wird im Zusammenhang mit der Diskussion über die Feinstaubbelastung in Großstädten deutlich, an deren Folgen nach Angaben der Weltgesundheitsorganisation (WHO) in der Bundesrepublik Deutschland jährlich etwa 68 000 Menschen sterben[317]. Infolgedessen werden hierzulande aufgrund sog. Feinstaubplaketten Verkehrsbeschränkungen für Umweltzonen auf Grundlage von § 40 Abs. 1, 3 BImSchG i.V.m. 35. BImSchV ausgesprochen[318]. **371**

---

315 Dazu *Sparwasser/Engel/Voßkuhle*, § 10 Rn. 274.
316 Siehe zur Planfeststellung oben Rn. 88 ff.
317 So *Willand/Buchholz*, NJW 2005, 2641, 2641.
318 Zu Verkehrsbeschränkungen nach §§ 40 ff. BImSchG *Willand/Buchholz*, NJW 2005, 2641 ff. Vgl. auch *Calliess*, NVwZ 2006, 1 ff.

Zur Vertiefung

Rechtsprobleme machen hierbei der drittschützende Charakter des Feinstaubgrenzwerts nach der 22. BImSchV und daraus resultierende Gesundheitsgefahren und die Frage, ob aus dieser Überschreitung Ansprüche auf verkehrsbeschränkende Maßnahmen nach § 40 Abs. 1 BImSchG oder aus dem Straßenverkehrsrecht – insbesondere aus § 45 Abs. 1 S. 2 StVO – hergeleitet werden können, was das VG München ablehnt[319].

5. Lärmschutz

372 Die Konzeption des Lärmschutzes ist im deutschen Umweltrecht nicht homogen. Er wird durch das BImSchG teilweise (mit)gewährleistet. Neben dem Immissionsschutzrecht finden sich auch im Bauplanungsrecht und im Baugenehmigungsverfahren vor Lärm schützende Vorschriften[320]. Im BImSchG erfassen etwa die Begriffsbestimmungen von Immissionen und Emissionen in § 3 Abs. 2 bzw. 3 BImSchG auch Geräusche. Sie können schädliche Umwelteinwirkungen im Sinne von § 3 Abs. 1 BImSchG darstellen und sind von den an Anlagenbetreiber gerichtete Pflichten in §§ 5 Abs. 1 Nr. 2, 22 Abs. 1 Nr. 2 und § 38 Abs. 1 Nr. 2 BImSchG erfasst. Zudem sorgt auch das Trennungsgebot des § 50 BImSchG für eine räumliche Trennung störender Nutzungen, die auch durch Lärm gegeben sein kann.[321]

Auf untergesetzlicher Ebene ist es Aufgabe der aufgrund von § 48 BImSchG erlassenen und für genehmigungs- und nicht genehmigungsbedürftige gewerbliche Anlagen geltenden TA Lärm[322] sowie folgender Verordnungen für den Lärm und Ruheschutz zu sorgen

- 16. BImSchV Verkehrslärmschutzverordnung[323] und 24. BImSchV Verkehrswege-Schallschutzmaßnahmenverordnung, der
- 18. BImSchV Sportanlagenlärmschutzverordnung[324] sowie der
- 32. BImSchV Geräte- und Maschinenlärmschutzverordnung[325].

Die 1998 novellierte TA Lärm enthält in dieser Fassung Immissionsrichtwerte[326] für außerhalb von Gebäuden entstehende Immissionen. Die **Verordnungen** knüpfen an häufig auftretende Probleme in den jeweiligen Lebensbereichen, konkret an Sportlärm, Verkehrslärm sowie Geräte- und Maschinenlärm, der vor allem bei Baumaßnahmen entsteht, an.

319 *VG München* NVwZ 2005, 842 unter Berücksichtigung der Sommersmog-Entscheidung des *BVerwGE* 109, 29 ff. Dazu *Willand/Buchholz*, NJW 2005, 2641, 2642 ff.; *Zeiss*, UPR 2005, 253 ff.
320 *Sparwasser/Engel/Voßkuhle*, § 10 Rn. 305 f.
321 Dazu *Jarass*, § 50 Rn. 4 ff.
322 *Sparwasser/Engel/Voßkuhle*, § 10 Rn. 311. Siehe zur TA Lärm grundsätzlich oben Rn. 22.
323 *Kloepfer*, § 14 Rn. 292.
324 *Kloepfer*, § 14 Rn. 82 ff.
325 *Sparwasser/Engel/Voßkuhle*, § 10 Rn. 331 ff.
326 *Sparwasser/Engel/Voßkuhle*, § 10 Rn. 315.

6. Weitere Instrumente des Immissionsschutzes

Neben den bereits geschilderten kennt das Immissionsrecht weitere Instrumente zur Sicherung seiner Schutzgüter. Diese sind vom Staat im Wege der Überwachung als Planungsinstrumente durch die Inpflichtnahme von privaten Anlagenbetreibern oder im Wege des Einsatzes von Sachverständigen einzusetzen. **373**

a) Staatliche Instrumente: Nach §§ 26 und 44 BImSchG muss der Staat Belastungen der Luft durch Messungen feststellen und deren Qualität gemäß §§ 45 und 52 BImSchG durch regelmäßig durchzuführende Untersuchungen überwachen. Bei **genehmigungsbedürftigen** Anlagen erhöhen sich diese Überwachungspflichten nach Maßgabe der §§ 17 ff. BImSchG, die zu nachträglichen Anordnungen ermächtigen[327] und die gegebenenfalls verlangen, eine Anlage stillzulegen, zu beseitigen oder deren Genehmigung zu widerrufen. Bei **nicht genehmigungsbedürftigen Anlagen** sieht das Gesetz die geschilderten Einzelfallanordnungen sowie gegebenenfalls eine Untersagung der Anlage[328] vor. Besonderheiten gelten für die Qualitätssicherung bei Verkehrsanlagen etwa nach § 40 BImSchG und § 45 StVO[329]. **374**

b) Planungsinstrumente: §§ 44–47 f. BImSchG sind Instrumente der sog. Luftreinhalte- und Lärmminderungsplanung[330]. **375**

aa) Luftreinhalteplanung: In §§ 44 ff. BImSchG finden sich zunächst **gebietsbezogene Vorschriften** zur Überwachung der Luftverunreinigungen im Bundesgebiet, die der Sicherung der Umweltqualität und der Vorsorge dienen. Weitere Qualitätsstandards gibt die aufgrund von § 48a Abs. 1 und 3 BImSchG erlassene **22. BImSchV** über Immissionswerte für Schadstoffe in der Luft vor. Sie setzt die Luftqualitätsrahmenrichtlinie 1996/62/EG sowie die zu deren Präzisierung erlassenen Richtlinien 1999/30/EG und 2000/69/EG und die Ozonrichtlinie 92/72/EG um, die wiederum durch Änderungen der §§ 40, 44 ff. BImSchG national verankert wurden. **376**

Zur Vertiefung

Die 22. BImSchV enthält insbesondere **Immissionsgrenzwerte** für bestimmte Schadstoffe[331], die zum überwiegenden Teil seit dem 1. Januar 2005 verbindlich sind, es teilweise aber auch erst ab 1. Januar 2010 werden. Verbindliche Grenzwerte müssen im Falle der Überschreitung durch emissionsreduzierende Maßnahmen unterbunden werden.[332] Die Überwachung obliegt nach § 45 Abs. 1 BImSchG den zuständigen Behörden. Die Luftreinhalteplanung kommt für jedermann spürbar etwa an heißen Sommertagen zum Tragen, wenn es zu Handlungsempfehlungen und -einschränkungen wegen zu hoher Ozonbelastung der Luft kommt[333].

bb) Lärmschutz: Dem Lärmschutz trägt die **Umgebungslärmrichtlinie** 2002/49/EG Rechnung, die eine Änderung und Ergänzung von § 47a BImSchG zur Folge hatte. Der **377**

---

327 Siehe oben Rn. 363.
328 Siehe oben Rn. 368.
329 *Sparwasser/Engel/Voßkuhle*, § 10 Rn. 407 ff.
330 Dazu *Scheidler*, DVBl. 2005, 1344 ff.; *ders.* UPR 2005, 334 ff.
331 Z.B. für Schwefeldioxid, Stickstoffdioxid, Schwebstaub und Partikel, Blei, Blei Benzol und Kohlenmonoxid.
332 Dazu *Jarass*, § 48a Rn. 9.
333 Dazu *Sparwasser/Engel/Voßkuhle*, § 10 Rn. 428 ff.

neue § 47a BImSchG gibt den Wortlaut von Art. 2 der Richtlinie 2002/49/EG wieder. In § 47b–47f BImSchG finden sich Vorschriften über Begriffsbestimmungen, Lärmkarten, Lärmaktionspläne und eine Verordnungsermächtigung unter anderem zur Definition sog. Lärmindizes.

378 **c) Inpflichtnahme Privater:** Zur Sicherung der Qualität der Luft nimmt der Gesetzgeber auch Private in die Pflicht. Neben den Betreiberpflichten nach §§ 5 und 22 BImSchG[334] ist die **Eigenverantwortung** des **Anlagenbetreibers** in § 52a BImSchG festgelegt und näher beschrieben.

■ **35. Fall:** A ist einer von zwei vertretungsberechtigten Gesellschaftern und Geschäftsführern ■ einer GmbH, die ein Hüttenwerk (Spalte 1 Nr. 3.2 der 4. BImSchV) betreibt. Er erhält eine Auflage für den Betrieb eines bestimmten Schmelzofens. Als die Behörde bei einer Überprüfung der Einhaltung der Auflage Mängel feststellt, erklärt A, er sei hierfür nicht verantwortlich, vielmehr habe er die Verantwortlichkeit auf einen Mitarbeiter delegiert. Dieser gehöre zwar nicht der Geschäftsführung an, kenne sich aber mit dem Ofen aus, betreibe diesen und sei auch für ihn verantwortlich. Wer ist tatsächlich verantwortlich?

379 **aa) Haftung der Gesellschafter:** Vorstandsmitglieder und Geschäftsführer sind nach § 93 AktG bzw. § 43 GmbHG dazu verpflichtet, ihre Leitungsfunktionen ordnungsgemäß wahrzunehmen. Sie müssen dafür einstehen, dass sich die Gesellschaft in ihren Außenbeziehungen rechtmäßig verhält. Der Vorstand einer AG etwa haftet gegenüber der Gesellschaft, wenn aus einer solchen Pflichtverletzung ein Schaden entsteht. Im Übrigen haftet aber wegen des sog. Trennungsprinzips (§ 13 GmbHG) allein die Gesellschaft nach außen. Von dem Grundsatz, dass gegenüber Dritten nur die Gesellschaft haftet, gibt es Ausnahmen. Eine persönliche Haftung kommt etwa bei straf- oder bußgeldbewährten Verstößen des Betreibers in Betracht. Eine nicht delegierbare Pflicht ist etwa die Einrichtung einer Betriebsorganisation zur Sicherung des Umweltschutzes, wozu eine sachgerechte Auswahl des Personals und dessen Unterweisung und Überwachung zählt.[335]

380 **bb) Betriebsbeauftragter:** Zudem verlangt das Gesetz bei bestimmten genehmigungsbedürftigen Anlagen eine institutionalisierte betriebsinterne Eigenüberwachung durch einen sog. **Betriebsbeauftragten für Immissionsschutz** (§§ 53–58 BImSchG, 5. BImSchV über Immissionsschutz- und Störfallbeauftragte), der einem Mitarbeiter des Betreibers und nur diesem gegenüber – nicht etwa der Behörde – verantwortlich ist. Er nimmt nach § 54 BImSchG, Beratungs-, Initiativ-, Aufklärungs-, Kontroll- und Berichtsfunktion wahr.[336] Wenn eine Anlage ein besonders Gefahrenpotential aufweist, ist zusätzlich ein **Störfallbeauftragter** nach § 58a ff. BImSchG zu bestellen, der eine besondere Fachkunde nachweisen muss und dem vergleichbare Funktionen wie dem Betriebsbeauftragten zukommen[337].

---

334 Siehe oben Rn. 341, 367.

335 Vgl. aber oben Rn. 241 ff. für das Bodenschutzrecht auch die spezielle Haftung nach § 4 Abs. 3 BBodSchG aus handels- und gesellschaftlichem Grund.

336 Dazu *Jarass*, § 54 Rn. 4 ff.

337 Dazu *Jarass*, § 58a Rn. 1 f., 7 ff.

Im Fall liegt eine genehmigungsbedürftige Anlage vor. Wenn bei Personengesellschaften mehrere vertretungsberechtigte Gesellschafter vorhanden sind, so sind diese gesamtverantwortlich (§ 52a Abs. 1 S. 2 BImSchG). A kann die Verantwortlichkeit für die Anlage also nicht ohne weiteres auf einen Mitarbeiter delegieren, der nicht geschäftsführungsbefugt ist. Insbesondere ist dieser Mitarbeiter auch im Rechtssinne nicht Betreiber der Anlage. Es muss der zuständigen Behörde nach § 52a Abs. 1 S. 2 BImSchG angezeigt werden, wer von den vertretungsberechtigten Gesellschaftern der Anlagenbetreiber ist. Nach § 52a Abs. 2 BImSchG hat, muss der Betreiber der genehmigungsbedürftigen Anlage der zuständigen Behörde zudem mitzuteilen, wie der Umweltschutz in Betrieb beachtet wird. Unter gewissen Umständen kann die Verantwortlichkeit aber auf einen Betriebsbeauftragten delegiert werden. Dann muss dieser aber zugleich innerbetriebliche Entscheidungsbefugnisse haben[338]. Dass das Umweltrecht bis hinein ins Arbeitsrecht drängt, zeigt etwa § 58 BImSchG. Die Vorschrift enthält ein **Kündigungsverbot für Immissionsschutzbeauftragte** in Betrieben.

d) Sachverständige: Der Gesetzgeber hält schließlich in einer Reihe von Fachfragen **381**
den Einsatz von Sachverständigen für sinnvoll, die nach § 51 BImSchG im Zuge der **Normsetzung** aber auch zum Thema **Anlagensicherheit** zu hören sind (§ 51a BImSchG, Kommission für Anlagensicherheit[339]).

e) Bürgerbeteiligung: Weitere sonstige Instrumente zur Sicherung der Luftqualität **382**
stellen die Information und sonstige Beteiligung der Bürger dar. In diesem Zusammenhang sind **Verfahrensbeteiligungsrechte** etwa der IVU-Richtlinie und der Öffentlichkeitsrichtlinie, **Informationspflichten** etwa nach § 46a BImSchG i.V.m. der 12., 19., und 22. BImschV sowie Einsichtnahmemöglichkeiten in Umweltdaten nach dem UIG zu nennen.

7. Handel mit Emissionen

Seit dem 1.1.2005 gilt ein gemeinschaftsweites Emissionshandelssystem auf Grundla- **383**
ge der Richtlinie 2003/87/EG (EH-Richtlinie)[340]. Es soll dazu beitragen, Treibhausgasemissionen zu reduzieren. Es wird als Meilenstein zum Klimaschutz bezeichnet[341], weil es eine Reduktion von Treibhausgasemissionen ohne Ansehung des Entstehungsortes ermöglicht. Ein Emittent hat die Wahl, ob er Emissionen vermeidet oder ob er unter

338 Für den Gewässerschutzbeauftragten *OLG Frankfurt* NJW 1987, 2753, 2756; *Tröndle/Fischer,* § 324 Rn. 9 StGB.

339 Zuvor Störfall-Kommission. Dazu *Sparwasser/Engel/Voßkuhle*, § 10 Rn. 457.

340 *Weinreich/Marr*, NJW 2005, 1078 ff.; *Erbguth/Schlacke*, § 16 Rn. 12 f.; *Michaelis/Holtwisch*, NJW 2004, 2127 ff.; *Kobes*, NVwZ 2004, 1153 ff., *Burgi*, NVwZ 2004, 1162 ff.; *Weidemann*, DVBl. 2004, 727 ff.; *Pabst* in Fricke/Ott, § 24 Rn. 100 ff.; *Begemann/Lustermann*, NVwZ 2006, 135 f.; *Sieberg*, NVwZ 2006, 141 ff. Eingehend *Winkler, Martin*, Völker-, europa- und verfassungsrechtliche Grundlagen sowie instrumentelle Unterstützung der deutschen Klimaschutzpolitik unter Berücksichtigung des Emissionshandels (2005) und *Körner/Vierhaus*, Kommentar zum Treibhaus-Emissionshandelsgesetz und Zuteilungsgesetz 2007 (2005).

341 *Weinreich/Marr*, NJW 2005, 1078, 1078.

dem System handelbare Emissionsberechtigungen erwirbt[342]. Nach der europarechtlichen Vorgabe der EH-Richtlinie ist die Emission von Treibhausgasen genehmigungspflichtig. Ohne Treibhausgas-Emissionshandelsgenehmigung darf also seit dem 1.1.2005 kein Kohlendioxid emittiert werden. Das Genehmigungserfordernis soll nicht nur die Teilnahme der Verantwortlichen am Emissionshandelssystem sichern, sondern es soll auch gewährleisten, dass Treibhausgasemissionen von den Verantwortlichen überwacht werden können und dass hierüber berichtet werden kann.[343]

In der Bundesrepublik Deutschland wird das europäische Emissionshandelssystem[344] dreistufig umgesetzt[345], nämlich:

- Das **Treibhausgas-Emissionshandelsgesetz** (TEHG) zur Schaffung eines rechtlichen Rahmens für den Emissionshandel. Es enthält hauptsächlich Rahmen- und Verfahrensvorschriften zu den Grundstrukturen des Emissionshandelssystems. Zugleich wurden durch in § 5 und 6 TEHG in das BImSchG besondere **Betreiberpflichten** (Vorsorge) in § 5 Abs. 1 S. 2 BImSchG eingeführt.
- Der nationale Zuteilungs- oder **Allokationsplan** (NAP) weist für die jeweilige Zuteilungsperiode – die erste läuft von 2005 bis 2007 – Emissionsziele aus und legt Zuteilungsregeln politisch fest. Er wurde der Europäischen Kommission mit einer Liste der in Deutschland betroffenen Anlagen vorgelegt und veröffentlicht.
- Ein **Zuteilungsgesetz** (ZuG) legt die nationale Emissionsmengenplanung fest und regelt rechtsverbindlich die Zuteilung von Emissionsrechten für die jeweilige Zuteilungsperiode. Es wird durch eine **Zuteilungsverordnung** konkretisiert, die den Emissionshandel steuert, indem für eine Zuteilungsperiode die Gesamtmenge von Berechtigungen zugeteilt und so eine Beschränkung der absoluten Menge dieser Berechtigungen sichergestellt wird.

383a Emissionsgenehmigungen nach TEHG werden zukünftig in notwendige immissionsschutzrechtlichen Genehmigungen nach BImSchG integriert (§ 4 Abs. 6 TEHG). Die Genehmigungsvorschriften des § 4 TEHG sind im immissionsschutzrechtlichen Verfahren ergänzend anzuwenden, soweit hierin zusätzliche Anforderungen enthalten sind. Bezüglich immissionsrechtlich genehmigter Altanlagen sind die Anforderungen der §§ 5 und 6 Abs. 1 TEHG (Ermittlung von Emissionen und Emissionsbericht, Rückgabepflicht für Berechtigungen) „als Bestandteil dieser Genehmigung" anzusehen.

383b Ab 2013 ist eine stärkere europaweite Harmonisierung des Emissionshandels durch Anpassung des deutschen Treibhausgas-Emissionshandelsgesetzes an EU-Rechtsvorgaben vorgesehen. Zukünftig soll es eine EU-weite Gesamtemissionsmenge an Treibhausgasen und EU-weit einheitliche Zuteilungsregeln geben. Wesentliche Neuerung ist, dass der überwiegende Teil der Emissionszertifikate nicht mehr kostenlos vergeben wird; vorgesehen ist eine Versteigerung der Zertifikate. Kostenlose Zuteilungen soll es übergangsweise weiterhin für energieintensive Industriesektoren im internationalen

342 *Erbguth/Schlacke*, § 16 Rn. 12 f.
343 *Weinreich/Marr*, NJW 2005, 1078, 1079.
344 Siehe zu Rechtsschutzfragen unten Rn. 398.
345 *Weinreich/Marr*, NJW 2005, 1078, 1078 f.

Wettbewerb geben. Im Übrigen soll die festgelegte Gesamtmenge (sog. CAP) in den kommenden Jahren kontinuierlich sinken. In Umsetzung der sog. Verbindungsrichtlinie soll es zudem den am Emissionshandel beteiligten europäischen Unternehmen möglich werden, Gutschriften aus Projekten im außereuropäischen Raum zur Verringerung der Treibhausgasemissionen auf Verpflichtungen zur Emissionsreduktion im europäischen Raum anzurechnen. Die so erlangten Gutschriften können in nutz- und handelbare Treibhausgas-Emissionszertifikate umgewandelt werden.

VI. Verfahren und Prozessuales

Der Rechtschutz im Immissionsschutzrecht weist strukturelle Parallelen zum Baurecht auf. Ein Anlagenbetreiber muss nicht nur im Verhältnis zur Behörde eine Genehmigung erstreiten oder deren Anordnungen abwehren. Zugleich sieht er sich Einwänden von Nachbarn und Dritten im Einwirkungsbereich der Anlage ausgesetzt. Grundsätzlich ist beim **Rechtsschutz** im Immissionsschutzrecht danach zu unterscheiden, ob dieser sich gegen solche von genehmigungsbedürftigen oder von nicht genehmigungsbedürftigen Anlagen richtet. **384**

1. Genehmigungsbedürftige Anlagen

Im **förmlichen Genehmigungsverfahren** sollen die kollidierenden Belange und Interessen von Anlagenbetreiber und Nachbar berücksichtigt und abgewogen sowie anstehende Konflikte ausgetragen werden. Daher erfolgt hier schon nach dem Gesetz zunächst eine Öffentlichkeitsbeteiligung mit Auslegung der Vorhabensunterlagen und einer Berücksichtigung von Einwendungen Dritter. Gleichzeitig werden im Wege der formellen Konzentration nach § 13 BImSchG von der immissionsschutzrechtlichen Genehmigung auch weitere Genehmigungen, wie etwa die Baugenehmigung erfasst. Im vorausgehenden Verfahren wird die Beteiligung anderer Behörden nach §§ 11 bzw. 24 S. 2 der 9. BImSchV geklärt und entschieden, ob sonstige, gesondert einzuholende Genehmigungen wie etwa wasserrechtliche Erlaubnisse erteilt werden können. Im Wege der Durchführung insbesondere eines förmlichen Genehmigungsverfahrens kann gerade auch zur endgültigen Klärung von Konflikten beigetragen werden. Im **vereinfachten Genehmigungsverfahren** kann der Betreiber nach § 13 VwVfG beantragen, voraussichtlich betroffene Nachbarn hinzuzuziehen. **385**

a) Rechtsschutz des Dritten: Beim Rechtsschutz von Dritten ist danach zu differenzieren, ob eine genehmigte oder eine ungenehmigte genehmigungsbedürftige Anlage vorliegt.

aa) Genehmigte genehmigungsbedürftige Anlagen: Bei Immissionen genehmigter genehmigungsbedürftiger Anlagen kann ein Nachbar gegen die Genehmigung **Widerspruch** einlegen und **Anfechtungsklage** erheben. Hier ergeben sich Probleme. **386**

■ **36. Fall:** A fühlt sich durch die Gerüche einer in seiner unmittelbaren Nachbarschaft befindlichen Brauerei (Spalte 1 Nr. 7.27 der 4. BImSchV) gestört. Die Anlagengenehmigung nach BImSchG wurde dem Betreiber am 10. Januar 2005 zugestellt. A – dem die Genehmigung nicht zugestellt wurde – fragt am 15. Januar 2006, wie er sich jetzt noch gegen die Genehmigung wehren kann.

387 **(1) Unanfechtbarkeit:** Ein häufiges Problem stellt für den Nachbarn die Unanfechtbarkeit einer Genehmigung dar, die eintritt, weil die Genehmigung dem Drittem regelmäßig nicht zugestellt wird. In diesem Fall fehlt es an einer Bekanntgabe der Genehmigung (Verwaltungsakt) gegenüber A als Drittbetroffenem, wie § 41 VwVfG sie vorschreibt. Gegen einen nicht bekannt gegebenen Verwaltungsakt muss ein Nachbar aktiv vorgehen, wenn er ihn angreifen möchte. Nach der Rechtsprechung wird hier grundsätzlich in entsprechender Anwendung des § 58 Abs. 2 VwGO die Jahresfrist ab dem Zeitpunkt der Kenntniserlangung vom Bau bzw. Betrieb der Anlage in Gang gesetzt. Im Einzelfall kann die Frist kürzer[346] – im Einzelfall aber auch länger – bemessen sein. Entschließt sich ein drittbetroffener Nachbar, der – wie A im Fall 36 – Kenntnis von der Anlage und von den ausgehenden Emissionen hat, nach Ablauf eines Jahres zu einem Rechtsmittel, so genießt die Anlage i.d.R. schon Bestandsschutz.

388 **(2) Zivilgerichtlicher Rechtsschutz:** A könnte gegen den Anlagenbetreiber (nicht gegen die Behörde auf Aufhebung der Genehmigung!) grundsätzlich noch vor dem Zivilgericht auf Einstellung des Betriebes klagen. Eine Klage mit diesem umfassenden Rechtsschutzziel scheitert aber an § 14 S. 1 BImSchG, weil die Genehmigung unanfechtbar ist. Allerdings ist A nicht völlig rechtlos gestellt. Nach § 14 S. 1 Hs. 2, S. 2 BImSchG können noch

„Vorkehrungen verlangt werden, die die benachteiligenden Wirkungen ausschließen. Soweit solche Vorkehrungen nach dem Stand der Technik nicht durchführbar oder wirtschaftlich nicht vertretbar sind, kann lediglich Schadensersatz verlangt werden."

389 **bb) Nicht genehmigte genehmigungsbedürftige Anlagen:** Ist eine genehmigungsbedürftige Anlage nicht genehmigt oder ist eine wesentliche Änderung ohne Genehmigung erfolgt, so kann **Verpflichtungsklage** auf deren Stilllegung erhoben werden, die bereits aus Gründen der lediglich formellen Illegalität – also wegen Fehlens der Genehmigung trotz eventueller Genehmigungsfähigkeit – erfolgen muss.

390 **cc) Drittschutzproblematik:** Eine Klagebefugnis gegen eine BImSchG-Genehmigung besteht nach § 42 Abs. 2 VwGO nur, wenn der Kläger geltend machen kann, in eigenen (subjektiven) Rechten verletzt zu sein. Eine Rechtsverletzung ist auch dadurch möglich, dass eine den Kläger (dritt)schützende Norm verletzt ist und ihm dadurch ein solches subjektives Recht eingeräumt wird. Drittschutz in diesem Sinne gewährt § 5 Abs. 1 Nr. 1 BImSchG grundsätzlich. Problematisch bleibt aber, dass genehmigungsbedürftige BImSchG-Anlagen oft auf eine nur schwer zu bestimmende Vielzahl von Menschen einwirken. Von diesen vielen Personen sind nur solche klagebefugt, die in einer Weise betroffen sind, die sich deutlich von den Auswirkungen abhebt, die einen Einzelnen als Teil der Allgemeinheit treffen können[347]. Auch für die Abgrenzung der Nachbarschaft

346 *BVerwGE* 44, 294, 299; *Bader/Funke/Kaiser/Kuntze/von Albedyll*, § 70 VwGO Rn. 7 m.w.N.
347 *BVerwGE* 65, 313, 320; 68, 58, 59.

von der Vielzahl nicht betroffener Dritter sind die TA-Luft bzw. TA-Lärm heranzuziehen. Ebenso ist die Nachsorgepflicht des § 5 Abs. 3 Nr. 1 BImSchG und § 17 BImSchG zu nachträglichen Anordnungen nachbarschützend. Nicht drittschützend sind demgegenüber der Vorsorgegrundsatz, der Abfallvermeidungs- und -entsorgungsgrundsatz sowie der Energieeffizienzgrundsatz[348].

dd) Entscheidungserheblicher Zeitpunkt: Bei **Drittanfechtungsklagen** gibt es Besonderheiten im Hinblick auf den entscheidungserheblichen Zeitpunkt[349]. Bei einer Klage des Dritten werden Rechtsänderungen zu dessen Lasten nach Erlass des Verwaltungsakts durch die Ausgangsbehörde nicht mehr berücksichtigt. Rechtsänderungen, die den Begünstigten besser stellen, werden berücksichtigt, wenn der Verwaltungsakt im Entscheidungszeitpunkt wieder mit dem betreffenden Inhalt erlassen werden müsste[350]. 391

b) Rechtsschutz des Vorhabenträgers: Wenn einem Antragsteller eine beantragte immissionsschutzrechtliche Genehmigung von der Behörde versagt wird, setzt dessen verwaltungsgerichtliche Klage gegen den Ablehnungsbescheid nach § 68 Abs. 2 VwGO die Durchführung eines Widerspruchsverfahrens voraus. Nach § 14a BImSchG ist eine verwaltungsgerichtliche Klage auf behördliche Verpflichtung zur Erteilung der Genehmigung zulässig, wenn über einen Widerspruch nach Ablauf von drei Monaten seit seiner Einlegung nicht entschieden ist.[351] Wird umgekehrt durch Verwaltungsakt – im Wege einer nachträglichen Anordnung, einer Anordnung zur Betriebsuntersagung oder einer Stilllegungs- und/oder Beseitigungsanordnungen – in die Rechte des Betreibers eingegriffen, so muss dieser ein Widerspruchsverfahren durchführen, bevor er Anfechtungsklage erheben kann (§ 68 Abs. 1 VwGO). 392

2. Nicht genehmigungsbedürftige Anlagen

Nicht genehmigungsbedürftige Anlagen können von Privaten oder durch Hoheitsträger betrieben werden. 393

a) Privater Betrieb

37. Fall: A besitzt und benutzt einen alten Rasenmäher, der nicht den heutigen Lärmschutzstandards entspricht. Wie kann sein Nachbar B, den der Rasenmäherlärm stört, hiergegen vorgehen? 394

Nachbar B kann wählen, ob er zivilrechtlich vorgehen oder den Verwaltungsrechtsweg beschreiten will. Zivilrechtlich steht ihm die Möglichkeit einer Unterlassungsklage nach §§ 1004, 906 BGB zur Verfügung, denn bei dem Rasenmäher als nicht genehmigungsbedürftiger Anlage, schließt § 14 BImSchG privatrechtliche Abwehransprüche nicht aus.

348 Siehe dazu oben Rn. 358b.
349 Dazu grds. *Wolff* in Wolff/*Decker*, § 113 Rn. 37 f., 41 f.
350 *Wolff* in Wolff/Decker, § 113 Rn. 41 f.
351 Vgl. auch die allgemeine Regelung der Untätigkeitsklage in § 75 VwGO.

395 **aa) Verwaltungsrechtsweg:** Die sich aus § 22 Abs. 1 S. 1 Nrn. 1 und 2 BImSchG ergebenden Betreiberpflichten sind nach h. M. drittschützend.[352] Aus diesem Grunde ist im Fall 37 ein Antrag des B auf behördliches Einschreiten zur Erfüllung der sich aus § 24 BImSchG ergebenden Pflichten möglich, der gegebenenfalls im Wege der Verpflichtungsklage[353] weiterzuverfolgen wäre. Allerdings kann die Behörde im Rahmen ihres insofern nach § 25 Abs. 1 BImSchG bestehenden Ermessens den Antrag ablehnen, wenn sie es für zumutbar hält, dass der Nachbar den Zivilrechtsweg beschreitet, wofür insbesondere dann etwas spricht, wenn die Beeinträchtigung nicht unzumutbar ist. Liegen die Voraussetzungen des § 25 Abs. 2 BImSchG vor, gefährden die

> „von einer Anlage hervorgerufenen schädlichen Umwelteinwirkungen (also) das Leben oder die Gesundheit von Menschen oder bedeutende Sachwerte (...), soll die zuständige Behörde die Errichtung oder den Betrieb der Anlage ganz oder teilweise untersagen, soweit die Allgemeinheit oder die Nachbarschaft nicht auf andere Weise ausreichend geschützt werden kann".

Dieses „soll" ist – wenn nicht wie sehr selten atypische Ausnahmefälle vorliegen – als „muss" zu lesen[354].

396 **bb) Zivilrechtsweg:** Da § 14 BImSchG bei genehmigungsfreien Anlagen nicht eingreift, kann der Nachbar B auch auf zivilrechtlichem Wege unmittelbar gegen seinen Nachbarn auf Unterlassung klagen. Anspruchsgrundlagen sind zunächst **§§ 1004, 906 BGB**. Sie kommen in Betracht, wenn die Emissionen im nachbarschaftlichen Gemeinschaftsverhältnis die Grenze der Rücksichtslosigkeit überschreiten[355]. Zudem kommt ein Anspruch auf Unterlassung künftiger Gesetzesverstöße und Beseitigung der Folgen bereits erfolgter Verstöße aus **§ 823 Abs. 2 BGB** in Frage, wenn ein die Beeinträchtigung verbietendes Schutzgesetz verletzt ist[356].

> **Zur Vertiefung:** Beide Rechtswege können parallel oder nacheinander beschritten werden, ohne dass eine Präjudizwirkung entsteht. Es kann ratsam sein, den anderen Weg zu beschreiten, wenn eine Klage erfolglos bleibt.

b) Hoheitlicher Betrieb

397 ■■ **32. Prüfungsfrage:** Die Stadt X errichtet zum gesundheitlichen Ausgleich durch sportliche Betätigung ihrer Bediensteten in einem Wohngebiet einen Tennisplatz unter freiem Himmel, der nur den städtischen Bediensteten zugänglich ist. Nachbar N fühlt sich durch die hierdurch verursachten Geräusche gestört. Welche Rechtsschutzmöglichkeiten hat N?

Eine durch hoheitliche Immissionen hervorgerufene Störung muss vom Beeinträchtigten auch aufgrund der Befugnisnormen der §§ 24, 25 Abs. 2 BImSchG geduldet werden, es entstehen hier auch keine Abwehransprüche[357]. Der Nachbar kann aber im Wege der allgemeinen **Leistungsklage** zur Abwehr künftiger, erheblicher Beeinträchti-

352 *BVerwGE* 74, 315, 327; *Jarass*, BImSchG, § 22 Rn. 69.
353 Prozessual wäre hier mangels Spruchreife lediglich ein Verurteilung zu ermessensfreier Entscheidung, ein sog. Bescheidungsurteil möglich, § 113 Abs. 5 S. 2 VwGO.
354 Siehe dazu bereits oben Rn. 109.
355 *BGH*, NJW 1993, 1656, 1658. *Sparwasser/Engel/Voßkuhle*, § 5 Rn. 82.
356 *Sparwasser/Engel/Voßkuhle*, § 5 Rn. 82.
357 *BVerwGE* 79, 254, 256 f.; *Sparwasser/Engel/Voßkuhle*, § 5 Rn. 84.

gungen einen öffentlich-rechtlichen **Immissionsabwehranspruch** geltend machen[358] und bereits eingetretene Schäden mit Hilfe des **Folgenbeseitigungsanspruchs** gerichtlich beseitigen lassen[359].

3. Besonderheiten des Rechtsschutzes im Bereich des Emissionshandels

Zuteilungsentscheidungen nach dem Zuteilungsgesetz 2007 können als begünstigende Verwaltungsakte auf dem Verwaltungsrechtsweg im Wege der Verpflichtungsklage erstritten werden, die auf die Zuteilung zusätzlicher Berechtigungen zielt[360]. Gegen Nebenbestimmungen des Zuteilungsbescheids kommt eine Teilanfechtungsklage und gegen eine Zuteilung an einen Konkurrenten die Drittanfechtungsklage[361] in Betracht[362]. Nach § 12 TEHG haben Widerspruch bzw. Anfechtungsklage keine aufschiebende Wirkung. So soll verhindert werden, dass einzelne Rechtsbehelfe den gesamten Zuteilungsvorgang gefährden[363]. Zudem gilt für Streitigkeiten aus dem TEHG und dem ZuG 2007 eine besondere Gerichtsstandsregelung[364]. Örtlich zuständig ist das Verwaltungsgericht Berlin als Gericht an dessen Ort die Entscheidungen des Umweltbundesamts – nach § 20 Abs. 1 S. 2 TEHG in Gestalt der „Deutschen Emissionshandelsstelle" – vollzogen werden[365]. **398**

Die Rechtsnatur der Verträge über die Übertragung von Emissionsberechtigungen und damit die Frage des hier zu suchenden Rechtsschutzes bestimmt sich nach allgemeinen Regeln. Bestimmend sind die Rechtsnatur des Vertragsgegenstands und der Vertragszweck. Maßgeblich ist dabei vor allem die Rechtsnatur des Rechtsverhältnisses, das durch den Vertrag begründet, geändert oder aufgehoben wird; darüber hinaus ist zu prüfen, ob die Rechtsfolgen, die mit dem Vertrag verknüpft sind, überwiegend im privaten oder öffentlichen Interesse liegen. Schließlich ist auf den Gesamtcharakter des Vertrags abzustellen[366]. Grundsätzlich wird es sich bei den Emissionshandelsverträgen trotz des öffentlich-rechtlichen Charakters der Emissionsberechtigungen um Kauf- oder Abtretungsverträge im Sinne des bürgerlichen Rechts handeln. Vertragspartner sind regelmäßig Private; sollte ausnahmsweise eine Behörde Vertragspartner sein, wird diese die Verträge aufgrund Verwaltungsprivatrechts abwickeln. Bestimmend ist damit insgesamt der privatrechtliche Rechtscharakter der Emissionshandelsverträge, was im Übrigen auch der Sicht des Gesetzgebers entspricht[367]. Für Rechtsstreitigkeiten hinsicht- **398a**

358 *Sparwasser/Engel/Voßkuhle*, § 5 Rn. 84.
359 Dazu *Sparwasser/Engel/Voßkuhle*, § 5. Rn. 84. Zum Folgenbeseitigungsanspruch auch *Maurer*, § 25 Rn. 30 ff.
360 *Weinreich/Marr*, NJW 2005, 1078, 1081. Zusätzlich zur Verpflichtungsklage muss keine Anfechtungsklage gegen die übrigen an Dritte ergangenen Zuteilungsentscheidungen erhoben werden, vgl. auch *Burgi*, NVwZ 2004, 1162, 1167.
361 *Weinreich/Marr*, NJW 2005, 1078, 1081.
362 Zu den geringen Erfolgsaussichten einer solchen Klage *Burgi*, NVwZ 2004, 1162, 1167.
363 *Weinreich/Marr*, NJW 2005, 1078, 1081.
364 Art. 7 des Gesetzes zur Neugestaltung des Umweltinformationsgesetzes und zur Änderung der Rechtsgrundlagen zum Emissionshandel v. 22. 12. 2004 (BGBl I, 3704).
365 Dazu *Weinreich/Marr*, NJW 2005, 1078, 1081.
366 Vgl. *Kobes*, NVwZ 2004, 1153, 1156 f.
367 Siehe dazu die Begründung zu § 16 TEHG, BT-Dr 15/2328, S. 15.

lich der als bürgerlich-rechtlich einzustufenden Verträge über die Übertragung von Emissionsberechtigungen ist damit gemäß § 13 GVG streitwertabhängig der Rechtsweg zu den ordentlichen Gerichten eröffnet[368].

VII. Fazit und Glossar

399 Das Immissionsschutzrecht enthält eine Reihe wichtiger Begriffsbestimmungen, die über den Anwendungsbereich des BImSchG hinausreichen. Zudem weist das wirtschaftlich wichtige Gebiet eine besondere Systematik auf. Die verschiedenen Genehmigungsarten und das Ineinandergreifen von BImSchG und 4. und 9. BImSchV sind Standardprobleme des Umweltrechts. Zudem sind das Zusammenspiel von öffentlichem und zivilem Rechtsschutz und die sonstigen Rechtsschutzprobleme interessant. Der Handel mit Emissionsrechten ist ein neuer, nicht unwichtiger Bereich.

Schädliche Umwelteinwirkungen	Schädliche Umwelteinwirkungen sind nach § 3 Abs. 1 BImSchG „Immissionen, die nach Art, Ausmaß oder Dauer geeignet sind, Gefahren, erhebliche Nachteile oder erhebliche Belästigungen für die Allgemeinheit oder die Nachbarschaft herbeizuführen." An das Vorliegen schädlicher Umwelteinwirkungen knüpfen Betreiberpflichten, Genehmigungs- und Anordnungsvoraussetzungen an. Liegen sie nicht vor, kann der Verursacher „unschädlicher Umwelteinwirkungen" frei handeln.
Immission	Immissionen sind nach § 3 Abs. 2 BImSchG „auf Menschen, Tiere und Pflanzen, den Boden, das Wasser, die Atmosphäre sowie Kultur- und sonstige Sachgüter einwirkende Luftverunreinigungen, Geräusche, Erschütterungen, Licht, Wärme, Strahlen und ähnliche Umwelteinwirkungen". Es wird hier also das **Einwirken** und die Folgen in der Umwelt abgestellt.
Emission	Emissionen sind nach § 3 Abs. 3 BImSchG „die von einer Anlage *ausgehenden* Luftverunreinigungen, Geräusche, Erschütterungen, Licht, Wärme, Strahlen und ähnlichen Erscheinungen" auf die eingangs genannten Schutzgüter „einwirkende Luftverunreinigungen, Geräusche, Erschütterungen, Licht, Wärme, Strahlen" und ähnliche Einwirkungen – also auch Staub und niederfrequente oder hochfrequente Vibrationen. Emissionen sind also vereinfacht ausgedrückt Luftverunreinigungen wie Geräusche o.ä., die von einer Anlage ausgehen, wobei auf die Verursachung und Erzeugung von Auswirkungen abgestellt wird.
Anlage	Anlagen sind nach § 3 Abs. 5 BImSchG Betriebsstätten und sonstige ortsfeste Einrichtungen, Maschinen, Geräte und sonstige ortsveränderliche technische Einrichtungen sowie Fahrzeuge, soweit sie nicht der Vorschrift des § 38 unterliegen und Grundstücke, auf denen Stoffe gelagert oder abgelagert oder Arbeiten durchgeführt werden, die Emissionen verursachen können, ausgenommen öffentliche Verkehrswege." **Betriebsstätten** sind bauliche Anlagen, die insbesondere der gewerblichen, industriellen oder landwirtschaftlichen Produktion dienen, wobei eine Betriebsstätte mehrere Produktionsstätten haben kann, die jeweils für sich Anlagen sind. **Sonstige ortsfeste Einrichtungen** sind etwa Sportanlagen. Auch **Maschinen**, **Geräte** und sonstige **ortsveränderliche technische Einrichtungen** sowie grundsätzlich auch Fahrzeuge sind Anlagen. Eine Einrichtung ist **ortsveränderlich**, wenn sie dazu bestimmt ist,

368 So im Ergebnis auch zutreffend *Burgi*, NVwZ 2004, 1163, 1168.

	an verschiedenen Orten eingesetzt zu werden. **Grundstücke**, auf denen Stoffe gelagert oder abgelagert oder Arbeiten durchgeführt werden, die Emissionen verursachen können, sind auch Anlagen. Lagern ist das Aufbewahren zur späteren Verwendung oder Beseitigung.
Betreiber	Der Begriff des Anlagenbetreibers wird im BImschG vorausgesetzt, aber nicht definiert. Betreiber kann der Eigentümer einer Anlage, der Inhaber der tatsächlichen Gewalt oder ein besonderer Betriebsbeauftragter sein. Bei Grundstücken mit Anlagencharakter kommt auch der Pächter als Betreiber in Betracht.
Genehmigungsbedürftige Anlagen	Genehmigungsbedürftige Anlagen sind im Anhang zur 4. BImSchV abschließend aufgeführt. Für diese Anlagen gelten besondere **Betreiberpflichten** gemäß § 5 BImSchG. Deren Einhaltung ist nach § 6 BImSchG nicht Genehmigungsvoraussetzung sondern ein Verstoß hiergegen kann auch nachträgliche Anordnungen nach sich ziehen.
Förmliches Genehmigungsverfahren	Das förmliche Genehmigungsverfahren nach § 10 ff. BImSchG ist strenger als das vereinfachte Genehmigungsverfahren. Es gilt für Anlagen, die in **Spalte 1** der 4. BImSchV aufgeführt sind (§ 2 Abs. 1 Nr. 1a) der 4. BImSchV), für Anlagen, die sich aus Spalte 1 und 2 zusammensetzen (§ 2 Abs. 1 Nr. 1b) der 4. BImSchV) und für Anlagen, die zwar nur in Spalte 2 des Anhangs genannt sind, aber einer Umweltverträglichkeitsprüfung bedürfen (§ 2 Abs. 1 Nr. 1c) der 4. BImSchV.
Vereinfachtes Genehmigungsverfahren	Soweit eine Anlage bzw. ein Erweiterungsvorhaben einschließlich der bestehenden Anlage nur in **Spalte 2** des Anhangs zur 4. BImSchV aufgeführt ist, hat die Genehmigung nach § 2 Abs. 1 S. 1 Nr. 2 der 4. BImSchV grundsätzlich im vereinfachten Verfahren nach § 19 BImSchG zu erfolgen.
Genehmigungsfreie Anlagen	Genehmigungsfreie Anlagen nach § 2 Abs. 1 Nr. 1 i.V.m. § 3 Abs. 5 BImSchG unterliegen zwar dem BImSchG, aber nicht der Genehmigungspflicht nach § 4 BImSchG. Sie können typischerweise nur geringe Umweltgefahren verursachen.
Betreiberpflichten	Betreiberpflichten bestehen für genehmigungsbedürftige und für nicht genehmigungsbedürftige Anlagen. Sie können jeweils durch Rechtsverordnung konkretisiert werden. Für **genehmigungsbedürftige Anlagen** sind sie in § 5 BImSchG geregelt. Es sind Schutz- bzw. Abwehrpflichten (drittschützend), Vorsorgepflichten (nicht drittschützend), Nachsorgepflichten, Abfallbehandlungspflichten und Entsorgungs- und Energieeffizienzpflichten einzuhalten. Für **genehmigungsfreie Anlagen** sind Betreiberpflichten in §§ 22–25 BImSchG geregelt. Es gibt eine Verhinderungspflicht, eine Minimierungspflicht und eine Abfallbeseitigungspflicht (§ 22 Abs. 1 BImSchG).
Einzelfallanordnungen	Immissionsschutzrechtliche Einzelfallanordnungen sind nachträgliche Anordnungen und Auflagen, Untersagung, Stilllegung und Beseitigung sowie Widerruf der Anlagengenehmigung.
Emissionshandel	Seit 2005 gilt in Europa ein Emissionshandelssystem (Richtlinie 2003/87/EG, EH-Richtlinie). Dieses soll dazu beitragen, Treibhausgasemissionen zu reduzieren. Ein Emittent hat die Wahl, ob er Emissionen vermeidet oder ob er unter dem System handelbare Emissionsberechtigungen erwirbt. In der Bundesrepublik Deutschland wird das europäische Emissionshandelssystem dreistufig durch das **Treibhausgas-Emissionshandelsgesetz** (TEHG), den nationalen Zuteilungs- oder **Allokationsplan** (NAP) und ein **Zuteilungsgesetz** (ZuG) sowie eine **Zuteilungsverordnung** umgesetzt. Zukünftig wird der Emissionszertifikathandel europaweit angeglichen und grenzüberschreitend ausgestaltet.

E Kreislaufwirtschafts- und Abfallrecht

I. Problemstellung

400 Das Abfallrecht oder das Kreislaufwirtschafts- und Abfallrecht, wie man präzise formulieren muss, ist in der Praxis wichtig, weil der Umgang mit Abfällen für Privatleute und Unternehmen zum Alltag gehört. Jeder lebt etwa mit Einwegverpackungen – wie Dosen oder Plastikflaschen – und hat zu akzeptieren, dass deren Kauf nicht mehr nur praktisch, sondern auch mit Pflichten verbunden ist. Damit es nicht zu einem wildwüchsigen Umgang mit Müll kommt, der die Umwelt nicht nur belastet, sondern auch verschandelt, und der ein großer Herd für Krankheiten sein kann, macht das Kreislaufwirtschafts- und Abfallrecht staatliche Vorgaben für den Umgang mit Abfällen und regelt deren Überwachung. Als dieses Rechtsgebiet im Jahr 1986 als Abfallrecht geschaffen wurde, war es das zentrale Anliegen des Gesetzgebers, Abfälle nur möglichst wenig umweltbelastend – etwa durch „Deponieren", also Vergraben – loszuwerden. Diese Aufgabe erfüllten die Kommunen im Wege der Daseinsvorsorge. Im Lauf der Zeit erwies sich aber, dass den einerseits die zunehmenden Umweltprobleme bei der Beseitigung von Abfällen durch Vermeidungsstrategien beizukommen ist und andererseits den immer noch anfallenden Abfällen auch eine große wirtschaftliche Relevanz zukommt.

Zur Vertiefung

Man erkannte, dass neben der Abfallvermeidung im Recycling von gebrauchten Stoffen, die vorher lästiger Müll waren, wirtschaftliche Möglichkeiten liegen. So kam es zu einem Perspektivenwechsel: Aus dem loszuwerdenden Müll wurde ein Wirtschaftsgut, eine alte zerbeulte Dose stellt das Rohmaterial für ein neues Auto („Ich war mal eine Dose") und altes benutztes Zeitungspapier den Ausgangsstoff für wirtschaftlich und ökologisch wertvolles Recyclingpapier dar.

401 Diesen Gedanken der Vermeidung und Wiederverwendung von Abfallstoffen griff der Gesetzgeber auf, als er 1996 das sog. „Abfallgesetz 1986" (AbfG) durch das „Kreislaufwirtschafts- und Abfallgesetz" (KrW-/AbfG) ersetzte. Stand unter der Geltung des Abfallgesetzes noch die Ordnung der Abfallbeseitigung im Vordergrund, so regelt das heute geltende Recht im Rahmen der sog. Kreislaufwirtschaft neben der nachrangig gewordenen Beseitigung von Abfällen insbesondere deren Vermeidung und Verwertung. Abfallrecht ist also nicht mehr ausschließlich Ordnungs- und Planungsrecht der Verwaltung. Es hat auch eine **wirtschaftsrechtliche Ausrichtung** erhalten, gemäß derer Abfälle im Sinne einer Kreislaufwirtschaft in erster Linie zu „bewirtschaften" sind.[369]

Zur Vertiefung

Aus diesem tatsächlichen und rechtlichen Umdenken entstand in der Praxis insofern ein Problem, als die Auslastung der durch die Kommunen mit hohem finanziellen Aufwand eingerichteten und ausgestatteten Müllbeseitigungsanlagen mehr und mehr zurückging und der Betrieb solcher Anlagen sich zu einem großen Verlustgeschäft entwickelte. In der Folge entbrannte ein **„Kampf um den Müll"**[370], bei dem die Kommunen, die sich unter Geltung des alten Rechts ganz auf die nach dem neuen Recht nur subsidiär zulässige Abfallbeseitigung eingerichtet hatten, eine

---

369 Vgl. zu Strukturproblemen des Abfallrechts auch *Lepsius*, NVwZ 2003, 1182 ff. Eine Rechtsprechungsübersicht geben *Kahl/Schmidt*, JZ 2006, 125, 132 ff.

370 Dazu *Schwartmann* in Fricke/Ott § 25 Rn. 1 ff.; *Stede*, UPR 2003, 293 ff. zu einer besonderen Spielart im Verhältnis zum Chemikalienrecht.

schlechte Ausgangsposition zufiel. Gleichwohl ist die Rechtsprechung zum Abfallrecht in den ersten zehn Jahren unter Geltung des KrW-/AbfG von der Frage geprägt, wann ein Abfallstoff wiederzuwerten ist und wann nicht, genauer, wann er der öffentlichen Hand zur kostenpflichtigen Beseitigung zu übergeben ist.

II. Rechtsquellen

Die Rechtsquellen des Kreislaufwirtschafts- und Abfallrechts sind traditionell stark europarechtlich geprägt. Sie finden sich zudem – oft in Umsetzung europarechtlicher Vorgaben – im Bundes- und Landesrecht sowie auf ortsrechtlicher Ebene.

1. Völker- und Europarecht

Kern der europäischen Umweltpolitik im Abfallrecht ist, das Entstehen von Abfällen zu verhindern und deren Verwertung und Beseitigung nachrangig werden zu lassen. Schon vor der Entstehung eines Produktes soll eine abfallarme Produktion erfolgen und es soll schon bei der Schaffung eines Gutes auf eine umweltgerechte Wiederverwertung oder – wenn das nicht möglich ist – eine schadstoffarme und leichte Beseitigung Bedacht genommen werden. **402**

Zur Vertiefung

Völkerrechtlich ist das Basler Übereinkommen v. 22.3.1989 über die Kontrolle der grenzüberschreitenden Verbringung gefährlicher Abfälle und ihrer Entsorgung zu nennen. Eine ähnliche Schutzrichtung hat der Beschluss des OECD-Rates v. 30.3.1992. Auf **europäischer Ebene** sind insbesondere folgende Richtlinien und Verordnungen zu nennen: die Abfallrechtliche Rahmenrichtlinie 75/442/EWG des Rates vom 15.7.1975, die Richtlinie 91/689/EWG des Rates vom 12.12.1991 über gefährliche Abfälle, die Richtlinie 89/369/EWG des Rates vom 8.6.1989 über die Verhütung der Luftverunreinigung durch neue Verbrennungsanlagen für Siedlungsmüll, die Richtlinie 89/429/EWG des Rates vom 21.6.1989 über die Verringerung der Luftverunreinigung durch bestehende Verbrennungsanlagen für Siedlungsmüll, die Abfallverbringungsverordnung 259/93/EWG des Rates vom 1.2.1993, die Richtlinie 1999/31/EG des Rates vom 26.4.1999 über Abfalldeponien, die Richtlinie 2000/53/EG des Rates vom 18.9.2000 über Altfahrzeuge, die Richtlinie 2000/76/EG des Rates vom 4.12.2000 über die Verbrennung von Abfällen, die Abfallstatistikverordnung 2150/2002/EG des Rates vom 25.11.2002, die Richtlinie 2002/95/EG des Rates vom 27.1.2003 zur Beschränkung der Verwendung bestimmter gefährlicher Stoffe in Elektro- und Elektronikgeräten, und die Richtlinie 2002/96/EG des Rates vom 27.1.2003 über Elektro- und Elektronik-Altgeräte. Ferner gibt es spezielle Richtlinien über die Verwendung von Klärschlamm in der Landwirtschaft, über gefährliche Stoffe enthaltende Batterien und Akkumulatoren, über die Beseitigung von Altöl, von PCB und von Abfällen aus Titanoxidproduktion.[371] Die letzte, von der Bundesrepublik nicht pünktlich umgesetzte Richtlinie ist die Richtlinie 2008/98/EG vom 19. November 2008 über Abfälle und zur Aufhebung bestimmter Richtlinien, für die eine Umsetzungsfrist bis zum 12.12.2010 bestand; derzeit liegt hierzu ein abgestimmter Gesetzentwurf der Bundesregierung für ein Kreislaufwirtschaftsgesetz (KrWG) vor[372].

Dabei ist es bemerkenswert, dass nicht nur europäische Rechtsvorschriften – insbesondere Richtlinien und Verordnungen –, sondern auch der Europäische Gerichtshof (EuGH) das deutsche Umweltrecht stark beeinflusst. **403**

371 Ein ständig aktualisierter Überblick ist im Internet unter www.bmu.de verfügbar, *Beyerlin*, Rn. 427 ff.

372 Siehe oben Rn. 223; näher zum Entwurf des KrWG unten Rn. 459a.

Zur Vertiefung

In einem 2003 entschiedenen Fall hatte der EuGH etwa zu prüfen, ob der Einsatz deutscher Abfälle als Brennstoff in belgischen Zementöfen eine Beseitigungs- oder eine Verwertungsmaßnahme i.S.d. EG-Rechts darstellt. Der EuGH legte in dieser Entscheidung dar, welche Anforderungen das Gemeinschaftsrecht an die Verwertung von Abfällen stellt. Da diese Abgrenzung auch für das deutsche Abfallrecht nach dem KrW-/AbfG zentral ist[373], stand hier auch die Vereinbarkeit des KrW-/AbfG mit dem Gemeinschaftsrecht auf dem Prüfstand.[374] Auch die Frage, in welchem Umfang die Vorschriften des Bundes und der Länder in der Bundesrepublik Deutschland mit dem Gemeinschaftsrecht vereinbar sein müssen, hat den EuGH bereits beschäftigt.[375] Es war eine mittlerweile geänderte Vorschrift der baden-württembergischen Sonderabfallverordnung auf ihre Vereinbarkeit mit dem Gemeinschaftsrecht hin zu überprüfen. Die Verordnung sah vor, dass besonders überwachungsbedürftige Abfälle zur Beseitigung einer Sonderabfallagentur anzudienen waren. Diese hatte die Abfälle ihrerseits vorrangig zwei zentralen Entsorgungseinrichtungen zuzuweisen. Für den EuGH kamen neben der Verordnung 259/93/EWG zur Überwachung und Kontrolle der Verbringung von Abfällen in der EG, in die EG hinein und aus der EG heraus auch allgemeine Grundsätze des EGV als Prüfungsmaßstab in Betracht. Eine zusätzliche Prüfung der Vereinbarkeit der Verordnung mit dem EGV ist nach der Entscheidung dann nicht erforderlich, wenn eine Verordnung auf Gemeinschaftsebene eine Harmonisierungsmaßnahme darstellt. Mit der Verordnung 259/93/EWG hat die Gemeinschaft ein harmonisiertes System zur Verbringung von Abfällen eingeführt, so dass diese den Grundsätzen des EGV vorgeht[376]. Im Ergebnis war die baden-württembergische Sonderabfallverordnung nur an sekundärem Gemeinschaftsrecht zu messen[377].

403a Der Charakter von Abfällen primär als Wirtschaftsgut lässt sich auch dahingehend verdeutlichen, dass Abfälle gemessen am Primärrecht der Union als Waren im Sinne der Warenverkehrsfreiheit gemäß Art. 28 ff. AEUV angesehen werden, d.h. als körperliche Gegenstände, die Gegenstand des legalen grenzüberschreitenden Handelsverkehrs sein können und einen Handelswert darstellen[378]; auch bei potentiell negativem Marktwert kann ein Stoff insoweit Gegenstand von Handelsgeschäften sein, als er jedenfalls von der Gegenseite gegen Geld abgenommen wird.

2. Bundesrecht

404 Bundesrechtliche Quellen des Abfallrechts finden sich in Gesetzen, Rechtsverordnungen und Verwaltungsvorschriften.

405 **a) Gesetze:** In der Bundesrepublik Deutschland ist das Recht der Abfallentsorgung seit 1996 im Kreislaufwirtschafts- und Abfallgesetz (KrW-/AbfG), zur Förderung der Kreislaufwirtschaft und Sicherung der umweltverträglichen Beseitigung von Abfällen geregelt. Es wird durch weitere Gesetze, etwa das Abfallverbringungsgesetz zur Überwachung und Kontrolle der grenzüberschreitenden Abfallverbringung, das die Entsorgung von Altfahrzeugen betreffende Altfahrzeug-Gesetz, das aber reines Artikelgesetz zur Änderungen anderer Rechtsvorschriften ist, und seit 2005 auch durch das Elektro- und Elektronikgerätegesetz flankiert.

---

373 Siehe unten Rn. 442 ff.
374 Dazu *Schwartmann* in Fricke/Ott, § 25, Rn. 73 ff.
375 *EuGH*, NVwZ 2002, 582 ff., *DaimlerChrysler AG/Baden-Württemberg.*
376 Vgl. auch *EuGH*, C-37/92, Slg. 1993, 4947, 4978.
377 Vgl. dazu auch *BVerwG*, DVBl. 2002, 1127, 1129. Dazu *v. Komorowski* in JA 2002, 847 ff.
378 Vgl. *EuGH*, Slg. 1992, I-4431 ff. – Abfalltourismus.

b) Rechtsverordnungen: Daneben wird die Rechtsanwendung durch eine Vielzahl von Rechtsverordnungen[379] des Bundes bestimmt. Diese Verordnungen sind teilweise noch auf der Grundlage des erloschenen Abfallgesetzes von 1986 ergangen, so dass die ursprüngliche Ermächtigungsgrundlage nicht mehr besteht. Das Krw-/AbfG enthält jedoch ebenfalls Ermächtigungen zum Erlass von Rechtsverordnungen, auf deren Grundlage die Verordnungen fortgelten.[380] Es wurden im Wesentlichen folgende Verordnungen des Bundes erlassen: **406**

- Verordnung über die Verwertung von Bioabfällen auf landwirtschaftlich, forstwirtschaftlich und gärtnerisch genutzten Böden,
- Verordnung über die Entsorgung gebrauchter halogenierter Lösemittel,
- PCB/PCT-Abfallverordnung,
- Bestimmungsverordnung überwachungsbedürftiger Abfälle zur Verwertung,
- Verordnung zur Umsetzung des europäischen Abfallverzeichnisses,
- Abfallverbringungsverordnung,
- Verordnung über Verwertungs- und Beseitigungsnachweise,
- Gewerbeabfallverordnung,
- Versatzverordnung,
- Verordnung über die umweltverträgliche Ablagerung von Siedlungsabfällen,
- Verordnung über Betriebsbeauftragte für Abfall,
- Klärschlamm-Verordnung,
- **Altölverordnung**,
- Verordnung über die Rücknahme und Entsorgung gebrauchter **Batterien** und Akkumulatoren,
- **Verpackungsverordnung**,
- Verordnung über die Rücknahme und Pfanderhebung von Getränkeverpackungen aus Kunststoff,
- Altfahrzeug-Verordnung,
- Altholzverordnung,
- **Deponieverordnung**,
- Transportgenehmigungsverordnung,
- Abfallwirtschaftskonzept- und Bilanzverordnung,
- Entsorgungsfachbetriebsverordnung,
- Verordnung über die Anstalt Solidarfonds Abfallrückführung.

Als Beispiel für eine Verordnungsregelung folgender **407**

■ **38. Fall:** Der ehemalige Jurastudent A betreibt einen Kiosk, in dem unter anderem Batterien verkauft werden. B sucht ihn mit einem Schuhkarton gefüllt mit Batterien auf, die er im vergangenen Jahr gesammelt hat und möchte sie bei A entsorgen. Nach einem Blick in das KrW-/AbfG verweigert A die Annahme. Eine Pflicht zur Annahme von Altbatterien finde sich dort nicht. Hat A Recht?

Im KrW-/AbfG findet sich keine Vorschrift, die unmittelbar zur Rücknahme gebrauchter Batterien verpflichtet. Allerdings umschreibt § 22 KrW-/AbfG eine Produktverantwor-

379 Siehe zu dieser Regelungstechnik oben Rn. 20 f.
380 Dazu *Leitzke*, UPR 1996, 177 ff.

tung, die auch den Vertreiber eines Produktes in die Pflicht nimmt. Zur näheren Ausgestaltung dieser Produktverantwortung enthält § 22 Abs. 4 KrW-/AbfG eine Verordnungsermächtigung. Auf dieser Grundlage ist die Batterieverordnung (BattV) ergangen. Nach deren § 2 Abs. 3 BattV ist „Vertreiber im Sinne dieser Verordnung (...), wer Batterien, gleichgültig auf welcher Handelsstufe, auch im Versandhandel, an Endverbraucher abgibt." Dies trifft auf A zu. Endverbraucher ist nach § 2 Abs. 5 BattV „derjenige, der Batterien oder Geräte mit eingebauten Batterien nutzt". Dies trifft auf B zu. Die Rücknahmepflicht des A ergibt sich aus § 5 Abs. 1 BattV. Dort heißt es „Wer als Vertreiber Batterien an Endverbraucher abgibt, ist verpflichtet, vom Endverbraucher Batterien in der Verkaufsstelle oder in deren unmittelbarer Nähe unentgeltlich zurückzunehmen ...". A muss die Batterien also annehmen.[381]

408 **c) Verwaltungsvorschriften:** Das bundesrechtliche Regelwerk wird durch drei allgemeine Verwaltungsvorschriften der Bundesregierung erweitert, nämlich durch

- die Erste Allgemeine Abfallverwertungsvorschrift über Anforderungen zum Schutz des Grundwassers bei der Lagerung und Ablagerung von Abfällen v. 31.1.1990,
- die Zweite Allgemeine Verwaltungsvorschrift zum Abfallgesetz (TA Abfall) v. 12.3. 1991, und
- die Dritte Allgemeine Verwaltungsvorschrift zum Abfallgesetz (TA Siedlungsabfall) v. 14.5.1993, außer Kraft getreten am 16. Juli 2009.[382]

Auch diese Verwaltungsvorschriften sind noch auf der Grundlage von § 4 Abs. 5 AbfG ergangen. Sie gelten über § 12 Abs. 2 KrW-/ AbfG fort.

3. Landesrecht

409 Da das Abfallrecht der konkurrierenden Gesetzgebungskompetenz[383] unterfällt und der Bund hiervon Gebrauch gemacht hat, bleibt für die Abfallgesetze der Bundesländer nur ein geringer Spielraum. Die Landesabfallgesetze dienen in erster Linie der Durchführung des Bundesrechts auf Landesebene. Sie enthalten insbesondere organisatorische Regelungen zur Konkretisierung der Entsorgungsordnung. Gleichwohl beharren die Länder auf weitere Regelungsspielräume[384] und bemühen sich, diese in die Praxis umzusetzen.

410 ■ **39. Fall**[385]**:** Das OVG Münster hatte dem Bundesverfassungsgericht eine zwischenzeitlich geänderte Norm des nordrhein-westfälischen Landesabfallgesetzes (1988) zur Überprüfung vorgelegt. Danach bedurfte es für die Behandlung und Ablagerung von Abfällen einer Lizenz des Landes. Mit der hierfür erhobenen Gebühr wurde in den neunziger Jahren ein Millionenbetrag eingenommen, der zur Altlastensanierung aufgewandt wurde. Das Land hatte die Rechtmäßigkeit der Gebührenerhebung damit begründet, dass die Ausgestaltung der Umsetzung des

381 Siehe dazu noch unten Rn. 449.

382 Beilage zum BAnz. Nr. 99a v. 29.5.1993 (zu durch das KrW-/AbfG aufgenommenen Problemen im Zusammenhang mit der TA-Siedlungsabfall *Dolde/Vetter*, NVwZ 1998, 217 ff.

383 Vgl. Art. 74 Abs. 1 Nr. 24 GG a.F., und Art. 74 Abs. 1 Nr. 11 und Nr. 24 GG heutiger Fassung.

384 Vgl. hierzu *Ossenbühl*, DVBl. 1996, 19 ff. Eine aktuelle Übersicht über die Landesabfallgesetze findet sich bei *Hösel/v. Lersner/Wendenburg*, Abfallbeseitigung Bd. 2.

385 *BVerfGE*, 102, 99 ff.

Abfallrechts durch den Bundesgesetzgeber nicht abschließend geregelt, sondern weitgehend den Ländern überlassen sei. Auch sei die Bundesregelung unzulänglich und reformbedürftig. War diese Regelung rechtmäßig?

Das Bundesverfassungsgericht erklärte die entsprechende landesrechtliche Norm für verfassungswidrig und deshalb nichtig[386]. Der Bund habe das Abfallrecht abschließend geregelt. Die Erhebung der entsprechenden Gebühr durch das Land sei dort nicht vorgesehen. Nach dem Ergebnis der verfassungsgerichtlichen Überprüfung ist für die Frage der abschließenden tatsächlichen, umfassenden und lückenlosen Regelung eines Sachbereichs der Wille des Gesetzgebers maßgeblich, der in diesem Fall eine abschließende Regelung getroffen hat. Es ist einem Bundesland also verfassungsrechtlich verwehrt, ein Bundesgesetz auch nur partiell oder in Nuancen zu modifizieren. Dies gilt auch dann, wenn durch den Bund – wie hier der Gebührentatbestand – nicht ausdrücklich ausgeschlossen ist. „Beredtes Schweigen" des Bundesgesetzgebers reicht aus[387].

4. Ortsrecht

Auf kommunaler Ebene werden nach Maßgabe des **Ortsrechts** durch Abgabenrecht etwa die Kosten der Abfallentsorgung oder die Pflichten der Abfallbesitzer zur Bereitstellung andienungspflichtiger Abfälle geregelt. **411**

Zur Vertiefung: Ob die Kommunen durch Satzung über das Bundes- und Landesrecht hinausgehende strengere Regelungen zur Abfallvermeidung treffen dürfen, ist – denkt man insbesondere an den Erlass von Verpackungssteuern – umstritten.[388]

III. Systematik und Instrumentarium

Die Hauptanliegen des KrW-/AbfG sind der Aufbau und die Förderung der Kreislaufwirtschaft, wobei Abfallvermeidung und Wiederverwertung von Abfallstoffen sowie die umweltverträgliche Abfallbeseitigung eine wichtige Rolle spielen.[389]

1. Systematik

Das KrW-/AbfG besteht aus neun Teilen. Nach allgemeinen Vorschriften in §§ 1–3a im ersten Teil des Gesetzes mit Ausführungen zu Gesetzeszweck, Geltungsbereich und Begriffsbestimmungen sind im zweiten Teil, bestehend aus §§ 4–21 KrW-/AbfG, Pflichten von Erzeugern und Besitzern von Abfällen sowie von Entsorgungsträgern normiert. Hier finden sich unter anderem Regelungen zu den Grundsätzen und Grundpflichten der Kreislaufwirtschaft und den Verwertungsarten. Der dritte Teil (§§ 22–26 KrW-/AbfG) ist der Produktverantwortung gewidmet und der vierte Teil befasst sich mit **412**

386 *BVerfGE*, 102, 99, 114.
387 Vgl. zu einem solchen Fall auch die Rechtsprechung des *BVerwG*, NVwZ 1999, 421, 421. Zum abschließenden Charakter der Störer nach § 4 BBodSchG oben Rn. 233.
388 *Kluth*, DVBl. 1992, 1261 ff.
389 *Frenz*, KrW-/AbfG § 1 Rn. 5 ff.

abfallrechtlicher Ordnung und Planung (§§ 27–29a KrW-/AbfG) sowie – in der Praxis wichtig, aber in Studium und Examen weniger bedeutsam – mit der Zulassung von Abfallbeseitigungsanlagen (§§ 30–36 KrW-/AbfG). Im fünften Teil (§ 37 KrW-/AbfG) findet sich eine Bestimmung zu den Pflichten der öffentlichen Hand, die die Produktverantwortung ergänzt. In sechsten Teil (§§ 38, 39 KrW-/AbfG) sind Informationspflichten geregelt und der siebte Teil enthält Überwachungsvorschriften (§§ 40–52 KrW-/AbfG). Der achte Teil macht Vorgaben zur Betriebsorganisation (§§ 53–55 KrW-/AbfG) und im neunten Teil (§§ 56–63a KrW-/AbfG) finden sich Schlussvorschriften.

2. Instrumentarium

413 Um seinen Zweck zu erreichen, arbeitet das KrW-/AbfG im Hinblick auf die Kreislaufwirtschaft (§§ 4, 5 KrW-/AbfG) und die Abfallbeseitigung (§§ 10, 11 KrW-/AbfG) mit **Grundsätzen** und **Grundpflichten**. Hinzu kommen **Abfallwirtschaftskonzepte** und **Abfallbilanzen**. Abfallbeseitigung ist nur in bestimmten Anlagen zulässig (§ 27 Abs. 1 KrW-/AbfG). Abhängig von der Gefährlichkeit eines Abfallstoffes sind gestufte **Überwachungspflichten** vorgesehen (§§ 40 f. KrW-/AbfG). § 29 KrW-/AbfG erlegt der öffentlichen Hand eine besondere **Planungsverantwortung** auf. §§ 42 ff. KrW-/AbfG regeln sog. **Nachweisverfahren** für die Abfallbeseitigung und -verwertung. Die **Ermächtigung**, erforderliche Maßnahmen zu ergreifen, enthält **§ 21 KrW-/AbfG.**

IV. Anwendungsbereich und Begriffsbestimmungen

1. Anwendungsbereich

414 Im KrW-/AbfG geht es nach dessen § 2 Abs. 1 KrW-/AbfG um die Vermeidung, Verwertung und Beseitigung von Abfall[390]. Soweit es sich bei dem Abfall um einen Stoff handelt, der in § 2 Abs. 2 KrW-/AbfG abschließend aufgezählt ist, tritt das Gesetz hinter entsprechende Spezialgesetze zurück. Es gilt also nicht für Lebensmittel, Pflanzenschutzmittel und tierische Kadaver (Nrn. 1 und 1a), strahlende Stoffe (Nrn. 2 und 3), Bodenschätze (Nr. 4), Gase (Nr. 5), Gewässer und Abwässer (Nr. 6) sowie Kampfstoffe (Nr. 7).

2. Begriffsbestimmungen

415 Die abfallrechtlichen Begriffsbestimmungen sind in § 3 KrW-/AbfG enthalten. Die Komplexität insbesondere des Abfallbegriffs macht es erforderlich, hier ins Detail zu gehen.

416 **a) Abfall:** In deren Zentrum steht der Abfallbegriff. Das Problem ist hierbei die Unschärfe insbesondere der Bestimmung des Abfallbegriffes selbst.

390 Siehe dazu, was unter diesen Verhaltensweisen begrifflich zu verstehen ist und was einen Stoff zum Abfall macht, sogleich Rn. 416 ff.

Zur Vertiefung

Diese begriffliche Unschärfe hat in der Praxis erhebliche Konsequenzen, weil die Einordnung eines Stoffes unter den Abfallbegriff das Regime des KrW-/AbfG aktiviert und so eine Reihe öffentlich-rechtlicher Pflichten für den Eigentümer und/oder Besitzer eines solchen Stoffes entstehen, die nicht mehr beliebig mit diesem verfahren dürfen. Ein solcher Stoff muss – um nur die vordringlichsten Maßgaben aufzuführen – unter anderem zunächst vermieden (§ 5 Abs. 1 KrW-/AbfG), wenn das nicht möglich ist, verwertet (§ 5 Abs. 2 KrW-/AbfG) und, falls das nicht geht, nach bestimmten Maßgaben beseitigt (§ 11 Abs. 1 KrW-/AbfG) und überlassen werden (§ 13 Abs. 1 KrW-/AbfG). An den Abfallbegriff knüpfen eine Reihe von Produktverantwortungspflichten an (§§ 22–26 KrW-/AbfG), und wer mit Abfall umgeht, ist dem ordnungsbehördlichen Regime nach Maßgabe von § 21 KrW-/AbfG ausgesetzt.

Der **Abfallbegriff** des KrW-/AbfG ist nahezu wortgleich mit dem des europäischen Abfallrechts nach der EG-AbfRRL 75/442/EWG[391] und sehr offen formuliert. Er hat dadurch eine wesentliche Erweiterung erfahren, dass verkehrsfähige Reststoffe, die nach der Definition des Abfallgesetzes 1986 als Wirtschaftsgüter definiert waren, in den jetzt geltenden Abfallbegriff einbezogen wurden. Abfall muss nach § 3 Abs. 1 S. 1 KrW-/AbfG drei Merkmale erfüllen. Abfälle sind danach

- alle beweglichen Sachen,
- die unter eine der in Anhang I zum KrW-/AbfG aufgeführten Abfallgruppen (Q 1–Q 16) fallen
- und deren sich der Besitzer entledigt, entledigen will oder entledigen muss.

Nach einer **Faustformel** kann man also von Abfall sprechen, wenn der Besitzer sich einer beweglichen Sache entledigt, entledigen will oder entledigen muss. **Abfall** im Sinne von § 3 Abs. 1 S. 1 KrW-/AbfG ist damit **nicht zwangsläufig „Müll"**, er kann es aber sein. Die Faustformel lässt offen, dass es sich bei Abfall nicht nur um Dinge handeln kann, die man nicht mehr möchte, sondern auch um solche, die man noch verwenden kann, etwa um sie als Wirtschaftsgut einzusetzen. Zu den Tatbestandsmerkmalen des Abfallbegriffs im Folgenden genauer.

aa) Abfälle sind … alle beweglichen Sachen …: Der Abfallbegriff des KrW-/AbfG setzt zunächst die Existenz einer beweglichen Sache voraus. **417**

40. Fall: A ist Eigentümer eines Einfamilienhauses. Nachdem er dieses mit einem Jägerzaun eingefriedet hat, beginnt er, den Zaun zu streichen. Dabei tritt er einen Eimer mit giftiger Farbe um, die in das Erdreich einsickert. Der Nachbar des A verständigt die Ordnungsbehörde. Der Sachbearbeiter der zuständigen Behörde will nun eine Gefährdungseinschätzung vornehmen und sodann gegebenenfalls Sanierungsmaßnahmen aufgeben. Er fragt sich, ob die Sanierungsverfügung auf das KrW-/AbfG zu stützen ist.

A hat sich hier einer Sache dadurch entledigt, dass Farbe in das Erdreich eingedrungen ist und dieses verunreinigt hat. Die mit dem Erdreich verbundene Farbe ist aber keine bewegliche Sache mehr, weil sie wesentlicher Bestandteil des Bodens und auf diese Weise immobil geworden ist. Die Sanierungsverfügung kann also nicht auf das KrW-/AbfG gestützt werden. Einschlägig ist vielmehr das BBodSchG, da hier möglicherweise eine schädliche Bodenveränderung im Sinne des § 2 Abs. 3 BBodSchG vorliegt[392]. Die

391 Siehe zu der für das deutsche Recht insoweit wichtigen Entscheidung *EuGH, Van de Walle und Texaco* NVwZ 2004, 1341 ff. oben Rn. 223.

392 Siehe oben Rn. 225 f.

Gefährdungsabschätzung richtet sich dann nach § 9 BBodSchG und anschließende Sanierungsmaßnahmen sind auf § 10 BBodSchG zu stützen. Dieses Ergebnis war bis zum September 2004 für das deutsche Recht eindeutig[393]. Dies ist es aber nach einer Entscheidung des EuGH seit diesem Zeitpunkt nicht mehr. Der EuGH kam zu dem Ergebnis, dass man auch bei einem Stoff von Abfall sprechen kann, der mit dem Erdreich verbunden, also unbeweglich ist[394]. Auf diese Weise erklärt der EuGH das Kriterium der Beweglichkeit eines Abfallstoffes für europarechtswidrig. Abfälle können danach sowohl bewegliche als auch unbewegliche Sachen sein. Die Entscheidung rüttelt an einer Grundfeste des deutschen Abfallrechts[395] und der Rechtsanwender hat sie auch bei der Anwendung des BBodSchG zu beachten, denn eine schädliche Bodenveränderung bzw. eine Altlast ist danach auch Abfall und unterliegt damit auch dem Regime des KrW-/AbfG. Ob für den Erlass einer Ordnungsverfügung am Ende das Abfallrecht oder das Bodenschutzrecht einschlägig ist, ist nicht entschieden. Der Rechtsanwender hat die Wahl zwischen den sich widersprechenden Aussagen der Rechtsprechung des EuGH und des nationalen Rechts.

Zur Vertiefung

Die aktuelle Abfall-Richtlinie (RL 2008/98/EG) löst das Problem insoweit, als Böden in situ, also am Ursprungsort, einschließlich nicht ausgehobener kontaminierter Böden vom Anwendungsbereich der Richtlinie ausgenommen sind. Der Bundesgesetzgeber plant, diese Ausnahme entsprechend dem vorliegenden Entwurf des neuen Kreislaufwirtschaftsgesetzes in § 2 Abs. 2 Nr. 10 KrWG zu übernehmen[396].

418 **bb) ... die unter die in Anhang I aufgeführten Gruppen fallen ...:** Die Abfalleigenschaft verlangt nach § 3 Abs. 1 S. 1 KrW-/AbfG, dass die beweglichen Sachen „unter die in Anhang I aufgeführten Gruppen fallen". Da nach der Abfallgruppe Q16 „Stoffe und Produkte aller Art, die nicht einer der (anderen) Gruppen angehören" Abfälle sind, ist der Abfallbegriff schlicht unbegrenzt und der Anhang I mangels Aussagekraft für eine weitere begriffliche Eingrenzung unbrauchbar[397].

419 **cc) ... und deren sich ihr Besitzer ...:** Das KrW-/AbfG stellt bei der Frage nach dem Vorliegen eines Entledigungstatbestandes auf den Besitzer[398] der Sache ab, weshalb auch vom **subjektiven Abfallbegriff**[399] gesprochen wird. Der Besitzer muss sich der Sache entledigen, entledigen wollen oder entledigen müssen. § 3 Abs. 6 KrW-/AbfG definiert den Besitzer als „jede natürliche oder juristische Person, die die tatsächliche Sachherrschaft über Abfälle hat." Dass die Perspektive des jeweiligen Besitzers ent-

393 Vgl. *Versteyl*, NVwZ 2004, 1297, 1297.

394 *EuGH, Van de Walle und Texaco* NVwZ 2004, 1341, 1342.

395 Siehe zu dieser weit reichenden Entscheidung des EuGH und ihren Folgen: *Versteyl*, NVwZ 2004, 1297, 1297 ff.; *Petersen/Lorenz*, NVwZ 2005, 257 ff.; *Jochum*, JuS 2005, 140 ff.; *Wrede*, NuR 2005, 28 ff.

396 Siehe oben Rn. 223; zum Entwurf des KrWG näher unten Rn. 459a.

397 Der *EuGH* spricht von „Hinweischarakter": NVwZ 2004, 1341. Vgl schon *Petersen/Rid*, NJW 1995, 7, 8.

398 Zu der offenen Frage, ob der zivilrechtliche Begriff des Besitzes auf das Abfallrecht Anwendung findet, oder ob hier ein eigener öffentlich-rechtlicher Besitzerbegriff gilt: *BVerwG*, NJW 1998, 1004, 1005.

399 Vgl. insoweit *Kloepfer*, § 20 Rn. 57 ff.

scheidet, bedeutet aber zugleich, dass das, was aus Sicht von Person A Abfall ist, für Person B ein Wirtschaftsgut darstellen kann, das für eine Entledigung nicht in Betracht kommt.

dd) … entledigt, entledigen will oder entledigen muss: Nachdem die bisherigen Kriterien noch nicht zu einer präzisen Bestimmung des Abfallbegriffs beitragen konnten, sollen nun die entscheidenden Kriterien, nämlich die **Entledigungstatbestände**, untersucht werden, die vom Verhalten des Besitzers im Hinblick auf die Entledigung geprägt sind. **420**

(1) Entledigt: Den Tatbestand des Entledigens definiert § 3 Abs. 2 KrW-/AbfG. Sie ist in **drei Varianten** möglich, nämlich **421**

1. wenn der Besitzer bewegliche Sachen einer Verwertung im Sinne des Anhangs II B zuführt
2. oder einer Beseitigung im Sinne des Anhangs II A zuführt
3. oder die tatsächliche Sachherrschaft über sie unter Wegfall jeder weiteren Zweckbestimmung aufgibt.

(a) Zuführung zur Verwertung: Die Entledigung durch Zuführung[400] zur Verwertung greift auf die in **Anhang II B** zum KrW-/AbfG genannten Verwertungsverfahren zurück. Die Verwertung betrifft oftmals Sachen, von denen sich der Besitzer trennen will, damit sie verwertet, also nicht weggeschmissen werden. Es handelt sich demnach um ein Wegwerfgut, das noch einen Wert darstellt und damit zunächst *nur* nach der Logik des KrW-/AbfG Abfall ist. Im Leben oder nach anderen rechtlichen Ansätzen, etwa dem des Zivilrechts, liegt diese Wertung fern. Entweder ist eine Sache wertlos und damit wegzuwerfender Abfall oder sie besitzt einen Wert. Dann spricht man aber nicht von Abfall, sondern von einem Wirtschaftsgut. Das KrW-/AbfG fasst diese landläufige Differenzierung unter dem Begriff Abfall zur Verwertung zusammen und gibt sie damit auf. Ohne diese begriffliche Besonderheit des Abfallrechts zu kennen, kann man es nicht verstehen. **422**

(b) Zuführung zur Beseitigung: Entledigung kann auch durch Zuführen eines Stoffes zu Verfahren erfolgen, wie sie in **Anhang II A** und **B** beschrieben sind. Da hier – wie auch bei Anhang I – keine trennscharfen Kriterien aufgezeigt werden, können auch die Anhänge II A und II B nur dazu dienen, bestimmte Verfahren einzuordnen. Als Tatbestandsmerkmale der Entledigung taugen sie indessen nicht. **423**

(c) Aufgabe der tatsächlichen Sachherrschaft unter Wegfall der Zweckbestimmung: Das Aufgeben der Sachherrschaft unter Wegfall jeglicher Zweckbestimmung eines Stoffes ist ein eindeutiges und griffiges Kriterium zur Feststellung des Entledigungstatbestandes. Es kommt dabei nur darauf an festzustellen, ob der Abfallbesitzer etwas wegwirft, um sich dessen zu entledigen. Es soll nur jegliche Zweckbestimmung wegfallen. **424**

400 Die Zuführung betrifft begrifflich nur den Beginn der Abfalleigenschaft. Zu deren Ende *Frenz*, KrW-/AbfG, § 3 Rn. 57; *Weidemann/Neun*, NuR 2004, 97 ff.

Zur Vertiefung: Unter Zugrundelegen dieser Sicht sind nach der Rechtsprechung des Bundesverwaltungsgerichts etwa Kleidungsstücke, die der bisherige Besitzer nicht mehr verwendet und einer Altkleider-Sammlung übergibt, als Abfälle anzusehen[401]; jedenfalls entfällt hier eine eigene Zweckbestimmung des ehemaligen Besitzers.

425 **(2) Entledigen will:** Abfälle liegen nach § 3 Abs. 1 Var. 2 KrW-/AbfG auch dann vor, wenn der Besitzer eines Abfallstoffes sich dessen entledigen will. Der Entledigungswille wird unter den Voraussetzungen des § 3 Abs. 3 S. 1 Nr. 1 und 2 KrW-/AbfG angenommen. Nr. 1 stellt auf die Zweckrichtung der dort genannten Prozesse ab – man spricht hier von **Produktionsabfällen** – und Nr. 2 stellt auf die ursprüngliche Zweckbestimmung einer Sache ab. Hier spricht man von **Produktabfällen**. Für letztere besteht nach § 3 Abs. 3 Satz 2 KrW-/AbfG aber insofern ein Korrektiv, als „für die Beurteilung der Zweckbestimmung (...) die Auffassung des Erzeugers oder Besitzers unter Berücksichtigung der Verkehrsanschauung zugrunde zu legen (ist)."

426 **(a) § 3 Abs. 3 Satz 1 Nr. 1 KrW-/AbfG:** Bei dem Entledigen-Wollen im Sinne des § 3 Abs. 3 Satz 1 Nr. 1 KrW-/AbfG kommt es darauf an, dass eine Sache im Rahmen der dort genannten Produktionsvorgänge anfällt, ohne dass der Zweck der Handlung auf das Anfallen des Stoffes gerichtet ist. Es ist an der Tagesordnung, dass im Zuge einer Produktion Sachen entstehen, um die es dem Hersteller im Hinblick auf die Fertigung des Endprodukts nicht geht. Das bedeutet aber – gerade bei den durch die o.a. Norm erfassten sog. **Produktionsabfälle** – nicht, dass der Hersteller sich dieser Zwischenprodukte auch stets entledigen will.

Beispiel: Bei der Herstellung von Pralinen entsteht im Produktionsprozess angestoßene oder zerbrochene Ware, sog. Bruch. Der Produktionsprozess ist nicht auf die Entstehung des Bruches gerichtet. Gleichwohl möchte der Besitzer sich dieser nur optisch beeinträchtigten Pralinen nicht entledigen, sondern sie verwerten, etwa in dem er sie billiger verkauft.

Bislang fehlt es an eindeutigen Kriterien zur Unterscheidung zwischen Produkt und Abfall. In der Rechtsprechung wurden lediglich insbesondere durch den EuGH gewisse Anhaltspunkte und Indizien herausgearbeitet, die Rückschlüsse auf die Abfalleigenschaft zulassen. Besonders misslich ist hier, dass diese Rechtsprechung schon in sich widersprüchlich ist; die Unbestimmtheit der dort herausgearbeiteten Kriterien lässt für die Rechtsanwendung der nationalen Gerichte viel Beurteilungsspielraum und kann so voraussehbare Entscheidungen in diesem Bereich nicht fördern. In der Ausbildung muss und kann man sich darauf beschränken, die Wirkungsweise von § 3 Abs. 3 Satz 1 Nr. 1 KrW-/AbfG zu verstehen und die grobe Linie in der europäischen Rechtsprechung zu kennen; kein Kriterium ist nach der Rechtsprechung jedenfalls der Wert der konkreten Sache vor und nach der Verwertung.[402]

427 **(b) § 3 Abs. 3 Satz 1 KrW-/AbfG:** Die Nr. 2 des § 3 Abs. 3 Satz 1 KrW-/AbfG betrifft **Produktabfälle**. Das sind solche Abfälle, bei denen „die ursprüngliche Zweckbestimmung entfällt oder aufgegeben wird, ohne daß ein neuer Verwendungszweck unmittelbar an deren Stelle tritt". Die Zweckbestimmung wird nach § 3 Abs. 3 Satz 1 KrW-/

401 *BVerwG*, NVwZ 1999, 1111, 1111.
402 Vgl. etwa *EuGH*, Slg. 1997, I- 7435 (Inter-Environnement Wallonie); auch *BVerwG*, NVwZ 1999, 1111, 1111.

AbfG aus Sicht „des Erzeugers oder Besitzers unter Berücksichtigung der Verkehrsanschauung" bestimmt.

Beispiel: Ein leerer Karton, in den ein Elektrogerät eingepackt war, wird aufbewahrt oder ein angebrochener Eimer mit nun eingetrockneter Farbe wird im Kellerregal gelagert.

Produktabfälle sollen oft jedenfalls zunächst nicht auf andere Weise – etwa als Verpackung für gerade nicht verwendetes Geschirr – eingesetzt werden. Sie harren vielmehr häufig „zwecklos" und vergeblich einer späteren Verwendung, so dass man dann auch unter Berücksichtigung der Verkehrsauffassung keinen Verwendungszweck ermitteln kann.

Zur Vertiefung: Von Rechts wegen müssen solche Produktabfälle allerdings beseitigt oder verwertet werden. Das bloße Behalten – also (Zwischen)Lagern – etwa in der Wohnung ist abfallrechtlich verboten (§ 3 Abs. 7 KrW-/AbfG).

Rechtlich nicht eindeutig ist die Frage der Behandlung von Produktabfällen auch dann, wenn für sich funktionsfähige und serienmäßig gefertigte Einzelteile einer Sachgesamtheit, deren sich ihr Besitzer entledigen will, verwertet werden.

■■ **33. Prüfungsfrage**[403]**:** A ist Eigentümer eines alten Kühlschranks, den er entsorgen möchte. B hat für den noch funktionsfähigen Kühlkompressor in dem Gerät noch Verwendung und will ihn ausbauen. Examenskandidat K, der die Wahlfachgruppe Umweltrecht belegt, behauptet, dass in diesem Fall Abfall ausgebaut würde und dessen Verwendung dem Regime des KrW-/AbfG unterfalle. Hat er Recht?

Entscheidend ist die Frage, ob hier auf den wegzuwerfenden ganzen Kühlschrank oder auf das noch brauchbare Einzelteil abzustellen ist und ob eine solche getrennte Betrachtungsweise zulässig ist. Entsteht also durch den Ausbau des Kompressors eine neue Sache, die nicht Abfall ist? Kommt es bei der Feststellung des Abfallbegriffs nach § 3 Abs. 1 S. 1 KrW-/AbfG auf A als den Besitzer des Kühlschrankes oder auf B an, der ja nach dem Ausbau Besitzer des Kompressors ist und diesen anderweitig und an einem anderen Ort nutzt? Das KrW-/AbfG gibt auf diese Fragen keine Antwort. Das OVG Münster hat auf den Besitzer der Sachgesamtheit, also den Kühlschrank, abgestellt und den ausgebauten Kompressor als Abfall eingeordnet[404].

(3) Entledigen muss: Solcher Abfälle die nicht verwertet werden können, muss sich 428
der Besitzer entledigen, indem er sie beseitigen lässt (§ 3 Abs. 1 Satz 2 KrW-/AbfG). Dies geschieht nach Maßgabe der §§ 10 ff. KrW-/AbfG durch dauerhaften Ausschluss von der Kreislaufwirtschaft, der keine Schäden an Umweltgütern verursacht. In dieser Variante spricht man auch vom **objektiven Abfallbegriff**[405].

b) Abfallarten: Das Gesetz kennt verschiedene Abfallarten. Es differenziert in § 3 429
Abs. 1 S. 2 KrW-/AbfG nach **Abfall zur Verwertung** und **Abfall zur Beseitigung**. Abfälle sind grundsätzlich zu verwerten. Abfälle die nicht verwertet werden können, sind Abfall zur Beseitigung.

403 Nach *OVG Münster*, AbfallR 2004, 139. Dazu *Kropp*, AbfallR 2004, 136.
404 *OVG Münster*, AbfallR 2004, 139, 139.
405 Vgl. *Kloepfer*, § 20 Rn. 64 ff.

c) Weitere Begriffsbestimmungen: Als weitere Begriffsbestimmungen ist auf den Willen zur Entledigung (§ 3 Abs. 3 KrW-/AbfG), die Entledigungspflicht des Besitzers (§ 3 Abs. 4 KrW-/AbfG), die Begriffe des Erzeugers (§ 3 Abs. 5 KrW-/AbfG), des Besitzers (§ 3 Abs. 6 KrW-/AbfG), der Abfallentsorgung (§ 3 Abs. 7 KrW-/AbfG) und des besonders überwachungsbedürftigen Abfalls (§ 3 Abs. 8 KrW-/AbfG) hinzuweisen.

V. Einzelfragen

430 Die abfallrechtlichen Einzelfragen befassen sich vor allem mit Grundsätzen und Grundpflichten des Kreislaufwirtschafts- und Abfallrechts, mit der Abfallvermeidung, Abfallverwertung und Abfallbeseitigung, der Produktverantwortung und der Überwachung.

1. Grundsätze und Grundpflichten des Kreislaufwirtschafts- und Abfallrechts

431 Bereits der Titel des KrW-/AbfG macht deutlich, dass der Umgang mit Abfall sich nicht allein auf dessen Entsorgung beschränken darf, sondern dass er vom Gedanken der **Kreislaufwirtschaft** bestimmt ist. Das bedeutet, dass Abfälle sich in einem Stoffkreislauf bewegen sollen und ihre Wiederverwertung zentrales Anliegen des Gesetzgebers ist. Rechtssystematisch ist das Kreislaufwirtschafts- und Abfallrecht neben dem Recht der Gefahrenabwehr also zugleich dem Wirtschaftsverwaltungsrecht zuzuordnen.

432 **a) Grundsätze:** Als weitere Begriffsbestimmungen ist auf den Willen zur Entledigung (§ 3 Abs. 3 KrW-/AbfG), die Entledigungspflicht des Besitzers (§ 3 Abs. 4 KrW-/AbfG), die Begriffe des Erzeugers (§ 3 Abs. 5 KrW-/AbfG), des Besitzers (§ 3 Abs. 6 KrW-/AbfG), der Abfallentsorgung (§ 3 Abs. 7 KrW-/AbfG) und des besonders überwachungsbedürftigen Abfalls (§ 3 Abs. 8 KrW-/AbfG) hinzuweisen.

433 **b) Grundpflichten:** Auf den Grundsätzen des § 4 KrW-/AbfG bauen die Grundpflichten der Kreislaufwirtschaft des § 5 KrW-/AbfG auf, die mit Hilfe von Rechtsverordnungen auf Grundlage von § 7 KrW-/AbfG konkretisiert werden. Zunächst ist hier die Pflicht zur **Abfallvermeidung** angesprochen (§ 5 Abs. 1 KrW-/AbfG) und sodann verschiedene Aspekte im Zusammenhang mit der **Verwertungspflicht** (§ 5 Abs. 2–5 KrW-/AbfG). Nach § 5 KrW-/AbfG hat der Abfallbesitzer die Pflicht, Abfälle unter Berücksichtigung der Maßgaben von § 6 KrW-/AbfG zu verwerten. Es kommt darauf an, möglichst hochwertige Verwertungsmöglichkeiten zu wählen. Allerdings geht dies nicht soweit, dass eine Vermischung von Abfällen zur Beseitigung und solchen zur Verwertung keine Verwertung sein kann, wenn dabei eine Mischung entsteht, die verwertbar ist. Allerdings darf die Vermischung nicht erfolgen, um sich der Überlassungspflicht zu entziehen, die für Abfälle zur Beseitigung gilt.[406] Dem trägt die **Gewerbeabfallverordnung** (GewAbfV) Rechnung, wonach getrennt anfallende gewerbliche Siedlungsabfallteile (Papier, Glas, Kunststoffe, Metalle, Bioabfälle) sowie gewisse Bau- und Abbruchabfälle nicht vermischt werden dürfen, um eine möglichst hochwertige Verwertung zu sichern.

406 *BVerwG,* NVwZ 2000, 1178, 1179.

Ist die Verwertung technisch nicht möglich oder wirtschaftlich unzumutbar, so muss gemäß § 5 Abs. 4 KrW-/AbfG keine Verwertung erfolgen.

2. Abfallvermeidung

Ziel der Abfallvermeidung, die sich gemäß § 5 Abs. 1 KrW-/AbfG nach § 9 KrW-/AbfG und den auf Grund von §§ 22 und 23 KrW-/AbfG erlassenen Rechtsverordnungen richtet, ist es, bei der Produktion oder beim Verbrauch keinen oder möglichst wenig Abfall entstehen zu lassen. Als Maßnahmen zur **Abfallvermeidung** nennt § 4 Abs. 2 KrW-/AbfG insbesondere die abfallarme Produktgestaltung und ein auf den Erwerb abfall- oder schadstoffarmer Produkte gerichtetes Konsumverhalten. Letzteres will § 37 KrW-/AbfG in erster Linie durch eine Verpflichtung der öffentlichen Hand erreichen. **434**

3. Abfallverwertung oder Abfallbeseitigung

Liegt Abfall vor, und ist dieser zu entsorgen, so gibt es nach § 3 Abs. 7 KrW-/AbfG rechtlich nur zwei Möglichkeiten hierzu. Der Abfall muss entweder verwertet oder beseitigt werden. Die Verwertung richtet sich nach §§ 4–9 KrW-/AbfG und erfolgt durch den Abfallbesitzer selbst. Die Beseitigung erfolgt nach §§ 10–12 KrW-/AbfG und geschieht durch einen öffentlich-rechtlichen Entsorgungsträger. In der Praxis entsteht häufig Streit um die Einordnung des Abfalls, weil der öffentlichen Hand daran gelegen ist, möglichst viele Stoffe als Abfall zur Beseitigung einzuordnen, weil dies mit einer kostenpflichtigen Andienungspflicht an öffentliche Entsorgungseinrichtungen verbunden ist, denen die Beseitigung bezahlt wird. **435**

a) Abfallverwertung: Wenn Abfälle nicht zu vermeiden sind, müssen sie nach der Regelung des § 4 Abs. 1 KrW-/AbfG verwertet werden. Zu den abfallrechtlichen Grundpflichten zählt es gemäß § 5 Abs. 2 KrW-/AbfG zunächst, Abfälle – und zwar sowohl solche zur Verwertung als auch solche zur Beseitigung – nach Maßgabe des § 6 KrW-/AbfG zu verwerten. Abfallverwertung kann nach genauerer Maßgabe des § 6 KrW-/AbfG stofflich – also etwa durch Verwendung des Stoffes zu einem anderen Zweck – oder energetisch – das heißt zur Gewinnung von Energie, oft im Wege der Verbrennung – erfolgen (Abfall zur Verwertung). Ob Abfall vorrangig stofflich oder energetisch zu verwerten ist, bestimmt sich gemäß § 6 Abs. 1 S. 2 KrW-/AbfG nach der umweltverträglicheren Verwertungsart. Die Bundesregierung ist ermächtigt, den Vorrang in einer Verordnung zu spezifizieren.[407] Die beiden Verwertungsarten nach dem KrW-/AbfG sind grundsätzlich gleichrangig und gleichwertig. Sofern Verwertung möglich und erlaubt ist, muss sie nach § 5 Abs. 3 KrW-/AbfG „ordnungsgemäß und schadlos" erfolgen.[408] **436**

407 Von der Ermächtigung in § 6 Abs. 1 S. 4 KrW-/AbfG wurde bislang in § 1 S. 1 VerpackV und in § 2 Abs. 1 S. 2 PCBAbfallV Gebrauch gemacht, vgl. *Kunig* in Kunig/Paetow/Versteyl, KrW-/AbfG § 6 Rn. 10.

408 Einzelheiten bei *Spoerr* in Brandt/Ruchay/Weidemann, § 5 KrW-/AbfG, Rn 69 ff.

437 **aa) Stoffliche Verwertung:** Stoffliche Verwertung kann nach § 4 Abs. 3 S. 1 KrW-/AbfG

- im Wege der Substitution von Rohstoffen durch das Gewinnen neuer Stoffe aus Abfällen
- oder durch Nutzung der stofflichen Eigenschaften eines Abfallstoffes entweder für den ursprünglichen oder für einen neuen Zweck erfolgen.

Nach § 4 Abs. 3 S. 2 KrW-/AbfG kommt es darauf an, dass nach einer wirtschaftlichen Betrachtung unter Berücksichtigung der Verunreinigung des einzelnen Abfalls der **Hauptzweck** der Maßnahme die Nutzung oder die Beseitigung des Stoffes ist (§ 4 Abs. 3 S. 2 KrW-/AbfG).

438 **bb) Energetische Verwertung:** Energetische Verwertung ist auf den Einsatz von Abfällen als Ersatzbrennstoff gerichtet. § 4 Abs. 4 S. 1 KrW-/AbfG stellt zugleich klar, dass die thermische Behandlung von Abfällen zur Beseitigung, insbesondere von Hausmüll, vom Vorrang der energetischen Verwertung unberührt bleibt.

439 **b) Abfallbeseitigung:** Das Vorliegen der Abfallbeseitigung wird negativ bestimmt. Liegt keine Verwertung vor, dann muss der Abfall nach § 3 Abs. 1 Satz 2 KrW-/AbfG beseitigt werden. Nicht vermeidbarer und nicht verwertbarer Abfall ist also solcher zur Beseitigung. Die entsprechenden Grundpflichten der Abfallbeseitigung ergeben sich aus §§ 10 ff. KrW-/AbfG. Hier müssen immer die übergeordneten Gedanken der Umweltvorsorge und der Gefahrenabwehr beachtet werden. Zudem ist Abfall zur Beseitigung nach § 10 Abs. 1 KrW-/AbfG dauerhaft von der Kreislaufwirtschaft auszuschließen und gemäß § 10 Abs. 4 KrW-/AbfG so zu behandeln, dass Schäden an Umweltgütern verhindert werden. Nach § 10 Abs. 3 KrW-/AbfG sind Abfälle zudem grundsätzlich im Inland zu beseitigen[409]. Besitzer beseitigungspflichtiger Abfälle haben nach § 13 Abs. 1 KrW-/AbfG die Hauptpflicht, dem öffentlich-rechtlichen Entsorgungsträger diese Abfälle zu **überlassen**, und sie müssen hierfür Gebühren oder Entgelte zahlen. Dafür muss der öffentlich-rechtliche Entsorgungsträger die Abfälle ordnungsgemäß entsorgen. Dies muss nach § 27 KrW-/AbfG in dazu zugelassenen Abfallbeseitigungsanlagen durch Behandlung (Veränderung des Abfalls), Lagerung (Zwischenlagern) oder Ablagerung (endgültiges Niederlegen zum Ausschluss aus der Kreislaufwirtschaft) geschehen.

440 **aa) Abfälle aus privaten Haushaltungen:** Erzeuger oder Besitzer von Abfällen aus privaten Haushaltungen sind grundsätzlich dazu verpflichtet, diese den öffentlich-rechtlichen Entsorgungsträgern zu überlassen (§ 13 Abs. 1 S. 1 KrW-/AbfG). Diese Pflicht erstreckt sich sowohl auf Abfälle zur Beseitigung als auch auf Abfälle zur Verwertung. Allerdings sind nur Abfälle zur Beseitigung aus privaten Haushalten immer den öffentlich-rechtlichen Entsorgungsträgern zu überlassen. Abfälle zur Verwertung sind dies nur, soweit die Erzeuger oder Besitzer von Abfällen zu einer Verwertung nicht in der Lage sind oder diese nicht beabsichtigen.[410]

---

409 Ausnahmen ergeben sich aus der EU-Abfallverbringungsverordnung und dem Ausführungsgesetz zum Basler Übereinkommen.

410 Vgl. nur *Beckmann/Kersting*, BB 1997, 161, 164 m.w.N.

bb) Abfälle aus anderen Herkunftsbereichen (gewerbliche Abfälle): Auch für Abfälle aus „anderen Herkunftsbereichen" als aus privaten Haushalten – also gewerbliche Abfälle – besteht nach § 13 Abs. 1 S. 2 KrW-/AbfG die Pflicht zur eigenverantwortlichen Verwertung grundsätzlich, weil **nur gewerbliche Abfälle** zur **Beseitigung** der **Überlassungspflicht** unterliegen. Die Überlassungspflicht **entfällt** damit, soweit Abfallerzeuger oder -besitzer zur **Verwertung** in der Lage sind und diese beabsichtigen (§ 13 Abs. 1 S. 2 i.V.m. S. 1 KrW-/AbfG). Die Abgrenzung zwischen Abfällen zur Verwertung und Abfällen zur Beseitigung hat also im Rahmen des § 13 KrW-/AbfG eine große wirtschaftliche Bedeutung. Die grundsätzliche Überlassungspflicht für gewerbliche Abfälle zur Beseitigung nach § 13 Abs. 1 S. 2 KrW-/AbfG ist zudem eingeschränkt und besteht nur, **441**

- soweit die Abfälle nicht in **eigenen Anlagen** beseitigt werden können
- oder wenn **überwiegende öffentliche Interessen** eine Überlassung dieser Abfälle erforderlich machen.

Zur Vertiefung

Die Auslegung der vorgenannten unbestimmten Rechtsbegriffe ist umstritten. Der Begriff der „eigenen Anlage" ist gesetzlich nicht definiert, so dass nicht eindeutig ist, ob die Anlage im Eigentum des Abfallbesitzers stehen muss, ob er nur ein Zugriffsrecht auf eine Anlage haben muss oder ob es bereits ausreichend ist, wenn ihm ein vertraglich zugesichertes Kontingent in einer Abfallbeseitigungsanlage zusteht.[411] Die Beauftragung eines Dritten gemäß § 16 Abs. 1 KrW-/AbfG mit der Beseitigung steht der Beseitigung in einer „eigenen Anlage" jedenfalls nicht gleich.[412] Das Tatbestandsmerkmal „überwiegende öffentliche Interessen eine Überlassung erfordern" ist bei richtiger Auslegung als Einschränkung der Befreiung von der Überlassungspflicht anzusehen, da die Eigenentsorgung nach dem Willen des Gesetzgebers nur zulässig sein soll, wenn nicht öffentliche Interessen eine Überlassung erfordern.[413]

c) Abgrenzung zwischen Verwertung und Beseitigung: Bei der Abgrenzung zwischen Verwertung und Beseitigung muss man deutsches und europäisches Recht unterscheiden. **442**

aa) Deutsches Recht: Verwertung liegt grundsätzlich vor, wenn bestimmte **Eigenschaften** des Abfalls **genutzt** werden. Dieses Kriterium ergibt sich aus § 4 Abs. 3 S. 2 und Abs. 4 Satz 1 KrW-/AbfG. Wenn eine Entsorgungsmaßnahme mit einer Nutzung des Abfalls verbunden ist und dazu dient oder dienen kann ihn weniger schädlich zu machen oder ihre Menge zu verringern, kommt es für die Abgrenzung zwischen Verwertung und Beseitigung auf den **Hauptzweck** der Maßnahme an. Dieser hat im Wege einer **wirtschaftlichen Betrachtungsweise** zu erfolgen. Insbesondere die Abgrenzung zwischen der energetischen Verwertung und der thermischen Behandlung von Abfällen zur Beseitigung ist schwierig. **Verbrennen** von Abfall kann sowohl dessen Verwertung als Ersatzbrennstoff (§ 4 Abs. 4 Satz 1 KrW-/AbfG) – zur Energieerzeugung – als auch dessen schlichte Beseitigung bedeuten. **443**

---

411 Vgl. *Beckmann/Kersting*, BB 1997, 161, 165: Eigentum und mittelbarer Besitz reichen aus; *Bartram/Schade*, UPR 1995, 253, 255: Es muss nur durch Vertrag ein Kontingent in einer Anlage eines Dritten zur Verfügung gestellt sein; a.A. *VG Regensburg*, NVwZ 1998, 431, 433.

412 *BayObLG*, DÖV 1999, 160, 160 ff.; zu den Zuverlässigkeitsanforderungen an Drittbeauftragte *Rose*, NVwZ 1998, 1130, 1131 ff.

413 *Zandonella/Thärichen*, NVwZ 1998, 1160 ff.

Zur Vertiefung

Das KrW-/AbfG unterscheidet damit zwischen energetischer Verwertung und thermischer Behandlung. Während die **energetische Verwertung** vor allem Abfälle mit hohem Heizwert als Ersatz für herkömmliche Energieträger zur Strom- und Wärmeerzeugung betrifft (Ersatzbrennstoff), häufig verwendet in der Zementproduktion, sind die Ziele der **thermischen Behandlung** von Abfällen vornehmlich die Volumenreduktion und der Umwandlung in ungefährliche reaktionsarme Stoffe (Inertisierung), damit insbesondere Abbau enthaltener Schadstoffe, die Gewinnung verwertbarer oder ablagerungsfähiger, d.h. deponierbarer Schlacken und ggf. die Energiegewinnung, vornehmlich in Müllverbrennungsanlagen oder Müllheizkraftwerken.

Die Unterscheidung zwischen der energetischen Verwertung und der Beseitigung durch Verbrennung erfolgt nach mittlerweile anpassungsbedürftigem[414] deutschen Recht nach dem Hauptzweck (§ 4 Abs. 4 S. 2 KrW-/AbfG) der Maßnahme und weiteren Kriterien aus § 4 Abs. 4 und § 6 Abs. 2 KrW-/AbfG. Ob der Hauptzweck die Verwertung oder die Behandlung darstellt, ist ausgehend vom einzelnen Abfall im Rahmen einer Wertung zu bestimmen. Rückschlüsse auf den Hauptzweck lassen Art und Ausmaß seiner Verunreinigung sowie die durch seine Behandlung anfallenden weiteren Abfälle und Emissionen zu.[415]

444 **bb) Europäisches Recht:** Mittlerweile gibt es ein allgemeines Unterscheidungskriterium des EuGH von (stofflicher oder energetischer) Verwertung und Beseitigung. Verwertung ist aufgrund einer Einzelfallbetrachtung danach gegeben,

„wenn ihr Hauptzweck darauf gerichtet ist, dass die Abfälle eine sinnvolle Aufgabe erfüllen können, indem sie andere Materialien ersetzen, die für diese Aufgabe hätten verwendet werden müssen."[416]

In letzter Konsequenz ist die Abgrenzung zwischen Verwertung und Beseitigung weder durch das Gesetz noch durch die Rechtsprechung vorgegeben und bleibt wertungsoffen.

4. Produktverantwortung

445 Die für den Gesetzgeber zentrale Pflicht zur abfallarmen Produktgestaltung drückt sich im Wesentlichen im 3. Teil des KrW-/AbfG näher aus. Nach § 22 Abs. 1 Satz 2 KrW-/AbfG müssen Produkte so gestaltet werden, dass bei ihrer Entwicklung, Herstellung und ihrem Gebrauch die Entstehung von Abfällen vermindert wird. Zudem muss für eine umweltverträgliche Verwertung und Beseitigung von Abfällen gesorgt werden. Die Produktverantwortung besteht nach § 22 Abs. 2 KrW-/AbfG aus den folgenden fünf Facetten:

- Mehrweg
- Verwendung wiederverwertbarer Abfälle oder Sekundärrohstoffe
- Kennzeichnungspflichten von schadstoffhaltigen Produkten

414 Nach Entscheidungen des *EuGH* zur energetischen Verwertung aus dem Jahr 2003 kann das deutsche Recht eigentlich nicht mehr angewendet werden. *EuGH,* NVwZ 2003, 457 ff. *(Kommission/Luxemburg)*; *EuGH,* NVwZ 2003, 455 ff. (*Kommission/Bundesrepublik Deutschland*); *EuGH* NVwZ 2003, 585 ff. (*SITA EcoService Nederland BV/Minister van Volkshuisvesting*). Instruktiv die Zusammenfassung des *OVG Saarlouis*, AS RP-SL, 30, 418 ff. Dazu auch *Giesberts/Hilf*, DVBl. 2003, 514 ff.; *Schink*, UPR 2003, 121 ff. Instruktiv zur Abgrenzung auch *VGH Mannheim*, NVwZ-RR 2008, 165 ff.

415 *OVG Lüneburg*, NVwZ 1998, 1202, 1203; dazu *Schwartmann*, NVwZ 1998, 1151, 1152.

416 *EuGH,* NVwZ 2002, 579, 582.

- Rückgaberechte
- Rücknahmepflichten.

Maßnahmen nach § 22 Abs. 3 KrW-/AbfG müssen allerdings technisch möglich und dürfen wirtschaftlich betrachtet nicht unzumutbar sein. Nach § 23 KrW-/AbfG können Verordnungsermächtigungen u.a. zur Einführung u.a. von Rücknahme- und Rückgabepflichten erlassen werden. Produktverantwortung hat faktisch nur da Auswirkungen, wo sie – in der Regel durch Rechtsverordnungen – rechtlich umgesetzt ist. Insbesondere diese Umsetzungsvorschriften zur Produktverantwortung sind wichtig und sollten in Grundzügen für das Examen beherrscht werden.

a) Verpackungsverordnung: Die größte Bedeutung der Vorschriften zur Produkt-
verantwortung hat die Verpackungsverordnung von 1991 zur Umsetzung der Verpa- **446**
ckungsrichtlinie der Europäischen Gemeinschaft, die auf Grundlage von § 24 KrW-/AbfG ergangen und zuletzt Ende 2010 geändert wurde. Auf Grundlage der Verpackungsverordnung von 1991 wurde das Duale System Deutschland mit dem „Grünen Punkt" und den gelben Tonnen eingerichtet, das die getrennte Rücknahme und Entsorgung von Verkaufsverpackungen betrifft. Niemand bestreitet, dass Produktverpackungen notwendig sind, um Hygiene und Sicherheit von Produkten zu gewährleisten. Allerdings soll es so wenig Verpackung wie möglich geben, wie für die Einhaltung des Sicherheits- und Gesundheitsstandards erforderlich ist. Die Verpackungsverordnung beansprucht unabhängig von der Handelsstufe und dem verwendeten Verpackungsmaterial (§ 3 Abs. 1 Nr. 1 VerpackV) für sämtliche in den Verkehr gebrachten Verpackungen Geltung (§ 2 VerpackV). § 3 VerpackV definiert verschiedene Verpackungsarten, die unterschiedliche Pflichten auslösen. Diese Pflichten gelten für die Hersteller und insbesondere auch den Verkäufer von Verpackungen, nicht aber für Verbraucher und gewerbliche Zwischenhändler oder Käufer von Vorprodukten. Allerdings müssen diese Verpackungen, wenn es keinen weiteren Verwendungszweck für sie gibt, nach der Vorgabe des KrW-/AbfG verwertet oder beseitigt werden. In der Regel geschieht dies durch Wegwerfen in den Restmüll. Der Käufer hat aber auch das Recht, die Verpackung dem Verkäufer zurückzugeben. Für diesen besteht eine Annahmepflicht. Wenn ein Hersteller oder Verkäufer von Verpackungen an einem Rücknahmesystem wie dem **„Grünen Punkt"** teilhat, muss er **Verkaufsverpackungen** nicht selbst zurücknehmen und verwerten. Vielmehr wird dies durch die Duales System Deutschland AG gewährleistet, deren Markenzeichen („Grüner Punkt") die Hersteller und Verkäufer der Verkaufsverpackungen kostenpflichtig lizenzieren. Mit diesem Geld werden das Abholen der Abfälle in den gelben Tonnen und deren anschließende Verwertung bezahlt. Die Hersteller und Verkäufer schlagen diese Kosten allerdings auf ihre Produkte auf.

▪ **41. Fall:** Student A fährt häufig von Köln nach München, wo seine Freundin lebt. In Köln kauft **447**
▪ er sein Mineralwasser in PET-Flachen in einer Filiale der Discountmarktkette X nahe seiner Wohnung ein. In München will er die leere Flasche in einer nahe der Wohnung seiner Freundin gelegenen Filiale der Discountmarktkette Y wieder abgeben und hier auch sein Pfand zurückbekommen. Die dort neu gekaufte Flasche will er bei der anderen Kette in Köln wieder gegen Pfandrückgabe abgeben. Ist das möglich?

Im Jahr 2004 wurde in der Bundesrepublik Deutschland ein Pflichtpfand auf Einweg-Getränkeverpackungen eingeführt. Es entsteht unabhängig von Verpackungsart – also nicht nur bei Dosen für bestimmte Getränke („**Dosenpfand**"). Im Sommer 2005 wurde diese Regelung in § 8 VerpackV novelliert und ausgeweitet. Von der grundsätzlichen Pfandpflicht sind jetzt nur noch Einwegverpackungen befreit, die ökologisch wertvoll sind. Pfandfrei bleiben Getränkekarton-Verpackungen (Milchtüten), Schlauchbeutel (Milch im Plastikschlauch) und Folienstandbodenbeutel („Capri-Sonne"). Auf die Unterschreitung eines bestimmten Marktanteils von Mehrwegverpackungen kommt es nicht mehr an. Seit der Novelle des Sommers 2005 sind auch so genannte **„Insellösungen"** nicht mehr gestattet. Nach der VerpackV 2004 musste jeder Verkäufer nur solche Verpackungsarten zurücknehmen, die er auch selbst führte. Um die Pflichten der VerpackV abzumildern, wurden spezielle Flaschenarten für Handelsketten angefertigt, die auch nur in einer Filiale dieser Kette zurück genommen werden mussten. Nach der VerpackV 2005 ist nur noch entscheidend, ob Verpackungen aus einem bestimmten Material – Glas, Metall, Papier/Pappe/Karton oder Kunststoff – vertrieben werden. Im Fall kann A also seine beim Discounter X in Köln erworbene PET-Flasche auch beim Discounter Y in München zurückgeben und umgekehrt[417]. Hierbei kommt es zwar zu Ausgleichsansprüchen der Discounter untereinander. Sie sind aber dafür selbst verantwortlich.

448 **b) Elektro- und Elektronikgerätegesetz:** Seit 2005 existiert mit dem **Elektro- und Elektronikgerätegesetz** (ElektroG)[418], das zwei Europäische Richtlinien aus dem Jahr 2003 umsetzt, auch ein Gesetz zur Produktverantwortung. Es betrifft die Verminderung von Elektro- bzw. Elektronikabfall und die Beschränkung giftiger Bestandteile in Elektrogeräten.

42. Fall: Student A kauft sich für seine Studentenwohnung einen neuen Fernseher und einen neuen Fön. Darf er diese Geräte – wenn er seine Wohnung in fünf Jahren aufgibt – in den Hausmüll werfen?

Die vom ElektroG erfassten Geräte sind in zehn Produktgruppen in § 2 Abs. 1 ElektroG benannt und werden von Anhang I des Gesetzes abschließend aufgezählt. Wer solche Geräte herstellt[419], muss Produktionsvorgaben (§§ 4 f. ElektroG) beachten und hat Rücknahmepflichten. Neben die privatrechtliche Gewährleistung und Produktverantwortung ist damit eine öffentlich-rechtliche Einstandspflicht getreten, die erst erlischt, wenn das Produkt nicht mehr fortbesteht. Um die Einhaltung dieser Pflicht sicherzustellen und Produkte einem Hersteller zuzuordnen, müssen diese identifizierbar sein und bei einer „Gemeinsamen Stelle" registriert werden (§ 6 Abs. 2, 3 ElektroG) sowie nach § 7 ElektroG i.V.m. Anhang II als für den Hausmüll ungeeignet gekennzeichnet werden, wenn sie zum privaten Gebrauch hergestellt werden. Die Stelle fungiert – wie der TÜV bei der Vornahme der Kfz-Hauptuntersuchung – als „Beliehene"[420] und nimmt als private Einrichtung im eigenen Namen öffentliche Überwachungs- und Organisationsaufgaben im eigenen Namen wahr. Auch für den Verbraucher entstehen Pflichten.

417 Bis zum 30. April 2006 galt eine Übergangszeit in der Insellösungen zulässig blieben. Zu den neuen Pfandpflichten für Getränkeverpackungen *Flanderka/Renke*, NVwZ 2006, 23 ff.

418 Dazu *Diederichsen/Ahlhaus*, NJW 2005, 2741 ff. und insgesamt *Bullinger/Fehling*, Elektrogesetz-Handkommentar (2005).

419 Zu den Herstellerpflichten: *Kohls/Wagner-Cardenal*, NVwZ 2005, 1111 ff.

420 Dazu *Bullinger/Fehling*, Einleitung, Rn. 51 f.

Im Fall darf A seinen Fernseher, der nach § 2 Abs. 1 S. 1 Nr. 4 ElektroG i.V.m. Nr. 4 zweite Zeile Anhang II nicht mit dem Restmüll entsorgen, sondern muss ihn gemäß § 9 Abs. 1 ElektroG einer „vom unsortierten Siedlungsabfall getrennten Erfassung" zuführen. Auch für den Haartrockner gilt nach § 2 Abs. 1 S. 1 Nr. 4 ElektroG i.V.m. Nr. 2 zehnte Gruppe Anhang II diese Einschränkung. Da die Kommunen den Hausmüll zu entsorgen haben, müssen sie alte Elektrogeräte nach Maßgabe des § 9 Abs. 3 ElektroG sammeln. Hierfür sind von den Produktherstellern fünf Arten von Groß-Sammelbehälter zur Verfügung zu stellen, die auf Veranlassung der gemeinsamen Stelle zu entleeren und dem jeweiligen Hersteller zu Wiederverwendung oder Entsorgung zurückzugeben sind (§ 12 ElektroG). Altgeräte für den nur gewerblichen Bereich muss der Hersteller allein verantwortlich einsammeln und nach § 10 Abs. 2 ElektroG eine Rückgabemöglichkeit schaffen und die Geräte entsorgen. Das ElektroG enthält keine Eingriffsermächtigung zum Erlass einer Ordnungsverfügung, sodass zur Durchsetzung der sich hier ergebenden Pflichten auf die spezialgesetzlichen umweltrechtlichen Eingriffsermächtigung oder die ordnungsrechtliche Generalklausel in den Polizei- und Ordnungsgesetzen zurückzugreifen ist[421].

c) Batterieverordnung: Batterien sind wegen der darin enthaltenen leichtflüchtigen Schwermetalle besonders umweltschädlich. Dem trägt die Verordnung über die Rücknahme und Entsorgung gebrauchter Batterien und Akkumulatoren (**Batterieverordnung**) Rechnung. Zunächst dürfen Batterien gemäß § 13 BattV bestimmte Inhaltsstoffe gar nicht enthalten. Zudem existiert eine Rücknahmeverpflichtung für Hersteller. Nach § 3 BattV dürfen Batterien von Herstellern und Vertreibern (§ 5 BattV) von Batterien oder Geräten, die solche enthalten, nur verkauft werden, wenn deren Rücknahme sichergestellt ist. Dies geschieht dadurch, dass der **Hersteller** sich einer gemeinsamen Einrichtung anschließt[422] oder selbst ein flächendeckendes Rücknahmesystem für Batterien im Sinne von § 4 Abs. 3 BattV einrichtet, die er in den Verkehr bringt. Von Herstellern, die sich weigern, können nach § 4 Abs. 2 Satz 3 BattV Entsorgungskosten verlangt werden. Die Rücknahme der Batterien darf nicht davon abhängig gemacht werden, wer die Batterien zu vertreiben hat und sie darf sich auch nicht auf eine Art oder eine Marke beschränken. **Vertreiber** müssen Batterien kostenlos zurücknehmen und diese den Herstellern zur Verfügung stellen. 449

d) Altölverordnung: Öl ist für die industrielle Produktion, etwa für den Betrieb von Maschinen – bspw. als Schmierstoff – und auch beim privaten Gebrauch wichtig. Zugleich birgt es erhebliche Umweltgefahren. Den Umgang mit Altöl regelt die Altölverordnung aus dem Jahr 2002 zur Umsetzung der Altöl-Richtlinie der EG. Danach muss Altöl gemäß § 2 AltölV aufbereitet werden, bevor es entsorgt werden darf, wobei bei der Verwertung **Verbrennung** (energetische Verwertung) und **Aufbereitung** (stoffliche Verwertung) miteinander konkurrieren. Die Produktverantwortung aktualisiert sich als Pflicht zur kostenlosen Rücknahme nur für Vertreiber von Motor- oder Getriebeöl an Endverbraucher etwa durch Einrichtung einer Annahmestelle (§ 8 AltölV).[423] 450

421 Zu Einzelheiten *Bullinger/Fehling*, § 1 Rn. 45 und § 6 Rn. 33 ff.
422 „Stiftung Gemeinsames Rücknahmesystem Batterien".
423 Siehe oben Rn. 406.

5. Abfallbeseitigungsanlagen und Deponien

451 § 30 KrW-/AbfG ermächtigt die öffentliche Hand unter anderem dazu, Grundstücke im Hinblick darauf zu erkunden, ob sie geeignete Standorte für Deponien und öffentlich zugängliche Abfallbeseitigungsanlagen darstellen. Das KrW-/AbfG unterscheidet in § 31 zwischen ortsfesten Abfallbeseitigungsanlagen zur Lagerung und Behandlung von Abfällen zur Beseitigung einerseits und Deponien andererseits.[424] Die Zulassung von **Abfallbeseitigungsanlagen** verlangt nach § 31 Abs. 1 KrW-/AbfG grundsätzlich ein Genehmigungsverfahren nach dem BImSchG[425]. Bei Errichtung einer **Deponie** ist ein Planfeststellungsverfahren angeordnet (§ 31 Abs. 2 KrW-/AbfG), das nach Maßgabe der §§ 72 ff. VwVfG durchzuführen ist.

451a *Zur Vertiefung* Gemäß der früheren Abfallablagerungsverordnung und der heute gültigen Deponieverordnung (neugefasst durch Art. 1 der Verordnung über die Vereinfachung des Deponierechts) ist die Deponierung unbehandelter Abfälle seit 2005 verboten. Unter Behandlung von Abfällen sind gemäß § 2 Nr. 5 DepV mechanische, physikalische, thermische, chemische oder biologische Verfahren oder Verfahrenskombinationen zu verstehen, die das Volumen oder die schädlichen Eigenschaften der Abfälle verringern, ihre Handhabung erleichtern, ihre Verwertung oder Beseitigung begünstigen oder die Einhaltung der Zuordnungskriterien für Abfälle gewährleisten.

6. Planungsverantwortung und Überwachung

452 Im 4. Teil des KrW-/AbfG ist die abfallrechtliche Planungsverantwortung geregelt. Diese bezieht sich zum einen auf die rechtliche Ordnung und Durchführung der Abfallbeseitigung sowie auf die Abfallwirtschaftsplanung und zum andern auf die Zulassung von Abfallbeseitigungsanlagen. Das Gesetz differenziert bei letzteren in ortsfeste Abfallbeseitigungsanlagen zur Lagerung oder Behandlung von Abfällen zur Beseitigung und in Deponien zur endgültigen Abfallbeseitigung.

453 **a) Genehmigungsarten:** Während für ortsfeste Beseitigungsanlagen eine Genehmigung nach dem Bundes-Immissionsschutzgesetz (BImSchG) erforderlich ist, bedürfen Deponien der Planfeststellung, also eines besonderen formalisierten Verwaltungsverfahrens.

454 **b) Arten überwachungsbedürftiger Abfälle:** Bei der in §§ 40 f. KrW-/AbfG geregelten Überwachung der Einhaltung abfallrechtlicher Pflichten unterscheidet das Gesetz in einfache und besondere überwachungsbedürftige Abfälle zur Verwertung und einfache und besondere überwachungsbedürftige Abfälle zur Beseitigung.[426]

Zur Vertiefung Für jede dieser Abfallarten ist jeweils ein anderes Nachweisverfahren vorgesehen. **Besonders überwachungsbedürftige Abfälle** unterliegen einem obligatorischen Nachweisverfahren (§ 43 KrW-/ AbfG für Abfälle zur Beseitigung und § 46 KrW-/ AbfG für Abfälle zur Verwertung). Dieses schreibt das Führen und die Vorlage eines Nachweisbuches oder von Nachweisbelegen vor, um eine möglichst lückenlose Überwachung zu sichern. Näheres regelt die angesprochene Nachweisverordnung. Ein fakultatives Nachweisverfahren ist für **einfach überwachungsbedürftigen**

---

424 Mobile Abfallbeseitigungsanlagen sind derzeit vom Gesetz nicht erfasst. *Reidt*, NVwZ 1993, 861, 861 f. für Bodenreinigungsanlagen.

425 Dazu *Fluck*, UPR 1997, 234 ff.

426 Vgl. auch § 3 Abs. 8 KrW-/AbfG.

Abfall vorgesehen (§ 42 KrW-/AbfG für Abfälle zur Beseitigung und § 45 KrW-/AbfG für Abfälle zur Verwertung). Hier liegt es im Ermessen der zuständigen Behörde Nachweise über Art, Menge und Beseitigung oder Verwertung solcher Abfälle von den Abfallbesitzern zu verlangen, die nicht mit Haushaltsabfällen entsorgt werden. Zudem kann das Führen eines Nachweisbuches, sowie die Aufbewahrung von Belegen angeordnet werden. Bei Abfällen zur Verwertung gilt dies nur unter der Beschränkung des § 45 Abs. 2 S. 2 KrW-/AbfG. Auf nicht überwachungsbedürftigen Abfall wird das fakultative Nachweisverfahren nach § 45 Abs. 2 S. 1 KrW-/ AbfG nur dann angewandt, wenn dies zum Wohl der Allgemeinheit erforderlich ist.[427] Die allgemeine Überwachung der Vermeidung, Verwertung und Beseitigung von Abfällen richtet sich nach § 40 KrW-/ AbfG. Die in § 40 Abs. 2 S. 1 Nr. 1–6 KrW-/AbfG genannten Personen (Erzeuger, Besitzer, etc.) müssen den Beauftragten der Überwachungsbehörde über Betrieb, Anlagen, Einrichtungen und sonstigen der Überwachung unterliegenden Gegenständen Auskunft geben. Darüber hinaus können nach § 40 Abs. 2 S. 2 KrW-/AbfG Betretung[428], Einsichtnahme und Prüfung erfolgen.

c) Innerbetriebliche Überwachung: Im 8. Teil des KrW-/AbfG ist die innerbetriebliche Überwachung normiert. Zentrale Bedeutung kommt dabei dem **Betriebsbeauftragten** für Abfall zu. 455

aa) Betriebsbeauftragter: Einzelheiten zum Betriebsbeauftragten für Abfall sind neben den §§ 54 ff. KrW-/AbfG in der Verordnung über Betriebsbeauftragte für Abfall geregelt. Die Aufgabe des Abfallbeauftragten, der grundsätzlich dem Unternehmen und nicht der Behörde nahe steht, ist es, den Umweltschutz in den Unternehmen zu festigen. Er muss gemäß § 55 Abs. 3 KrW-/AbfG i.V.m. §§ 55 bis 58 des BImSchG fachkundig und zuverlässig sein, soll auf eine Vermeidung und Verringerung von Abfällen hinwirken und den Betriebsablauf auf die Einhaltung abfallrechtlicher Vorschriften überwachen. Damit der Abfallbeauftragte seine Aufgabe unabhängig erfüllen kann, gilt zu seinen Gunsten ein spezieller Kündigungsschutz (§ 58 Abs. 2 BImSchG).[429] 456

bb) Sonstige Eigenkontrollinstrumente: Neben dem Betriebsbeauftragten dienen auch **Abfallwirtschaftskonzepte** und **Abfallbilanzen** nach den §§ 19, 20 KrW-/AbfG der betrieblichen Eigenüberwachung. 457

VI. Verfahren und Prozessuales

Hier ist auf die Eingriffsermächtigung und auf Fragen des Rechtsschutzes gegen Überlassungsverfügungen und gegen Abfallbeseitigungsanlagen hinzuweisen.

1. Eingriffsermächtigung

Bei Verstößen gegen abfallrechtliche Pflichten steht der Behörde § 21 Abs. 1 KrW-/AbfG als Eingriffsermächtigung für eine Ordnungsverfügung zur Verfügung. Die allgemeine 458

427 Vgl. zu dem Verhältnis von § 40 KrW-/AbfG und dem speziellen § 45 Abs. 2 KrW-/AbfG *VGH Mannheim*, NVwZ 2002, 748, 749 ff.

428 Vgl. zur Rechtsnatur (Verwaltungsakt oder Realakt, Betretungsrecht als Rechtsverhältnis i.S.d. § 43 VwGO) und zu den Voraussetzungen der Betretung *VGH Mannheim*, NVwZ 2001, 574, 574 ff.

429 Siehe dazu auch oben Rn. 380.

Fassung dieser Norm zeigt, dass sie nicht auf bestimmte Sachverhalte beschränkt ist. Allerdings bezieht sie sich nicht auf das Elektro- und Elektronikgerätegesetz, so dass insoweit – wegen Fehlens einer speziellen Eingriffsermächtigung – auf die polizei- und ordnungsrechtliche Generalklausel zurückzugreifen ist.

2. Rechtschutz gegen Abfallbeseitigungsanlagen

459 Ist ein Dritter durch die Zulassung von Abfallbeseitigungsanlage und Deponie nach §§ 30 bis 36b KrW-/AbfG betroffen, so kann hiergegen mit Widerspruch und Anfechtungsklage vorgegangen werden. Hier ist allerdings die **erstinstanzliche Zuständigkeit** des **OVG** gemäß § 48 Abs. 1 Nr. 5 VwGO[430] zu beachten. Als Betroffene kommen Eigentümer benachbarter Grundstücke sowie Kommunen in Betracht, die sich gegen die Errichtung einer Anlage auf ihrem Gebiet wehren wollen. Beim Rechtsschutz im Rahmen des Planfeststellungsverfahrens nach § 31 Abs. 2 KrW-/AbfG können hinsichtlich der Öffentlichkeitsbeteiligung Einwendungen erhoben werden. Zugleich bestehen weit reichende Präklusionsvorschriften.[431]

VII. Ausblick auf das neue KrWG

459a Bis zum 12.12.2010 war die neue Abfallrichtlinie RL 2008/98/EG in nationales Recht umzusetzen. Dieses Ziel hat die Bundesrepublik nicht erreicht. Seit Ende März 2011 liegt aber ein abgestimmter Entwurf der Bundesregierung vor, der jetzt den Gesetzgebungsgremien zugeleitet werden kann; das Abfallrecht als regelmäßig eher umstrittene Rechtssetzungsmaterie lässt aber – insbesondere wegen der starken Betroffenheit der Bundesländer – langwierige Diskussionen im Gesetzgebungsverfahren erwarten. Der Entwurf eines Kreislaufwirtschaftsgesetz (KrWG) – das Gesetz verzichtet in seinem Titel nunmehr völlig auf den Begriff „Abfall" – enthält folgende Eckpunkte:

Unter Beibehaltung von Aufbau und Struktur des bisherigen KrW-/AbfG werden einzelne Teile weiter ausdifferenziert und die neuen EU-rechtlichen Vorgaben in die vorhandene Gesetzesstruktur eingepasst.

Die Begriffsbestimmungen werden an die Vorgaben der Abfallrichtlinie angepasst, diese werden weitgehend übernommen. Der Abfallbegriff wird auf alle „Stoffe und Gegenstände" erweitert, zugleich jedoch sichergestellt, dass das Abfallrecht – wie bisher – nur auf bewegliche Sachen Anwendung findet. Auch findet sich eine Neuregelungen zur Abgrenzung zwischen Abfall und Nebenprodukt (§ 4) sowie zum Ende der Abfalleigenschaft (§ 5).

Zugrunde gelegt wird eine neue fünfstufige Abfallhierarchie (§ 6). Anstelle der bisherigen drei Stufen (Vermeidung – Verwertung – Beseitigung) wird die Verwertungsstufe weiter ausdifferenziert (Vorbereitung zur Wiederverwendung – Recycling – sonstige Verwertung).

---

430 Dazu *Bier* in Schoch/Schmidt-Aßmann/Pietzner, § 48 VwGO, Rn. 26 ff.
431 Vgl. *Stüer*, Handbuch des Bau- und Fachplanungsrechts, Rn. 2011 ff.

In § 7 werden dem entsprechend die Grundpflichten der Abfallerzeuger und Abfallbesitzer zur umweltverträglichen Vermeidung, Verwertung und Beseitigung von Abfällen angepasst. Die neu eingeführten Verwertungsoptionen (Vorbereitung zur Wiederverwendung – Recycling – sonstige Verwertung) werden als eigenständige Vorrangregelung nach § 8 für Abfallerzeuger und Abfallbesitzer verbindlich. Allerdings wird die energetische Verwertung energiereicher Abfälle gegenüber den stofflichen Verwertungsverfahren nach wie vor als gleichrangig angesehen.

§§ 11 f. führen eine grundsätzliche Pflicht zur Getrenntsammlung für Bioabfälle ab dem Jahr 2015 ein und enthalten Sonderregelungen für die Verwertung von Bioabfällen und Klärschlämmen, sowie zur Qualitätssicherung auf diesem Gebiet.

Auf Grundlage des § 14 wird eine Förderung des Recyclings und der sonstigen stofflichen Verwertung bis zum 1.1.2015 durch Pflicht zur Getrennthaltung für Papier, Metall, Kunststoff und Glas und ab dem 1.1.2020 durch eine Wiederverwendungs- und Recyclingquote für Siedlungsabfälle hergestellt. Die Recyclingquote für Siedlungsabfälle soll bis in das Jahr 2020 65 % betragen.

§§ 17 ff. haben die kommunale Entsorgung von Abfällen mit Ausnahmen von der kommunalen Überlassungspflicht im Falle eigenverantwortlicher Verwertung durch die privaten Haushaltungen und klarere Regelungen für gewerbliche und karitative Sammlungen zum Gegenstand; wichtig ist, dass die Zulassung gewerblicher und karitativer Sammlungen durch neutrale, d.h. von der kommunalen Abfallbehörde verschiedene Behörden.

Die Regelungen zur Produktverantwortung (§§ 23–27) bleiben weithin unverändert. Durch Verordnungsermächtigung wird die Einführung einer allgemeinen Wertstofftonne vorbereitet, die – anders als der „Grüne Punkt" neben Verpackungen auch andere Wertstoffe erfasst; in diesem Kontext soll auch die VerpackungsVO überarbeitet und angepasst werden.

Der vierte Teil zu Ordnung, Planungsverantwortung und Programmen (§§ 28–44) bleibt im Wesentlichen unverändert. Allerdings werden in Umsetzung der Abfallrahmenrichtlinie neue Anforderungen an die Abfallwirtschaftsplanung der Länder gestellt, so die Aufstellung von Abfallvermeidungsprogrammen.

Der sechste Teil zur Überwachung (§§ 47–55) festgelegten Regelungen an das abfallrechtliche Nachweisverfahren werden weitgehend unverändert aus dem bisherigen Recht übernommen. Anzeige- und Erlaubnispflichten sollen dabei stärker an das Gefahrenpotential der Abfälle angepasst werden.

Der siebte Teil enthält Regelungen über Entsorgungsfachbetriebe, die einem geänderten Zertifizierungsverfahren unterworfen werden; der achte Teil (§§ 58–61) enthält Regelungen über die Betriebsorganisation, Betriebsbeauftragte für Abfall und Erleichterungen für auditierte Unternehmensstandorte. Der neunte Teil (§§ 62–72) betrifft die notwendigen Schlussbestimmungen, so in § 62 die behördliche Ermächtigung für Anordnungen im Einzelfall.

Im Übrigen übernimmt das Gesetz von der Abfallrahmenrichtlinie bereits eingeführte Anhänge als eigenständige Anlagen; hier werden unbestimmte Rechtsbegriffe (Anlage 1 Beseitigungsverfahren, Anlage 2 Verwertungsverfahren) und bestimmte Maßnahmen erläutert (Anlage 4 Beispiele für Abfallvermeidungsmaßnahmen).

VIII. Fazit und Glossar

460 Das Kreislaufwirtschafts- und Abfallrecht ist wegen seiner Bedeutung in der Praxis wichtig. Zu vielen Einzelfragen dieses Regimes zwischen Ordnungsrecht und Wirtschaftsverwaltungsrecht existiert uneinheitliche Rechtsprechung von europäischen und deutschen Gerichten, die in vielen Fällen (noch) nicht aufeinander abgestimmt ist. Neben dem nicht griffig geregelten Abfallbegriff sind insbesondere das Verhältnis zwischen Abfallvermeidung, Abfallverwertung und Abfallbeseitigung sowie Fragen der Produktverantwortung besonders relevant.

Abfall	Abfälle sind alle beweglichen Sachen, die unter eine der in Anhang I zum KrW-/AbfG aufgeführten Abfallgruppen (Q 1–Q 16) fallen und deren sich der Besitzer entledigt, entledigen will oder entledigen muss. Nach einer **Faustformel** liegt also Abfall vor, wenn der Besitzer sich einer beweglichen Sache entledigt, entledigen will oder entledigen muss.
Abfallarten	Das Gesetz unterscheidet in § 3 Abs. 1 S. 2 KrW-/AbfG nach **Abfall zur Verwertung** und **Abfall zur Beseitigung.** Abfälle sind grundsätzlich zu verwerten. Abfälle die nicht verwertet werden können, sind Abfall zur Beseitigung.
Grundsätze	Durch die Grundsätze der Kreislaufwirtschaft in § 4 KrW-/AbfG wird das Verhältnis von Vermeidung und Verwertung von Abfällen zueinander in Bezug gestellt und die rechtlichen und tatsächlichen Rahmenbedingungen für diese Vorgänge vorgegeben. § 4 Abs. 1 KrW-/AbfG regelt eine **Hierarchie** innerhalb der Grundpflichten, Abfälle in erster Linie zu vermeiden (Nr. 1), in zweiter Linie energetisch oder stofflich zu verwerten (Nr. 2) und nur, wenn weder Vermeidung noch Verwertung möglich ist, fachgerecht zu beseitigen.
Grundpflichten	Grundpflichten bauen auf den Grundsätzen des § 4 KrW-/AbfG auf und werden durch Rechtsverordnungen konkretisiert.
Abfallverwertung	Sind Abfälle nicht zu vermeiden, müssen sie verwertet werden (§ 4 Abs. 1 KrW-/AbfG). Abfälle – und zwar sowohl solche zur Verwertung als auch solche zur Beseitigung – sind nach Maßgabe des § 6 KrW-/AbfG zu verwerten.
Stoffliche Verwertung	Stoffliche Verwertung kann im Wege der Substitution von Rohstoffen durch das Gewinnen neuer Stoffe aus Abfällen oder durch Nutzung der stofflichen Eigenschaften eines Abfallstoffes entweder für den ursprünglichen oder für einen neuen Zweck erfolgen. Nach wirtschaftlicher Betrachtung muss unter Berücksichtigung der Verunreinigung des einzelnen Abfalles der **Hauptzweck** der Maßnahme die Nutzung des Stoffes sein.
Energetische Verwertung	Energetische Verwertung ist auf den Einsatz von Abfällen als Ersatzbrennstoff gerichtet. Hiervon bleibt die thermische Behandlung von Abfällen zur Beseitigung, insbesondere von Hausmüll, vom Vorrang der energetischen Verwertung unberührt.
Thermische Behandlung	Thermische Behandlung ist die Behandlung von Abfällen zum Zwecke der Volumenreduktion und der Umwandlung in ungefährliche reaktions-

	arme Stoffe (Inertisierung), damit insbesondere Abbau enthaltener Schadstoffe, die Gewinnung verwertbarer oder ablagerungsfähiger, d.h. deponierbarer Schlacken und ggf. die Energiegewinnung, vornehmlich in Müllverbrennungsanlagen oder Müllheizkraftwerken.
Abfallbeseitigung	Nicht vermeidbarer und nicht verwertbarer Abfall ist automatisch solcher zur Beseitigung. Die Grundpflichten der Abfallbeseitigung tragen dem übergeordneten Gedanken der Umweltvorsorge und der Gefahrenabwehr Rechnung. Abfall zur Beseitigung ist dauerhaft von der Kreislaufwirtschaft auszuschließen und so zu behandeln, dass Schäden an Umweltgütern verhindert werden. Abfälle sind grundsätzlich im Inland zu beseitigen. Für Besitzer beseitigungspflichtiger Abfälle besteht die Hauptpflicht, dem öffentlich-rechtlichen Entsorgungsträger diese Abfälle gegen Gebühren zur Entsorgung zu überlassen. Die Entsorgung muss in dazu zugelassenen Abfallbeseitigungsanlagen durch Behandlung, Lagerung oder Ablagerung geschehen.
Produktverantwortung	Nach der abfallarmen Produktgestaltung müssen Produkte so gestaltet werden, dass bei ihrer Entwicklung, Herstellung und ihrem Gebrauch die Entstehung von Abfällen vermindert wird. Zudem ist für eine umweltverträgliche Verwertung und Beseitigung von Abfällen zu sorgen. Produktverantwortung wird durch den Einsatz von Mehrweg, die Verwendung wiederverwertbarer Abfälle oder Sekundärrohstoffe, die Kennzeichnungspflichten von schadstoffhaltigen Produkten, Rückgaberechte und pflichten durchgesetzt. Wichtige Ausprägungen finden sich in der Verpackungsverordnung, der Batterieverordnung, der Altölverordnung und seit 2005 im Elektro- und Elektronikgerätegesetz.

F Gefahrstoffrecht

Das Gefahrstoffrecht soll Mensch und Umwelt vor dem Einsatz gefährlicher Stoffe schützen.[432] 461

I. Europäisches Recht

Auf europäischer Ebene wird das Stoffrecht nach der Maßgabe der europäischen Che- 462
mikalienverordnung **REACH** (Registration, Evaluation and Authorisation of Chemicals) neu geordnet. Darauf hat sich der EU-Ministerrat im Dezember 2005 geeinigt. Nach REACH müssen Firmen mehr Informationen über die Eigenschaften ihrer Stoffe liefern und offen legen. Insbesondere wird hierbei die Differenzierung zwischen sog. Alt- und Neustoffen aufgehoben. Neustoffe sind solche, deren erstmalige Vermarktung nach 1981 erfolgte. Vorher vermarktete Stoffe sind Altstoffe. Letztere machen 96 % aller Stoffe auf dem europäischen Markt aus. Sie müssen bislang nicht, wohl aber nach dem Konzept von REACH auf ihre Umwelt- und Gesundheitsverträglichkeit hin untersucht werden.

432 Dazu *Kotulla*, S. 134 ff.; *Pache* in Koch, § 12 Rn. 1 ff.; *Sanden*, § 14 Rn. 29 ff.

II. Nationales Recht

463 In Mittelpunkt des Chemikalienrechts steht auf nationaler Ebene das Chemikaliengesetz, welches durch die Gefahrstoffverordnung und die Verordnung über Verbote und Beschränkungen des Inverkehrbringens gefährlicher Stoffe, Zubereitungen und Erzeugnisse nach § 17 ChemG (ChemVerbotsV) spezifiziert wird. Neben vielen anderen Stoffen sind hiervon umfasst die als besonders gefährlich bekannten Substanzen wie Asbest, Dioxin, DDT. Arsen, Cadmium- und Quecksilberverbindungen.

Zweck des Chemikaliengesetzes (ChemG) ist es nach dessen § 1,

„den Menschen und die Umwelt vor schädlichen Einwirkungen gefährlicher Stoffe und Zubereitungen zu schützen, insbesondere sie erkennbar zu machen, sie abzuwenden und ihrem Entstehen vorzubeugen."

Stoff ist nach § 3 Nr. 1 ChemG ein

„chemisches Element und seine Verbindungen in natürlicher Form oder gewonnen durch ein Herstellungsverfahren, einschließlich der zur Wahrung seiner Stabilität notwendigen Zusatzstoffe und der durch das angewandte Verfahren bedingten Verunreinigungen, aber mit Ausnahme von Lösungsmitteln, die von dem Stoff ohne Beeinträchtigung seiner Stabilität und ohne Änderung seiner Zusammensetzung abgetrennt werden können".

Von besonderer Bedeutung sind die in § 3a ChemG aufgeführten gefährlichen Stoffe und Zubereitungen. Absatz 1 bestimmt abstrakt, welche Eigenschaften Stoffe und Zubereitungen zu gefährlichen Stoffen und Zubereitungen machen, nämlich

1. explosionsgefährlich,
2. brandfördernd,
3. hochentzündlich,
4. leichtentzündlich,
5. entzündlich,
6. sehr giftig
7. giftig,
8. gesundheitsschädlich,
9. ätzend,
10 reizend,
11. sensibilisierend,
12. krebserzeugend,
13. fortpflanzungsgefährdend,
14. erbgutverändernd
15. umweltgefährlich.

§ 3a Abs. 2 erläutert den Begriff der Umweltgefährlichkeit für Stoffe und Zubereitungen, die selbst oder deren Umwandlungsprodukte geeignet sind, die Beschaffenheit des Naturhaushaltes, von Wasser, Boden oder Luft, Klima, Tieren, Pflanzen oder Mikroorganismen derart zu verändern, dass dadurch sofort oder später Gefahren für die Umwelt herbeigeführt werden können. Auch enthält § 3b, 12a–12j ChemG Erläuterungen und Spezialregelungen zu Bioziden, also Produkten zur Zerstörung von Schadorganismen.

Infolge der unmittelbaren Geltung der vorgenannten REACH-VO beinhaltet das ChemG in wesentlichen Teilen innerstaatliche Vollzugsvorschriften in Bezug auf das EU-Recht, so insbesondere in §§ 4–12 ChemG.

§ 2 ChemG nimmt spezialgesetzlich geregelte Stoffe vom Anwendungsbereich des ChemG aus.

Dem Gefahrstoffrecht sind auch die Spezialregelwerke des *Pflanzenschutzgesetzes*, des *Düngemittelgesetzes*, des *Futtermittel- und Lebensmittelgesetzes*, des *Arzneimittelgesetzes* und des *Gesetzes über die Beförderung gefährlicher Güter* zuzuordnen.

G Gentechnikrecht

Das im Jahr 2005 umfassend novellierte **Gentechnikgesetz** (GenTG) soll hier nur erwähnt werden[433]. Es hat eine doppelte Schutzrichtung und befasst sich zum einen mit dem **Schutz** vor Gefahren, die durch die Anwendung gentechnischer Verfahren, durch gentechnische Produkte sowie durch das Freisetzen und Inverkehrbringen gentechnisch veränderter Organismen entstehen können (§ 1 Nr. 1 GenTG). Für Personen, die im Gentechnikbereich arbeiten, normiert es Handlungs- und Verhaltenspflichten sowie Genehmigungs- und Anmeldepflichten. Zudem gibt es aber auch die rechtlichen Rahmenbedingungen für die **Förderung** und Nutzung sowie für die **Erforschung** der technischen und wirtschaftlichen Möglichkeiten der Gentechnik (§ 1 Nr. 2, 3 GenTG). **464**

Die Humangenetik erfasst das Gesetz auf Grund der hier bestehenden besonderen rechtlichen und tatsächlichen Probleme nicht. In der Neufassung des Jahres 2005 wurde das Genehmigungsverfahren hinsichtlich der Rahmenbedingungen für den Einsatz der **Grünen Gentechnik dereguliert** und vereinfacht. Grüne Gentechnik erfasst die Anwendung gentechnischer Verfahren in der Landwirtschaft, etwa zur Erzeugung gentechnisch veränderter Organismen (sog. GVO). Hierdurch sollen Pflanzen einen höheren Ertrag erbringen, anpassungsfähiger an Umweltbedingungen, ihren Nährwert erhöhen und abwehrfähiger gegen Schädlinge werden. „Gentechnisch verändert" ist ein Organismus dann, wenn sein genetisches Material (Genom) mit gentechnischen Methoden – also nicht etwa durch Kreuzung – verändert wurde. Mit der jüngsten Novelle wurden zudem europarechtlich vorgegebene Sicherheitsstandards zum Schutz von Menschen, Sachgütern und Ökosystem in das deutsche Recht umgesetzt[434]. Dies wird im Alltag insbesondere durch § 17b GenTG deutlich, der eine Kennzeichnungspflicht jetzt unmittelbar im Gesetz verankert. Gentechnisch veränderte Produkte müssen grundsätzlich[435] auf einem Etikett oder Begleitdokument den Hinweis „Dieses Produkt enthält genetisch veränderte Organismen" führen.

433 Es ist am 4. 2. 2005 in Kraft getreten. Zum neuen Gentechnikgesetz 2005 generell *Palme*, NVwZ 2005, 253 ff.; *ders.* UPR 2005, 164 ff. und *Winter*, NVwZ 2005, 1133 ff. zum Inverkehrbringen von unerkannten gentechnisch veränderten Organismen. *Dederer*, ZLR (32) 2005, 307 ff.; *Lorenz*, JZ 2005, 1121 ff. Zum Gentechnikrecht insgesamt *Mechel/Prall* in Koch, § 11 Rn. 1 ff.; *Sanden*, § 14 Rn. 1 ff.

434 *Palme*, NVwZ 2005, 253, 253.

435 Ausnahmen gelten nach § 17b GenTG, wenn Grenzwerte nicht unterschritten werden.

Durch das Gesetz zur Änderung des Gentechnikgesetzes von 2008 wurden Anforderungen an das Nebeneinander von gentechnisch veränderten Pflanzen (GV-Pflanzen) und gentechnikfreien Pflanzen definiert und die Vorschriften zur Kennzeichnung gentechnisch veränderter Produkte verbessert.

H Energierecht

I. Atom- und Strahlenschutzrecht

465 Die friedliche Nutzung der Kernenergie ist als politisch extrem neuralgische Rechtsmaterie[436] einzustufen. Die Nutzung der Kernenergie wird nach zwischenzeitlichen Ausstiegsszenarien[437] seitens der rot/grünen und schwarz/roten Bundesregierungen[438], der anschließenden Laufzeitverlängerung auf Betreiben der schwarz/gelben Bundesregierung durch Novelle des Atomgesetzes von 2010, infolge der Reaktorkatastrophe von Fukushima im Jahre 2011 nunmehr durch (insoweit endgültige?) Novellierung des Atomgesetzes vom 30.6.2011 bis in das Jahr 2022 schrittweise auslaufen. Damit schwindet die Bedeutung dieses Rechtsgebiets in Ausbildung und Praxis. Das **Atomgesetz** (AtG) dient mit seinem präventiven Ansatz der friedlichen Nutzung der Kernenergie. Sein vornehmlicher **Zweck** ist es, nach § 1 Nr. 1 AtG

„die Nutzung der Kernenergie zur gewerblichen Erzeugung von Elektrizität geordnet zu **beenden** und bis zum Zeitpunkt der Beendigung den geordneten Betrieb sicherzustellen".

Weiterer Zweck ist es insbesondere, vor Gefahren zu schützen, die im Zusammenhang mit der Kernenergie entstehen (§ 1 Nr. 2–3 AtG). Das AtG enthält in §§ 3–9 eine Vielzahl von Vorschriften zur Ein- und Ausfuhr von Kernbrennstoffen sowie zu deren Beförderung und ihrem nicht-staatlichen Besitz. Geregelt ist weiterhin die Aufbereitung von bestrahlten Brennelementen und die Bearbeitung, Verarbeitung und sonstige Verwendung von Kernbrennstoffen, die sich außerhalb von genehmigten Anlagen befinden.

Das AtG wird durch die *Strahlenschutzverordnung* ergänzt und konkretisiert. Daneben ist das *Strahlenschutzvorsorgegesetz* zu erwähnen, das einen repressiven Ansatz verfolgt und Überwachungsmöglichkeiten normiert.

465a Problematisch und letztlich noch ungeklärt ist, inwieweit die Verfassungsmäßigkeit des Kernbrennstoffsteuergesetzes vom Juni 2010, das im Kontext der zwischenzeitlichen

---

436 Zum Atom- und Strahlenschutzrecht *John/Jankowski* in Koch, § 10 Rn. 1 ff.; *Kotulla*, S. 57 ff.; *John/Jankowski* in Koch, § 10, Rn. 1 ff.; *Sanden*, § 13 Rn. 1 ff.; *Wolf*, § 11 Rn. 619, bzw. Rn. 678; *Kahl/Schmidt*, JZ 2006, 125, 138.

437 Im Jahr 2002 wurde das Atomgesetz durch das „Gesetz zur geordneten Beendigung der Kernenergienutzung zur gewerblichen Erzeugung von Energie" aufgrund des sog. „Atomkonsenses" von 2000, abgedruckt in NVwZ Beil. Nr. VI/2000 zu Heft 10/2000, novelliert. Zu Rechtsproblemen bei der Stilllegung kerntechnischer Anlagen *Breuer*, DVBl. 2005, 1359 ff.

438 Vgl. dazu noch die Aussage des Koalitionsvertrages „Gemeinsam für Deutschland – mit Mut und Menschlichkeit" zwischen CDU/CSU und SPD vom 11.11.2005 unter 5.1.

Laufzeitverlängerung für Atomkraftwerke erlassen wurde, durch die Ausstiegsbeschlüsse des Jahres 2011 noch als gegeben erachtet werden kann. Festzustellen ist jedenfalls, dass das Gesetz keinen Bezug auf die Laufzeitverlängerung nimmt. Legt man streng das Wesen einer Steuer als private Geldleistungen, die keine Gegenleistung für eine öffentliche Leistung darstellen[439], zugrunde, dürfte der Wegfall einer politischen Zwecksetzung, hier der Abschöpfung von Gewinnen aus der Laufzeitverlängerung die Verfassungsmäßigkeit des Gesetzes trotz Wegfalls der Laufzeitverlängerung nicht hindern; Klagen einzelner Energieversorgungsunternehmen gegen die Erhebung der Steuer mit dem Ziel der verfassungsrechtlichen Überprüfung sind insoweit anhängig.

II. Erneuerbare-Energien-Gesetz, Kraft-Wärme-Kopplungsgesetz und Energiewirtschaftsgesetz

Im Folgenden sei noch auf einige neue Formen des Energierechts[440] hingewiesen.

1. Erneuerbare-Energien-Gesetz (EEG) und Kraft-Wärme-Kopplungsgesetz

Das **Erneuerbare-Energien-Gesetz** (EEG) verfolgt den Zweck, den Anteil erneuerbarer **466**
Energien an der Stromerzeugung am gesamten Energieverbrauch zu erhöhen. Es wurde durch das „Gesetz zur Neuregelung des Rechts der erneuerbaren Energien im Strombereich" vom 21.7.2004 und das „Gesetz zur Förderung Erneuerbarer Energien im Wärmebereich (EEWärmeG 2008) novelliert. Die Neuregelung von 2004 verfolgte das Ziel, den Anteil der erneuerbaren Energien an der gesamten Stromversorgung auf mindestens 12,5 Prozent bis zum Jahr 2010 und auf mindestens 20 Prozent bis zum Jahr 2020 zu steigern. Das Gesetz legt unter anderem eine Abnahmepflicht für Netzbetreiber und Energieversorgungsunternehmen für Strom fest, der aus sog. regenerativen Energieträgern gewonnen wurde. Dieser Förderungszeck soll im Zusammenwirken mit dem **Kraft-Wärme-Kopplungsgesetz** (KWKG) erreicht werden. Nach dessen § 1 soll bis

> „zum Jahr 2005 (...) im Vergleich zum Basisjahr 1998 durch die Nutzung der Kraft-Wärme-Kopplung eine Minderung der jährlichen Kohlendioxid-Emissionen in der Bundesrepublik Deutschland in einer Größenordnung von 10 Millionen Tonnen und bis zum Jahr 2010 von insgesamt bis zu 23 Millionen Tonnen, mindestens aber 20 Millionen Tonnen, erzielt werden".

Weiterer Zweck des Gesetzes ist es, nach § 1 Abs. 2 KWKG

> „zu dem in Absatz 1 genannten Ziel einen Beitrag zu leisten durch den befristeten Schutz und die Modernisierung von Kraft-Wärme-Kopplungsanlagen (KWK-Anlagen) sowie den Ausbau der Stromerzeugung in kleinen KWK-Anlagen und die Markteinführung der Brennstoffzelle im Interesse der Energieeinsparung".

Mit der Novelle des EEG von 2008 soll die Verwendung erneuerbarer Energien auch im Bereich der Wärme- und Kälteerzeugung mit einer Erhöhung des Anteils erneuerbarer

---

439 Siehe oben Rn. 73.
440 Dazu insgesamt *Wolf*, § 18 Rn. 1035 ff.

Energien im Bereich der Wärmeerzeugung auf 14 % bis 2020 erreicht werden. Änderungen des EEG und KWKG sind auch Gegenstand des Gesetzespaketes zum endgültigen Auslaufen der Kernenergienutzung vom 30.6.2011.

2. Energiewirtschaftsgesetz (EnWG)

467 Zudem ist im Jahr 2005 ein novelliertes **Energiewirtschaftsgesetz** (EnWG) in Kraft getreten[441], das den Strom- und Gasmarkt neu geordnet hat. Das Gesetz enthält im Kern Vorgaben zur Regulierung und Entflechtung der Energieversorgungsnetze. Es soll eine Liberalisierung im Energieversorgungsbereich herbeiführen, eine übermäßige Anhebung der Netzentgelte durch Marktteilnehmer verhindern und Wettbewerb auf dem Strom- und Gasmarkt bei gleich bleibender Versorgungssicherheit erzeugen. Damit werden zugleich die europäische Strom- und Gasrichtlinie für diesen Bereich umgesetzt.

Das Gesetz ist darüber hinaus die Grundlage für **vier Verordnungen** zum Netzzugang und zu Netzentgelten für Strom und Gas, die die Vorgaben des Zweiten Gesetzes zur Neuregelung des Energiewirtschaftsrechts präziseren und ergänzen. Sie betreffen die wichtigsten Aufgaben der **„Bundesnetzagentur“**[442], die dadurch eine zusätzliche Aufgabe wahrnimmt und weitgehende Kompetenzen zur Sicherstellung des diskriminierungsfreien und transparenten Zugangs zu den Strom- und Gasversorgungsnetzen erhalten hat. Vornehmlich soll die Bundesnetzagentur als Schiedsrichter und Streitschlichter bei Konflikten um Netzzugang und Netzentgelte fungieren und hat zugleich die Neutralität des Netzbetriebs zu kontrollieren. Sie muss als Aufsichtsbehörde gegen ungerechtfertigt hohe Netzentgelte vorgehen. Weiterhin führt die Bundesnetzagentur die Aufgaben fort, die ihr als RegTP zukamen; sie muss also insbesondere die Einhaltung des Telekommunikationsgesetzes (TKG) und des Postgesetzes (PostG) überwachen und Lizenzen im Postbereich vergeben.

441 Dazu *Scholtka*, NJW 2005, 2421 ff. und *Büdenbender*, DVBl. 2005, 1161 ff.
442 Bis dahin hieß diese „Regulierungsbehörde für Telekommunikation und Post“.

4. Teil
Umweltprivatrecht

Das private Umweltrecht dient dem bürgerlich-rechtlichen Schutz Privater vor Beeinträchtigungen seiner Rechtsgüter durch umweltbelastende Handlungen anderer. Hier spielen für die privatrechtliche Haftung insbesondere das Deliktsrecht des BGB und das Umwelthaftungsgesetz sowie Spezialtatbestände der Gefährdungshaftung eine Rolle.[1] Zudem gewährt das BGB zivilrechtlichen Immissionsschutz. **468**

A Privates Umwelthaftungsrecht

Das private Umwelthaftungsrecht fußt auf zwei Säulen, nämlich auf der **Verschuldenshaftung** und der **Gefährdungshaftung**. Die verschuldensabhängige Haftung ist insbesondere Gegenstand des Deliktsrechts des BGB. Im Folgenden soll das private Umwelthaftungsrecht in seinen Grundzügen an Hand eines Vertiefungsfalles veranschaulicht werden. **469**

43. Fall: E stellt auf seinem Grundstück seit 1992 mit einer speziellen Maschine zu gewerblichen Zwecken Seife her. Er besitzt dazu alle behördlichen Erlaubnisse. Im April 2005 tritt der immer sehr aufmerksame und gewissenhafte E unglücklich auf, stolpert und stürzt auf seine Maschine. Dabei beschädigt er versehentlich einen gut gesicherten Flüssigkeitstank der Anlage. Aus dem Tank läuft sofort eine ätzende Flüssigkeit aus und gelangt auf das Grundstück des Nachbarn N. N lässt die in seinem Boden versickerte Flüssigkeit, die dort zu einer gesundheitsgefährdenden Schadstoffbelastung geführt hat, durch ein Fachunternehmen für 5000 € beseitigen. Kann N von E die 5000 € für die Beseitigung des Schadens auf seinem Grundstück ersetzt verlangen?

I. Vertragliche Haftung

Zunächst ist zu erwägen, ob E wegen der Verletzung einer vertraglichen Verpflichtung – die nach § 311 Abs. 2 BGB bereits zum Zeitpunkt der Vertragsanbahnung bestehen kann – aus § 280, 241 Abs. 2 BGB einstehen muss. In Fall 43 besteht aber keine vertragliche Verbindung zwischen E und N, so dass eine solche Haftung ausscheidet. **470**

Hätte E etwa dem N Seife verkauft und würde N beim Abholen der Seife auf dem Gelände des E in Seifenlauge ausrutschen, die E dort fahrlässig nicht aufgewischt hätte, dann würde dieser dem N aus § 280 BGB auf Schadenersatz haften. Hätte E Mitarbeiter beschäftigt, die für das Aufwischen der Seifenlauge verantwortlich wären, so müsste er für deren Verschulden als Erfüllungsgehilfen gemäß § 278 BGB einstehen.

1 Dazu insgesamt *Kloepfer*, § 6 Rn. 1 ff.

II. Haftung nach § 823 BGB

471 Das BGB kennt – sieht man von §§ 906 und 1004 BGB einmal ab[2] – keine spezielle Regelung des Umwelthaftungsrechts. Die Haftung für Umweltschäden war bei der Schaffung des BGB noch nicht so drängend wie in der heutigen Zeit weit fortgeschrittener Industrialisierung. Bei der Regulierung von Umweltschäden im Verhältnis unter Privaten ist deshalb auf die allgemeinen Vorschriften der Haftung für unerlaubte Handlungen nach §§ 823 BGB zurückgreifen. Diese greifen dann ein, wenn jemand ein geschütztes Recht oder Rechtsgut eines anderen beschädigt. Dabei ist innerhalb des § 823 BGB selbst wieder danach zu unterscheiden, ob durch eine Handlung ein **Schutzgut** im Sinne des **§ 823 Abs. 1 BGB** verletzt wird, oder ob die Handlung gegen ein so genanntes Schutzgesetz im Sinne des § 823 Abs. 2 BGB verstößt.

1. § 823 Abs. 1 BGB

472 Nach. § 823 Abs. 1 BGB tritt eine Ersatzpflicht nicht bereits im Falle einer bloßen Verursachung eines Schadens ein. Die Norm setzt darüber hinaus eine widerrechtliche und **schuldhafte** – nämlich vorsätzliche oder fahrlässige (§ 276 BGB) – Verletzung eines Schutzguts voraus. § 823 Abs. 1 BGB verlangt, dass bestimmte Rechtsgüter – insbesondere Leben, Körper, Gesundheit, Eigentum – verletzt sind. Daneben kommt eine Haftung nach § 823 Abs. 2 BGB wegen der Verletzung eines Schutzgesetzes in Betracht.

473 **a) Eigentumsverletzung:** Besonders wichtig ist die Eigentumsverletzung. Sie liegt vor, wenn die Sachsubstanz beschädigt oder zerstört ist, oder wenn die Nutzungsmöglichkeit aufgrund einer Beeinträchtigung eingeschränkt ist.

Beispiel: Letzteres kommt etwa vor, wenn Gemüse durch Umweltgifte ungenießbar wird, ohne dass es zu seiner Zerstörung kommt.

474 **b) Verletzung sonstiger Rechte:** Auch die Verletzung sonstiger Rechte ist im Bereich der Umwelthaftung möglich und zwar insbesondere dann, wenn es um eigentumsähnliche Rechtspositionen geht.

34. Prüfungsfrage: A hat einen Badesee gepachtet und betreibt diesen als Strandbad. Anlieger B ist Landwirt und nutzt das Gewässer, um Jauche hineinzukippen. A erleidet daraufhin erhebliche Umsatzeinbußen.

- A hat auch das Fischereirecht an diesem See und darf die dort gefangenen Fische verwerten. Bis zu dem Vorfall mit B hat er in einem Strandlokal, das er am See betreibt, viel frischen Fisch aus dem See verkauft. Seitdem beklagt A ein erhebliches Fischsterben.
- Die Verunreinigung durch B hat das Grundwasser beeinträchtigt, aus dem A Trinkwasser gewinnt.

Hier haftet B unter dem Gesichtspunkt der Verletzung eines sonstigen Rechts nach § 823 Abs. 1 BGB in dreifacher Hinsicht. Zum ersten ist der Rückgang des Umsatzes für

2 Siehe dazu noch unten Rn. 492 ff.

die Benutzung des Badesees auf das schuldhafte Verhalten des A zurückzuführen, was eine Beeinträchtigung des eingerichteten und ausgeübten Gewerbebetriebs bedeutet[3]. Zum zweiten hat B **Aneignungsrechte** und zum dritten das Recht des A zur **Trinkwassergewinnung** verletzt[4]. In allen drei Fällen haftet A also wegen der Verletzung eines sonstigen Rechts im Sinne von § 823 Abs. 1 BGB.

c) Verletzung einer Verkehrsicherungspflicht: Umweltschäden treten häufig nicht durch *aktives, vorsätzliches Tun* ein, sondern viel häufiger deshalb, weil jemand versehentlich umweltrechtliche Normen nicht beachtet. 475

35. Prüfungsfrage: A ist Inhaber eines Gießereibetriebes. Er übersieht freitags bei einer Überprüfung ein kleines Loch in einer Rohrleitung, aus dem über das Wochenende giftige Flüssigkeit austritt. Unter welchem Gesichtspunkt haftet er?

Hier kommt unter dem Gesichtspunkt des § 823 Abs. 1 BGB die Haftung wegen der fahrlässigen Verletzung einer **Verkehrssicherungspflicht** in Betracht. Diese besteht darin, dafür zu sorgen, dass sich Gefahren, die sich aus einer eröffneten Gefahrenquelle – einem tropfenden Rohr – ergeben, nicht realisieren. Gerade im Umweltrecht spielen Verkehrssicherungspflichten eine wichtige Rolle.

Eine umweltrechtliche Verkehrssicherungspflicht obliegt etwa dem Inhaber eines Abfall produzierenden Betriebes im Hinblick auf die umweltgerechte Abfallentsorgung. Delegiert er diese Pflicht auf ein Entsorgungsunternehmen, so bleibt er aus § 831 BGB wegen eines Auswahl- und/oder Überwachungsverschuldens haftbar[5].

Im Fall 43 hat N einen Schaden in Höhe von 5000 € für die Reinigung des Bodens erlitten. Diese Schäden hat E verursacht, indem er seine Maschine beschädigt hat und aus dieser Flüssigkeit auf das Grundstück des N gedrungen ist. Die Verursachung des Schadens war auch rechtswidrig, denn E stand bei der Verursachung des Schadens kein Rechtfertigungsgrund zur Seite. 476

36. Prüfungsfrage: Ist ein Fall denkbar, in dem E nicht widerrechtlich gehandelt hat? Ja, wenn E auf dem Nachbargrundstück des N einen durch N verursachten Brand gelöscht hätte, dabei Löschmittel auf den Grundstück des N verblieben wäre und N nun von E trotzdem das Geld für die Beseitigung von Löschschaum auf seinem Grundstück verlangen würde. In diesem Fall hätte E nicht rechtswidrig gehandelt, weil er das Eigentum des N geschützt hätte und seine Verletzung, nämlich das Verunreinigen des Grundstücks mit Schaum, gerechtfertigt gewesen wäre.

d) Verschulden: Schuld oder Verschulden bedeutet persönliche Vorwerfbarkeit eines Verhaltens. Der Grund, aus dem man Menschen im Deliktsrecht für einen Schaden einstehen lässt, ist also, dass man ihnen persönlich ein bestimmtes Verhalten vorwirft. Umgekehrt gilt: Wer einen Schaden zwar verursacht, aber nicht verschuldet hat, haftet nicht. § 823 BGB setzt schuldhaftes Verhalten voraus. Innerhalb des Verschuldens ist wiederum vorsätzliches und fahrlässiges Handeln zu unterscheiden (§ 276 BGB). 477

3 Dazu *Gursky*, Schuldrecht Besonderer Teil, S. 216.
4 *BGH*, VersR 1976, 62, 63 f.
5 *BGH*, VersR 1976, 62, 64 f.

478 **aa) Vorsatz:** Vorsätzlich handelt, wer mit Wissen und Wollen handelt. Dabei kann die Rechtsverletzung absichtlich erfolgen oder billigend in Kauf genommen werden. In Fall 43 wollte E weder seinen Tank beschädigen noch wollte er das Grundstück des N verunreinigen. Er ist gestolpert und auf die Maschine gestürzt. Dabei wurde der Tank beschädigt. N hat also nicht vorsätzlich gehandelt.

479 **bb) Fahrlässigkeit:** Möglicherweise hat E aber **fahrlässig** gehandelt. Fahrlässig handelt nach der Definition in § 276 Abs. 2 BGB, wer „die im Verkehr erforderliche Sorgfalt außer Acht lässt". Fahrlässiges Handeln ist viel häufiger als vorsätzliches. Dabei kommt es nicht auf die Person dessen an, der den Schaden verursacht hat. Es wird vielmehr nach den typischen Kenntnissen und Fähigkeiten eines durchschnittlichen Angehörigen eines bestimmten Berufskreises gefragt und diese Kenntnisse und Fähigkeiten werden als einzuhaltender Sorgfaltsmaßstab herangezogen. Wer also eine rechtswidrige Handlung aus individueller Unkenntnis, Nachlässigkeit oder Unachtsamkeit begeht, entgeht der Haftung nicht. Wem in diesem Sinne nichts vorzuwerfen ist, haftet nicht. Hier fehlt es nach dem Willen des Gesetzgebers an einem Anknüpfungspunkt für die Sanktionierung der unerlaubten Handlung.

Zu fragen ist im Fall also, ob das Verhalten des N als in diesem Sinne als sorgfaltswidrig einzustufen ist. E ist hier ein wirkliches Missgeschick passiert. Er hat seine Maschine ordnungsgemäß gesichert, hat sich nicht unvorsichtig bewegt, ist aber so unglücklich auf die Maschine gefallen, dass der Tank dabei beschädigt wurde. Hierdurch entstand zwar ein Schaden bei N. Dieser kann dem E aber nicht vorgeworfen werden, weil ihn keine Schuld trifft, E nach objektiven Maßstäben nicht sorgfaltswidrig, also nicht fahrlässig gehandelt. Da es daher an jeglichem Verschulden fehlt, haftet E nicht aus § 823 Abs. 1 BGB.

2. § 823 Abs. 2 BGB

480 Die Haftung nach § 823 Abs. 2 BGB tritt neben die aus § 823 Abs. 1 BGB. Diese beiden Haftungsformen sind streng voneinander zu trennen, können aber zusammentreffen. Während die Haftung im Falle des § 823 Abs. 1 BGB aufgrund der Verletzung eines Rechtsgutes eintritt, wird die nach § 823 Abs. 2 BGB aufgrund eines schuldhaften Verstoßes gegen ein Gesetz begründet, das den Schutz eines anderen bezweckt. Voraussetzung der Haftung ist also ein Schutzgesetz, und dessen schuldhafte Verletzung.

Zur Vertiefung: In der Praxis wird auf § 823 Abs. 2 BGB nicht sehr häufig zurückgegriffen, weil im Falle einer Schutzgesetzverletzung regelmäßig auch eine Verkehrssicherungspflicht nach § 823 Abs. 1 BGB verletzt ist.

Für das Studium ist die Haftung nach § 823 Abs. 2 BGB wichtig. Die Rechtsprechung erkennt umweltrechtliche Vorschriften als Schutzgesetze insoweit an, als sie nachbarschützenden Charakter haben. Dies sind insbesondere immissionsrechtliche Vorschriften, aber auch die meisten Vorschriften des StGB.

Im Fall 43 hat E eine umweltgefährdende Flüssigkeit in den Boden eindringen lassen und dadurch wohl bodenschutzrechtliche Pflichten verletzt. Ob er hierdurch den Tatbestand des § 324a StGB (Bodenverunreinigung) erfüllt hat und ob diese Norm ein

Schutzgesetz i.S.v. § 823 Abs. 2 BGB darstellt, kann aber offen bleiben. Auch der Schadensersatzanspruch wegen der Verletzung eines Schutzgesetzes setzt nämlich Verschulden, also vorsätzliches oder fahrlässiges Verhalten voraus. Dies gilt nach § 823 Abs. 2 S. 2 BGB auch dann, wenn das Schutzgesetz, gegen das verstoßen wurde, seinerseits kein schuldhaftes Handeln voraussetzt. E hat hier aber weder vorsätzlich noch fahrlässig gehandelt. Auch eine Haftung aus § 823 Abs. 2 BGB scheidet mangels Verschuldens aus.

3. Beweiserleichterung

Es besteht in den Fällen der Haftung nach § 823 BGB das Problem, dass der Geschädigte gegenüber dem Schädiger seinen Schaden exakt nachweisen muss. **481**

37. Prüfungsfrage[6]**:** A betreibt einen Ofen, in dem Eisen geschmolzen wird (Kupolofen) und aus dem Aschestäube austreten. Diese legen sich auf das Auto des B. Das in der Asche vorhandene Eisenoxid ruft bei dem Fahrzeug Lackschäden hervor. B kann nachweisen, dass die Schadstoffe aus dem Ofen des A stammen. Allerdings kann A nicht beweisen, das A schuldhaft pflichtwidrig gehandelt hat. Gelten für B Beweiserleichterungen?

Häufig steht die Verursachung eines Schadens fest, aber es ist offen, wer diesen Schaden verursacht hat. Dieses Beweisproblem verhindert bisweilen die Durchsetzung eines Anspruchs und ist in der Praxis nicht ganz gelöst, weil es an einer Ursachenvermutung fehlt. Wenn dieser Grundsatz im Umweltprivatrecht uneingeschränkt gelten würde, könnte ein Geschädigter kaum einen Schadenersatzanspruch durchsetzen. Selbst wenn der Nachweis gelingt, dass beim Betrieb einer Anlage Schadstoffe freigesetzt wurden, die bei einem Drittem zu einem Schaden geführt haben, ist der Nachweis, dass das Freisetzen auf einer schuldhaften Verletzung von Organisationspflichten des Schädigers beruht, noch nicht geführt und kann auch oft nicht erbracht werden, weil der Geschädigte die Betriebsabläufe, die zum Schaden geführt haben, nicht kennt. Daher finden sich in der Rechtsprechung des BGH Ansätze, die dieses Problem durch die Annahme einer Beweislastumkehr angehen. Wenn ein Betreiber einer Anlage für einen Umweltschaden verantwortlich gemacht wird, dann obliegt es ihm, sich vom Verschuldensvorwurf zu entlasten. Die Einhaltung der öffentlich-rechtlichen Vorschriften gehören für den BGH zu den Verkehrssicherungspflichten des Anlagenbetreibers und er muss beweisen, dass er sie eingehalten hat.

Zur Vertiefung

Im Kupolofenfall traf den Anlagenbetreiber im Ergebnis keine Haftung. Er konnte, nachdem die Sache vom BGH an das Oberlandesgericht zurückverwiesen worden war, nachweisen, dass eine Inversionswetterlage – und nicht etwa eine Pflichtverletzung – dazu geführt hatte, dass die Asche auf die Autos getragen worden war.[7]

---

6 Nach *BGH*, VersR 1984, 1072 ff.
7 *OLG Zweibrücken*, BB 1986, 2297, 2297.

III. Gefährdungshaftung nach Spezialtatbeständen, insbes. nach § 89 WHG

482 Im Ausgangsfall hat N also mangels Verschulden des E weder aus § 823 Abs. 1 noch aus Abs. 2 BGB einen Anspruch gegen diesen auf Ersatz seines Schadens in Höhe von 5000 €. Das gefundene Ergebnis ist unbefriedigend. E hat den Schaden des N zwar im Rechtssinne nicht verschuldet. Er hat ihn aber verursacht und ist – wenn man auf das Gerechtigkeitsempfinden abstellt – viel „näher am Schaden" als N. Schließlich betreibt E die Anlage und verdient hiermit Geld. N hat demgegenüber mit der Verursachung des Schadens gar nichts zu tun. Es muss also eine Möglichkeit geben, den E für die Verursachung des Schadens haften zu lassen. Diese Haftung müsste auf das Verschulden verzichten und ihren Grund allein darin haben, dass E eine Maschine betreibt, die potentiell gefährlich ist, also die Umwelt und hier konkret den N gefährdet. Der aufgezeigte Wertungswiderspruch lässt sich über eine **verschuldensunabhängige Gefährdungshaftung** lösen. Der Gesetzgeber des BGB hat das oben beschriebene Problem bereits früh erkannt. Im BGB selbst findet sich etwa eine verschuldensunabhängige Gefährdungshaftung für den Tierhalter (§ 833 S. 1 BGB). Diesen Prinzipien folgen etwa auch das auf das Reichshaftpflichtgesetz von 1871 zurückgehende Haftpflichtgesetz, das die Haftung für den Schienenverkehr regelt, aber auch das Straßenverkehrsgesetz oder das Luftverkehrsgesetz. Im Umweltrecht hat der Gesetzgeber den Gedanken der Haftung ohne Verschulden in ansonsten öffentlich-rechtlich geprägten Gesetzen zum Wasser-, Gentechnik- und Atomrecht aufgegriffen. Die Vorschrift des § 89 WHG, vormals § 22 WHG, die etwa eine Haftung des Inhabers einer Anlage zur Lagerung oder Beförderung gewässerschädlicher Stoffe vorsieht, betrifft z.B. Betreiber von Tankanlagen für Öl oder andere Chemikalien. Wenn aus einer solchen Anlage Stoffe austreten und ein Gewässer verschmutzen, haftet der Inhaber der Anlage für dadurch verursachte Schäden. Das WHG ist grundsätzlich ein öffentlich-rechtliches Gesetz[8]. Allerdings enthält es mit § 89 WHG auch eine zivilrechtliche Anspruchsnorm, die dann eingreift, wenn ein Schaden durch eine Gewässerverschmutzung entsteht. Nicht die Gewässerverschmutzung begründet hier den Schadensersatzanspruch, sondern die Tatsache, dass aus der Gewässerverschmutzung ein Schaden für „einen anderen" entsteht.

Zur Vertiefung

Da wild abfließendes Wasser oder Grundwasser zivilrechtlich keine Sache im Sinne des § 90 BGB ist, ist es nicht eigentumsfähig. Wenn also ein umweltschädlicher Stoff in einen Fluss läuft, dann entsteht ein Schaden im Sinne des BGB erst dann, wenn z.B. ein eigentumsfähiges Ufergrundstück verunreinigt wird. Im Falle einer Grundwasserverschmutzung liegt ein Schaden vor, wenn der Grundwasserstrom Schadstoffe in ein fremdes Grundstück transportiert und es dort zu einer Verunreinigung des Bodens kommt. Wird aber Wasser etwa in einem Garten- oder Fischteich (gefasstes Wasser) verunreinigt, so ist es eigentumsfähig und es kommt unmittelbar zu einem Schaden.

Das WHG kennt zwei Haftungstatbestände, nämlich die Handlungshaftung nach § 89 Abs. 1 WHG und die Anlagenhaftung gemäß § 89 Abs. 2 WHG.

8 Siehe dazu auch oben Rn. 270

1. Handlungshaftung

§ 89 Abs. 1 WHG betrifft zunächst Handlungen, wie das Einleiten flüssiger oder das Einbringen fester Stoffe in ein Gewässer und das Einwirken auf ein Gewässer, etwa durch Aufstauen oder Erwärmen. Diese Handlung muss eine Veränderung der physikalischen, chemischen oder biologischen Beschaffenheit des Wassers bewirken, die zum Schaden eines Dritten führen muss. Das Gesetz erfasst Personen-, Sach- und reine Vermögensschäden, also etwa das Reinigen von Grundwasser[9], das unabhängig von einem Sach- oder Personenschaden erforderlich ist. **483**

Zur Vertiefung

Allerdings wird man verlangen müssen, dass die wasserverunreinigende Handlung in dem Bewusstsein erfolgt, auf ein Gewässer einzuwirken oder wenigstens einwirken zu können. Daran würde es etwa fehlen, wenn es auf einer Sportschießanlage durch das in verschossenen Kugeln enthaltene Blei zu einer Grundwasserbeeinträchtigung käme, da Sportschießen kein „auf ein Gewässer gerichtetes Verhalten" ist.[10]

2. Anlagenhaftung

Die verschuldensunabhängige Anlagenhaftung des § 89 Abs. 2 WHG tritt für den Anlageninhaber – das ist etwa der Eigentümer oder Besitzer, der aus der Anlage wirtschaftlichen Nutzen zieht – ein, wenn aus einer Anlage Stoffe austreten, die die physikalische, chemische oder biologische Gewässerbeschaffenheit beeinträchtigen und dadurch ein anderer geschädigt wird. § 89 Abs. 2 WHG ist schon dann anwendbar, wenn noch gar keine Gewässerbeeinträchtigung eingetreten ist, diese aber unmittelbar droht. **484**

Zur Vertiefung

§§ 32 ff. **Gentechnikgesetz** erkennen eine verschuldensunabhängige Gefährdungshaftung für Schäden an, die infolge gentechnisch veränderter Organismen entstanden sind. Neben dem Leben, dem Körper und der Gesundheit umfasst der Schutz auch Beschädigungen von Sachen, die einem Rechtsträger privatrechtlich zugeordnet sind. Auch diese Norm betrifft E nicht. Gefährdungshaftungsvorschriften finden sich auch im **Atomgesetz**. Anknüpfungspunkt für die in der Summe unbegrenzte atomrechtliche Haftung nach §§ 25 ff. AtG ist das von einer Kernanlage ausgehende nukleare Ereignis.

Anders als in vielen anderen Gefährdungshaftungsgesetzen kennt § 89 WHG keine Obergrenze für die Haftung. Freilich ist die Haftung in Fällen höherer Gewalt ausgeschlossen.

Ein Schadensersatzanspruch des E gegen N aus § 89 Abs. 2 WHG scheidet in Fall 43 freilich aus, weil keine Gefährdung von Wasser vorliegt. Die Anlage des E zählt zwar zu denen, die den in § 89 WHG genannten Zwecken dienen sollen. Es liegt aber kein zielgerichtetes Einleiten von Schadstoffen in ein Gewässer (Abs. 1) vor und E hat auch nicht auf andere Weise Schadstoffe in ein Gewässer gelangen lassen (Abs. 2). Auch betreibt E kein Atomkraftwerk und seine Tätigkeit ist auch nicht von Gentechnikgesetz

9 Grundwasser ist keine Sache im Sinne des § 90 BGB.
10 Siehe zu einem solchen Fall noch unten Rn. 495.

erfasst. Die Gefährdungshaftung nach den erwähnten Sondervorschriften hilft oft und so auch hier nicht weiter, da normalerweise keiner der dort geregelten Fälle einschlägig ist. Diese Spezialtatbestände – mit Ausnahme des bisweilen einschlägigen § 89 WHG – kann man im Großen und Ganzen vernachlässigen.

IV. Umwelthaftungsgesetz

485 Die behandelten Haftungstatbestände des Vertrags- und Deliktsrecht stoßen also an Grenzen und helfen in vielen Fällen nicht weiter. Der Gesetzgeber hat sich des grundsätzlichen Problems der Gefährdungshaftung für Umweltschäden daher gesondert angenommen und im Jahr 1990 das Umwelthaftungsgesetz verabschiedet. Dieses wurde neben die Gefährdungshaftung nach den genannten speziellen Bestimmungen[11] gestellt.

Zur Vertiefung

In der Rechtsprechung zum Umwelthaftungsrecht spielt das UmweltHG allerdings eine eher untergeordnete Rolle, weil die Gerichte die Fälle oft mit Hilfe von § 823 BGB lösen. Der durch die Verschuldenshaftung entstehende Wertungswiderspruch wird in der Praxis dadurch entschärft, dass sich Gefährdungshaftung und verschuldensabhängige Haftung in Form der Fahrlässigkeit in der Rechtsprechung vielfach einander angenähert haben. Es kommt vergleichsweise selten vor, dass ein Schädiger bei einem Unfall alle im Verkehr erforderlichen Sorgfaltspflichten einhält. Die Maßstäbe sind hier so hoch gesteckt, dass ein Schuldvorwurf im Sinne der Fahrlässigkeit sehr häufig ist. Dies mag in der Praxis auch daran liegen, dass i. d. R. die Haftpflichtversicherung des Schädigers einstandspflichtig ist.

Das Umwelthaftungsgesetz greift unter den folgenden Voraussetzungen:

1. Anlage

486 Das Gesetz normiert eine verschuldensunabhängige Gefährdungshaftung für Schäden durch Umwelteinwirkungen, die nach dem 1.1.1991 von bestimmten **Anlagen** ausgehen (§ 1 UmweltHG i.V.m. Anhang 1). Die anspruchsbegründende Vorschrift ist § 1 UmweltHG. Voraussetzung der Haftung ist also, dass von einer bestimmten Anlage eine Umwelteinwirkung ausgeht, durch die jemand getötet oder verletzt wird, oder durch die ein Sachschaden entsteht. Tritt „nur" ein reiner Vermögensschaden ein, greift das UmweltHG, anders als § 89 WHG nicht.

Bereits die Lektüre von § 1 UmweltHG macht deutlich, wie sich diese Haftung von der nach dem BGB unterscheidet. Das Eintreten der Rechtsfolge „Schadensersatzpflicht" setzt nämlich **kein Verschulden** des Verursachers voraus. Damit das UmweltHG angewendet werden kann, muss zunächst eine Anlage nach Anhang 1 zu § 1 UmweltHG vorliegen. In diesem Anhang 1 hat der Gesetzgeber abschließend 96 Anlagentypen aufgeführt, von denen ein hohes Gefährdungspotenzial für die Umwelt ausgeht. Die Haftung kann nur eintreten, wenn ein Schaden von einer der dort genannten Anlagen

11 Diese finden sich im WHG und im GenTG (§ 18 S. 1 UmweltHG) – nicht aber im AtG. Letzteres verdrängt das UmweltHG.

ausgeht; der Anlagenbegriff ist dabei aber aufgrund der häufig nur abstrakten Beschreibung von Anlagentypen sehr weit. **Beispiele** für solche Anlagen sind,

- Kraftwerke und Heizkraftwerke (Nr. 1),
- Feuerungsanlagen für den Einsatz von z.B. Kohle und Koks (Nr. 2a),
- Anlagen zum Schmelzen von Metallen also insbesondere Gießereien (Nr. 35),
- Anlagen zum Halten oder zur Aufzucht von Geflügel oder Schweinen (Nr. 64) oder
- Anlagen zur Beseitigung von Abfällen und Reststoffen (Nr. 68).

38. Prüfungsfrage: Ist es richtig, die Gefährdungshaftung auf diese Weise zu beschränken? Zum einen muss man sehen, dass der Gesetzgeber durch die Einführung dieser Gefährdungshaftung von dem bewährten Prinzip der Verschuldenshaftung im BGB abgewichen ist. Dies ist nicht unproblematisch, weil der Grundsatz, dass nur haftet, wer sich auch vorwerfbar verhält, aufgeweicht wird. Daher hat sich der Gesetzgeber für den vorgestellten Kompromiss entschieden. Es soll ausnahmsweise dann eine Haftung ohne Verschulden geben, wenn man eine Anlage betreibt, die schon abstrakt besonders gefährlich ist. Die abstrakte Gefährlichkeit der Anlage ist es, was die Abweichung vom Verschuldensprinzip rechtfertigt. Aus diesem Grund behält sich der Gesetzgeber auch vor, die gefährlichen Anlagen selbst abschließend zu benennen.

E produziert Seife mit einer Maschine. In Nr. 45p) des Anhangs 1 zu § 1 UmweltHG sind Anlagen zur Herstellung von Seifen und Waschmitteln aufgeführt, so dass diese erste wichtige Anspruchsvoraussetzung des UmweltHG erfüllt ist.

39. Prüfungsfrage: Ist die Beschränkung der Gefährdungshaftung auf bestimmte Anlagen sachgerecht? N hat Glück, dass E eine Anlage zur Herstellung von Seife betreibt und nicht etwa Schokolade oder Fruchtsaft produziert. Hier offenbart sich eine wichtige Unzulänglichkeit der Gefährdungshaftung. Diese besteht darin, dass die Haftung – ungeachtet wer Weite des dort zugrunde gelegten weiten Anlagenverständnisses – nur auf bestimmte Anlagen beschränkt ist. Für den Geschädigten macht es nämlich keinen Unterschied, ob sein Schaden von einer Anlage nach Anhang 1 zum UmweltHG oder von einer anderen Anlage verursacht wurde, die dort nicht genannt ist. Zudem gibt es Haftungsausschlüsse und Haftungshöchstgrenzen.

2. Schädliche Umwelteinwirkung

Von dieser Anlage zur Herstellung von Seife müsste eine ausgehen. Eine schädliche **487**
Umwelteinwirkung ist gegeben, wenn von einer Anlage Gefahren, erhebliche Nachteile oder erhebliche Belästigungen für die Allgemeinheit oder die Nachbarschaft ausgehen.[12] Auch diese Voraussetzung kann man im Ausgangsfall bejahen, denn die giftige Flüssigkeit auf dem Grundstück des N ist gesundheitsgefährdend.

3. Schaden

Weiter müsste bei N ein Schaden eingetreten sein. Auch dies ist der Fall. Zwar wurde N **488**
laut Sachverhalt weder getötet noch verletzt. Es muss aber das Erdreich auf seinem Grundstück, also einer unbeweglichen Sache (§ 90 BGB), für 5000 € gereinigt werden. Damit liegt ein Sachschaden vor.

12 So die auch hier gültige Definition nach § 3 Abs. 1 BImSchG.

4. Ursachenvermutung

489 Neben der Verschuldensunabhängigkeit ist die **Ursachenvermutung** ein in der Praxis besonders wichtiger Aspekt der Haftung nach dem UmweltHG. Diese ist in § 6 Abs. 1 S. 1 UmweltHG niedergelegt. Die Norm ist in der Praxis wichtig, weil sie unterstellt, dass die Anlage einen eingetretenen Schaden in ihrer Umgebung verursacht hat. Die Regelung unterscheidet sich wesentlich von den herkömmlichen Vorschriften der Beweislastverteilung nach der Zivilprozessordnung. Danach muss nämlich der Geschädigte nachweisen, dass ihn eine bestimmte Person geschädigt hat. Das ist ihm aber in der Praxis gerade bei einer Mehrheit von Verursachern oder sog. multikausalen Schäden, also solchen die auf verschiedene Ursachen zurückzuführen sind, nicht möglich. Hier hilft das UmweltHG erheblich. Wegen der Ursachenvermutung dreht sich die Beweislast. Der Anlagenbetreiber muss widerlegen[13], dass ein Schaden durch seine Anlage verursacht wurde.

5. Kein Ausschluss und keine Begrenzung

490 Die Haftung nach dem UmweltHG ist **ausgeschlossen**, wenn der Schaden vor dem Inkrafttreten dieses Gesetzes am 1.1.1991 entstanden ist (§ 23 UmweltHG). Für Fälle, die zeitlich früher liegen, muss man auf die verschuldensabhängige Haftung nach §§ 823 ff. BGB zurückgreifen. Zudem ist die Haftung nach § 15 S. 1 UmweltHG auf 85 Millionen € jeweils für Sachschäden und Personenschäden, insgesamt also 170 Millionen Euro **begrenzt**.

■ **40. Prüfungsfrage:** Warum ist die Haftung nach dem UmweltHG begrenzt? Ist diese Begrenzung bezogen auf das einzelne schädigende Ereignis abschließend?

491 Der Grund für die Haftungsbegrenzung liegt in der grundsätzlichen Differenzierung, wonach die Verschuldenshaftung betragsmäßig unbegrenzt ist, die Gefährdungshaftung aber in der Höhe begrenzt sein kann. Die konkrete Haftungshöchstgrenze ist ein Kompromiss. Es ist denkbar, dass etwa ein Chemiekonzern einen Schaden verursacht, der die Haftungshöchstgrenze von 170 Millionen Euro weit übersteigt, wenn Chemikalien nach einem Brand in großem Umfang in einen Fluss gelangen. Der Ersatz eines solchen Schadens kann auch ein kapitalkräftiges Unternehmen ruinieren und seine Mitarbeiter arbeitslos machen. Von daher ist die Höchstgrenze verständlich. Das Risiko, welches die Wirtschaft eingeht, soll nicht so hoch sein, dass sich kein Unternehmen mehr traut, etwa chemische Stoffe zu produzieren. Sollte tatsächlich ein die Haftungshöchstgrenzen übersteigender Schaden eintreten, ist gemäß § 18 UmweltHG das Eingreifen anderer Haftungsvorschriften, also insbesondere des verschuldensabhängigen § 823 BGB, unberührt.

N hat also im Ergebnis gegen E einen Anspruch auf Ersatz von 5000 € aus § 1 UmweltHG i.V.m. Nr. 45p) des Anhangs 1 zum UmweltHG. N kann von E also den Ersatz der 5000 € verlangen, die für die Reinigung seines Grundstückes aufbringen musste.

---

13 Dies geschieht durch den Beweis des Gegenteils (§ 292 ZPO).

B Privates Umweltnachbarrecht nach §§ 906, 1004 BGB

Umwelthaftungsrechtlich nutzbare Normen, die an der nachbarschaftlichen Gemeinschaft anknüpfen, finden sich zudem im Sachenrecht des BGB und zwar in den §§ 903, 906 BGB sowie in § 1004 BGB[14]. **492**

I. Abwehranspruch aus §§ 903, 906 BGB

Grundsätzlich kann ein Eigentümer mit seinem Eigentum nach Belieben verfahren (§ 903 BGB). Da dies zu Spannungen mit Nachbarn führen kann, schränkt das BGB dieses Recht ein (§ 906 BGB). Man unterscheidet dabei nach der Zuführung „unwägbarer" und „wägbarer" Stoffe. **493**

1. Unwägbare Stoffe

§ 906 BGB betrifft sog. unwägbare – im Sinne von nicht körperlich – Stoffe, also etwa Lärm- und Geruchsbelastungen. **494**

44. Fall: Grundstückseigentümer A lebt in einer Wohnsiedlung. Das Grundstück neben seinem Haus ist noch unbebaut. A will die Bebauung des Nachbargrundstücks mit einem Wohnhaus verhindern, weil ihn die von dem künftigen Nachbarhaus ausgehende Lärmbeeinträchtigung stört. Muss er die Bebauung hinnehmen?

§ 906 BGB besagt sinngemäß, dass der Eigentümer eines Grundstücks die Zuführung von störenden Einwirkungen, die von dem Nachbargrundstück ausgehen, verbieten kann, wenn diese Einwirkungen entweder die Benutzung seines Grundstückes nicht unwesentlich beeinträchtigen (§ 906 Abs. 1 BGB) oder wenn sie nicht ortsüblich sind (§ 906 Abs. 2 BGB). Ist eine Beeinträchtigung unwesentlich, dann muss die geduldet werden. Ist sie zwar wesentlich, aber ortsüblich, muss sie ebenfalls hingenommen werden; allerdings kann der beeinträchtigte Nachbar von dem anderen Nachbarn im zweiten Fall einen angemessenen Ausgleich in Geld verlangen. Dass der Eigentümer nicht die Unterlassung jeder Beeinträchtigung verlangen kann, erklärt sich aus dem sog. nachbarlichen Gemeinschaftsverhältnis[15]. Die Nutzung eines Grundstücks ist schließlich nur dann sinnvoll möglich, wenn gewisse Beeinträchtigungen des Nachbarn erlaubt sind. Die zu erwartenden Beeinträchtigungen des Eigentümers durch den zukünftigen Nachbarn wie in **Fall 44** ist ortsüblich und grundsätzlich hinzunehmen. Soweit der Eigentümer eine Umweltbeeinträchtigung nicht nach § 906 Abs. 1 und 2 BGB dulden muss, hat er aus § 1004 Abs. 1 BGB einen Abwehranspruch gegen die Beeinträchtigung seines Eigentums.

14 Dazu insgesamt *Wenzel*, NJW 2005, 241 ff.

15 Zu Herleitung und Wirkung im privaten Umweltrecht vgl. *Klöpfer*, § 6 Rn. 49.

2. Wägbare Stoffe

495 Wie ist es aber, wenn das Eigentum durch wägbare – im Sinne von körperlich – Stoffe beeinträchtigt wird?

45. Fall[16]: Auf einer Schießanlage wurde über viele Jahre mit Schrotflinten geschossen. Dabei hielt man Schrot für nicht umweltschädlich. Bei späteren Untersuchungen stellte man auf den umliegenden Grundstücken eine stark erhöhte Bleibelastung im Boden fest. Diese führten für die benachbarten Grundstückeigentümer zu Veräußerungsverboten für dort angebautes Gemüse. Haben diese einen Anspruch auf Schadensersatz gegen den Betreiber des Schießstandes?

§ 906 BGB betrifft lediglich Beeinträchtigungen durch vom Grundstücknutzer zu duldende unwägbare Stoffe. Die Rechtsprechung erkennt einen Ausgleichsanspruch aber auch an, wenn wägbare, also körperliche Stoffe wie Öl, Steine etc. die Grundstücksnutzung beeinträchtigen und keine Duldungspflicht besteht. Hier wird ein Ausgleichsanspruch unter Anwendung des Rechtsgedankens von § 906 BGB gewährt. Besteht keine rechtliche, sondern nur eine faktische Duldungspflicht, so ergibt sich analog § 906 Abs. 2 S. 2 BGB ein auf Ausgleich gerichteter zivilrechtlicher Aufopferungsanspruch, der allerdings gegenüber spezielleren Haftungsnormen subsidiär ist[17]. Im Fall sprach der BGH den Anspruchstellern Schadensersatz zu. Dem Betreiber der Schießanlage konnte hier zwar kein schuldhaftes Verhalten vorgeworfen werden, weil er nicht ahnen konnte, dass das Schießen Umweltschäden hervorrufen würde. Dies ist aber für den Ausgleichsanspruch aus § 906 Abs. 2 BGB (analog) unerheblich. Weil sich die angrenzenden Landwirte unwissend und unfreiwillig „aufgeopfert" haben, kann man hier analog zum öffentlich-rechtlichen Aufopferungsanspruch[18] von einem „zivilrechtlichen Aufopferungsanspruch" sprechen[19].

II. Unterlassungsanspruch aus § 1004 BGB

496 § 1004 BGB verpflichtet dazu, aktuelle Störungen des Eigentums zu beseitigen und ggf. künftige zu unterlassen. Auf ein Verschulden des Störers kommt es hier nicht an.

41. Prüfungsfrage[20]: Auf einem Grundstück wird industriell produziert. Nach Stilllegung des Betriebes stellt der Eigentümer des Nachbargrundstücks auf diesem erhebliche Belastungen mit Giftstoffen fest, die auf die Produktion auf dem Nachbargrundstück zurückzuführen sind. Er lässt das betroffene Erdreich für 1 Mio. € beseitigen und entsorgen. Kann der Eigentümer diesen Betrag von dem Eigentümer des ehemaligen Betriebes in der Nachbarschaft verlangen?

Nach der Rechtsprechung des BGH besteht ein solcher Anspruch aus § 1004 BGB, weil nicht nur künftige Schäden abzuwehren, sondern auch schon eingetretene Schäden zu beseitigen sind. Diese Verpflichtung ist nicht auf die reine Beseitigung beschränkt, sondern sie erstreckt sich auf die nachfolgende Wiederherstellung des ursprünglichen Zustands des Grundstücks.[21]

16 Nach *BGH,* JZ 1990, 978 ff.
17 *BGH,* NJW 1999, 3633, 3635.
18 Dazu *Ossenbühl*, Staatshaftungsrecht, S. 124 ff.
19 *BGHZ* 144, 200, 208, *BGH* NJW, 2004, 3701, 3702.
20 Nach *BGH,* NJW 1996, 845 ff.
21 *BGH,* NJW 1996, 845, 847.

C Versicherbarkeit von Umweltrisiken

Der Überblick über das Umweltprivatrecht wäre aus Sicht der Praxis ohne Erwähnung der Versicherbarkeit von Umweltrisiken unvollständig. Hier ist zwischen der Versicherung privater und gewerblicher/industrieller Risiken zu differenzieren. **497**

I. Private Risiken

Umwelthaftpflichtrisiken im privaten Bereich können durch eine Privathaftpflichtversicherung abgesichert werden, die i.d.R. auf den Allgemeinen Bedingungen für die Haftpflichtversicherung (AHB) und besonderen Bedingungen und Risikobeschreibungen für die Privathaftpflichtversicherung (BBR PHV) beruhen, in denen Umwelthaftpflichtrisiken grundsätzlich versichert sind. Im Bedarfsfall kann die Haftpflichtversicherung durch eine Gewässerschaden-Anlagenrisikodeckung ergänzt werden. Letztere kommt etwa in Betracht, wenn ein privater Heizöltank versichert werden soll. **498**

II. Gewerbliche/industrielle Risiken

Für Gewerbe und Industrie waren Umwelthaftpflichtrisiken noch bis Anfang der 90er-Jahre von der Betriebshaftpflichtversicherung gedeckt. Wer etwa nach § 823 BGB oder § 2 HaftpflG wegen Personen- und/oder Sachschäden von geschädigten Dritten in Anspruch genommen wurde, war hierüber versichert. Wurden in einem Betrieb Tätigkeiten ausgeübt oder Anlagen genutzt, die Gewässerverschmutzungen verursachen konnten, war zudem eine Gewässerschadenhaftpflichtversicherung abzuschließen. **499**

Diese Haftungsmodelle sind mittlerweile durch spezielle Umwelthaftpflichtversicherungen abgelöst worden, die gesondert neben der Betriebshaftpflichtversicherung abzuschließen sind. Die Deckungskonzepte können je nach Anbieter voneinander abweichen. Die neuen gewerblichen Betriebshaftpflichtversicherungsmodelle schließen das Umwelthaftpflicht-Risiko nach § 4 I Nr. 8 AHB aus, so dass ein Unternehmer regelmäßig sowohl eine Betriebshaftpflichtversicherung als auch eine Umwelthaftpflichtversicherung abschließen muss. Auch letztere erfassen aber eine Haftung für Eigenschäden, die noch nicht zur Schädigung eines Dritten geführt haben nicht. Für solche Fälle werden sog. Bodenkasko-Deckungen angeboten, die ihrerseits unterschiedlichen Konzepten folgen.

Für die Versicherbarkeit von Umweltrisiken spielt die Haftungsbegrenzung von Schäden, für die nach UmweltHG einzustehen ist, eine erhebliche Rolle, da sich so die Risiken der Versicherer für verschuldensunabhängige Schadensverursachungen leichter kalkulieren lassen. **499a**

D Fazit und Glossar

500 In der öffentlich-rechtlichen Ausbildung hat das Umweltprivatrecht eine untergeordnete Bedeutung. Es ist aber nicht unkompliziert und seine Grundzüge sind Standardwissen. Es parat zu haben, ist schon deshalb wichtig, um das Privatrecht vom öffentlichen Recht abgrenzen zu können und um die Bezüge der beiden Gebiete zu erkennen.

Verschuldenshaftung	Die verschuldensabhängige Haftung für die Verletzung umweltrechtlicher Güter in der Hand Privater ist im BGB nicht speziell geregelt. Man muss daher auf das **Vertragsrecht**, die Grundsätze des **Deliktsrechts** in §§ 823 ff. BGB zurückgreifen. Die dort geregelte Haftung knüpft an die Verletzung eines in § 823 Abs. 1 BGB benannten geschützten Rechtsguts oder an die Verletzung eines Schutzgesetzes i.S.d. § 823 Abs. 2 BGB an. Sie erfasst auch umweltrechtlich relevante Handlungen. Voraussetzung der Haftung ist, dass die Verletzungshandlung schuldhaft, das heißt vorsätzlich oder fahrlässig erfolgt. Vorsätzliche Verletzungshandlungen sind selten. Häufig werden Private aber fahrlässig, also unter Missachtung der erforderlichen Sorgfaltspflichten geschädigt. Hier bestehen allerdings bei der Durchsetzung des Anspruchs Probleme, denen die Rechtsprechung mit Beweiserleichterungen begegnet.
Gefährdungshaftung	Die vom Verschulden losgelöste private Umwelthaftung ist vereinzelt in öffentlich-rechtlich geprägten Gesetzen, insbesondere dem Wasserhaushaltsgesetz (WHG) geregelt. Sie ist darüber hinaus in einem eigens dafür geschaffenen **Umwelthaftungsgesetz** verankert. Ein Schadensersatzanspruch entsteht nach diesem Gesetz, wenn Private durch Umwelteinwirkungen geschädigt werden, die von bestimmten, in einem Anhang des Gesetzes genannten Anlagen ausgehen. Die im Umfang begrenzte Haftung setzt kein Verschulden voraus. Die Verursachung des Schadens durch den Anlagenbetreiber wird vermutet und muss von diesem widerlegt werden.
Umweltnachbarrecht	Umwelthaftungsrechtliche Normen enthält auch Sachenrecht des BGB in §§ 903, 906 BGB sowie in § 1004 BGB. Nach § 906 BGB muss der Eigentümer eines Grundstücks die Zuführung von störenden Einwirkungen, die von dem Nachbargrundstück ausgehen dulden, wenn diese die Benutzung seines Grundstückes nicht unwesentlich beeinträchtigen (§ 906 Abs. 1 BGB) oder wenn sie nicht ortsüblich sind (§ 906 Abs. 2 BGB). Eine unwesentliche Beeinträchtigung muss geduldet werden. Eine wesentliche ortsübliche Beeinträchtigung muss zwar auch hingenommen werden. In diesem Fall kann der beeinträchtigte Nachbar von dem anderen Nachbarn aber einen angemessenen Ausgleich in Geld verlangen. § 1004 BGB verpflichtet dazu, aktuelle Störungen des Eigentums zu beseitigen und ggf. künftige zu unterlassen. Auf ein Verschulden des Störers kommt es nicht an.
Umwelthaftungsgesetz	Das zivilrechtliche Umwelthaftungsgesetz normiert eine verschuldensunabhängige Gefährdungshaftung für Schäden durch Umwelteinwirkungen, die nach dem 1.1.1991 von bestimmten **Anlagen** ausgehen (§ 1 UmweltHG i.V.m. Anhang 1). Voraussetzung der Haftung ist, dass von einer bestimmten Anlage eine schädliche Umwelteinwirkung ausgeht, durch die jemand getötet oder verletzt wird, oder durch die ein Sachschaden entsteht. Bei reinen Vermögensschaden, greift das UmweltHG nicht. Eine schädliche Umwelteinwirkung liegt vor, wenn von einer Anlage Gefahren, erhebliche Nachteile oder erhebliche Belästigungen für die Allgemeinheit oder die Nachbarschaft ausgehen. Liegt ein Schaden vor,

so kommt es nicht auf ein Verschulden an, sondern es wird eine **Ursachenvermutung** getroffen, die unterstellt, dass die Anlage einen eingetretenen Schaden in ihrer Umgebung verursacht hat, die zu einer Beweislastumkehr zulasten des Anlagenbetreibers führt. Zudem darf die Haftung nach dem UmweltHG nicht **ausgeschlossen** oder **begrenzt** sein.

5. Teil

Umweltstraf- und Ordnungswidrigkeitenrecht

501 Das moderne Umweltstrafrecht als Teil des StGB existiert seit 1980. Bis dahin waren strafbare Verstöße „gegen" die Natur, die sich aus dem öffentlichen Umweltrecht ergaben, in zahlreichen öffentlich-rechtlichen „nebenstrafrechtlichen" Spezialgesetzen geregelt. Zudem kann ein Verstoß gegen umweltrechtliche Pflichten auch eine Ordnungswidrigkeit sein und ein Bußgeld nach sich ziehen.

A Umweltordnungswidrigkeitenrecht

502 Die Bußgeldtatbestände wegen des Verstoßes gegen umweltverwaltungsrechtliche Pflichten ergeben sich aus den einschlägigen Materien des besonderen Umweltrechts.

Z.B. aus §§ 69 f. BNatSchG, § 26 BBodSchG, § 103 WHG, § 61 KrW-/AbfG und den zu diesen Materien erlassenen landesrechtlichen Regelungen.

Bei Ordnungswidrigkeiten besteht die Besonderheit, dass nicht alle Handlungen, die das Gesetz untersagt, zugleich auch bußgeldbewährt sind.

42. Prüfungsfrage: A muss auf seinem Grundstück Sanierungsmaßnahmen durchführen. Er informiert seinen Nachbarn aber nicht darüber, obwohl § 12 S. 1 BBodSchG dies vorschreibt. Muss er nun ein Bußgeld zahlen?

Ob A eine Ordnungswidrigkeit begangen hat und deshalb ein Bußgeld zahlen muss, richtet sich hier nicht nach der Norm, die das materielle Gebot ausspricht, nämlich § 12 BBodSchG, sondern nach der Bußgeldvorschrift des § 26 BBodSchG. Unter den dort aufgeführten Ordnungswidrigkeiten findet sich der Verstoß gegen die Informationspflicht nicht. A muss also kein Bußgeld bezahlen.

502a Eine Besonderheit des Ordnungswidrigkeitenrechts gegenüber dem Strafrecht ist es, dass hier **Geldbußen** auch gegen **juristische Personen** bzw. Personenvereinigungen verhängt werden können (§ 30 OWiG). Ein weiterer Unterschied zum Strafrecht ist es, dass im Ordnungswidrigkeitenrecht das **Opportunitätsprinzip** gilt; die Behörde hat also die Möglichkeit, das Ordnungswidrigkeitenverfahren aufzunehmen, nicht aufzunehmen oder erst zu einem späten Zeitpunkt als Druckmittel zu beginnen. Im Umweltordnungswidrigkeitenrecht werden in der Regel wesentlich höhere Geldbußen vorgesehen, als dies im allgemeinen Ordnungswidrigkeitenrecht der Fall ist. Dies ist insoweit verständlich, als gem. § 17 Abs. 4 S. 3 OWiG **der wirtschaftliche Vorteil**, der aus einem unrechtmäßigen Verhalten gezogen wurde, durch die Geldbuße regelmäßig **überstiegen** werden soll.

B Umweltstrafrecht

Gegen Ende der 1970er Jahre wurde der Gesetzgeber für umweltpolitische Probleme sensibel. In dieser Zeit wurde das Gesetz zur Bekämpfung der Umweltkriminalität (1. UKG) geschaffen, das am 1.7.1980 in Kraft trat. Es kriminalisiert umweltschädliches Verhalten, das bis dahin in Spezialgesetzen zerstreut gewesen war, in einem speziellen Abschnitt des StGB („Straftaten gegen die Umwelt", §§ 324–330d). Betroffen waren etwa Verstöße aus den Bereichen des Wasserhaushaltsgesetzes (WHG), des Bundes-Immissionsschutzgesetzes (BImSchG) und des Abfallgesetz (AbfG)[1]. Das Umweltstrafrecht wurde durch das 2. UKG ergänzt, das am 1.11.1994 in Kraft trat. Es brachte inhaltliche Erweiterungen der bestehenden Straftatbestände mit sich und hob die Strafandrohungen für Umweltdelikte spürbar an. **503**

I. Umweltstraftatbestände

Im 29. Abschnitt des StGB findet sich eine Bündelung von Straftatbeständen, welche die Umwelt in den verschiedenen Medien Boden, Wasser und Luft sowie in ihren sonstigen Erscheinungsformen, also der Tier- und Pflanzenwelt[2] als natürliche Lebensgrundlagen des Menschen schützen. Hierbei folgt das Gesetz keiner besonderen Systematik. Vielmehr werden erstens mit den **504**

- Gewässern (§ 324 StGB)[3],
- dem Boden (§ 324a StGB),
- der Luft (§ 325 StGB) und
- Naturschutzgebieten und Naturparks (§ 329 Abs. 3 StGB) **bestimmte Objekte** geschützt

und zweitens **bestimmte Tätigkeiten** mit Strafe bedroht. Dies sind die

- Lärmverursachung (§ 325a StGB),
- das unerlaubte Betreiben von Anlagen (§ 327 StGB).

Drittens dient der Umgang mit gefährlichen Stoffen, nämlich

- Abfällen (§ 326 StGB)[4],
- radioaktiven Stoffen (§ 328 StGB) und Giften (§ 329 Abs. 1 und 2 StGB) als Anknüpfungspunkte einer Strafbarkeit.

Zur Vertiefung: Auch neben kernstrafrechtlichen Vorschriften im StGB finden sich nach wie vor Vorschriften – gegen die seltener verstoßen wird – in Nebengesetzen, etwa §§ 27, 27a Chemikaliengesetz (ChemG) oder § 148 Gewerbeordnung (GewO).

1 Heute abgelöst durch das KrW-/AbfG.
2 Dazu *Wessels/Hettinger*, Rn. 1087 f.
3 Dazu mit einem Fallbeispiel *Wessels/Hettinger*, Rn. 1068 ff.
4 Dazu mit einem Fallbeispiel *Wessels/Hettinger*, Rn. 1077 ff.

II. Allgemeine Fragen bei Umweltdelikten

504a Ein wichtiges Merkmal des Umweltstrafrechts ist die so genannte Verwaltungsrechtakzessorietät. Damit wird die Abhängigkeit des Umweltstrafrechts vom Umweltverwaltungsrecht, insbesondere von Verwaltungsakten verstanden. So wird häufig die Verletzung verwaltungsrechtlicher Pflichten unter Strafe gestellt. § 330d Nr. 4 StGB beschreibt dabei die verwaltungsrechtliche Pflichtverletzung als Verletzung einer umweltschützenden Rechtsvorschrift, eines umweltschützenden vollziehbaren Verwaltungsakts, eines subordinationsrechtlichen Verwaltungsvertrags bzw. einer verwaltungsgerichtlichen Entscheidung. Die Umweltstrafbarkeit ist in derartigen Fällen nicht mehr allein aus dem StGB heraus zu beantworten, sondern kann nur unter Heranziehung außerstrafrechtlicher Normen und Einzelakte bemessen werden. In derartigen Fällen wird im Strafrecht regelmäßig von so genannten Blankettstrafgesetzen gesprochen. Vom Bestimmtheitsgrundsatz her umstritten ist eine derartige Verwaltungsrechtakzessorietät vor allem im Bereich der Verwaltungsaktakzessorietät. Hier entscheidet, anders als dies bei Akzessorietät zu anderweitigen Normen der Fall ist, eine mehr oder minder strenge Verwaltungspraxis jedenfalls mit über die Strafbarkeit im Einzelfall; das Bundesverfassungsgericht hat jedoch auch in derartigen Fällen ein Verstoß gegen Art. 103 Abs. 2 GG verneint[5].

504b Von der Grobstruktur her finden sich im Umweltstrafrecht **Verletzungs-** und **Gefährdungsdelikte**. Zumeist sind dabei im Umweltstrafrecht abstrakte Gefährdungsdelikte zu finden, die die Strafbarkeit bereits an die generelle Gefährlichkeit einer Handlung anknüpfen, ohne dass eine konkrete Gefährdung oder die Verletzung eines Rechtsguts eingetreten sein müsste. Andere Delikte, so etwa § 327 Abs. 2 Nr. 2 StGB, stellen bereits das Betreiben von Anlagen ohne Genehmigung unter Strafandrohung womit ohne Verletzung, abstrakte oder konkrete Gefährdung von Rechtsgütern, bereits der reine **Verwaltungsungehorsam** Grund für die Verhängung der Strafe ist.

505 Umweltdelikte werden häufig auf besondere Weise begangen. Zum einen werden sie oft nicht vorsätzlich, sondern unter Verstoß gegen Sorgfaltspflichten – d.h. **fahrlässig** – verwirklicht. Die genannten Delikte können zudem nicht nur dadurch begangen werden, dass sie mit Wissen und Wollen, also vorsätzlich begangen werden, wofür eine billigende Inkaufnahme des negativen Erfolges ausreicht (bedingter Vorsatz). Unter Fahrlässigkeit versteht man ein erkennbar sorgfaltswidriges Verhalten. Zum anderen werden vielfach Handlungen **unterlassen**, die geboten sind, um (weitere) Schäden abzuwehren. Sowohl Handeln als auch pflichtwidriges Unterlassen ist in den oben genannten Fällen strafbar.

5 Vgl. BVerfGE 75, 329, 343 ff.

1. Anforderungen an schuldhaftes Verhalten

Zunächst zu Fragen der Schuld. **506**

46. Fall[6]: Zur technischen Durchführung der ihm gemäß § 3 Abs. 4 des Abfallgesetzes (AbfG a.F.) originär obliegenden Entsorgungsaufgaben überlässt Abfallbesitzer A von ihm produzierten Sonderabfall einer Spezialfirma. Dieser verbringt den Abfall auf eine Deponie, die hierfür nicht zugelassen ist, so dass eine illegale Beseitigung vorliegt. Hat sich der Abfallbesitzer strafbar gemacht?[7]

In Betracht kommt hier eine Strafbarkeit nach § 326 Abs. 1 Nr. 3, Abs. 5 StGB wegen unerlaubten Umgangs mit gefährlichen Abfällen. A hat hier nicht vorsätzlich gehandelt, aber möglicherweise vorwerfbar sorgfaltswidrig, also fahrlässig. Im Fall wurde A zunächst mit der Begründung freigesprochen, dass die beauftragte Entsorgungsfirma Mitglied im „Bund Deutscher Entsorger" gewesen und von einem chemischen Sachverständigen empfohlen worden war und keine Sorgfaltspflichtverletzung bei der Auswahl des Entsorgungsunternehmens gesehen wurde. Der BGH nahm demgegenüber eine Verletzung der Sorgfaltspflicht des A an und warf diesem insbesondere die schlechte Auswahl des mit der Abfallbeseitigung zu beauftragenden Unternehmens vor. A hätte sich danach von der Zuverlässigkeit des Entsorgers überzeugen müssen. Dass dieses der Entsorgungsbranche angehört und die einschlägige Leistung anbietet und deren ordnungsgemäße Erledigung zusagt, genügt hier zur Einhaltung der Sorgfaltspflicht genauso wenig wie die Empfehlung des Entsorgungsunternehmens durch einen Sachverständigen. A trifft also eine intensive Erkundigungspflicht. Er muss sich davon zu überzeugen, ob das ausgewählte Unternehmen zu der angebotenen Abfallentsorgung tatsächlich imstande und rechtlich befugt ist. Dies wäre etwa dadurch möglich gewesen, dass A sich gegen Erhalt einer verbindlichen und überprüfbaren Bestätigung erkundigt hätte, ob die ausgewählte Entsorgungsanlage den dem Entsorger übergebenen Stoff auch tatsächlich mit behördlicher Genehmigung hätte beseitigen dürfen. Mit anderen Worten: Fahrlässig handelt, wer einen Anderen mit der Beseitigung umweltgefährdenden Abfalls beauftragt, ohne sich vergewissert zu haben, ob dieser zur ordnungsgemäßen Abfallbeseitigung tatsächlich imstande und rechtlich befugt ist. Diese Verpflichtung erstreckt sich für den BGH sogar auf die Überprüfung eines von dem anderen beauftragten Dritten, etwa einen Subunternehmer.[8]

2. Strafbares Unterlassen

Im Umweltstrafrecht spielt die Strafverwirklichung durch Unterlassen, also durch Nichthandeln, eine wichtige Rolle. **507**

Zur Vertiefung

Das aktive Ablagern von Abfällen im Sinne des § 326 StGB etwa ist für Eigentümer und Besitzer solcher Stoffe häufig irrelevant. Das liegt daran, dass die Ablagerung eines Abfallstoffes schon lange Zeit vor dem Inkrafttreten dieser Norm am 1.7.1980 erfolgte. Gefährliche Stoffe, die zu heutigen Umweltverschmutzungen, etwa in Form einer schädlichen Bodenveränderung oder Altlast i. S. d. BBodSchG geführt haben, wurden zum Zeitpunkt ihrer Ablagerung oft relativ unbekümmert in das Erdreich verbracht. So wurde in der Nachkriegszeit Munition vergraben oder es

6 Nach *BGHSt* 40, 84 ff. („Falisan").
7 Hinzu kommt eine zivilrechtliche Haftung aus § 831 BGB wegen Auswahlverschuldens.
8 So *BGHSt* 40, 84, 87 („Falisan").

wurden Stoffe in die Umwelt gebracht, deren Gefährdungspotential in der industriellen Frühphase nicht erkennbar und nicht absehbar war. Auf all diese nach heutigen Maßstäben strafbaren Handlungen ist das Umweltstrafrecht aus dem Beginn der achtziger Jahre des letzten Jahrhunderts wegen des strafrechtlichen – wonach eine Handlung erst dann strafbar ist, wenn sie von einem gesetzlichem Verbot erfasst ist – nicht anwendbar.[9]

Im Strafrecht ist nicht nur das Verwirklichen eines Verbotstatbestandes durch aktives Handeln unter Strafe gestellt. Unter bestimmten Voraussetzungen ist auch das pflichtwidrige Unterlassen rechtlich gebotener, möglicher und zumutbarer Handlungen strafbar. Nach § 13 StGB muss das Unterlassen einer Handlung hinsichtlich des Unwertgehalts aber einem Tun entsprechen. Das Nichtstun ist nur strafbar, wenn der Erfolg einer Handlung eintritt und der die gebotene Handlung Unterlassende für die Verhinderung des Erfolgs einzustehen hat, wenn er also eine sogenannte Garantenstellung inne hat. Um die Strafbarkeit zu begründen, muss also eine Pflicht zum Einschreiten existierten (sog. Garantenpflicht), die sich aus Vertrag, aus Gesetz oder gefahrbegründendem Vorverhalten (Ingerenz) ergeben kann[10].

Beispiel: Eine solche Pflicht kann sich etwa aus Verordnungen auf Grundlage des § 62 WHG ergeben. Hiernach muss ein Betreiber beim Einbau einer Anlage im Umgang mit wassergefährdenden Stoffen unter bestimmten Voraussetzungen Fachbetriebe beauftragen. Wenn er dies unterlässt und den Auftrag einer nicht nach dem Wasserhaushaltsrecht qualifizierten Firma erteilt, macht er sich wegen Unterlassens strafbar, wenn es hierdurch zu einer Gewässerverunreinigung kommt.

508 Die Garantenpflicht besteht aber nur, wenn dem, der nicht gehandelt hat, die Abwendung des Erfolgs zumutbar war und wenn die physisch-reale Möglichkeit bestand, den Erfolg abzuwenden. Schließlich muss gerade das rechtswidrige und schuldhafte Unterlassen für die Verwirklichung des Straftatbestandes ursächlich gewesen sein.

43. Prüfungsfrage: Unter welchen Voraussetzungen kann man im Umweltstrafrecht ein Tun mit einem Unterlassen gleichstellen? Die Feststellung des Erfolgseintritts ist im Falle einer Umweltverunreinigung durch Unterlassen sorgfältig zu überprüfen. Zu berücksichtigen ist hier, dass die Nichtbeseitigung einer Umweltschädigung nicht mit deren Verursachung gleichgesetzt werden kann, da das Unrecht durch das Unterlassen nicht ohne weiteres neu verwirklicht wird. Neues Unrecht wird aber dann verwirklicht, wenn die bereits vorhandene Verunreinigung durch das Nichtstun vergrößert wird. Ist dies der Fall, so erhält das Unterlassen einen eigenen Unwert, der einem Handeln gleichkommt. Es macht in der Bewertung keinen Unterschied, ob ein Zustand aktiv herbeigeführt wird, oder ob seine Verschlimmerung hingenommen wird. Eine Gleichwertigkeit von Tun und Unterlassen und damit ein Verwirklichen des Erfolges durch Unterlassen ist etwa anzunehmen, wenn ein Zustand durch das Liegenlassen von bekanntermaßen vorhandenen und als gefährlich erkannten Abfallstoffen verschlimmert wird. Dies kann etwa der Fall sein, wenn die Möglichkeit einer weiteren Ausbreitung oder Vermischung mit anderen Stoffen sicher ist, und man den Dingen trotzdem ihren Lauf lässt. Diese Sicherheit besteht keineswegs immer. Oftmals lassen sich Schadstoffe im Erdreich nur bis zu einem bestimmten Grad auswaschen und verändern ihre Konsistenz danach nicht mehr nachteilig. Auch kann die weitere Ausbreitung von Schadstoffen durch natürliche oder künstliche Schadstoffbarrieren gehemmt sein. In derartigen Fällen wird der bestehende Zustand nicht verschlechtert. Hier hat das Unterlassen von Sanierungsmaßnahmen den zur Strafbarkeit erforderlichen Unwertgehalt nicht.[11] Vergrößert sich durch das ungesicherte Liegenlassen von Stoffen deren Gefährlichkeit, so hat der

---

9 So *Schwartmann/Pabst*, Rn. 297.
10 *Wessels/Beulke*, Rn. 716.
11 So *Schwartmann/Pabst*, Rn. 299 ff.

Eigentümer aufgrund von Art. 14 Abs. 2 GG – wonach Eigentum verpflichtet und sein Gebrauch auch dem Allgemeinwohl dienen soll – die Pflicht, Maßnahmen zu ergreifen und damit die erforderliche Garantenstellung. Gleiches dürfte wegen des Nutzungsrechts auch für den Besitzer gelten. Die weiterhin erforderliche Garantenpflicht hängt von der physisch-realen Möglichkeit und der Zumutbarkeit der Abwendung künftigen Übels ab.

III. Die Bedeutung von Genehmigungen und behördlichen Duldungen von Umweltverschmutzungen

Vor Schaffung des modernen Umweltrechts wurden Genehmigungen zum Betrieb von umweltgefährdenden Anlagen nach dem allgemeinen Gewerberecht erteilt (§§ 16 ff. GewO a.F. v. 4.8.1960). **509**

47. Fall: A hat im Jahre 1962 auf Grundlage der §§ 16 ff. GewO in der damals geltenden Fassung eine Genehmigung zum Betrieb eines Reinigungsbetriebes erhalten. Diese Genehmigung schloss es ein, bei dem Reinigungsprozess verwendete Chemikalien nach ihrer Verwendung im Hof des Betriebes zu lagern, bis sie von einem Spezialunternehmen zur Entsorgung abgeholt wurden. Als die zuständige Behörde den Betrieb im Jahr 1990 überprüft, stellt sie fest, dass A die Chemikalien bis zur Abholung mehr oder weniger sorglos in offenen Fässern gelagert hat. Dabei ist über die Jahre eine vergleichsweise große Menge der Giftstoffe in das Erdreich eingetreten, weil die Fässer bei Regenfällen übergelaufen sind. Als die Behörde A deswegen in Anspruch nimmt, beruft sich A auf seine Genehmigung aus dem Jahr 1962. Zu Recht?

Die Legalisierungswirkung einer alten Anlagengenehmigung ist zur strafrechtlichen Rechtfertigung einer heutigen Untätigkeit unter zwei Voraussetzungen denkbar.[12]

1. Behördliche Genehmigungen

Erstens muss die Genehmigung ausdrücklich auch auf umweltverunreinigende Ablagerungen von Stoffen bezogen sein, die bei Anlagenbetrieb anfallen. Zweitens muss die Genehmigung ausdrücklich Verunreinigungen mit umfassen, die über den Anlagenbetrieb hinausgehen. Das Vorliegen dieser Voraussetzungen ist sorgfältig zu prüfen und wird nicht oft bejaht werden können. Auch in der Vergangenheit wurden in den seltensten Fällen ausdrückliche Genehmigungen zur Umweltverschmutzung sehr selten erteilt. Eher blieb dieser Aspekt in der behördlichen Prüfung unberücksichtigt. Selbst wenn eine solche Genehmigung vorliegt, fragt sich aber, ob die Legalisierungswirkung einer alten Genehmigung unbegrenzten Bestand haben kann. **510**

Ein weiteres Problem der Verwaltungsaktakzessorietät stellt die Frage **rechtswidriger Verwaltungsakte** dar. Im Sinne des § 44 VwVfG nichtige Verwaltungsakte können nicht befolgt werden, ihre Nichtbefolgung bleibt ohne strafrechtliche Konsequenzen. Eine originäre strafrechtliche Nichtigkeitsprüfung ist mangels entsprechender spezieller strafrechtlicher Nichtigkeitsgründe wohl ausgeschlossen. **510a**

Solange ein aufhebbarer rechtswidriger **begünstigender Verwaltungsakt**, insbesondere Genehmigungen oder Erlaubnisse, verwaltungsrechtlich **wirksam** sind, kann **510b**

12 Dazu *Schwartmann/Pabst*, Rn. 302 ff.

andererseits auf diesen Verwaltungsakt **vertraut** werden. Ein auf einen solchen Akt gestütztes Verhalten ist daher rechtmäßig, solange der Verwaltungsakt nicht aufgehoben ist. Dabei lässt die Rechtsprechung offen, ob die entsprechende Handlung schon tatbestandslos oder objektiv gerechtfertigt, bzw. aufgrund Verbotsirrtums schuldlos erfolgt; Konsequenz ist entsprechend der Rechtsprechung des BGH jedenfalls die Straffreiheit eines solchen Verhaltens. Auch **Kenntnis der Rechtswidrigkeit** führt nicht zu einer Strafbarkeit des entsprechenden Verhaltens, es sei denn, der entsprechende Verwaltungsakt sei durch **Drohung, Bestechung oder Kollusion** erlangt worden[13]. Folge ist, dass der Strafrichter regelmäßig nicht mit der Frage der materiellen Rechtmäßigkeit eines Verwaltungsaktes belastet wird.

510c Rechtswidrige **belastende Verwaltungsakte** dagegen belasten den Bürger insoweit, als ein Adressat, der sich nicht rechtzeitig gegen die Rechtswidrigkeit des Verwaltungsakts gewährt hat, Gefahr läuft, dass er **wegen Verstoßes** gegen einen zwar rechtswidrigen, aber wirksamen Verwaltungsakt **bestraft** wird. Es ist daher erwogen worden, im Strafrecht die Bindung an die Bestandskraft eines Verwaltungsaktes aufzulösen, weil nur eine gesetzeskonforme Entscheidung der Verwaltungsbehörde zur Erfüllung eines Straftatbestandes führen könne; ein Verstoß gegen materiell rechtswidrige Verwaltungsakte könne nicht zu einer Verletzung materieller Umweltschutzinteressen führen[14]. Allerdings geht der BGH immer noch von der Strafbarkeit eines Verstoßes gegen rechtswidrige, aber bestandskräftige Verwaltungsakte aus[15]. Geht man von einem Vorrang des Verwaltungsrechts auch im verwaltungsrechtakzessorischen Umweltstrafrecht aus, ist diese Ansicht wohl auch zutreffend. Zu erwägen ist allerdings, bei einer Aufhebung eines derartigen Verwaltungsakts im Nachhinein einen objektiven **Strafaufhebungsgrund** anzunehmen. Derartige Strafaufhebungsgründe liegen gemeinhin dann vor, wenn nachträglich das Strafbedürfnis aufgehoben wird. Dies kann aber **nicht** der Fall sein, wenn, wie in §§ 327 ff. StGB bereits das Betreiben von Anlagen ohne Genehmigung unter Strafandrohung gestellt wird; hier ist gerade der **Verwaltungsungehorsam** Grund für die Verhängung der Strafe, um der Behörde die Möglichkeit zur Präventivkontrolle der Erlaubnisfähigkeit zu erhalten.

2. Behördliche Duldungen

In der Praxis dulden Behörden die Verursachung von Umweltschäden bisweilen auch.

511 ■ **44. Prüfungsfrage:** In den Jahren als A in Fall 47 die Fässer mit den Chemikalien in seinem Hof lagerte, hat einmal eine Begehung seines Betriebes durch einen Sachbearbeiter der Gewerbeaufsicht stattgefunden. Der Amtswalter hat gesehen, dass es bei einem Regenfall zu einem Überlaufen der offenen Fässer kam. Er hat dies aber nicht beanstandet. Kann A sich darauf bei der späteren Inanspruchnahme auf den Standpunkt stellen, er habe sich wegen der Kenntnis des Sachbearbeiters nicht rechtswidrig verhalten? Schließlich habe er ja davon ausgehen können, dass alles rechtmäßig sei.

13 Vgl. etwa Rühl, JuS 1999, 521, 526; Dolde, NJW 1988, 2329, 2334.

14 Vgl. etwa Bloy, JuS 1997, 577, 586.

15 Vgl. BGHSt 23, 86 ff.

Eine solche Duldung[16] ist aktiv und passiv möglich. Die aktive Duldung verlangt eine Absprache zwischen Behörde und Betroffenen über das Nichtbehandeln von Umweltschäden oder das Nichtabstellen von Gefahrenquellen. Von einer passiven Duldung dürfte – wie im Fall – bei einem bloßen behördlichen Nichteinschreiten in Kenntnis der Verunreinigung auszugehen sein.[17] In beiden Fällen der Duldung kommt dem Unterlassen von gebotenen Maßnahmen auf Seiten des Betroffenen aber **keine rechtfertigende Wirkung** zu. Diese scheitert bereits an der fehlenden Dispositionsbefugnis der Behörde über die Funktionsfähigkeit von Umweltgütern. In diesem Fall stellt sich allenfalls zusätzlich die Frage nach einer Mitverantwortlichkeit oder Mittäterschaft des mit der Angelegenheit betrauten Amtswalters. Es ist dann zu fragen, ob das unterlassene behördliche Einschreiten trotz erheblicher Umweltgefährdungen selbst einen Straftatbestand erfüllt. Auch wenn dies bejaht wird, dürfte ein Fehlverhalten der Behörde einen Umweltstraftäter aber weder rechtfertigen noch entschuldigen.

C Fazit und Glossar

In der öffentlich-rechtlichen Ausbildung spielt das Umweltstrafrecht ebenfalls keine große Rolle. Die geschilderten Grundzüge müssen aber bekannt sein. **512**

Umweltstrafrecht	Der 29. Abschnitt des Strafgesetzbuches (StGB) enthält Straftatbestände zum Schutz von Gewässern (§ 324 StGB), des Bodens (§ 324a StGB), der Luft (§ 325 StGB) und von Naturschutzgebieten und Naturparks (§ 329 Abs. 3 StGB). Zudem werden bestimmte Tätigkeiten mit Strafe bedroht, nämlich die Lärmverursachung (§ 325a StGB) und das unerlaubte Betreiben von Anlagen (§ 327 StGB). Strafbar kann auch der Umgang mit gefährlichen Stoffen, nämlich Abfällen (§ 326 StGB), radioaktiven Stoffen (§ 328 StGB) und Giften (§ 329 Abs. 1 und 2 StGB) sein.
Behördliche Genehmigungen und Duldungen	Die Rechtswidrigkeit des Unterlassens geeigneter Maßnahmen oder gar aktives Tun durch Einbringen von Schadstoffen in den Boden oder das Wasser wird regelmäßig nicht durch vorhandene Genehmigungen zum Betrieb der Anlage – die regelmäßig noch unter Geltung von §§ 16 ff. GewO a.F. erlassen wurden – oder durch eine behördliche Duldung für bestimmte umweltschädliche Handlungen aufgehoben.

16 Dazu *Wasmuth/Koch*, NJW 1990, 2434 ff.
17 Vgl. dazu *Dahs/Pape*, NStZ 1988, 393, 395.

Stichwortverzeichnis

Die Zahlen verweisen auf die Randnummern.